해커스변호사

형사소송법

 암기장

이용배·허정 공저

해커스

서문

[전면개정판]

올해부터 저자의 모든 저서의 명칭을 '형법 · 형사소송법의 脈'으로 개명하여 출간하기로 하였습니다. 수험법학서는 모름지기 학생들이 부르기 쉬운 이름이어야 한다는 기치하에 오랜 고민 끝에 개명을 결정하였습니다.

기존 신체계 H 암기장의 주요 대상은 시간에 쫓겨 형법과 형소법을 체계적으로 볼 수 없는 재학생과 재시 이상의 수험생이었습니다. 그러나 저자의 암기장을 찾는 수요가 급격히 늘어나고 해를 거듭할수록 난이도가 급상승하는 변호사시험의 현실에 발맞춰 기본적인 법리와 선택형 및 소위 '불의타'를 대비할 수 있는 전면 개정판을 출간하기로 하였습니다.

암기장은 기본서에 갈음하여 학생들을 시험장까지 인도하는 역할을 하므로 그 분량은 지나치지도 부족하지도 않아야 합니다. 즉, 암기장은 말 그대로 암기장이어야 합니다. 불필요한 내용을 수록하여 암기장의 분량이 늘어난다면 수험생들은 강약 조절에 실패하게 되고 권태를 느끼게 됩니다. 이러한 점들을 십분 고려하여 본 전면 개정판은 차지도 넘치지도 않는 가장 이상적인 분량으로 집필하였고, 암기장의 판형을 키워 분량을 유지하였습니다. 본 교재의 특징은 다음과 같습니다.

1. '형사소송법의 脈 암기장'은 기존의 신체계 H 암기장의 간결함의 기조를 유지하면서, 형사소송법의 4대 쟁점을 위시한 사례형 쟁점에 완벽히 대비할 수 있도록 실전에서 작성할 수 있도록 키워드까지 모두 기재하였습니다.

2. 기존에는 선택형과 사례형으로 나누었던 형식을 변경하여 사례형 쟁점도 목차의 순서에 맞춰 배치하였습니다. 특히 사례형 쟁점은 "쟁점 001" 등으로 박스 표시를 하였고, 모든 쟁점 앞에 변호사시험과 법전협 모의고사 사례형 기출을 "CASE"와 "사례해설"로 수록하여 쟁점을 입체적으로 이해하도록 하였습니다.

3. 쟁점이 시작되는 첫머리에 "핵심개념" 카테고리를 신설하여 기본 개념과 법조문을 수록 하였고 별도로 기본서와 법조문을 찾아야 하는 수고를 덜도록 하였습니다.

4. 전면 개정판은 변호사시험뿐만 아니라 법전협 모의고사의 선택형과 사례형의 기출 표시 를 별도로 하였습니다.

5. 시간이 없는 수험생의 현실을 고려하여 2024년 12월까지 선고된 대법원의 판결 중 시험 에 출제될 가능성이 높은 중요한 판례들을 수록하였습니다.

6. 기출 표시를 확대하여 변호사시험, 법전협 모의고사의 기출을 반영하였습니다. 예를 들어 **변호사시험 선택형·사례형·기록형의 경우 [선택·사례·기록]으로, 법전협 모의고사의 경우 [법선·법사·법기]로** 기출을 표시하였습니다.

수험법학의 성패는 '양을 줄여 반복'이라고 해도 과언이 아닌데 본서와 저자의 강의가 합격의 초석이 되어줄 것임을 확신합니다. '형사소송법의 脈 암기장'이 시험 합격의 길라잡이가 되 길 진심으로 기원합니다.

본서와 관련하여 의견이나 질문이 있는 분들은 네이버 카페(http://cafe.naver.com/heojung criminallaw) 또는 블로그(http://blog.naver.com/lawoffice_yegun)에 남겨주시기 를 바랍니다.

2025년 4월 25일
저자 허 정

책의 특징

[2026 해커스변호사 형사소송법의 脈 암기장]의 특징

1. 사례형 쟁점들을 박스 내 문·학·판·검의 스타일로 기재하였고, 분량을 줄이고 키워드를 표시하여 암기에 편의를 제공하였습니다.

2. 변호사시험과 법전협 모의고사에 출제된 선택형 지문들을 대폭 추가하여 선택형에 99% 대비할 수 있도록 판례와 이론을 정리하였습니다.

3. 핵심개념을 신설하여 반드시 알아야 하는 기본 개념과 법조문을 수록하였습니다.

4. 2024년까지 변호사시험과 법전협 모의고사에 출제된 이론과 판례에 선택형과 사례형 기출을 각 표시하였습니다.

목차

해커스변호사
law.Hackers.com

제1편
서론

제1장 | 형사소송법의 기초

Ⅰ. 형사소송법의 법원(法源)

1. **[법원]** 형사소송법, 형사소송규칙 이외에도 헌법, 국민참여재판법 등도 형사소송법의 법원이 된다.

2. **[법무부령인 검찰사건사무규칙의 법규적 효력**(부정)**]** 검찰사건사무규칙의 규정은 검찰청 내부의 사무처리지침에 불과한 것일 뿐, 법규적 효력을 가진 것이 아니다(91헌마42).

Ⅱ. 형사소송법의 적용범위

1. 장소적 적용범위

① 형사소송법은 대한민국의 법원에서 심판되는 사건에 대하여만 적용된다.

② **[우리 법원에 재판권이 인정되는 경우]** 내국 법인의 대표자인 외국인이 그 내국 법인이 외국에 설립한 특수목적법인에 위탁해 둔 자금을 정해진 목적과 용도 외에 임의로 사용한 데 따른 횡령죄의 피해자는 당해 금전을 위탁한 내국 법인이라고 보아야 한다. 따라서 그 외국인에 대해서도 원칙적으로 우리 형법이 적용되어(형법 제6조), 우리 법원에 재판권이 있다(2016도17465).

2. 인적 적용범위

① **[원칙]** 형사소송법은 대한민국 영역 내에 있는 모든 사람에게 효력이 있다. 다만 다음과 같은 예외가 있다.

② 예외

㉮ **[대통령의 불소추특권]** 대통령은 내란 또는 외환의 죄를 범한 경우를 제외하고는 재직 중 형사상의 소추를 받지 아니한다(헌법 제84조).

㉯ **[국회의원의 면책특권]** 국회의원은 국회에서 직무상 행한 발언과 표결에 관하여 국회 외에서 책임을 지지 아니한다(헌법 제45조).

㉰ **[국회의원의 불체포특권]** 국회의원은 현행범인인 경우를 제외하고는 회기중 국회의 동의 없이 체포 또는 구금되지 아니한다(헌법 제44조 제1항). 국회의원이 회기 전에 체포 또는 구금된 때에는 현행범인이 아닌 한 국회의 요구가 있으면 회기 중 석방된다(동조 제2항). 체포 또는 구속된 국회의원에 대한 국회의 석방요구가 있으면 당연히 구속영장의 집행이 정지된다(형사소송법 제200조의6, 제101조 제4항).

③ **[국회의원의 면책특권에 속하는 행위에 대하여 공소가 제기된 경우**(공소기각판결)**]** 공소권이 없음에도 공소가 제기된 것이 되어 형사소송법 제327조 제2호의 공소제기의 절차가 법률의 규정에 위반하여 무효인 때에 해당한다(91도3317). [16 선택]

Ⅲ. 형사소송의 지도이념

1. 실체적 진실주의

① [개념] 실체적 진실주의란 소송의 실체에 관하여 객관적 진실을 발견하여 사안의 진상을 명백히 하자는 원리를 말한다.

② 내용

㉮ [적극적 실체진실주의] 범죄사실을 명백히 하여 죄 있는 자를 빠짐 없이 처벌하도록 하자는 원리로서 "열 사람의 범인이 있으면 열 사람 모두를 처벌해야 한다."라고 표현된다(유죄자 필벌의 원리).

㉯ [소극적 실체진실주의] 죄 없는 자를 유죄로 하여서는 안 된다는 원리로서 "열 사람의 범인을 놓치는 한이 있더라도 한 사람의 죄 없는 자를 벌해서는 안 된다."라고 표현된다(무죄자 불벌의 원리). 의심스러운 때는 피고인의 이익으로(in dubio pro reo)라는 무죄추정의 원리를 강조한다.

2. 적정절차(적법절차)

① [의의] 헌법정신을 구현한 공정한 법정절차에 의하여 형벌권이 실현되어야 한다는 원칙을 말한다.

② [근거] 헌법 제12조 제1항은 "누구든지 법률과 적법한 절차에 의하지 아니하고는 처벌·보안처분 또는 강제노역을 받지 아니한다."라고 규정하여 적법절차의 원칙을 선언하고 있다.

③ [내용] 적정절차는 공정한 재판의 원칙, 비례성의 원칙, 피고인 보호의 원칙을 내용으로 한다.

3. 신속한 재판의 원칙

① [의의] '신속한 재판(헌법 제27조 제3항)'이라 함은 공정하고 적정한 재판을 하는 데 필요한 기간을 넘어 부당하게 지연됨이 없는 재판을 말한다(2007헌마732).

② 내용

㉮ [수사와 공소제기의 신속을 위한 제도] 검사에 대한 수사권 집중(제195조), 수사기관의 구속기간 제한(제202조, 제203조), 공소시효(제249조), 기소편의주의와 기소변경주의(제247조, 제255조) 등이 이에 해당한다.

㉯ [공판절차의 신속을 위한 제도] 공판준비절차(제266조 내지 제274조), 집중심리주의(제267조의2), 궐석재판제도(제277조, 제277조의2), 증거동의(제318조), 판결선고기간의 제한(제318조의4), 상소기간의 제한(제358조, 제374조, 제405조) 등이 이에 해당한다.

㉰ [재판의 신속을 위한 특수한 절차] 간이공판절차(제286조의2), 약식절차(제448조), 즉결심판절차(즉심법) 등이 이에 해당한다.

제2장 | 형사소송의 구조

Ⅰ. 소송구조론

소송구조론이란 소송의 주체가 누구이고 소송주체 사이의 관계를 어떻게 구성할 것인가에 관한 이론을 말한다.

Ⅱ. 규문주의와 탄핵주의

구분	규문주의	탄핵주의
의의	규문주의란 소추기관과 재판기관이 분리되어 있지 않고 재판기관이 스스로 절차를 개시하여 심리·재판을 하는 형사절차를 말한다.	탄핵주의란 소추기관과 재판기관이 분리되어 소추기관의 공소제기에 의하여 재판기관인 법원이 심리·재판을 개시하는 형사절차를 말한다.
특징	소추기관이 없으며, 피고인은 소송주체가 아니라 단순한 심리의 객체에 불과하다.	불고불리(不告不理)의 원칙이 적용되며 피고인은 소송주체로서의 지위가 인정된다.

Ⅲ. 탄핵주의(직권주의와 당사자주의)

구분	직권주의	당사자주의
의의	① [의의] 법원에게 소송의 주도적 지위를 인정하는 소송구조를 말한다. ② [내용] 법원은 검사 또는 피고인의 주장에 구속되지 않고 직권으로 증거를 수집·조사하고(직권탐지주의), 법원이 직권으로 사건을 심리하게 된다(직권심리주의).	① [의의] 당사자인 검사와 피고인에게 소송의 주도적 지위를 인정하여 당사자 사이의 공격과 방어에 의하여 심리가 진행되고 법원은 제3자의 입장에서 당사자의 주장과 입증을 판단하는 소송구조를 말한다. ② [내용] 소송의 진행이 당사자의 주도 아래 이루어지므로 증거의 수집과 제출은 당사자에게 맡겨지고 심리도 당사자의 공격과 방어의 형태로 진행된다.
장점	① 법원이 소송에서 주도적 역할을 하므로 실체적 진실발견에 효과적이다. ② 심리의 능률과 신속을 도모할 수 있다. ③ 형사절차의 공정성을 담보하여 소송의 스포츠화를 방지할 수 있다.	① 법원은 제3자적 입장에서 공정한 재판을 할 수 있다. ② 소송결과에 이해관계를 가진 당사자의 적극적인 입증활동으로 실체적 진실발견에 적합하다. ③ 피고인에게 검사와 대등한 지위를 인정하므로 피고인의 방어권 행사가 충분히 보장된다.
단점	① 사건심리가 법원의 자의와 독단에 빠질 위험이 있다. ② 피고인이 심리의 객체로 전락될 위험이 있다. ③ 법원이 제3자로서의 공정성을 상실할 위험이 있다.	① 당사자 간에 공격과 방어가 연속되어 심리의 능률·신속을 저해할 위험이 있다. ② 변호인 없는 피고인에게 오히려 불리하게 작용할 위험이 있다. ③ 국가형벌권의 행사가 당사자의 타협에 의하여 좌우되고 소송의 스포츠화 내지 합법적 도박을 초래할 위험이 있다.

Ⅳ. 형사소송법의 기본구조

① **[현행 형사소송의 기본구조**(기본적으로 당사자주의)**]** 형사소송법은 <u>당사자주의를 그 기본 골격으로</u> <u>하면서</u> 한편으로는 <u>직권주의적 규정을 아울러 두고 있다</u>(82도3248).

② **[당사자주의적 요소]** 공소장변경제도(제298조 제1항), 공소장일본주의(규칙 제118조 제2항), 공소 사실의 특정 요구(제254조 제4항), 공소장부본의 송달(제266조), 1회 공판기일 유예기간(제269조), 당사자의 모두진술(제285조, 제286조), 피고인신문에 앞선 증거조사(제290조, 제296조의2), 당사 자의 증거신청권(제294조), 증거조사 참여권(제121조, 제163조, 제176조 등), 증인에 대한 교호신문 제도(제161조의2 제1항) 등이 이에 해당한다.

③ **[직권주의적 요소]** 법원의 직권증거조사(제295조), 피고인신문제도(제296조의2), 법원의 공소장변 경요구(제298조 제2항), 증거동의에 대한 법원의 진정성 판단(제318조 제1항) 등이 이에 해당한다.

제2편
수사

01 수사의 의의

1. **[개념]** 수사는 범죄혐의의 유무를 명백히 하여 공소를 제기·유지할 것인가의 여부를 결정하기 위하여 범인을 발견·확보하고 증거를 수집·보전하는 수사기관의 활동을 말한다(98도3329).

2. **쟁점 001** 수사와 내사의 구별*** [12 사례]

【CASE】

사법경찰관 P는 공기업인 Y 공사 사장이 예산을 횡령하였다는 첩보를 입수하고 내사에 착수하였다. 상황을 파악하기 위하여 Y 공사 자금을 관리하는 경리여직원 A를 소환하여 그녀로부터 Y 공사 사장인 甲과 자금담당이사 乙이 공모하여 예산을 일부 횡령한 정황이 기재된 진술서를 제출받고 乙을 소환한 후 진술을 받으려 하였다. 그러나 乙은 아무런 근거 없이 조사에 응할 수 없다고 진술을 거부하려 하였고 P는 "참고인에게는 진술거부권이 없으니 사실대로 진술하라. 사실대로 말을 할 경우, 내사를 종결할 테니 자금담당이사직을 계속 유지하려면 조사에 협조하여야 한다."라고 회유하여 乙로부터 횡령사실을 일부 시인하는 진술을 받고 참고인진술조서를 작성하였다. P가 작성한 乙에 대한 참고인진술조서는 증거로 사용할 수 있는가?   【2011년 사법고시】

🔍 **쟁점연구 | 수사의 개시시점**

1. 문제점

P가 乙에 대한 참고인진술조서 작성 당시 이미 수사가 개시되어 乙의 신분이 피의자여서 진술거부권을 고지하였어야 하는지와 관련하여 수사의 개시시점이 문제된다.

2. 학설 및 判例

① [형식설] 범죄인지서 작성이라는 형식에 따라 판단해야 한다.

② [실질설] 실질적인 수사개시 여부에 의하여 판단해야 한다.

③ [判例] 사법경찰관이 범죄인지보고서를 작성하는 절차를 거치기 전에 범죄의 혐의가 있다고 보아 수사에 착수하는 행위를 한 때에는 이때에 범죄를 인지한 것으로 보아야 하고 그 뒤 범죄인지보고서를 작성한 때에 비로소 범죄를 인지하였다고 볼 것은 아니다(대판 : 2008도12127).

3. 검토(판례지지)

피의자의 권리보호를 위하여 범죄인지서를 작성하여 사건수리 절차를 밟은 때에 비로소 범죄를 인지하였다고 볼 것은 아니므로 이러한 인지절차를 밟기 전에 수사에 착수하는 행위를 하였다면 수사가 개시되었다고 보는 것이 타당하다.

【사례해설】

사안의 경우 사법경찰관 P가 A를 소환한 후 횡령한 정황이 기재된 진술서를 제출받고 범죄혐의가 인정되자 乙을 소환하여 진술을 받으려고 한 것이므로 이미 이 단계에서 수사에 착수한 것으로 보아야 한다. 따라서 乙의 신분은 참고인이 아니라 피의자이므로 그에 대하여 진술거부권을 고지하여야 하는데 고지를 하지 않았고 또한 '내사 종결'이라는 약속(사실은 기망에 해당한다)을 통하여 자백을 받아낸 것이므로 제308조의2(위법수집증거배제법칙) 내지 제309조(자백배제법칙)에 의하여 乙에 대한 참고인진술조서(그 실질은 피의자신문조서에 해당한다)는 증거로 사용할 수 없다.

관련판례 [범죄인지의 판단기준, 인지절차(범죄인지서 작성) 이전의 수사개시의 적법성(원칙 적법), 인지절차가 이루어지기 전에 작성되었다는 이유만으로 조서의 증거능력을 부인할 수 있는지 여부(소극)] 검사가 범죄인지서 작성절차를 거치기 전에 범죄의 혐의가 있다고 보아 수사를 개시하는 행위를 한 때에는 이 때에 범죄를 인지한 것으로 보아야 하고, 그 뒤 범죄인지서를 작성하여 사건수리 절차를 밟은 때에 비로소 범죄를 인지하였다고 볼 것이 아니며, 이러한 인지절차를 밟기 전에 수사를 하였다고 하더라도 그 수사가 장차 인지의 가능성이 전혀 없는 상태하에서 행하여졌다는 등의 특별한 사정이 없는 한, 인지절차가 이루어지기 전에 수사를 하였다는 이유만으로 그 수사가 위법하다고 볼 수는 없고 따라서 그 수사과정에서 작성된 피의자신문조서나 진술조서 등의 증거능력도 이를 부인할 수 없다(2000도2968). [15 선택] [22 법선]

기출지문 검사가 「검찰사건사무규칙」에 따른 범죄인지 절차를 밟지 않은 상태에서 행한 피의자신문은 위법한 수사에 해당하며, 당해 피의자신문조서는 증거능력이 없다. (×) [15 선택]

02 수사기관과 피의자

1. 수사기관
① [의의] 법률상 수사를 할 수 있는 권한이 인정되는 국가기관을 말한다.
② [종류] 검사, (일반)사법경찰관리, 특별사법경찰관리, 사법경찰관리의 직무를 행하는 검찰청 직원(검찰청법상의 사법경찰관리)이 있다.
③ [검사와 사법경찰관의 관계(협력관계)] 검사와 사법경찰관은 수사, 공소제기 및 공소유지에 관하여 서로 협력하여야 한다(제195조).

2. 고위공직자범죄수사처(이하 '수사처'라고 함)
① [의의] 수사처는 고위공직자범죄등에 관하여 필요한 직무를 수행하기 위하여 '고위공직자범죄수사처 설치 및 운영에 관한 법률'(이하 공수처법)에 근거하여 설치된 기관이다.
② [수사처의 직무대상과 고위공직자의 범위] '고위공직자'란 다음 각 목의 어느 하나의 직에 재직 중인 사람 또는 그 직에서 퇴직한 사람을 말한다. 다만, 장성급 장교는 현역을 면한 이후도 포함된다(공수처법 제3조 제1항, 제2조).

① 대통령	⑩ 대법원장비서실, 사법정책연구원, 법원공무원교육원, 헌법재판소사무처의 정무직공무원
② 국회의장 및 국회의원	⑪ 검찰총장
③ 대법원장 및 대법관	⑫ 특별시장 · 광역시장 · 특별자치시장 · 도지사 · 특별자치도지사 및 교육감
④ 헌법재판소장 및 헌법재판관	
⑤ 국무총리와 국무총리비서실 소속의 정무직공무원	⑬ 판사 및 검사
⑥ 중앙선거관리위원회의 정무직공무원	⑭ 경무관 이상 경찰공무원
⑦ 공공감사에 관한 법률 제2조 제2호에 따른 중앙행정기관의 정무직공무원	⑮ 장성급 장교
	⑯ 금융감독원 원장 · 부원장 · 감사
⑧ 대통령비서실 · 국가안보실 · 대통령경호처 · 국가정보원 소속의 3급 이상 공무원	⑰ 감사원 · 국세청 · 공정거래위원회 · 금융위원회 소속의 3급 이상 공무원
⑨ 국회사무처, 국회도서관, 국회예산정책처, 국회입법조사처의 정무직공무원	

위 고위공직자 중 대법원장 및 대법관, 판사, 검찰총장, 검사, 경무관 이상 경찰공무원을 편의상 '1급 고위공직자'라고 칭하며 나머지 고위공직자를 편의상 '2급 고위공직자'라고 칭하기로 한다. 다음에서 보는 바와 같이 1급 고위공직자에 대하여는 수사처가 수사 및 공소제기(유지)의 권한을 갖지만 2급 고위공직자에 대하여는 수사처가 수사의 권한만을 갖는다.

③ 수사처와 관련된 주요 내용

> **제3조(고위공직자범죄수사처의 설치와 독립성)** ① 고위공직자범죄등에 관하여 다음 각 호에 필요한 직무를 수행하기 위하여 고위공직자범죄수사처(이하 "수사처"라 한다)를 둔다.
> 1. 고위공직자범죄등에 관한 수사
> 2. '대법원장 및 대법관, 판사, 검찰총장, 검사, 경무관 이상 경찰공무원'이 재직 중에 본인 또는 본인의 가족이 범한 고위공직자범죄 및 관련범죄의 공소제기와 그 유지
> ② 수사처는 그 권한에 속하는 직무를 독립하여 수행한다.
> ③ 대통령, 대통령비서실의 공무원은 수사처의 사무에 관하여 업무보고나 자료제출 요구, 지시, 의견제시, 협의, 그 밖에 직무수행에 관여하는 일체의 행위를 하여서는 아니 된다.
> **제24조(다른 수사기관과의 관계)** ① 수사처의 범죄수사와 중복되는 다른 수사기관의 범죄수사에 대하여 처장이 수사의 진행 정도 및 공정성 논란 등에 비추어 수사처에서 수사하는 것이 적절하다고 판단하여 이첩을 요청하는 경우 해당 수사기관은 이에 응하여야 한다.

④ 수사처, 검사, 경찰의 사건처리

구분	수사처	검사	경찰
사건의 처리	① 1급 고위공직자범죄등의 경우 수사처검사가 공소제기(불기소) 및 유지를 담당함 ② 2급 고위공직자범죄등의 경우 관계 서류와 증거물을 지체 없이 서울중앙지방검찰청 소속 검사에게 송부하여야 함	① 좌측 ②의 경우 서울중앙지검 검사가 공소제기(불기소) 및 유지를 담당함 ② 나머지 사건의 경우 형사소송법에 따라 검사가 공소제기(불기소) 및 유지를 담당함	① **(송치)** 범죄의 혐의 인정 – 검사에게 사건을 송치하고, 관계 서류와 증거물을 검사에게 송부하여야 함 ② **(불송치)** 범죄의 혐의 불인정 – 그 이유를 명시한 서면과 관계서류와 증거물을 검사에게 송부하여야 함

3. 피의자

① **[피의자의 시기]** 피의자란 수사기관에 의하여 범죄의 혐의를 받아 수사의 대상이 되어 있는 자를 말한다. 수사기관이 범죄를 인지(실무상 입건)하고 수사를 개시한 때 그 대상자는 피의자가 된다. 피의자는 수사개시 이전의 피내사자와 구별되며, 공소제기 후의 피고인과도 구별된다.

② **[피의자의 종기]** 피의자는 공소제기에 의하여 피고인으로 전환되므로 공소제기시에 피의자의 지위가 소멸한다. 불기소처분의 경우 불기소처분 확정시에 피의자의 지위가 소멸된다.

03 수사의 조건

Ⅰ. 의의

수사의 개시와 그 진행·유지에 필요한 조건을 말한다. 수사는 수사 목적을 달성함에 필요한 경우에 한하여(제199조 제1항) 사회통념상 상당하다고 인정되는 방법 등에 의하여 수행되어야 한다(98도3329).

Ⅱ. 수사의 필요성

1. **[수사의 의의]** 수사는 범죄혐의의 유무를 명백히 하여 공소를 제기·유지할 것인가의 여부를 결정하기 위한 것이다(98도3329).

2. **[범죄혐의]** 수사기관은 범죄혐의가 있을 때에만 수사를 할 수 있다(제196조, 제197조 제2항). 범죄혐의란 구체적 사실에 기초한 수사기관의 '주관적 혐의'를 말한다.

3. **[공소제기 가능성]** 공소제기 가능성이 없는 경우 수사를 개시할 수 없다.

4. **쟁점 002** 친고죄와 전속고발범죄에 있어 고소·고발 전 수사의 허용 여부** [25 사례] [18·17·14 법사]

【CASE】

甲은 2015. 3.경부터 2016. 9. 5.경까지 서울 강남구 역삼동에 위치한 중국어학원에서 취업활동을 할 수 있는 체류자격이 없는 중국인 12명을 학원강사로 고용하여 출입국관리법위반죄를 범하였다. 경기지방경찰청은 관할 출입국관리소장의 고발이 있기 전인 2016. 9. 20. 위 사건을 입건한 후 甲에 대하여 피의자신문조서를 작성하였다. 경기지방경찰청의 수사는 적법한가?

[참조조문] 출입국 관리법 제101조(고발) ① 출입국사범에 관한 사건은 지방출입국·외국인관서의 장의 고발이 없으면 공소를 제기할 수 없다.

🔍 쟁점연구 | 전속고발범죄에 있어 고발 전 수사의 적법성 여부

1. 문제점

전속고발범죄에 있어서 고발 전의 수사가 적법한지 문제된다.

2. 학설 및 判例

① [전면적 허용설] 고발은 수사의 조건은 아니므로 고발이 없는 경우에도 임의수사는 물론 강제수사도 허용된다.

② [전면적 부정설] 전속고발범죄의 입법 취지에 따라 고발이 없는 경우 강제수사는 물론 임의수사도 허용되지 않는다.

③ [제한적 허용설] 고발이 없더라도 고발의 가능성이 있는 경우에는 임의수사는 물론 강제수사도 허용된다.

④ [判例(원칙 적법)] 법률에 의하여 고소나 고발이 있어야 논할 수 있는 죄에 있어서 고소 또는 고발은 이른바 소추조건에 불과하고 당해 범죄의 성립요건이나 수사의 조건은 아니므로, 위와 같은 범죄에 관하여 고소나 고발이 있기 전에 수사를 하였더라도, 수사가 장차 고소나 고발의 가능성이 없는 상태하에서 행해졌다는 등의 특단의 사정이 없는 한 고소나 고발이 있기 전에 수사를 하였다는 이유만으로 그 수사가 위법하게 되는 것은 아니다(대판 : 2008도7724). [20 선택] [22 법선]

3. 검토

법률에 의하여 고발이 있어야 논할 수 있는 죄에 있어서 고발은 이른바 소추조건에 불과하고 수사의 조건은 아니므로, 그 수사가 장차 고발의 가능성이 없는 상태하에서 행해졌다는 등의 특단의 사정이 없는 한 고발이 있기 전에 수사를 하였다는 이유만으로 그 수사가 위법하게 되는 것은 아니다.

【사례해설】

사안의 경우 경기청이 관할 출입국관리소장의 고발이 있기 전에 수사(피의자신문)를 하였으나, 고발의 가능성이 없는 상태하에서 행해졌다는 등의 특단의 사정이 없으므로 수사는 적법하다.

5. 전속고발범죄 관련판례

① [고발의 가능성이 없는 상태가 아닌 상황에서 작성된 피신조서(고발 전 작성 사유만으로 증거능력 부정할 수 없음)] 검사 작성의 피고인에 대한 피의자신문조서 등이 조세범처벌법위반죄에 대한 세무서장의 고발이 있기 전에 작성된 것이라 하더라도 피고인 등에 대한 신문이 고발의 가능성이 없는 상태하에서 이루어졌다고 볼 아무런 자료도 없다면 그들에 대한 신문이 고발 전에 이루어졌다는 이유만으로 그 조서 등의 증거능력을 부정할 수는 없다(94도252).

② [고발 전 수사 > 고발 > 공소제기(공소제기가 무효라고 할 수 없음)] 수사기관이 고발에 앞서 수사를 하고 검찰의 요청에 따라 세무서장이 고발조치를 하였다고 하더라도 공소제기 전에 고발이 있은 이상 피고인에 대한 공소제기의 절차가 법률의 규정에 위반하여 무효라고 할 수 없다(94도3373).

Ⅲ. 수사의 상당성

1. [의의] 수사의 필요성이 인정되는 경우라도 수사는 수사목적을 달성하기 위한 상당한 방법에 의하여야 한다. 수사의 상당성이 인정되려면 수사 비례의 원칙과 수사의 신의칙이 준수되어야 한다.

2. **[수사 비례의 원칙]** 수사 특히 강제수사는 목적달성에 필요한 최소한에 그쳐야 한다는 원칙을 말한다 (제199조 제1항 단서).

3. **[수사의 신의칙]** "수사기관은 수사과정에서 국민을 기망하거나 곤궁에 빠뜨려서는 안 된다."라는 원칙을 말한다. 은밀하게 이루어지는 마약범죄나 뇌물범죄 등의 경우 통상의 수사방법으로는 효과적인 수사를 기대할 수 없어 실무상 함정수사가 이용되고 있는데 수사의 신의칙과 관련하여 적법성이 문제되고 있다.

4. 함정수사
① **[기회제공형]** 이미 범죄의사를 가지고 있는 자에게 범죄의 기회를 제공하는 수사방법을 말한다.
② **[범의유발형]** 범죄의사가 없는 자에 대하여 수사기관이 교사하거나 범의를 유발케 한 후 범죄의 실행을 기다렸다가 그를 체포하는 수사방법을 말한다. 따라서 범의를 가진 자에 대하여 범행의 기회를 주거나 단순히 사술이나 계략 등을 써서 범죄인을 검거하는 데 불과한 경우에는 이를 함정수사라고 할 수 없다(2007도4532).
③ **쟁점 003** 함정수사의 적법성 여부★ [13 사례]

【CASE】
甲은 친구인 乙과 丙으로부터 취객을 상대로 돈을 훔쳐 술 먹자."라고 제의를 받고 거절하였다. 이에 乙과 丙은 "그럼 너는 승용차에 그냥 있어라." 하고 떠났다. 乙과 丙은 마침 길바닥에 가방을 떨어뜨린 채 2~3미터 전방에서 구토하고 있는 취객을 발견하고, 乙은 그 취객을 발로 차 하수구로 넘어지게 하고 丙은 길에 떨어져 있던 가방에서 돈을 꺼냈다. 이를 지켜보던 사법경찰관 P1과 P2가 다가와 乙과 丙을 현행범으로 체포하려 하자 이 두 사람은 甲이 있는 승용차로 도망가다가 붙잡혔다. 경찰관들은 승용차 운전석에 있던 甲도 체포하여 신원을 조회한 결과 甲이 자동차 운전면허 정지기간 중에 운전한 자임을 알게 되었다. 당시 P1과 P2는 강절도범특별검거지시가 있어 순찰하다가 그 취객을 발견하고도 구호조치를 하지 않은 채 잠복근무 중, 乙과 丙이 범행하는 것을 기다렸다가 때마침 체포한 것이었다. 피고인 甲, 乙, 丙의 변호인은 "이 건 체포는 함정수사이다."라고 주장하였다. 변호인 주장의 당부를 논하시오.
【제2회 변호사시험 제2문】

🔍 쟁점연구
1. 문제점
수사의 신의칙과 관련하여 함정수사에 기한 체포의 적법성이 문제된다.

2. 함정수사의 적법성 여부
① 학설 및 判例
㉮ **[학설]** 기회제공형 함정수사는 적법하지만, 범의유발형 함정수사는 위법하다고 본다.
㉯ **[判例(범의유발형은 위법한 함정수사)]** 범의를 가진 자에 대하여 단순히 범행의 기회를 제공하거나 범행을 용이하게 하는 수사방법이 경우에 따라 허용될 수 있음은 별론으로 하고, **본래 범의를 가지지 아니한 자에 대하여 수사기관이 사술이나 계략 등을 써서 범의를 유발케 하여 범죄인을 검거하는 함정수사는 위법함을 면할 수 없다**(대판 : 2008도7362).

② 검토 및 결론

범죄를 방지할 임무가 있는 수사기관이 오히려 범죄(범의)를 유발하는 것은 적법절차라는 헌법 이념에 비추어 수사의 상당성을 결한 것이므로 위법하다.

3. 위법한 함정수사 여부의 판단기준

위법한 함정수사에 해당하는지 여부는 해당 **범죄의 종류와 성질, 유인자의 지위와 역할**, 유인의 경위와 방법, 유인에 따른 피유인자의 반응, 피유인자의 처벌 전력 및 유인행위 자체의 위법성 등을 종합하여 판단하여야 한다(대판 : 2013도1473).

【사례해설】

사안에서 경찰관들의 행위는 취객을 발견하고도 구호조치를 하지 않은 채 숨어서 지켜보고 있다가 乙과 丙이 범행하는 것을 기다렸다가 때마침 체포한 것이고, 乙과 丙은 취객을 발견하고 스스로 범의를 일으켜 범행에 나아간 것이어서 그 체포를 위법한 함정수사라고 할 수 없다(대판 : 2007도1903 참고). 따라서 체포가 위법한 함정수사라는 변호인의 주장은 타당하지 아니하다.

④ [위법한 함정수사에 해당하는지의 판단기준(수사기관과의 관련성)] 수사기관과 직접 관련이 있는 유인자가 피유인자로 하여금 범의를 일으키게 하는 것은 위법한 함정수사에 해당하여 허용되지 않는다. 그러나, 유인자가 수사기관과 직접적인 관련을 맺지 않은 상태에서 피유인자를 상대로 단순히 수차례 반복적으로 범행을 부탁하여 피유인자의 범의가 유발되었다 하더라도 위법한 함정수사에 해당하지 않는다(2008도2794). [14 선택]

5. 위법한 함정수사에 해당하는 경우

① [수사기관 관련자가 수사기관이 건네준 범죄자금을 제공하여 범의유발] 피고인 甲, 乙이 마약정보원 丙(서울지방검찰청 마약수사주사의 정보원임)의 "수사기관이 수사에 사용할 히로뽕을 구해야 하니 히로뽕을 좀 구해 달라. 히로뽕을 구입하여 오면 검찰에서 甲, 乙의 안전을 보장한다고 하였다."라는 부탁과 함께 위 주사로부터 건네받은 히로뽕 구입자금을 丙으로부터 교부받은 후 중국에 건너가 히로뽕을 매수한 경우(2004도1066)

② [수사기관의 변호사비용 제공 약속 및 불처벌 약속] 수사기관인 검찰 계장 丁이 구속된 남편의 공적이 필요했던 乙과 함께 "협조하면 당신 형의 변호사 선임비용을 제공하겠다. 필리핀에 있는 마약 공급책을 연결해 주는 것은 처벌하지 않겠다." 등으로 丙에게 제안을 하자, 丙이 이를 승낙하고 피고인 甲에게 부탁하여 필로폰을 수입하게 한 경우(2006도3464)

③ [수사기관이 단속실적을 올리기 위하여 범의유발] 경찰관이 노래방의 도우미 알선 영업 단속 실적을 올리기 위하여 그에 대한 제보나 첩보가 없는데도 손님을 가장하고 들어가 도우미를 불러낸 경우(2008도7362) [17 선택]

6. 위법한 함정수사에 해당하지 않는 경우

① [수사기관과 직접 관련이 없는 자의 신고에 의한 체포] 피고인이 甲에게 필로폰이 든 1회용 주사기를 교부하고 또한 필로폰을 1회용 주사기에 넣고 생수로 희석한 다음 자신의 팔에 주사하여 투약하였는바, 甲이 그 다음 날 이 사실을 검찰에 신고하여 피고인이 체포된 경우(2008도2794)

② [수사기관과 직접 관련이 없는 자에 의한 범의유발] 甲, 乙, 丙 등은 새롭게 당선된 군수인 피고인을 함정에 빠뜨리겠다는 의사로 뇌물을 공여하였고, 피고인이 뇌물을 수수하자 서둘러 이 사실을 검찰에 신고한 경우(비록 피고인의 뇌물수수는 뇌물공여자들의 함정교사에 의한 것이지만, 이들은 수사기관과 직접적인 관련을 맺지 아니한 자이기 때문에 함정수사가 아니다)(2007도10804)

③ [기회제공에 불과한 경우(부축빼기 절도사건)] 경찰관이 취객을 상대로 한 이른바 부축빼기 절도범을 단속하기 위하여, 공원 인도에 쓰러져 있는 취객 근처에서 감시하고 있다가 마침 피고인이 나타나 취객을 부축하여 10m 정도를 끌고 가 지갑을 뒤지자 현장에서 피고인을 체포한 경우(2007도1903) [13 선택] [13 사례]

④ [이미 범행을 저지른 자를 정보원을 이용하여 유인한 후 체포한 경우] 이미 범행(마약법위반)을 저지른 피고인을 검거하기 위하여 수사기관이 정보원을 이용하여 피고인을 검거장소로 유인한 후 체포한 경우(2007도4532)

⑤ [기회제공형과 범의유발형 수사가 함께 있는 경우] 게임장에서 손님을 가장한 사경이 게임물을 이용하여 획득한 후 ㉠ 적립한 게임점수를 환전해달라고 요구하여 적립한 게임점수 10만 점을 8만 원으로 환전하고 ㉡ 손님들끼리 서로 게임점수를 매매한 경우 종업원들로 하여금 카운터에 설치된 컴퓨터의 회원관리프로그램을 이용하여 각 손님들 사이의 게임점수를 차감·적립하게 하는 방법으로 게임점수에 교환가치를 부여함으로써 손님들로 하여금 위 게임물을 이용하여 도박 그 밖의 사행행위를 하게 하거나 이를 하도록 방치하였다(2017도16810). [㉠은 범의유발형 함정수사에 해당, ㉡은 기회제공형 함정수사에 해당]

7. 쟁점 **004** 위법한 함정수사에 기한 공소제기의 효력★

🔍 쟁점연구

1. 문제점
위법한 함정수사에 터잡아 공소제기된 경우 법원의 조치가 문제된다.

2. 학설 및 判例
① [불가벌설[1]] 위법한 함정수사는 적법절차에 위반되는 중대한 위법이므로 그 공소제기 절차가 법률의 규정에 위반하여 무효이므로 **공소기각판결**을 선고하여야 한다는 견해이다.

② [가벌설] 위법한 함정수사가 있었다고 하더라도 범죄의 성립을 조각하거나 소송조건의 흠결이 있는 것이 아니므로 **유죄판결**을 선고하여야 한다는 견해이다.

③ [判例] 범의를 가지지 아니한 자에 대하여 수사기관이 사술이나 계략 등을 써서 범의를 유발케 하여 범죄인을 검거하는 함정수사는 위법함을 면할 수 없고 이러한 위법한 함정수사에 기한 공소제기는 그 절차가 법률의 규정에 위반하여 무효인 때에 해당하므로 **공소기각판결**을 선고하여야 한다(대판 : 2008도7362). [20·17 선택]

3. 검토 및 결론
위법한 함정수사에 기한 공소제기는 그 절차가 법률의 규정에 위반하여 무효인 때에 해당하므로 법원은 형사소송법 **제327조 제2호**에 의하여 **공소기각판결**을 선고하여야 한다.

---

1) 무죄설이나 면소판결설도 있으나 위의 기술 정도만으로도 충분하다고 본다.

【사례해설】

사안에서 경찰관들은 취객을 발견하고도 구호조치를 하지 않은 채 숨어서 지켜보고 있다가 乙과 丙이 범행하는 것을 기다렸다가 때마침 체포한 것이고, 乙과 丙은 취객을 발견하고 스스로 범의를 일으켜 범행에 나아간 것이어서 그 체포를 위법한 함정수사라고 할 수 없다(대판 : 2007도1903 참고). 따라서 체포가 위법한 함정수사라는 변호인의 주장은 타당하지 아니하다.

기출지문 위법한 함정수사에 기하여 공소를 제기한 피고사건은 범죄로 되지 아니하므로 형사소송법 제325조의 규정에 따라 법원은 판결로써 무죄를 선고하여야 한다. (×) [17 선택]

04 수사의 개시

📝 핵심개념 수사의 단서

1. 개념
수사기관이 범죄의 혐의가 있다고 판단하여 수사를 개시할 수 있는 자료(원인)를 말한다.

2. 종류
① [수사기관의 체험에 의한 수사의 단서] 불심검문(경직법 제3조), 변사자검시(제222조), 현행범체포(제212조), 신문기사, 풍설·세평·다른 사건 수사 중 범죄 발견 등이 이에 해당한다.
② [타인의 체험의 청취에 의한 수사의 단서] 고소(제223조), 고발(제234조), 자수(제240조), 피해신고, 진정, 탄원, 투서가 이에 해당된다.

Ⅰ. 불심검문

경찰관 직무집행법 제3조(불심검문) ① 경찰관은 다음 각 호의 어느 하나에 해당하는 사람을 정지시켜 질문할 수 있다.

　　1. 수상한 행동이나 그 밖의 주위 사정을 합리적으로 판단하여 볼 때 어떠한 죄를 범하였거나 범하려 하고 있다고 의심할 만한 상당한 이유가 있는 사람

　　2. 이미 행하여진 범죄나 행하여지려고 하는 범죄행위에 관한 사실을 안다고 인정되는 사람

② 경찰관은 사람을 정지시킨 장소에서 질문을 하는 것이 그 사람에게 불리하거나 교통에 방해가 된다고 인정될 때에는 질문을 하기 위하여 가까운 경찰서로 동행할 것을 요구할 수 있다. 이 경우 동행을 요구받은 사람은 그 요구를 거절할 수 있다.

③ 경찰관은 거동불심자에게 질문을 할 때에 그 사람이 흉기를 가지고 있는지를 조사할 수 있다.

④ 경찰관은 질문을 할 경우 자신의 신분을 표시하는 증표를 제시하면서 소속과 성명을 밝히고 질문의 목적과 이유를 설명하여야 한다.

⑤ 경찰관은 제2항에 따라 동행한 사람의 가족이나 친지 등에게 동행한 경찰관의 신분, 동행 장소, 동행 목적과 이유를 알리거나 본인으로 하여금 즉시 연락할 수 있는 기회를 주어야 하며, 변호인의 도움을 받을 권리가 있음을 알려야 한다.
⑥ 경찰관은 임의동행한 사람을 6시간을 초과하여 경찰관서에 머물게 할 수 없다.
⑦ 질문을 받은 사람은 형사소송에 관한 법률에 따르지 아니하고는 신체를 구속당하지 아니하며, 그 의사에 반하여 답변을 강요당하지 아니한다.

1. 의의
경찰관이 거동이 수상한 자(거동불심자)를 발견한 때에 이를 정지시켜 질문하는 것을 말한다(경직법 제3조).

2. 불심검문의 대상(거동불심자)
① [거동불심자] 불심검문의 대상은 어떠한 죄를 범하였거나 범하려 하고 있다고 의심할 만한 상당한 이유가 있는 사람, 이미 행하여진 범죄나 행하여지려고 하는 범죄행위에 관한 사실을 안다고 인정되는 사람이다(경직법 제3조 제1항).
② **[불심검문 대상자 해당 여부를 판단하는 기준]** 경찰관이 불심검문 대상자 해당 여부를 판단할 때에는 불심검문 당시의 구체적 상황은 물론 사전에 얻은 정보나 전문적 지식 등에 기초하여 불심검문 대상자인지를 객관적·합리적인 기준에 따라 판단하여야 하나, 체포나 구속에 이를 정도의 혐의가 있을 것을 요한다고 할 수는 없다(2014도7976).

3. 불심검문의 방법(정지와 질문)
① [정지의 방법] 정지는 질문을 위한 수단이므로 강제수단에 의하여 정지시키는 것은 허용되지 않는다.
② [질문의 방법] 경찰관은 거동불심자에게 행선지나 용건 또는 성명·주소·연령 등을 묻거나 경우에 따라 신분증의 제시를 요구할 수 있다. 질문에 대하여 상대방은 의사에 반하여 답변을 강요당하지 아니한다(경직법 제3조 제7항).
③ [절차] 경찰관은 질문할 경우 자신의 신분을 표시하는 증표를 제시하면서 소속과 성명을 밝히고 질문의 목적과 이유를 설명하여야 한다(경직법 제3조 제4항). 다만, 검문하는 사람이 경찰관이고 검문하는 이유가 범죄행위에 관한 것임을 피고인이 충분히 알고 있었다고 보이는 경우에는 신분증을 제시하지 않았다고 하여 그 불심검문이 위법한 공무집행이라고 할 수 없다(2014도7976). [19 선택]

④ **쟁점 005** 정지와 질문을 위한 실력행사의 허용 여부★★ [24 선택] [24 사례] [15 법사]

【CASE】

A는 "집에 침입한 절도범이 나를 때리고 도주하였는데, 절도범한테 맞아서 코에 피가 난다. 절도범은 30대 초반에 빨간색 뿔테안경을 착용하였고, 청바지에 흰색 티셔츠를 입었다."라고 112에 신고를 하였다. 신고를 받고 출동한 경찰관은 근처를 탐문하던 중, A의 집으로부터 2km 떨어진 지점에서 인상착의가 흡사한 甲을 발견하고 검문을 위해 정지를 요구하였다. 甲이 이를 무시하고 그대로 도주하자 200m가량 추적하여 甲의 옷자락을 붙잡았고 그로 인해 甲이 바닥에 넘어졌다. 경찰관은 甲의 손과 소매 부분에 피가 묻어 있는 것을 발견하고 행적에 대하여 질문을 하려고 하였으나 甲이 다시 도주하려고 하자 그 자리에서 체포의 이유와 변호인선임권 등을 고지하고 甲을 체포하였다. 甲의 옷자락을 붙잡은 행위의 적법성을 논하시오. 【제13회 변호사시험 제1문】

🔍 쟁점연구

1. 문제점

경찰관의 정지 요구에 거동불심자가 불응하거나 질문 도중에 떠나버리는 경우 어느 정도까지 실력행사를 할 수 있는지 문제된다.

2. 학설 및 判例

① [제한적 허용설] 불심검문의 실효성 확보를 위하여 강제(체포·구속)에 이르지 않을 정도의 유형력 행사(길을 가로막거나 추적하거나 또는 몸에 손을 대는 정도)는 가능하다.

② [예외적 허용설] 원칙적으로 유형력 행사는 허용되지 않지만, 강도·살인 등 중범죄에 한하여 긴급체포도 가능하지만 신중을 기하기 위하여 예외적으로만 허용된다.

③ [判例(종합적 판단)] 경찰관은 불심검문 대상자에게 질문을 하기 위하여 범행의 경중, 범행과의 관련성, 상황의 긴박성, 혐의의 정도, 질문의 필요성 등에 비추어 **목적 달성에 필요한 최소한의 범위 내에서 사회통념상 용인될 수 있는** 상당한 **방법으로 대상자를 정지시킬 수 있고 질문에 수반하여 흉기의 소지 여부도 조사할 수 있다**(대판 : 2014도7976).

3. 검토

불심검문의 실효성 확보를 위하여 목적 달성에 필요한 최소한의 범위 내에서 사회통념상 용인될 수 있는 상당한 방법으로 대상자를 정지시킬 수 있고 질문에 수반하여 흉기의 소지 여부도 조사할 수 있다고 보는 것이 타당하다.

【사례해설】

사안의 경우 범행시간과 불심검문 시간의 근접성, 신고내용을 고려하면 甲은 절도죄를 범하였다고 의심할 만한 상당한 이유가 있는 사람(경직법 제3조 제1항의 거동불심자)이므로 질문의 필요성이 인정되고, 경찰관이 甲의 옷자락을 붙잡은 것은 불심검문의 목적 달성에 필요한 최소한의 범위 내의 상당한 방법이라고 보여지므로 경찰관의 불심검문은 적법하다.

4. 임의동행

① [의의] 경찰관은 사람을 정지시킨 장소에서 질문을 하는 것이 그 사람에게 불리하거나 교통에 방해가 된다고 인정될 때에는 질문을 하기 위하여 가까운 경찰관서로 동행할 것을 요구할 수 있다.

② **[절차]** 경찰관은 동행을 요구할 경우 자신의 신분을 표시하는 증표를 제시하면서 소속과 성명을 밝히고 동행의 목적과 이유를 설명하여야 하며, 동행 장소를 밝혀야 한다(경직법 제3조 제4항). 경찰관은 동행한 사람의 가족, 친지 등에게 동행한 경찰관의 신분, 동행 장소, 동행 목적과 이유를 알리거나 본인으로 하여금 즉시 연락할 수 있는 기회를 주어야 하며, 변호인의 도움을 받을 권리가 있음을 알려야 한다(동조 제5항). 경찰관은 동행한 사람을 6시간을 초과하여 경찰관서에 머물게 할 수 없다(동조 제6항).

③ **[경찰관직무집행법 제3조 제6항이 임의동행한 자를 6시간 동안 경찰관서에 구금하는 것을 허용하는 것인지의 여부**(소극)] 임의동행은 상대방의 동의 또는 승낙을 그 요건으로 하는 것이므로 경찰관으로부터 임의동행 요구를 받은 경우 상대방은 이를 거절할 수 있을 뿐만 아니라 임의동행 후 언제든지 경찰관서에서 퇴거할 자유가 있다 할 것이고 경찰관직무집행법 제3조 제6항이 "임의동행한 경우 당해인을 6시간을 초과하여 경찰관서에 머물게 할 수 없다."고 규정하고 있다고 하여 그 규정이 임의동행한 자를 6시간 동안 경찰관서에 구금하는 것을 허용하는 것은 아니다(97도1240).

④ **[보호조치의 요건이 갖추어지지 않았음에도 경찰관이 피의자를 그의 의사에 반하여 경찰관서에 데려간 경우, 위법한 체포에 해당하는지의 여부**(적극)] 경찰관직무직행법상의 보호조치 요건이 갖추어지지 않았음에도 경찰관이 실제로는 범죄수사를 목적으로 피의자에 해당하는 사람을 피구호자로 삼아 그의 의사에 반하여 경찰관서에 데려간 행위는 달리 현행범체포나 임의동행 등의 적법 요건을 갖추었다고 볼 사정이 없다면 위법한 체포에 해당한다고 보아야 한다(2012도11162).[2]

5. 흉기소지 여부 조사

① **[흉기소지의 조사]** 경찰관은 질문을 할 때 상대방이 흉기를 가지고 있는지를 조사할 수 있다(제3조 제3항).

② 쟁점 **006** 흉기 이외의 '일반 소지품' 조사의 허용여부 및 한계*[15 법사]

일반 소지품의 조사에 대하여는 명문규정이 없으나, 불심검문의 안전과 질문의 실효성을 위하여 허용된다고 보는 것이 일반적이다. 의복이나 휴대품의 외부를 손으로 만져 확인하는 '외표검사'(Stop and Frisk)는 허용된다. 소지품 내용의 개시요구는 강요적인 언동에 의하지 않는 한 허용된다.

【CASE】

사법경찰관 P는 2015. 12. 24. 20:00경 강도강간치상 사건이 발생하였고, 상황실로부터 범인은 키 180cm의 남자로 검정색 가방을 소지하고 있는 것으로 추정된다는 무전을 받고 발생장소인 관내 중앙공원으로 출동하던 중 공원 후문에서 검정색 가방을 맨 채로 상의 단추가 잠겨있지 않아 속살이 보이고, 바지 지퍼가 열려 있는 키 180cm 정도의 남자 甲을 발견하였다. 근무복을 착용하고 있던 P는 이를 수상히 여겨 자신의 소속과 성명을 밝히고 강도강간치상 사건을 수사하기 위함을 밝히면서 甲의 인적사항을 묻기 시작하였다. P는 甲이 말을 더듬고 당황하자 낌새가 이상하여 메고 있던 가방을 열어보라고 요청하였고, 불응하자 가방을 빼앗아 그 안을 보았던 바, 여성용 지갑, 피가 묻은 내의가 발견되어 사법경찰관 P는 甲을 긴급체포하였다. 경찰관 P의 甲에 대한 소지품 검사는 적법한가?

---

2) 음주단속을 피해 도망가는 피의자 甲이 경직법 제4조 제1항 제1호의 보호조치 대상자(음주만취자)가 아니고 피의자의 처가 현장에 있었으나 경찰관이 보호조치라는 핑계로 甲을 강제로 봉담지구대로 연행한 것은 위법한 체포에 해당한다고 판시한 사례이다. 甲이 지구대에서 음주측정을 거부하고 경찰관에게 상해를 가한 경우, 음주측정거부죄나 공무집행방해죄는 성립하지 않지만 상해죄가 성립한다고 판시하였다.

1. 문제점

경찰관직무집행법 제3조 제3항은 "경찰관은 거동불심자에게 질문을 할 때에 그 사람이 흉기를 가지고 있는지를 조사할 수 있다."라고 하여 조사의 대상으로 '흉기'만 규정하고 있기 때문에 흉기 이외의 기타 소지품 검사도 허용되는지 문제된다.

2. 학설

① [긍정설] 불심검문의 안전과 질문의 실효성을 위하여 허용된다.

② [부정설] 법률에 명문의 규정이 없으므로 허용되지 않는다.

3. 소지품 검사의 한계(긍정설을 전제)

불심검문의 안전과 질문의 실효성을 위하여 허용된다고 보는 것이 타당하다.

① [외표검사(stop and frisk)] 소지품 검사는 거동 불심자의 의복이나 휴대품의 외부를 손으로 만져 확인하는 외표검사(stop and frisk)의 방법에 의하여야 한다.

② [거부한 경우] 소지품의 개시요구에 대하여 거동불심자가 승낙하면 문제가 없으나, 거부를 한 경우에는 다음과 같이 나누어 판단하여야 한다.

㉮ [흉기] 흉기를 소지하고 있을 고도의 개연성이 있는 경우에 한하여 폭력을 사용하지 않는 범위 내에서는 가능하다.

㉯ [기타 소지품] 기타 소지품을 실력을 행사하여 조사하는 것은 법적 근거가 없는 것이므로 허용되지 않는다.

【사례해설】

소지품 검사가 허용된다고 하더라도 이른바 외표검사(stop and frisk)에 한정되어야 하는바, 사안의 경우 사법경찰관 P의 소지품 검사는 그 한계를 넘어 사실상 강제로 압수·수색을 한 것이므로 이는 위법하다.

Ⅱ. 고소

제223조(고소권자) 범죄로 인한 피해자는 고소할 수 있다.

제224조(고소의 제한) 자기 또는 배우자의 직계존속을 고소하지 못한다.

제225조(비피해인 고소권자) ① 피해자의 법정대리인은 독립하여 고소할 수 있다.

② 피해자가 사망한 때에는 그 배우자, 직계친족 또는 형제자매는 고소할 수 있다. 단, 피해자의 명시한 의사에 반하지 못한다.

제228조(고소권자의 지정) 친고죄에 대하여 고소할 자가 없는 경우에 이해관계인의 신청이 있으면 검사는 10일 이내에 고소할 수 있는 자를 지정하여야 한다.

제230조(고소기간) ① 친고죄에 대하여는 범인을 알게 된 날로부터 6월을 경과하면 고소하지 못한다. 단, 고소할 수 없는 불가항력의 사유가 있는 때에는 그 사유가 없어진 날로부터 기산한다.

제232조(고소의 취소) ① 고소는 제1심 판결선고 전까지 취소할 수 있다.

② 고소를 취소한 자는 다시 고소할 수 없다.

③ 피해자의 명시한 의사에 반하여 공소를 제기할 수 없는 사건에서 처벌을 원하는 의사표시를 철회한 경우에도 제1항과 제2항을 준용한다.

제233조(고소의 불가분) 친고죄의 공범 중 그 1인 또는 수인에 대한 고소 또는 그 취소는 다른 공범자에 대하여도 효력이 있다.

제236조(대리고소) 고소 또는 그 취소는 대리인으로 하여금하게 할 수 있다.

1. 개념

① [의의] 범죄의 피해자 등 **고소권자가 수사기관에 범죄사실을 신고하여 범인의 처벌을 구하는 의사표시**를 말한다.

② [**수사기관에 대한 신고**] 피해자가 법원에 진술서를 제출하거나 증인으로서 증언하면서 판사의 신문에 대해 "피고인의 처벌을 바란다."는 취지의 진술을 한 경우 고소로서의 효력이 없다(84도709).

③ 범죄사실의 신고

㉮ [**고소의 특정대상과 정도**] 고소인은 범죄사실을 특정하여 신고하면 족하고 범인이 누구인지 나아가 범인 중 처벌을 구하는 자가 누구인지를 적시할 필요도 없다(94도2423). [23 · 12 선택]

㉯ [**고소 범죄사실의 특정방법**(고소장의 '죄명'이 아니라 '내용'에 의해 결정)] 고소가 어떠한 사항에 관한 것인가의 여부는, 고소장에 붙인 죄명에 구애될 것이 아니라 고소의 내용에 의하여 결정하여야 한다 (고소장에 명예훼손죄의 죄명을 붙이고 그 죄에 관한 사실을 적었으나 그 사실이 명예훼손죄를 구성하지 않고 모욕죄를 구성하는 경우에는, 위 고소는 모욕죄에 대한 고소로서의 효력을 갖는다)(81도1250).

④ [**범인의 처벌을 구하는 의사표시**(수사 및 조사의 촉구)] 피해자가 경찰청 인터넷 홈페이지에 '피고인을 철저히 조사해 달라'는 취지의 민원을 접수하는 형태로 피고인에 대한 조사를 촉구하는 의사표시를 한 것은 형사소송법에 따른 적법한 고소로 보기 어렵다(2010도9524). [17 선택]

⑤ [**의사표시와 고소능력**(고소위임능력)] 고소능력(고소위임을 위한 능력)은 피해를 받은 사실을 이해하고 고소에 따른 사회생활상의 이해관계를 알아차릴 수 있는 사실상의 의사능력으로 충분하다(98도2074). [23 선택]

⑥ [**범행기간을 특정하고 있는 고소의 효력이 미치는 범위**] 범행기간을 특정하고 있는 고소는 그 기간 중의 어느 특정범죄에 대하여 범인의 처벌을 원치 않는 고소인의 의사가 있다고 볼만한 특단의 사정이 없는 이상 특정된 기간 중에 저지른 모든 범죄에 대하여 범인의 처벌을 구하는 의사표시라고 봄이 상당하다(85도1213).

2. 고소의 성질

친고죄에 대한 고소는 수사의 단서이자 소송조건에 해당하므로 고소가 없는 공소제기는 위법하다(제327조 제2호의 공소기각판결 사유에 해당). 그러나 비친고죄에 대한 고소는 단지 수사의 단서일 뿐이다.

3. 고소권자

① [**범죄의 피해자**] 범죄로 인한 피해자는 고소할 수 있다(제223조). ㉠ 고소권은 공권의 성격을 가지므로 상속 · 양도의 대상이 되지 않는다. ㉡ 프로그램저작권이 명의신탁된 경우 대외적인 관계에서는 명의수탁자만이 프로그램저작권자이므로 고소 역시 명의수탁자만이 할 수 있다(2010도8467).

② **[피해자의 법정대리인]** ㉠ 피해자의 법정대리인은 **독립하여 고소할 수 있다**(제225조 제1항). ㉡ 모자관계는 자의 출생으로 법률상 당연히 생기는 것이므로 이혼한 생모는 친권자(법정대리인)로서 독립하여 고소할 수 있다(87도1707).

③ ▌**쟁점 007** 법정대리인의 고소권의 법적성질★★ [22 법사]

【CASE】

고등학교 학생인 甲(女, 17세)은 2016. 9. 4. 학교 교실에서 A(女, 17세)와 말다툼을 하던 중 A에게 "또라이 년, 얼굴도 못 생긴게 짜증나게 하네, 씨발년" 등이라고 심하게 욕설을 하였다. 화가 난 A는 모욕죄로 甲을 경찰서에 고소하였다가 甲의 어머니 乙의 설득에 의해 2016. 9. 10. 그 고소를 취소하였다. 2016. 10. 10. 이러한 사실을 처음 알게 된 A의 아버지 B는 처음에는 대수롭지 않게 생각하였다가, 甲이 평소 같은 학급 학생들을 너무 괴롭히고 있다는 말을 듣고 버릇을 고쳐줘야 한다는 생각으로 2017. 3. 20. 모욕죄로 甲을 경찰서에 고소하였다. B의 고소는 적법한가?

🔍 **쟁점연구**

1. 문제점

형소법 제225조 제1항은 "피해자의 법정대리인은 **독립하여** 고소할 수 있다."라고 규정하고 있는데, 여기서 고소권의 법적 성질이 어떠한지가 문제된다.

2. 학설과 判例

① [독립대리권설] 법정대리인의 고소권은 법률관계의 불안정을 피하기 위하여 피해자의 고소를 대리하여 행사하는 것에 불과하다.

② [고유권설] 법정대리인의 고소권은 법정대리인에게 주어진 고유권이다.

③ [判例] 법정대리인의 고소권은 무능력자의 보호를 위하여 법정대리인에게 주어진 고유권이므로 법정대리인은 ⅰ) 피해자의 **고소권 소멸 여부에 관계없이** 고소할 수 있고 이러한 고소권은 ⅱ) 피해자의 **명시한 의사에 반하여도 행사**할 수 있다(대판 : 99도3784). 또한 ⅲ) 법정대리인의 고소기간은 **법정대리인 자신이 범인을 알게 된 날로부터 진행한다**(대판 : 87도857). [23 · 21 선택]

3. 검토

법정대리인의 고소권은 무능력자의 보호를 위하여 법정대리인에게 주어진 고유권이라고 보는 것이 타당하다.

【사례해설】

사안에서 피해자 A의 고소권이 고소취소로 소멸되었다고 하더라도 법정대리인 B는 자신의 고유한 고소권에 기하여 고소할 수 있다. 또한 B는 A의 고소취소라는 명시한 의사에 반하여도 고소할 수 있으며, B는 자신이 범인을 알게 된 2016. 10. 10.부터 6개월이 경과하기 전인 2017. 3. 20.에 고소한 것이므로 고소기간 내의 고소에 해당한다. 따라서 B의 고소는 적법하다.

관련판례 부재자 재산관리인은 형사소송법 제225조 제1항에서 정한 법정대리인으로서 적법한 고소권자에 해당한다(2021도2488). [24 · 23 선택]

고유권설(판례)	독립대리권설
⑦ 법정대리인의 고소권은 무능력자의 보호를 위하여 법정대리인에게 인정한 고유권이다.	⑦ 피해자의 고소권은 원래 일신전속적인 것이라고 보며, 법률관계의 불안정을 피하기 위하여 법정대리인의 고소권을 독립대리권으로 본다.
ⓛ 피해자의 고소권이 소멸되어도 법정대리인의 고소권은 소멸되지 않으며, 피해자 본인은 법정대리인이 한 고소를 취소할 수 없다.	ⓛ 피해자의 고소권이 소멸되면 법정대리인의 고소권도 소멸되며, 피해자 본인은 법정대리인이 한 고소를 취소할 수 있다.
ⓒ 피해자의 명시한 의사에 반하여 고소할 수 있다.	ⓒ 피해자의 명시한 의사에 반하여 고소할 수 없다.
ⓔ 고소기간은 법정대리인이 범인을 안 날로부터 진행한다.	ⓔ 고소기간은 피해자가 범인을 안 날로부터 진행한다.

④ **[배우자, 직계친족, 형제자매**(피해자가 사망한 경우)**]** 피해자가 사망한 때에는 그 배우자 · 직계친족 · 형제자매는 고소할 수 있다. 다만, 피해자의 명시한 의사에 반하지 못한다(제225조 제2항).

4. 고소의 방법

① **[고소의 방식과 사법경찰관의 조치]** 고소는 서면 또는 구술로 검사 또는 사법경찰관에게 하여야 한다(제237조 제1항). 검사 또는 사법경찰관이 구술에 의한 고소를 받은 때에는 조서를 작성하여야 한다(동조 제2항).

② **[피해자진술조서에 기재된 범인처벌을 요구하는 의사표시가 적법한 고소에 해당하는지의 여부**(적극)**]** 그 조서가 독립된 조서일 필요는 없다(2011도4451).

③ **[고소의 대리]** 고소는 대리인으로 하여금 하게 할 수 있다(제236조).

④ 고소의 기간

㉮ **[친고죄의 고소기간]** 친고죄에 있어서는 범인을 알게 된 날로부터 **6개월**이 경과하면 고소하지 못한다(제230조 제1항). 그러나 비친고죄의 고소는 수사의 단서에 불과하므로 고소기간의 제한이 없다.

㉯ **['범인을 알게 된다 함' 및 '범인을 알게 된 날'의 의미]** ⑦ '범인을 알게 된다 함'은 고소권자가 고소를 할 수 있을 정도로 범죄사실과 범인을 아는 것을 의미하고, 범죄사실을 안다는 것은 고소권자가 친고죄에 해당하는 범죄의 피해가 있었다는 사실관계에 관하여 확정적인 인식이 있음을 말한다(2010도4680). ⓛ '범인을 알게 된 날'이란 범죄행위가 종료된 후에 범인을 알게 된 날을 가리키는 것으로, 고소권자가 범죄행위가 계속되는 도중에 범인을 알았다 하여도, 고소기간은 범죄행위가 종료된 때부터 계산하여야 한다(2004도5014). [21 선택]

㉰ **[임의대리의 경우**(고소권자가 범인을 알게 된 날부터 기산)**]** 대리인에 의한 친고죄의 고소의 경우 고소기간은 대리고소인이 아니라 정당한 고소권자를 기준으로 고소권자가 범인을 알게 된 날부터 기산한다(2001도3081). [법정대리인이 자신의 고유권으로서 고소를 하는 경우와 다름에 유의할 것] [18 선택]

5. 고소의 취소

① **[의의]** 친고죄에 있어서 고소권자가 일단 제기한 고소를 철회하는 소송행위를 말한다.

② **[기능]** 친고죄의 경우 고소가 취소되면 소송조건의 흠결이 발생하나, 친고죄가 아닌 경우의 고소취소는 양형판단의 자료가 될 뿐이다.

③ [고소의 취소권자] ⅰ) 고소취소를 할 수 있는 자는 <u>고유의 고소권자</u>와 <u>고소의 대리행사권자</u>이다. 고유의 고소권자는 고소의 대리행사권자의 고소를 취소할 수 있으나, 고소의 대리행사권자는 고유의 고소권자의 고소를 취소할 수 없다. ⅱ) 고소취소는 대리인으로 하여금 하게 할 수 있다(제236조).

④ **[성년인 피해자가 한 고소를 피해자 사망 후 그 부친이 취소할 수 있는지 여부**(소극)**]** 사건 당시 23세인 피해자의 부친이 피해자 사망 후에 피해자를 대신하여 그 피해자가 이미 하였던 고소를 취소하더라도 이는 적법한 고소취소라 할 수 없다(69도376). [대법원은 본 건의 경우 제26조가 적용될 수 없다고 판시하였다]

⑤ '처벌불원의 의사표시를 할 수는 있는 자'에 해당하지 않는 경우

㉮ **[폭행죄에 있어 피해자가 사망한 후 그 상속인]** (2010도2680) [14 선택]

㉯ **[피해자가 성년인 경우의 아버지]** 교통사고로 의식을 회복하지 못하고 있는 피해자의 아버지가 피해자를 대리하여 처벌을 희망하지 아니한다는 의사를 표시하는 것은 허용되지 아니할 뿐만 아니라 피해자가 성년인 이상 의사능력이 없다는 것만으로 피해자의 아버지가 당연히 법정대리인이 된다고 볼 수도 없으므로, 피해자의 아버지가 처벌을 희망하지 아니한다는 의사를 표시하였더라도 소송법적으로 효력이 발생할 수 없다(2012도568). [제26조와 제225조가 적용될 수 없다는 것이 판례의 취지이다[3]]

㉰ **[반의사불벌죄에서 성년후견인]** 반의사불벌죄에서 성년후견인은 명문의 규정이 없는 한 의사무능력자인 피해자를 대리하여 피고인 또는 피의자에 대하여 처벌을 희망하지 않는다는 의사를 결정하거나 처벌을 희망하는 의사표시를 철회하는 행위를 할 수 없다. 이는 성년후견인의 법정대리권 범위에 통상적인 소송행위가 포함되어 있거나 성년후견개시심판에서 정하는 바에 따라 성년후견인이 소송행위를 할 때 가정법원의 허가를 얻었더라도 마찬가지이다(全 2021도11126).[4]

> 관련판례 진로변경을 금지하는 안전표지인 <u>백색실선</u>은 「교통사고처리 특례법」 제3조 제2항 단서 제1호에서 정하고 있는 '통행금지를 내용으로 하는 안전표지'에 해당하지 않으므로, 이를 침범하여 교통사고를 일으킨 운전자에 대하여는 처벌특례가 적용된다고 보아야 한다(全 2022도12175).

⑥ **['처벌불원의 의사표시를 할 수는 있는 자'에 해당하는 경우**(의사능력 있는 청소년)**]** 반의사불벌죄라고 하더라도 피해자인 청소년에게 의사능력이 있는 이상, 단독으로 피고인 또는 피의자의 처벌을 희망하지 않는다는 의사표시 또는 처벌희망 의사표시의 철회를 할 수 있고, 거기에 법정대리인의 동의가 있어야 하는 것으로 볼 것은 아니다(全 2009도6058).

---

3) **제26조(의사무능력자와 소송행위의 대리)** 형법 제9조 내지 제11조의 규정의 적용을 받지 아니하는 범죄사건에 관하여 피고인 또는 피의자가 의사능력이 없는 때에는 그 법정대리인이 소송행위를 대리한다.
제225조(비피해자인 고소권자) ① 피해자의 법정대리인은 독립하여 고소할 수 있다.
4) 피고인이 자전거를 운행하던 중 전방주시의무를 게을리하여 보행자인 피해자를 들이받아 중상해를 입게 하였다는 교통사고처리 특례법 위반(치상)의 공소사실로 기소되었고, 위 사고로 의식불명이 된 피해자에 대하여 성년후견이 개시되어 성년후견인으로 피해자의 법률상 배우자가 선임되었는데, 배우자가 피고인 측으로부터 합의금을 수령한 후 제1심 판결선고 전에 피해자를 대리하여 처벌불원의사를 표시한 사안에서, 위 특례법 제3조 제2항에서 차의 운전자가 교통사고로 인하여 범한 업무상과실치상죄는 '피해자의 명시적인 의사'에 반하여 공소를 제기할 수 없도록 규정하여 문언상 그 처벌 여부가 '피해자'의 '명시적'인 의사에 달려 있음이 명백하므로, 배우자가 피해자를 대신하여 처벌불원의사를 형성하거나 결정할 수 있다고 해석하는 것은 법의 문언에 반한다고 한 사례

⑦ [고소의 취소방식] 고소취소는 고소와 동일하게 서면 또는 구술로 할 수 있다(제237조 제1항, 제239조).

⑧ [고소취소 또는 처벌희망의사표시 철회의 상대방] 공소제기 전에는 고소사건을 담당하는 수사기관에, 공소제기 후에는 고소사건의 수소법원에 대하여 이루어져야 한다(2011도1726). [23·21 선택]

⑨ 적법한 고소의 취소 또는 처벌희망 의사표시 철회의 인정여부

㉮ [불인정] 고소인이 합의서를 피고인에게 작성하여준 것만으로는 고소가 적법히 취소된 것으로 볼 수 없다(83도516).

㉯ [불인정] 관련 민사사건에서 '이 사건과 관련하여 서로 상대방에 대하여 제기한 형사 고소 사건 일체를 모두 취하한다'는 내용이 포함된 조정이 성립된 것만으로는 고소 취소나 처벌불원의 의사표시를 한 것으로 보기 어렵다(2003도8136). [위 조정조서 사본 등을 수사기관이나 제1심 법정에 제출하지 아니하였다] [21·15 선택]

㉰ [인정] 피해자가 가해자와 합의한 후 "이 사건 전체에 대하여 가해자와 원만히 합의하였으므로 피해자는 가해자를 상대로 이 사건과 관련한 어떠한 민·형사상의 책임도 묻지 아니한다."는 취지의 합의서가 경찰(또는 법원)에 제출된 경우 고소의 취소는 적법하다(2001도6777). [15·13 선택]

6. 고소의 취소시기

① [친고죄] 친고죄의 고소는 제1심 판결선고 전까지 취소할 수 있다(제232조 제1항). [16 선택] [22 사례] 그러나 비친고죄의 고소는 수사의 단서에 불과하므로 시기의 제한을 받지 않고 취소할 수 있다.

② [반의사불벌죄] 반의사불벌죄에 있어서 처벌을 희망하는 의사표시의 철회도 제1심 판결선고 전까지 할 수 있다(동조 제3항).

③ **쟁점 008** 공범에 대한 제1심 판결선고 후의 고소취소**

【CASE】
乙, 丙은 甲에 대하여 "씨발 새끼야. 우리들한테 사기를 쳐. 개자식아"라고 욕설을 하였다. 이에 甲은 乙, 丙을 고소하여 수사가 진행되었고, 검사는 해외로 출장을 간 丙을 제외하고, 乙을 먼저 모욕죄로 공소제기하였다. 제1심법원은 乙에 대한 재판을 진행하여 乙에게 유죄판결을 선고하였고, 乙은 항소하여 乙의 사건은 항소심에 계속 중이다. 그 후 丙이 해외 출장에서 돌아오자 검사는 丙을 모욕죄로 공소제기하여 丙의 사건은 1심에 계속 중이다. 그 후 甲은 乙, 丙과 고소취소에 합의하였고 합의서가 乙의 항소심법원과 丙의 제1심법원에 각각 제출되었다. 법원은 乙, 丙에 대하여 각각 어떠한 조치를 취해야 하는가? (다른 소송조건은 모두 구비된 것으로 간주한다)

🔍 쟁점연구

1. 문제점
고소는 제1심 판결선고 전까지 취소할 수 있으므로, 이미 제1심판결을 선고받은 상태에 있는 공범이 존재하는 경우 아직 제1심판결을 선고받기 전의 상태에 있는 다른 공범에 대한 고소취소의 효력이 인정될 수 있는지 문제된다.

2. 학설 및 判例

① [적극설] **피해자의 의사를 존중**하여 고소취소가 허용된다.

② [소극설] **고소의 주관적 불가분의 원칙**상 고소취소가 허용되지 않는다.

③ [判例(소극설)] 친고죄의 공범 중 그 일부에 대하여 제1심판결이 선고된 후에는 제1심판결 선고 전의 다른 공범자에 대하여는 그 고소를 취소할 수 없다(대판 : 85도1940).

3. 검토 및 결론

고소의 주관적 불가분의 원칙과 공범처벌의 일관성을 유지하기 위하여 공범 중 일부에 대한 제1심판결이 존재하는 경우, 다른 공범자에게는 그 효력이 미치지 않는다고 보는 것이 타당하다.

【사례해설】

항소심 법원과 제1심법원은 乙, 丙에 대하여 각각 유무죄의 실체재판을 하여야 한다.

관련판례 친고죄의 공범 중 그 일부에 대하여 제1심판결이 선고된 후에는 제1심판결 선고 전의 다른 공범자에 대하여는 그 고소를 취소할 수 없고 그 고소의 취소가 있다 하더라도 그 효력을 발생할 수 없으며, 이러한 법리는 필요적 공범이냐 임의적 공범이냐를 구별함이 없이 모두 적용된다(85도1940). [22 · 18 · 14 · 13 선택] [22 법선]

④ 쟁점 **009** 항소심에서 반의사불벌죄로 공소장이 변경된 경우 고소취소의 인정여부** [18 사례] [19 · 14 법사]

【CASE】

A(여, 26세)는 버스를 타고 남자친구를 만나러 가던 중 깜박 졸다가 휴대폰을 좌석에 둔 채 하차하였다. 그 순간 옆 좌석의 승객 甲(남, 30세)이 휴대폰을 발견하고 이를 전해주기 위해 A를 따라 하차하면서 A를 불렀으나 대답이 없자 뒤에서 A의 어깨를 잡았다. 그때 A를 기다리던 남자친구 乙은 그 장면을 보고 甲을 성폭행범으로 오해하여 A를 구하기 위해 甲을 밀어 넘어뜨렸다. 乙은 甲에 대한 폭행치상의 범죄사실로 기소되어 제1심 법원에서 유죄를 선고받고 항소하였다. 항소심 계속 중에 폭행죄로 공소장이 변경되었고, 그 후 甲이 乙에 대한 처벌을 원치 않는다는 내용의 합의서를 제출한 경우 항소심은 어떠한 판단을 내려야 하는가? **【제7회 변호사시험 제1문】**

🔍 쟁점연구

1. 문제점

반의사불벌죄에 있어서 처벌희망 의사표시의 철회는 제1심 판결선고 전까지 할 수 있는데, 항소심 이르러 비로소 비반의사불벌죄에서 반의사불벌죄로 변경된 경우에도 이를 할 수 있는지 여부가 문제된다(친고죄의 경우에도 같은 문제가 발생한다).

2. 학설 및 判例

① [적극설] 항소심은 **실질적으로 제1심**에 해당하므로 처벌희망 의사표시의 철회가 허용된다.

② [소극설] 처벌희망 의사표시의 철회 허용시기를 **획일적으로 규정**한 형사소송법 규정 취지에 비추어 허용되지 않는다.

③ **[判例(소극설)]** ⅰ) 형사소송법이 고소취소의 시한을 획일적으로 **제1심판결 선고시까지로 한정**하고 있으므로, 현실적 심판의 대상이 된 공소사실이 친고죄로 된 당해 심급의 판결 선고시까지 고소인이 고소를 취소할 수 있다는 의미로 볼 수는 없다. 또한 항소심에서 비로소 반의사불벌죄로 공소장이 변경되었다 하더라도 고소취소는 인정되지 않는다(대판(全) : 96도1922). ⅱ) 형사소송법 제232조 제1항, 제3항의 취지는 국가형벌권의 행사가 피해자의 의사에 의하여 좌우되는 현상을 장기간 방치할 것이 아니라 제1심판결 선고 이전까지로 제한하자는데 그 목적이 있다 할 것이므로, 비록 항소심에 이르러 비로소 반의사불벌죄가 아닌 죄에서 반의사불벌죄로 공소장변경이 있었다 하여 항소심인 제2심을 제1심으로 볼 수는 없다(대판 : 85도2518). [21·14 선택]

3. 검토 및 결론

형사소송법이 고소취소의 시한을 획일적으로 제1심판결 선고시까지로 한정하고 있으므로, 항소심에서 비로소 반의사불벌죄로 공소장변경이 이루어졌다고 하더라도 고소취소는 효력이 없다고 보는 것이 타당하다.

【사례해설】

甲의 처벌불원의사표시는 무효이므로 항소심은 이를 고려함이 없이 심판하여야 한다.

⑤ **[친고죄(반의사불벌죄)에 있어 제1심판결 선고 후 고소취소의 효력(무효)]** 피해자의 명시한 의사에 반하여 죄를 논할 수 없는 사건에서 처벌을 희망하는 의사표시의 철회 또는 처벌을 희망하지 아니하는 의사표시는 제1심판결 선고시까지 할 수 있으므로 그 후의 의사표시는 효력이 없다(84도2682). [14·13 선택] 그리고 처벌불원의 의사표시의 부존재는 소극적 소송조건으로서 직권조사사항에 해당하므로 항소심은 이를 직권으로 조사·판단하여야 한다(2019도19168).

⑥ 관련판례

㉠ **[항소심이 제1심을 파기하고 환송한 경우 환송 후 제1심판결의 선고 전에 고소를 취소할 수 있는지 여부(적극), 이 경우 법원이 취해야 할 조치(공소기각판결)]** 상소심에서 제1심의 공소기각판결을 법률위반을 이유로 파기하고 사건을 제1심법원에 환송함에 따라 다시 제1심 절차가 진행된 경우, 종전의 제1심판결은 이미 파기되어 그 효력을 상실하였으므로 환송 후 제1심판결 선고 전에 고소가 취소되면 형사소송법 제327조 제5호에 의하여 판결로써 공소를 기각하여야 한다(2009도9112). [18·15 선택]

㉡ **[재심의 제1심판결에서 처벌희망 의사표시의 철회 가능성(가능)]** ⅰ) 제1심판결이 소촉법 제23조 본문의 특례 규정에 의하여 선고된 다음 피고인이 책임질 수 없는 사유로 공판절차에 출석할 수 없었다고 하여 소촉법 제23조의2의 규정에 의한 재심이 청구되고 재심개시의 결정이 내려진 경우, 부도수표 회수나 수표소지인의 처벌을 희망하지 아니하는 의사의 표시도 그 재심의 제1심판결 선고 전까지 하면 되는 것으로 해석함이 상당하다. 그러나, ⅱ) 재심을 청구하는 대신 항소권회복청구를 함으로써 항소심 재판을 받게 되었다면 항소심을 제1심이라고 할 수 없는 이상 그 항소심 절차에서는 처벌을 희망하는 의사표시를 철회할 수 없다(2016도9470).

㉢ **[부정수표단속법 제2조 제4항]** 부도수표 회수나 수표소지인의 처벌을 희망하지 아니하는 의사의 표시가 제1심판결 선고 이전까지 이루어지는 경우에는 공소기각의 판결을 선고하여야 할 것이고 이는 부정수표가 공범에 의하여 회수된 경우에도 마찬가지이다(2009도9939).

7. **고소취소의 효과**(재고소의 금지)

　　고소를 취소하면 고소권이 소멸한다. 따라서 고소를 취소한 자는 고소기간 내일지라도 다시 고소할 수 없다(제232조 제2항). [18 · 12 선택] 또한, 반의사불벌죄 사건에서 처벌을 원하는 의사표시를 철회한 자도 다시 처벌을 원하는 의사표시를 할 수 없다(동조 제3항).

8. **고소불가분의 원칙**

① **[의의]** 고소나 고소취소의 효력이 불가분이라는 원칙을 말하며, 고소가 소송조건이 되는 친고죄의 고소에만 적용된다.

② **[객관적 불가분의 원칙]** 친고죄에 있어서 하나의 범죄사실 일부에 대한 고소나 그 취소는 그 전부에 대하여 효력이 인정된다는 원칙을 말한다. 이에 대한 명문의 규정은 없으나 "하나의 사건은 소송법적으로 나눌 수 없다."라는 이론상 당연히 인정되고 있다.

③ 적용범위

㉮ **[일죄]** 일죄의 일부에 대한 고소, 고발, 공소제기의 효력은 전부에 효력이 발생한다(2011도4451 등). [23 선택]

㉯ **[과형상 일죄**(상상적 경합)**]** ⅰ) 모두 친고죄, ⅱ) 피해자가 동일한 경우에만 적용된다.

㉰ **[실체적 경합]** 객관적 불가분 원칙은 하나의 범죄사실을 전제로 하므로 실체적 경합범의 관계에 있는 수죄에 대해서는 적용되지 아니한다. [15 선택]

④ 친고죄와 고소의 주관적 불가분의 원칙

㉮ **[의의]** 수인의 공범 중 1인 또는 수인에 대한 고소나 그 취소는 다른 공범자에게도 효력이 미친다는 원칙을 말한다(제233조). [18 · 13 선택]

㉯ **[절대적 친고죄]** 친고죄의 공범 중 1인에 대한 고소취소는 고소인의 의사와 상관없이 다른 공범에 대하여도 효력이 있다(2008도7462).

㉰ **[양벌규정]** 친고죄의 경우에 있어서도 행위자의 범죄에 대한 고소가 있으면 족하고 나아가 양벌규정에 의하여 처벌받는 자에 대하여 별도의 고소를 요한다고 할 수는 없다(94도2423). [17 법사]

㉱ **[상대적 친고죄]** 상대적 친고죄에 있어 비신분자에 대한 고소는 친고죄의 고소가 아니므로 그 고소의 효력은 신분자에게 미치지 아니하며, 신분자에 대한 고소취소는 비신분자에게 효력이 없다(64도481). [22 사례]

㉲ **[전속고발범죄]** 조세범처벌법상 고발의 구비 여부는 양벌규정에 의하여 처벌받는 자연인인 행위자와 법인에 대하여 개별적으로 논하여야 한다(2004도4066). [14 선택]

⑪ 쟁점 **010** 반의사불벌죄에도 주관적 불가분의 원칙이 준용되는지 여부** [16·15 사례] [22·17 법사]

【CASE】
甲과 乙은 A와 B로부터 자세한 설명을 듣지는 못했으나 프로포폴을 주사하는 현장을 직접 목격했으므로 더 이상의 조사는 필요 없다고 생각하고, "병원장 A가 거액을 받고 상습적으로 프로포폴을 주사해 주고 있으며, B도 상습적으로 프로포폴을 불법투여받은 것으로 보인다."라는 내용의 기사를 작성하였고, 이 기사는 다음 날 참소식신문 1면 특종으로 게재되었다. 甲과 乙은 이 기사내용이 사실이라고 굳게 믿었고 A나 B를 비방할 의도 없이 이들의 불법투여사실을 알림으로써 프로포폴의 오·남용을 근절하는 데일조한다는 생각에서 기사화한 것이었다. 만일 위 사실에 대하여 공소가 제기되어 제1심 공판절차 중에 A와 B가 돌연히 甲에 대해서만 고소를 취소하였다면, 이때 乙에 대하여 제1심법원이 취할 수 있는 조치를 논하시오. 【제5회 변호사시험 제2문】

🔍 쟁점연구

1. 문제점
반의사불벌죄에도 고소불가분에 관한 형소법 제233조가 준용될 수 있는지 문제된다.

2. 학설 및 判例
① [긍정설] 친고죄와 반의사불벌죄는 유사한 성질의 범죄로 볼 수 있기 때문에 준용할 수 있다.
② [부정설] 양 범죄는 취지와 목적이 다르기 때문에 준용할 수 없다.
③ [判例] 처벌을 희망하지 아니하는 의사표시나 처벌을 희망하는 의사표시의 철회에 관하여 친고죄와는 달리 공범자 간에 불가분의 원칙은 적용되지 아니한다(대판 : 93도1689). [18·16·15·13·12 선택]

3. 검토
친고죄와 반의사불벌죄는 입법취지가 다르고, 반의사불벌죄에는 **고소의 주관적 불가분 원칙에 관한 준용규정을 두고 있지 않은 점5)**을 고려할 때 반의사불벌죄에는 고소불가분에 관한 형사소송법 제233조가 준용될 수 없다고 보는 것이 타당하다.

【사례해설】
사안에서 A와 B의 甲에 대한 고소취소의 효과는 乙에 대하여는 미치지 않는다고 보아야 하므로 법원은 乙에 대하여 공소기각판결을 선고하지 말고 심리를 계속하여야 한다.

---

5) 형소법 제232조 제3항이 동조 제1항 및 제2항은 준용하면서 제233조는 준용하지 않는 점을 근거로 한다.

㉙ [고소 등의 불가분 원칙 정리]

구분			원칙의 적용여부
객관적 불가분	친고죄	단순일죄(○)	
		상상적 경합범(△)	① 모든 범죄가 친고죄이고 피해자가 동일한 경우(○) ② 일부 범죄만이 친고죄이거나 피해자가 다른 경우(×)
		실체적 경합범(×)	
	반의사불벌죄 (○)		(단순일죄에 있어) 범죄사실 일부에 대한 처벌희망 의사표시 및 그 의사표시의 철회는 그 전부에 대하여 효력이 있음
	전속고발범죄 (○)		(단순일죄에 있어) 범죄사실 일부에 대한 고발이나 고발취소는 그 전부에 대하여 효력이 있음
주관적 불가분	친고죄	절대적 친고죄(○)	
		상대적 친고죄(△)	신분이 있는 공범에게는 원칙적으로 적용되나, 신분이 없는 공범에게는 동원칙이 적용되지 않음
	반의사불벌죄	判例(×)	
	전속고발범죄	判例(×)	

9. 쟁점 011 고소의 포기 인정 여부

【CASE】
甲은 도서의 저작권자인 A와 전자도서(e-book)에 대하여 출판계약 등을 체결하지 않고 전자도서를 제작하여 인터넷서점 등을 통해 판매하였다. A는 이러한 사실을 알게 되었고, 이후 경찰청 인터넷 홈페이지에 '甲을 철저히 조사해 달라'라는 취지의 민원을 접수하였다. 사건을 이첩받은 마포경찰서 소속 사법경찰관 P1은 A에게 전화를 걸어 "甲에 대한 처벌을 원하시면 정식으로 고소를 하십시오."라고 하였고, 이에 A는 "처음에는 홧김에 그랬는데, 지금은 甲에 대한 처벌을 원하지 않습니다."라고 대답을 하였다. 이후 마음이 바뀐 A는 동작경찰서로 찾아가 다시 고소장을 접수하였고, 그 경찰서 소속 사법경찰관 P2는 피의자 甲과 참고인 A를 조사하는 등 수사에 착수를 하였다. A가 다시 동작경찰서에 제기한 고소는 적법한가?

🔍 쟁점연구

1. 문제점
고소의 포기 허용 여부에 관하여 형사소송법에 명문의 규정이 없어, 이것이 허용되는지 여부가 문제된다.

2. 학설 및 判例
① [긍정설] 고소의 취소를 인정하는 이상 고소의 포기도 인정되어야 하며, 고소의 포기를 인정하여도 폐단이 생기지 않는다는 점 등을 근거로 이를 인정하는 견해이다.
② [부정설] 고소의 포기에 관한 명문의 규정도 없고, 고소를 포기시키기 위한 각종 폐단이 생길 수 있다는 점을 근거로 이를 부정하는 견해이다.

③ [判例(부정설)] ⅰ) 친고죄에 있어서 피해자의 고소권은 공법상의 권리라고 할 것이므로 법이 특히 명문으로 인정하는 경우를 제외하고는 자유처분을 할 수 없고, 일단 한 고소는 취소할 수 있으나 고소 전에 고소권을 포기할 수 없다(대판 : 67도471). [22·13 선택] [23 법선]

ⅱ) 피해자가 고소장을 제출하여 처벌을 희망하는 의사를 분명히 표시한 후 고소를 취소한 바 없다면 비록 고소 전에 피해자가 처벌을 원치 않았다 하더라도 그 후에 한 피해자의 고소는 유효하다(대판 : 2007도4977).

3. 검토

친고죄에 있어서의 피해자의 고소권은 공법상의 권리라고 할 것이므로 법이 특히 명문으로 인정하는 경우를 제외하고는 자유처분(고소의 포기)을 할 수 없다고 보는 것이 타당하다.

【사례해설】

사안의 경우 A가 다시 제기한 고소는 적법하다.

Ⅲ. 고발

1. 일반범죄의 고발

고발이란 고소권자나 범인 이외의 제3자가 수사기관에 범죄사실을 신고하여 범인의 처벌을 구하는 의사표시를 말한다. 고발은 원칙적으로 수사의 단서에 불과하지만 전속고발범죄의 경우에는 고발은 소송조건이 된다.

2. 전속고발범죄의 고발

① [의의] 전속고발범죄(또는 즉시고발범죄)란 관계 공무원의 고발이 있어야 유효하게 공소를 제기할 수 있는 범죄를 말한다. 따라서 일반범죄와는 달리 전속고발범죄에서는 고발이 소송조건이 된다.

② 전속고발범죄와 관련한 판례정리

㉮ [세무공무원 등의 고발에 따른 조세범처벌법위반죄 혐의에 대하여 검사가 불기소처분을 하였다가 나중에 공소를 제기하는 경우, 세무공무원 등의 새로운 고발이 있어야 하는지 여부(소극)] 세무공무원 등의 고발이 있어야 공소를 제기할 수 있는 조세범처벌법위반죄에 관하여 일단 불기소처분이 있었더라도 세무공무원 등이 종전에 한 고발은 여전히 유효하다. 따라서 나중에 공소를 제기함에 있어 세무공무원 등의 새로운 고발이 있어야 하는 것은 아니다(2009도6614). [14 선택]

㉯ [전속고발범죄에 있어 고발(자체)만으로 소추요건이 충족되는지 여부(적극)] 조세범칙사건에 대하여 관계 세무공무원의 즉시고발이 있으면 그로써 소추의 요건은 충족되는 것이고, 법원은 본안에 대하여 심판하면 되는 것이지 즉시고발사유에 대하여 심사할 수 없다(2013도5650).

㉰ [즉시고발사건에서 고발의 효력이 미치는 범위(객관적 불가분의 원칙이 적용됨)] 한 개의 범칙사실의 일부에 대한 고발은 전부에 대하여 효력이 생긴다. 그러나 수 개의 범칙사실 중 일부만을 범칙사건으로 하는 고발이 있는 경우 고발장에 기재된 범칙사실과 동일성이 인정되지 않는 다른 범칙사실에 대해서까지 고발의 효력이 미칠 수는 없다(2013도5650).

IV. 고소와 고발의 비교

구분	비친고죄의 고소	친고죄의 고소	일반범죄의 고발	전속고발범죄의 고발
성질	ⅰ) 수사의 단서	ⅰ) 수사의 단서 ⅱ) 소송조건	ⅰ) 수사의 단서	ⅰ) 수사의 단서 ⅱ) 소송조건
주체	범죄의 피해자 등 고소권자	범죄의 피해자 등 고소권자	고소권자와 범인 이외의 사람	관계 공무원
기간	제한 없음	범인을 안 날로부터 6월	제한 없음	제한 없음
대리	허용	허용	불허	불허
취소시기	제한 없음	제1심 판결 선고 전까지	제한 없음	제1심 판결 선고 전까지 (예외 있음)
취소의 효과	재고소 금지	재고소 금지	재고발 가능	재고발 가능

05 임의수사

📝 핵심개념 임의수사와 강제수사

1. **임의수사의 원칙**
   임의수사란 강제력을 행사하지 않고 상대방의 동의나 승낙을 받아서 하는 수사를 말하며, 수사는 원칙적으로 임의수사에 의하여야 한다.

2. **강제수사의 규제**
① [강제수사의 의의] 강제처분에 의한 수사를 말한다.
② 강제수사의 규제
㉮ [강제처분법정주의] 수사상의 강제처분은 법률에 특별한 규정이 있는 경우에 한하여 허용된다(제199조).
㉯ [영장주의] 수사상의 강제처분은 법원 또는 법관이 발부한 영장에 의하여야 한다는 원칙을 말한다.
㉰ [비례의 원칙] 수사상의 강제처분은 수사의 목적달성에 필요한 최소한도의 범위 안에서만 하여야 한다(제199조).

3. **임의수사와 강제수사의 종류**
① [임의수사] 형사소송법상 피의자신문, 참고인조사, 공무소등에 대한 조회, 감정·통역·번역의 위촉 등이 있다.
② [강제수사] 형사소송법상 체포·구속, 압수·수색·검증 등이 있다.

Ⅰ. 영장주의 위반 여부에 관한 비교판례

1. 영장주의에 위반되지 않는 경우

수출입 물품 통관검사 절차에서 이루어지는 물품의 개봉, 시료채취, 성분분석 등의 검사는 수출입 물품에 대한 적정한 통관을 목적으로 하는 것으로서 수사기관의 강제처분이라고 할 수 없으므로, **세관공무원**은 압수·수색영장 없이 이러한 검사를 진행할 수 있다(2013도7718). [24·19·15 선택]

2. 영장주의에 위반되는 경우

피고인이 국제항공 특송화물 속에 필로폰을 숨겨 수입할 것이라는 정보를 입수한 **검사**가, 이른바 통제배달(controlled delivery, 적발한 금제품을 감시하에 배송함으로써 거래자를 밝혀 검거하는 수사기법)을 하기 위해 세관공무원의 협조를 받아 특송화물을 통관절차를 거치지 않고 가져와 개봉하여 그 속의 필로폰을 취득한 것은 구체적인 범죄사실에 대한 증거수집을 목적으로 한 압수·수색이므로 사전 또는 사후에 영장을 받지 않았다면 압수물 등의 증거능력이 부정된다(2014도8719). [23 법기]

Ⅱ. 임의수사로서 허용 여부가 문제되는 수사방법[6]

1. 임의동행

① [의의] 수사기관이 범죄수사를 위하여 피의자의 동의를 얻어 그를 수사관서에 동행하는 것을 말한다.

② 쟁점 **012** 임의수사로서 임의동행의 허용 여부** [19 사례]

【CASE】

만일, P1이 위 사실관계에서와는 달리 乙을 체포하지 않고 임의동행을 요구하며 "동행을 거부할 수도 있지만 거부하더라도 강제로 연행할 수 있다."라고 말하므로 乙이 명시적으로 거부의사를 표시하지 않고 P1을 따라 경찰서에 도착하여 범행을 자백하는 진술서를 작성하였고 그 과정에서 P1이 화장실에 가는 乙을 감시하였다면, 위 진술서의 증거능력을 인정할 수 있는가? 【제8회 변호사시험 제2문】

🔍 쟁점연구

1. 문제점

임의동행이란 수사기관이 '범죄수사를 위하여' 피의자 등의 동의를 얻어 그를 수사관서에 동행하는 것을 말한다. 이에 대하여 형사소송법에 명문의 규정이 없으므로 임의수사로서 허용되는지 여부가 문제된다.

2. 학설 및 判例 [거·알·이·되(퇴)·자]

① [부정설] 형소법에 명문의 규정이 없으므로 임의수사로서 허용되지 않는다.

② [긍정설] 상대방의 진지한 동의를 전제로 하는 임의동행은 임의수사로서 허용된다.

---

6) 형사소송법에 명문규정이 없으나 실무상 행하여지고 있는 수사방법들이 임의수사로서 허용되는지의 문제이다. 만약 당해 수사방법이 임의수사가 아닌 강제수사로 인정된다면 원칙적으로 영장이 없는 경우 위법하게 된다.

③ **[判例]** 수사관이 동행에 앞서 피의자에게 **동행을 거부할 수 있음을 알려 주었거나** 동행한 피의자가 **언제 든지 자유로이 동행과정에서** 이탈 또는 **동행장소로부터** 퇴거할 수 있었음이 **인정되는** 등 **오로지 피의자 의** 자발적인 의사에 의하여 수사관서 등에의 동행이 이루어졌음이 객관적인 사정에 의하여 명백하게 입증된 경우에 한하여, 그 적법성이 인정되는 것으로 봄이 상당하다(대판 : 2005도6810). [19 선택] [23 · 21 법선]

3. 검토

강제력이 수반되지 않고 오로지 피의자의 자발적인 의사에 의한 동행은 강제수사로 볼 수 없으므로 자발적인 의사에 의한 동행은 허용된다고 보는 것이 타당하다.

【사례해설】

사안의 경우 ① P1이 乙에게 임의동행을 요구하며 "동행을 거부할 수도 있지만 거부하더라도 강제로 연행할 수 있다."라고 말을 한 점을 고려하면 乙이 동행을 거부하기는 어려웠을 것으로 보이고, ② 경찰서에 도착한 이후(동행 이후)에도 화장실에 가는 乙을 감시한 점을 고려하면 乙이 동행장소로부터 자유로이 퇴거할 수 있었음이 인정되었다고 볼 수도 없다. 따라서 乙이 P1으로부터 임의동행을 요구를 받고 경찰서에 따라온 것은 오로지 乙의 자발적인 의사에 의한 동행이라고 볼 수 없고 오히려 사실상의 강제연행으로 불법체포에 해당하여 위법하다고 보아야 한다(대판 : 2009도6717 참고).

2. 영장 없는 보호실유치(경직법상 보호조치의 요건을 구비한 경우 이외에는 위법)

경찰서에 설치되어 있는 보호실은 경찰관직무집행법상 정신착란자, 주취자, 자살기도자 등 응급의 구호를 요하는 자를 24시간을 초과하지 아니하는 범위 내에서 경찰관서에 보호조치할 수 있는 시설로 제한적으로 운영된다. 따라서 구속영장을 발부받음이 없이 피의자를 보호실에 유치함은 영장주의에 위배되는 위법한 구금으로서 적법한 공무수행이라고 볼 수 없다(85모16).

3. 승낙수색과 승낙검증

상대방이 명백히 동의 · 승낙한 경우에는 승낙수색과 승낙검증은 임의수사로서 허용된다는 것이 일반적이다.

4. 거짓말탐지기에 의한 검사

거짓말탐지기의 검사는 검사를 받는 사람이 **동의**하고 기타 요건을 구비한 경우에 증거로 할 수 있다(87도968).

5. 마약류 사범의 소변제출이 강제수사인지 여부(영장주의가 적용되지 않음)

마약류 사범에게 소변을 받아 **제출하도록** 한 것은 교도소의 안전과 질서유지를 위한 것으로 수사에 필요한 처분이 아닐 뿐만 아니라 검사대상자들의 협력이 필수적이어서 강제처분이라고 할 수도 없어 영장주의의 원칙이 적용되지 않는다(2005헌마277).

Ⅲ. 임의수사와 강제수사의 한계

1. 통신제한조치

① **[의의]** 수사기관이 범죄수사를 위하여 우편물을 검열하거나 전기통신을 감청[7]하는 것을 말한다.

② **[허가요건 및 내용]** 통신제한조치는 대상범죄를 계획 또는 실행하고 있거나 실행하였다고 의심할만한 충분한 이유가 있고, 다른 방법으로는 그 범죄의 실행을 저지하거나 범인의 체포 또는 증거의 수집이 어려운 경우에 한하여 허가할 수 있다(통신비밀보호법 제5조 제1항). 법원은 청구가 이유 있다고 인정하는 경우에는 각 **피의자**별 또는 각 **피내사자**별로 통신제한조치를 허가하고, 허가서를 청구인에게 발부한다(동법 제6조 제5항). 통신제한조치의 기간은 2월을 초과하지 못하고, 그 기간 중 통신제한조치의 목적이 달성되었을 경우에는 즉시 종료하여야 한다(동법 제6조 제7항). 다만, 허가요건이 존속하는 경우에는 소명자료를 첨부하여 2월의 범위 안에서 통신제한조치기간의 연장을 청구할 수 있다.

③ **[통신제한조치에 대한 기간연장결정 의미]** 통신제한조치에 대한 기간연장결정은 원 허가의 내용에 대하여 단지 기간을 연장하는 것일 뿐 **원 허가의 대상과 범위를 초과할 수 없으므로** 허가된 통신제한조치가 '전기통신 감청 및 우편물 검열'뿐인 경우 그 후 연장결정서에 당초 허가내용에 없던 '대화녹음'이 기재되어 있다 하더라도 이는 대화녹음의 적법한 근거가 되지 못한다(99도2317).

2. 쟁점 **013** 영장 없는 사진촬영의 적법성★★★ [24·23 법사]

【CASE】

乙은 따로 살고 있는 사촌 형 C의 집 창문을 새벽 2시에 부수고 들어가 현금 100만 원과 C가 밀수업자로부터 구입한 권총을 절취하였다. 한 달 뒤 乙은 노상강도를 결심하고 절취한 권총을 안 주머니에 넣은 채 은행에서 현금을 인출하여 나오는 D의 멱살을 잡고 쓰러트린 뒤 현금을 내놓으라고 협박하였으나 D가 예상과는 달리 반격을 가해오자 D를 살해하기로 마음먹었다. 乙은 실탄이 장전되어 있는 줄 알았던 권총을 꺼내 D를 향해 방아쇠를 당기는 순간 권총에 실탄이 없음을 알아차리고 범행을 중지한 채 도망하였다. 그 즈음 주변을 순찰하던 경찰관 P는 乙이 권총을 겨누었다가 도망하는 장면을 휴대전화기로 촬영하면서 검거를 시도했으나 실패하였다. 경찰관 P가 촬영한 사진의 증거능력을 논하시오.

【24년 제2차 법전협 모의고사 제1문】

🔍 **쟁점연구**

1. 문제점

영장 없는 사진촬영이 임의수사로서 허용되는지 문제된다.

2. 영장 없는 사진촬영의 적법성

① **[검증영장설]** 사진촬영은 상대방의 의사에 반하는 것으로 강제수사에 해당하고 사진촬영은 검증과 유사한 성질을 가지므로 수사기관은 원칙적으로 검증영장을 발부받아 사진촬영행위를 해야 한다.

② **[예외인정설(통설)]** 원칙적으로는 검증영장에 의하여야 하지만 예외적으로 일정한 요건하에서는 영장주의가 적용되지 않는다.

---

7) 감청이란 수사기관이 타인의 대화를 본인의 부지중에 청취하는 것을 말하며 도청이라고도 한다.

③ [判例] 수사기관이 범죄를 수사함에 있어 ⅰ) **현재 범행이** 행하여지고 있거나 행하여진 직후이고, ⅱ) **증거보전의** 필요성 및 긴급성이 있으며, ⅲ) **일반적으로 허용되는** 상당한 방법에 의하여 촬영을 한 경우라면 위 촬영이 영장 없이 이루어졌다 하여 이를 위법하다고 단정할 수 없다고 하여 예외적 인정설의 입장에 가까운 판시를 한 바 있다(대판 : 2018도8161).

3. 검토

수사기관의 사진촬영은 검증의 성격을 가지기는 하나 명문의 규정이 없는 현재 상황에서는 사진촬영을 허용할 필요성이 있다는 점에서 예외적 인정설이 타당하다.

【사례해설】

사안의 경우 경찰관 P가 乙이 권총을 겨누었다가 도망가는 장면을 휴대전화기로 촬영한 행위는 현재 범행이 행하여지고 있고 증거보전의 필요성도 인정되며, 긴급성 및 상당성의 요건도 모두 갖춘 것으로 보이므로 적법하다. 한편, 현장사진은 비진술증거로 보아야 하므로 진정성(촬영과정에 오류가 없고 조작되지 않았다는 것)이 인정되면 증거능력이 인정되는바 사경 P가 촬영한 사진은 범행 현장을 촬영한 것으로서 진정성을 인정함에 무리가 없어 증거능력이 인정된다. 따라서 P의 사진촬영은 적법하고 진정성도 인정되므로 증거능력이 있다.

관련판례 1. [영장 없는 사진촬영] 경찰관들이 피고인들에 대한 범죄의 혐의가 포착된 상태에서 이 사건 나이트클럽 내에서의 음란행위 영업에 관한 증거를 보전하기 위한 필요에 의하여, 불특정 다수에게 공개된 장소인 이 사건 나이트클럽에 통상적인 방법으로 출입하여 손님들에게 공개된 모습을 촬영한 것이다. 따라서 영장 없이 촬영이 이루어졌다 하여 이를 위법하다고 할 수 없다(2018도8161). [23 법선]

2. [영장 없는 사진촬영] 특별사법경찰관이 범죄혐의가 포착된 상태에서 이 사건 공소사실 범행에 관한 증거를 보전하기 위한 필요에 의하여, 공개된 장소인 이 사건 음식점에 통상적인 방법으로 출입하여 이 사건 음식점 내에 있는 사람이라면 누구나 볼 수 있었던 손님들의 춤추는 모습을 촬영한 것이다. 따라서 이 사건 특별사법경찰관이 영장 없이 범행현장을 촬영하였다고 하여 이를 위법하다고 할 수 없다(2021도10763). [23 법선]

3. [영장 없는 녹음] 수사기관이 적법한 절차와 방법에 따라 범죄를 수사하면서 ⅰ) 현재 그 범행이 행하여지고 있거나 행하여진 직후이고, ⅱ) 증거보전의 필요성 및 긴급성이 있으며, ⅲ) 일반적으로 허용되는 상당한 방법으로 범행현장에서 현행범인 등 관련자들과 수사기관의 대화를 녹음한 경우라면, 위 녹음이 영장 없이 이루어졌다 하여 이를 위법하다고 단정할 수 없다. 이는 설령 그 녹음이 행하여지고 있는 사실을 현장에 있던 대화상대방, 즉 현행범인 등 관련자들이 인식하지 못하고 있었더라도, 통신비밀보호법 제3조 제1항이 금지하는 공개되지 아니한 타인 간의 대화를 녹음한 경우에 해당하지 않는 이상 마찬가지이다(2020도9370).[8]

4. [영장 없는 촬영의 적법성을 인정한 경우(무인장비에 의한 제한속도 위반차량 단속)] 무인장비에 의한 제한속도 위반차량 단속은 도로교통법령에 따라 정해진 제한속도를 위반하여 차량을 주행하는 범죄가 현재 행하여지고 있고, 긴급하게 증거보전을 할 필요가 있는 상태에서 일반적으로 허용되는 한도를 넘지 않는 상당한 방법에 의한 것이므로, 운전 차량의 차량번호 등을 촬영한 사진을 두고 위법하게 수집된 증거로서 증거능력이 없다고 말할 수 없다(98도3329).

---

8) [사실관계] 피고인이 돈을 받고 영업으로 성매매를 알선하였다는 「성매매알선 등 행위의 처벌에 관한 법률」 위반(성매매알선 등)으로 기소된 사안으로, 경찰관이 피고인이 운영하는 성매매업소에 손님으로 가장하고 출입하여 피고인 등과의 대화 내용을 녹음한 것이 문제된 사안이다.

Ⅳ. 임의수사의 방법

1. 피의자신문

① [의의] 검사 또는 사법경찰관이 수사에 필요하여 피의자의 출석을 요구하여 그 진술을 듣는 것을 말한다(제200조).

② [출석요구] 수사기관은 피의자를 신문하기 위하여 피의자의 출석을 요구할 수 있다(제200조). 출석요구의 방법에는 제한이 없다. 피의자신문은 임의수사이므로 피의자는 출석요구에 응할 의무가 없으며 출석한 경우라도 언제든지 퇴거할 수 있다.

③ 쟁점 **014** 구속된 피의자가 출석을 거부하는 경우 수사기관이 발부된 구속영장의 효력에 의하여 피의자를 조사실로 구인할 수 있는지★★ [20·16 사례] [14 법사]

【CASE】

甲은 적법하게 발부된 구속영장에 의하여 구치소에 수감되어 있던 중 검사로부터 피의자신문을 위한 출석요구를 받았으나 이에 불응하였다. 이 경우 검사는 甲의 의사에 반하여 甲을 검찰청으로 구인할 수 있는가? 【제5회 변호사시험 제1문】

🔍 쟁점연구

1. 문제점

구속영장 발부에 의하여 적법하게 구금된 피의자가 피의자신문을 위한 출석 요구에 응하지 아니하면서 수사기관 조사실에의 출석을 거부하는 경우에, 수사기관은 그 구속영장의 효력에 의하여 피의자를 조사실로 구인할 수 있는지 문제된다.

2. 구속영장의 효력에 의한 구인의 가능성

① [소극설] **피의자신문은 임의수사에 해당**하므로 피의자는 수사기관의 출석요구에 응할 의무가 없고 이는 구속된 피의자의 경우도 마찬가지라고 보아 출석요구에 응할 의무가 없는 구속된 피의자에 대하여 출석을 강제할 수 없다고 보는 견해가 있다.

② [判例] 그러나, 형소법 제69조에 따르면 **구속에 구금뿐만 아니라 구인도 포함**되는 점, **피의자에 대한 구속영장**은 기본적으로 장차 공판정에의 출석이나 형의 집행을 담보하기 위한 것이지만, 구속기간의 범위 내에서 수사기관이 피의자신문의 방식으로 구속된 피의자를 조사하는 등 **적정한 방법으로 범죄를 수사하는 것도 예정하고 있다**는 점에서, 출석을 거부하는 피의자에 대하여 수사기관은 구속영장의 효력에 의하여 피의자를 조사실로 구인할 수 있다(대결 : 2013모160)고 봄이 타당하다.

【사례해설】

검사는 구속영장의 효력에 근거하여 甲의 의사에 반하더라도 甲을 검찰청으로 구인할 수 있다.

관련판례 구속영장 발부에 의하여 적법하게 구금된 피의자가 피의자신문을 위한 출석 요구에 응하지 아니하면서 수사기관 조사실에의 출석을 거부한다면 수사기관은 그 구속영장의 효력에 의하여 피의자를 조사실로 구인할 수 있다. 다만, 이러한 경우에도 그 피의자신문 절차는 어디까지나 임의수사의 한 방법으로 진행되어야 하므로, 피의자는 일체의 진술을 하지 아니하거나 개개의 질문에 대하여 진술을 거부할 수 있고, 수사기관은 피의자를 신문하기 전에 그와 같은 권리를 알려주어야 한다(2013모160). [19·16·15·13 선택]

④ 진술거부권 등의 고지

㉮ 검사 또는 사법경찰관은 피의자를 신문하기 전에 다음 사항을 알려주어야 한다(제244조의3 제1항).
[15 선택]

> 1. 일체의 진술을 하지 아니하거나 질문에 대하여 진술을 하지 아니할 수 있다는 것
> 2. 진술을 하지 아니하더라도 불이익을 받지 아니한다는 것
> 3. 진술을 거부할 권리를 포기하고 행한 진술은 법정에서 유죄의 증거로 사용될 수 있다는 것
> 4. 신문을 받을 때에는 변호인을 참여하게 하는 등 변호인의 조력을 받을 수 있다는 것

㉯ **[피의자에게 진술거부권을 고지하지 아니하고 얻은 진술의 증거능력**(위수증)**]** 피의자에게 미리 진술거부권을 고지하지 않은 때에는 그 피의자의 진술은 위법하게 수집된 증거로서 진술의 임의성이 인정되는 경우라도 증거능력이 부인되어야 한다(2014도1779). [24 · 23 · 16 · 15 · 14 · 12 선택] [12 사례] [21 · 12 법사]

㉰ 검사 또는 사법경찰관은 제244조의3 제1항의 사항을 알려준 때에는 피의자가 진술을 거부할 권리와 변호인의 조력을 받을 권리를 행사할 것인지의 여부를 질문하고, 이에 대한 피의자의 답변을 조서에 기재하여야 한다. 이 경우 피의자의 답변은 피의자로 하여금 자필로 기재하게 하거나 검사 또는 사법경찰관이 피의자의 답변을 기재한 부분에 기명날인 또는 서명하게 하여야 한다(동조 제2항).

㉱ **[제244조의3 제2항에 규정한 방식에 위반하여 작성된 피의자신문조서의 증거능력**(부정)**]** 진술거부권 행사 여부에 대한 피의자의 답변이 자필로 기재되어 있지 아니하거나 그 답변 부분에 피의자의 기명날인 또는 서명이 되어 있지 아니한 사법경찰관 작성의 피의자신문조서는 특별한 사정이 없는 한, 형사소송법 제312조 제3항에서 정한 '적법한 절차와 방식에 따라 작성'된 조서라 할 수 없으므로 증거능력을 인정할 수 없다(2010도3359). [14 선택]

⑤ 피의자신문과 관계자의 참여

㉮ **[수사기관 측의 참여]** 검사가 피의자를 신문할 때는 검찰청 수사관 등을 참여하게 하여야 하고, 사법경찰관이 피의자를 신문할 때는 사법경찰관리를 참여하게 하여야 한다(제243조).

㉯ **[변호인 접견 참여]** 검사 또는 사법경찰관은 피의자 또는 그 변호인 · 법정대리인 · 배우자 · 직계친족 · 형제자매의 신청에 따라 변호인을 피의자와 접견하게 하거나 **정당한 사유가 없는 한 피의자에 대한 신문에 참여하게 하여야 한다**(제243조의2 제1항).

㉰ **[변호인이 피의자신문에 자유롭게 참여할 수 있는 권리가 헌법상 보호되는 기본권인지 여부**(적극)**]** 형사절차에서 피의자신문의 중요성을 고려할 때, 변호인이 피의자신문에 자유롭게 참여할 수 있는 권리는 헌법상 기본권인 변호인의 변호권으로서 보호되어야 한다(2016헌마503).

㉱ **[불구속 피의자나 피고인에게도 변호인참여요구권이 인정되는지 여부**(적극)**]** 불구속 피의자나 피고인의 경우 형사소송법상 특별한 명문의 규정이 없더라도 불구속 피의자가 피의자신문시 조언과 상담을 구하기 위하여 자신의 변호인을 대동하기를 원한다면, 수사기관은 특별한 사정이 없는 한 이를 거부할 수 없다(2000헌마138).

【CASE】

丙은 丁으로부터 건네받은 귀금속을 소지하고 노래연습장에 들어가다가 미처 C를 만나기도 전에 丙을 추적 중이던 경찰관 P1에게 체포되었다. 丙은 수갑이 채워진 채 경찰서 조사실로 구인되었다. 丙에게는 도주 또는 자해를 하거나 다른 사람을 해칠 위험이 전혀 없었다. 丙의 변호인 V는 이러한 사유를 들어 경찰관 P2에게 丙의 수갑의 해제를 요청하였으나, P2는 먼저 인정신문을 한 후 수갑을 해제할지 여부를 결정하겠다고 말하였다. 그러자 V는 15분 동안 계속해서 수갑의 해제를 요구하였고, P2는 V의 행동이 수사에 현저한 지장을 초래한다는 이유로 V를 조사실에서 강제로 퇴거시켰다. P2가 丙의 변호인 V를 퇴거시킨 조치의 적법성을 논하고, P2가 丙의 수갑을 해제하지 않은 조치에 대한 불복방법을 설명하시오.

【24년 제2차 법전협 모의고사 제2문】

🔍 쟁점연구

1. 문제점

수사기관의 위법한 처분과 이에 대한 불복수단이 문제된다.

2. 변호인 참여의 제한요건 및 퇴거조치의 적법성 [방·수·누설]

형사소송법 제243조의2 제1항은 검사 또는 사법경찰관은 피의자 또는 변호인 등이 신청할 경우 <u>정당한 사유</u>가 없는 한 변호인을 피의자신문에 참여하게 하여야 한다고 규정하고 있다. 여기에서 '정당한 사유'란 변호인이 피의자신문을 <u>방</u>해하거나 <u>수</u>사기밀을 <u>누설</u>할 염려가 있음이 객관적으로 명백한 경우 등을 말한다. 검사 또는 사법경찰관이 그러한 특별한 사정이 없이, 단지 변호인이 피의자신문 중에 부당한 신문방법에 대한 이의제기를 하였다는 이유만으로 변호인을 조사실에서 퇴거시키는 조치는 정당한 사유 없이 변호인의 피의자신문 참여권을 제한하는 것으로서 허용될 수 없다.

3. 수갑을 해제하지 않은 조치에 대한 불복방법

형사소송법 제417조는 검사 또는 사법경찰관의 '구금에 관한 처분'에 불복이 있으면 법원에 그 처분의 취소 또는 변경을 청구할 수 있다고 규정하고 있다. 검사 또는 사법경찰관이 보호장비 사용을 정당화할 위와 같은 예외적 사정이 존재하지 않음에도 구금된 피의자에 대한 교도관의 보호장비 사용을 용인한 채 그 해제를 요청하지 않는 경우에, 검사 및 사법경찰관의 이러한 조치를 형사소송법 제417조에서 정한 '<u>구금에 관한 처분</u>'으로 보지 않는다면 구금된 피의자로서는 이에 대하여 불복하여 침해된 권리를 구제받을 방법이 없게 된다. 따라서 검사 또는 사법경찰관이 구금된 피의자를 신문할 때 피의자 또는 <u>변호인으로부터 보호장비를 해제해 달라는 요구</u>를 받고도 거부한 조치는 형사소송법 제417조 제1항에서 정한 '구금에 관한 처분'에 해당한다고 보아야 한다(대결 : 2015모2357). 따라서 P2가 수갑을 해제하지 않은 조치에 대해서는 제417조에 따라 준항고를 제기할 수 있다.

【사례해설】

　　사안에서 丙은 도주나 자해 또는 다른 사람을 해할 위험이 없었으므로(형집행법 제97조 제1항) 변호인이 인정신문을 시작하기 전 P2에게 수갑 해제를 요청한 것은 정당하다. 또한 이러한 정당한 요구는 부당한 신문방법에 대한 이의제기에 해당하므로, P2가 변호인의 행동이 수사에 현저한 지장을 초래한다는 이유로 변호인을 퇴정시킨 것은 변호인의 피의자신문 참여권(제243조의2 제1항)을 침해한 것으로서 위법하다. 한편, P2가 변호인으로부터 보호장비를 해제해 달라는 요구를 받고도 거부한 조치는 형사소송법 제417조 제1항에서 정한 '구금에 관한 처분'에 해당하므로 P2가 수갑을 해제하지 않은 조치에 대해서는 제417조에 따라 준항고를 제기할 수 있다.

　　관련판례 1. [정당한 사유의 의미] '정당한 사유'라 함은 변호인이 피의자신문을 방해하거나 수사기밀을 누설할 염려가 있음이 객관적으로 명백한 경우 등을 말한다. 변호인에 대하여 피의자로부터 떨어진 곳으로 옮겨 앉으라고 지시를 한 다음 이러한 지시에 따르지 않았음을 이유로 변호인의 피의자신문 참여권을 제한하는 것은 허용될 수 없다(2008모793).

　　2. [후방착석요구] 검찰수사관이 피의자신문에 참여한 변호인에게 피의자 후방에 앉으라고 요구한 경우, 이는 변호인의 자유로운 피의자신문참여를 제한하는 것으로써 헌법상 기본권인 변호인의 변호권을 침해한다(2016헌마503). [21 법선]

　　3. [수사기관의 위법한 처분과 불복방법] [1] 검사는 조사실에서 피의자를 신문할 때 해당 피의자에게 보호장비 착용을 강제해야 할 특별한 사정이 없는 이상 교도관에게 보호장비의 해제를 요청할 의무가 있고, 교도관은 이에 응하여야 한다. 따라서 검사 또는 사법경찰관이 구금된 피의자를 신문할 때 피의자 또는 변호인으로부터 보호장비를 해제해 달라는 요구를 받고도 거부한 조치는 형소법 제417조의 '구금에 관한 처분'에 해당한다. [2] 검사 또는 사법경찰관이 특별한 사정 없이 변호인이 피의자신문 중에 부당한 신문방법(피의자 또는 변호인으로부터 피의자에 대한 수갑 해제를 요청받았음에도, 검사가 교도관에게 수갑 해제를 요청하지 않음)에 대하여 이의제기를 하였다는 이유만으로 변호인을 조사실에서 퇴거시킨 조치는 정당한 사유 없이 변호인의 피의자신문 참여권을 제한하는 것으로 허용될 수 없다(2015모2357). [21 선택] [24·23·22 법선]

　　4. [수사기관이 정당한 사유 없이 변호인을 참여하게 하지 아니한 채 피의자를 신문하여 작성한 피의자신문조서의 증거능력 유무(소극)] 형소법 제312조에 정한 '적법한 절차와 방식'에 위반된 증거일 뿐만 아니라 제308조의2에서 정한 '적법한 절차에 따르지 아니하고 수집한 증거'에 해당하므로 이를 증거로 할 수 없다(2010도3359). [17 선택]

⑥ **[의견진술과 이의제기]** 신문에 참여한 변호인은 신문 후 의견을 진술할 수 있다. 다만, 신문 중이라도 부당한 신문방법에 대하여 이의를 제기할 수 있고, 검사 또는 사법경찰관의 승인을 얻어 의견을 진술할 수 있다(제243조의2 제3항). [15 선택] 변호인의 의견이 기재된 피의자신문조서는 변호인에게 열람하게 한 후 변호인으로 하여금 그 조서에 기명날인 또는 서명하게 하여야 한다(동조 제4항).

⑦ **[참여 관련 처분에 대한 불복방법]** 검사나 사법경찰관이 변호인의 참여를 제한하거나 퇴거시킨 처분에 대해서 피의자나 변호인은 **준항고**를 통해 그 처분의 취소 또는 변경을 청구할 수 있다(제417조). [15 선택] [19·15 법선]

⑧ 신뢰관계자 동석

㉮ 검사 또는 사법경찰관은 피의자를 신문하는 경우 ㉠ 피의자가 신체적 또는 정신적 장애로 사물을 변별하거나 의사를 결정·전달할 능력이 미약한 때 ㉡ 피의자의 연령·성별·국적 등의 사정을 고려하여 그 심리적 안정의 도모와 원활한 의사소통을 위하여 필요한 경우에는 직권 또는 피의자·법정대리인의 신청에 따라 피의자와 신뢰관계에 있는 자를 동석하게 할 수 있다(제244조의5).

㉯ [피의자신문시 동석한 신뢰관계자로 하여금 피의자를 대신하여 진술하도록 할 수 있는지 여부(소극), 피의자를 대신하여 동석자가 진술한 부분이 기재된 검사작성 피의자신문조서의 증거능력 인정 요건(검사작성 '참고인진술조서'로서 제312조 제4항의 요건을 구비하여야 함)] 신뢰관계자의 동석을 허락하는 경우에도 동석한 사람으로 하여금 피의자를 대신하여 진술하도록 하여서는 아니되는 것이고 만약 동석한 사람이 피의자를 대신하여 진술한 부분이 조서에 기재되어 있다면 그 부분은 피의자의 진술을 기재한 것이 아니라 동석한 사람의 진술을 기재한 조서에 해당하므로 그 사람에 대한 진술조서로서의 증거능력을 취득하기 위한 요건을 충족하지 못하는 한 이를 유죄 인정의 증거로 사용할 수 없다(2009도1322).

⑨ 피의자진술의 영상녹화

㉮ 피의자의 진술은 영상녹화할 수 있다. 이 경우 미리 영상녹화사실을 알려주어야 하며(따라서 피의자나 변호인의 동의가 필요한 것은 아니다), [18·15 선택] [21 법선] 조사의 개시부터 종료까지의 전 과정 및 객관적 정황을 영상녹화하여야 한다(제244조의2 제1항).

㉯ 영상녹화물은 공판단계에서 검사 작성의 피의자신문조서의 진정성립의 증명방법으로 사용될 수 있고(제312조 제2항), 또한 피고인이 진술함에 있어서 기억이 명백하지 아니한 사항에 관하여 기억환기의 수단으로 사용될 수 있다(제318조의2 제2항). [14 선택]

2. 참고인조사

① [의의] 검사 또는 사법경찰관은 수사에 필요한 때에는 피의자 아닌 자의 출석을 요구하여 진술을 들을 수 있다(제221조 제1항).

② [조사의 절차] 참고인조사절차와 조서작성 방법은 원칙적으로 피의자신문절차에 준한다. 참고인조사는 타인의 범죄에 대한 것이므로 참고인에 대해서는 피의자신문과 달리 진술거부권을 고지할 필요는 없다(2012도725). 그러나 참고인도 진술거부권을 행사할 수 있음은 물론이다(헌법 제12조 제2항). 참고인조사는 피의자신문과 달리 검찰청 수사관 등 또는 사법경찰관리의 참여 없이 할 수 있다.

③ 참고인진술의 조서기재, 조사과정의 기록, 영상녹화

㉮ 참고인의 진술은 조서에 기재하는데 이를 참고인진술조서라고 한다. 피의자에 대한 수사과정의 기록에 관한 규정은 참고인조사의 경우에 준용된다(제244조의4 제3항, 동조 제1항, 동조 제2항).

㉯ [조사과정을 기록하지 않은 경우 참고인진술조서의 증거능력 유무(소극)] 수사(조사)과정을 기록하지 않은 진술서는 '적법한 절차와 방식'에 따라 수사과정에서 진술서가 작성되었다 할 수 없으므로 그 증거능력을 인정할 수 없다(2013도3790). [18·17·16 선택]

㉰ [영상녹화의 방법과 사용] 참고인의 진술은 영상녹화할 수 있다. 피의자의 경우와는 달리 참고인의 동의를 얻어야만 영상녹화를 할 수 있다(제221조 제1항 단서). 영상녹화물은 공판단계에서 참고인진술조서의 진정성립 등의 증명방법으로 사용될 수 있고(제312조 제4항), 또한 참고인(증인)이 진술함에 있어서 기억이 명백하지 아니한 사항에 관하여 기억환기의 수단으로 사용될 수 있다(제318조의2 제2항).

3. 피의자신문과 참고인조사의 비교

구분	피의자(신문)	참고인(조사)
공통점	① 임의수사 ③ 출석요구의 방식 ⑤ 허위의 진술시 위증죄 불성립	② 수사기관에서의 진술 ④ 조서 작성의 방식
출석요구 불응시 조치	수사기관은 체포영장에 의하여 체포할 수 있음	검사는 판사에게 증인신문을 청구할 수 있음
진술거부권 고지	필요	불요
변호인 등 참여	인정	규정 없음
신뢰관계자 동석 규정	양자 모두 규정 있으나 구체적 사유는 차이 있음	
진술의 영상녹화	동의 불필요 피의자에게 미리 알리고 영상녹화할 수 있음	동의 필요 참고인의 동의를 받고 영상녹화할 수 있음

제2장 | 강제수사

01 서론

📝 핵심개념 강제처분

1. 강제처분의 개념
① [의의] 소송절차의 진행이나 형벌집행의 확보를 위하여 상대방의 의사에 반하거나 물리적 강제력을 행사하여 개인의 기본권을 침해하는 처분을 말한다.
② [강제처분의 범위] ⅰ) [협의의 강제처분] 체포·구속, 압수·수색·검증 등을 말한다. ⅱ) [광의의 강제처분] 협의의 강제처분 이외에 법원의 증거조사를 포함하는 개념이다. 법원의 검증·증인신문·감정·통역·번역 등은 광의의 강제처분에 해당한다.

2. 강제처분의 종류
① 주체에 따른 분류
㉮ [수사기관의 강제처분] 피의자체포, 피의자구속, 압수·수색·검증 등이 이에 해당한다. 수사기관의 강제처분을 강제수사라고 한다.
㉯ [수소법원의 강제처분] 피고인소환, 피고인구속, 압수·수색·검증, 피고인감정유치, 증거조사 등이 이에 해당한다.
㉰ [판사에 의한 강제처분] 증거보전과 참고인에 대한 증인신문이 이에 해당한다.
② 대상에 따른 분류
㉮ [대인적 강제처분] 강제처분의 대상이 사람인 경우로서 소환, 체포·구속, 감정유치 등이 이에 해당한다.
㉯ [대물적 강제처분] 강제처분의 대상이 물건인 경우로서 압수·수색·검증 등이 이에 해당한다.

3. 강제처분법정주의
강제처분은 법률에 특별한 규정이 있는 경우에 한하여 필요한 최소한도의 범위 안에서만 하여야 한다(제199조 제1항).

4. 체포와 구속의 목적 및 대상

구분	목적	피의자	피고인
체포	단기간 피의자의 신병확보	○	×
구속	장기간 피의자·피고인의 신병확보	○	○

02 체포와 구속

I. 체포

1. 영장에 의한 체포

① [의의] 수사기관이 법관의 체포영장을 발부받아 피의자를 체포하는 것을 말한다.

② 요건(제200조의2 제1항)

㉮ [범죄혐의의 상당성] 피의자가 죄를 범하였다고 의심할 만한 상당한 이유가 있어야 한다(범죄혐의).

㉯ [체포사유] ㉠ 피의자가 수사기관의 출석요구에 응하지 아니하거나 응하지 아니할 우려가 있어야 한다. ㉡ [경미사건의 특칙] 다액 50만원 이하의 벌금, 구류·과료에 해당하는 사건에 관하여는 피의자가 일정한 주거가 없는 경우 또는 정당한 이유 없이 출석요구에 불응한 경우에 한하여 체포할 수 있다.

㉰ [체포의 필요성] 판사는 체포의 사유가 있다고 인정 되는 경우에도 피의자가 도망할 염려가 없고 증거를 인멸할 염려가 없는 등 명백히 체포의 필요가 없다고 인정되는 때에는 체포영장을 발부하지 아니한다(제200조의2 제2항, 규칙 제96조의2).

③ [체포영장의 청구와 발부] 검사는 관할지방법원판사에게 청구하여 체포영장을 발부받아야 한다. 사법경찰관은 검사에게 신청하여 검사의 청구로 판사의 영장을 발부받아야 한다(제200조의2 제1항). 영장의 청구를 받은 판사는 상당하다고 인정할 때에는 체포영장을 발부한다. 다만, 명백히 체포의 필요가 인정되지 아니하는 경우에는 그러하지 아니하다(제200조의2 제2항). [12 선택]

④ [피의자의 심문의 허용여부] 구속영장 발부의 경우와는 달리 체포영장을 발부하기 위하여 지방법원판사가 피의자를 심문하는 것은 허용되지 아니한다.

⑤ 쟁점 016 체포·구속영장청구에 대한 지방법원판사의 재판에 대하여 불복할 수 있는지 여부★★★
[18 사례] [13 법사]

【CASE】
검사는 甲에 대한 구속영장을 청구하였다. 지방법원판사가 구속영장청구를 기각한 경우 검사가 취할 수 있는 「형사소송법」상 조치를 논하시오. 【제7회 변호사시험 제1문】

🔍 쟁점연구

1. 문제점
지방법원판사가 구속(체포)영장청구를 기각한 경우 검사가 이에 대하여 불복할 수 있는지 문제된다.

2. 항고나 준항고의 가능성
① [긍정설] 지방법원판사의 구속영장청구 기각결정은 구금에 관한 결정이므로 제402조 및 제403조 제2항, 제416조 제1항 제2호를 (유추)적용하여 검사에게 항고나 준항고가 허용된다.

② [부정설(判例)] 구속영장 청구에 대한 지방법원판사의 기각결정은 제402조 및 제403조 제2항의 규정에 의하여 항고의 대상이 되는 '법원의' 구금에 관한 결정에 해당하지 아니하고, 제416조 제1항 제2호의 규정에 의하여 준항고의 대상이 되는 '재판장 또는 수명법관의' 구금에 관한 재판에도 해당하지 아니하므로, 그에 대하여 항고나 준항고에 의한 불복은 허용되지 아니한다(대결 : 2006모646). [21·18·13 선택] [22 법선]

3. 즉시항고의 가능성

즉시항고는 법률에 명문의 규정이 있는 경우에만 허용된다. 그런데 지방법원판사의 구속영장청구 기각결정에 대하여는 즉시항고를 허용하는 명문규정이 없으므로 그에 대한 즉시항고에 의한 불복은 허용되지 아니한다.

4. 구속영장의 재청구

형사소송법은 구속영장의 재청구를 제한하고 있지 아니하므로 지방법원판사의 구속영장청구 기각결정이 있는 경우 검사는 새로이 구속사유가 발생하였음을 이유로 다시 구속영장을 청구할 수 있다.

【사례해설】

지방법원판사가 구속영장청구를 기각한 경우 검사는 항고, 준항고, 즉시항고를 할 수는 없으나 구속영장을 재청구하는 조치를 취할 수 있다.

⑥ **[체포영장의 유효기간]** 체포영장의 유효기간은 7일로 한다. 다만, 판사는 상당하다고 인정하는 때에는 7일을 넘는 기간을 정할 수 있다(규칙 제178조). 검사는 체포영장의 유효기간을 연장할 필요가 있다고 인정하는 때에는 그 사유를 소명하여 다시 체포영장을 청구하여야 한다(규칙 제96조의4).

⑦ **[체포영장의 집행]** 체포영장은 검사의 지휘에 의하여 사법경찰관리가 집행한다(제200조의6, 제81조 제1항). 체포영장을 집행함에는 피의자에게 이를 제시하고 그 사본을 교부하여야 한다(제200조의6, 제85조 제1항). 다만, 체포영장을 소지하지 아니한 경우에 급속을 요하는 때에는 피의자에 대하여 범죄사실의 요지와 영장이 발부되었음을 고하고 집행할 수 있으나, 집행을 완료한 후에는 신속히 체포영장을 제시하고 그 사본을 교부하여야 한다(제200조의6, 제85조 제3항·제4항).[1)]

⑧ 쟁점 **017** 집행 완료에 이르지 못한 체포영장과 사후제시의 필요성*

【CASE】

甲은 성폭법위반(비밀준수등) 범행으로 여러 차례 수사기관의 소환 요청을 받고도 출석요구에 불응하여 체포영장이 이미 적법하게 발부되어 있었다. 그런데 서울 강남경찰서에 "甲의 차량이 30분 정도 따라온다."는 내용의 신고가 접수되었고, 소속 경찰관 P1과 P2가 즉시 현장에 출동하였다. 현장에 도착한 P1이 승용차에 타고 있던 甲의 주민등록번호를 조회하여 피고인에 대한 체포영장이 발부된 것을 확인한 후 甲에게 적법하게 미란다 원칙을 고지하고 체포영장에 근거하여 체포절차에 착수하였다. 그러나, 甲은 흥분하며 타고 있던 승용차를 출발시켜 고의로 경찰관 P1에게 상해를 입혔다. 이에 P2가 위 승용차를 멈춘 후 저항하는 甲을 별도 범죄인 특수공무집행방해치상의 현행범으로 체포하였다.

위 사례에서 甲에 대한 현행범체포는 적법한가?

---

1) 긴급집행시에도 영장의 사본을 교부하도록 개정되었다.

1. 문제점

긴급집행에 해당하는 경우 사후에 영장을 제시하여야 하는지 문제된다.

2. 사후에 영장을 제시하고 교부해야 하는지 여부

형사소송법 제200조의6, 제85조 제4항은 체포영장에 의하지 않은 불법체포를 방지하는 한편, 체포 이후 인신구속에 관한 피의자의 절차적 권리를 보장하려는 데 그 취지가 있다. 따라서 <u>피고인에 대한 세포가 체포영장과 관련 없는 새로운 피의사실인 특수공무집행방해치상을 이유로 별도의 현행범 체포 절차에 따라 진행된 이상, 집행 완료에 이르지 못한 체포영장을 사후에 피고인에게 제시할 필요는 없다</u>(대판 : 2021도4648).

【사례해설】

사안의 경우 甲에 대하여 체포영장에 의한 체포절차가 착수된 단계에 불과하였고 甲에 대한 체포가 체포영장과 관련 없는 새로운 피의사실인 특수공무집행방해치상을 이유로 별도의 현행범 체포 절차에 따라 진행되었으며 집행 완료에 이르지 못한 체포영장을 사후에 제시할 필요가 <u>없으므로 甲에 대한 현행범 체포는 적법하다.</u>

⑨ **[피의자를 체포하는 경우의 체포영장의 제시 및 미란다 원칙의 고지]** 검사 또는 사법경찰관은 피의자를 체포하는 경우에는 피의사실의 요지, 체포의 이유와 변호인을 선임할 수 있음을 말하고 변명할 기회를 주어야 한다(제200조의5). 체포영장의 제시나 고지 등은 체포를 위한 실력행사에 들어가기 이전에 <u>미리 하여야 하는 것이 원칙이나 달아나는 피의자를 쫓아가 붙들거나 폭력으로 대항하는 피의자를 실력으로 제압하는 경우에는 붙들거나 제압하는 과정에서 하거나, 그것이 여의치 않은 경우에라도 일단 붙들거나 제압한 후에 지체 없이 행하여야 한다</u>(2007도10006). [21·20·19 선택]

⑩ 체포 후의 조치

㉮ **[체포사실의 통지]** 피의자를 체포한 때에는 ㉠ 변호인이 있는 경우에는 변호인에게, ㉡ 변호인이 없는 경우에는 변호인선임권자[2] 중 피의자가 지정한 자에게 피의사건명, 체포의 일시·장소, 피의사실의 요지, 체포의 이유와 변호인을 선임할 수 있는 취지를 지체 없이 체포한 때로부터 늦어도 24시간 이내에 서면으로 알려야 한다(제200조의6, 제87조, 규칙 제51조 제2항).

㉯ **[구속영장의 청구 또는 석방]** 체포한 피의자를 구속하고자 할 때에는 <u>체포한 때부터 **48시간** 이내에 구속영장을 청구하여야</u> 하고 그 기간 내에 구속영장을 청구하지 아니하거나 그 기간 내에 구속영장을 청구하였더라도 영장을 발부받지 못한 때에는 피의자를 즉시 석방하여야 한다(제200조의2 제5항, 제200조의4 제2항, 규칙 제100조 제2항). **[48시간 이내 발부가 아님에 유의]** [16·13 선택]

2. 긴급체포 [24·12 사례]

① **[의의]** 수사기관이 긴급을 요하여 피의자를 영장 없이 체포하는 것을 말한다.

---

2) 피의자의 법정대리인, 배우자, 직계친족과 형제자매를 말한다.

② 요건(제200조의3 제1항)

㉮ [긴급성] ㉠ 긴급체포는 긴급을 요하여 체포영장을 받을 수 없는 때에 할 수 있는 것이고, 이 경우 긴급을 요한다 함은 '피의자를 우연히 발견한 경우 등과 같이 체포영장을 받을 시간적 여유가 없는 때'를 말한다. ㉡ 피고인 甲이 마약에 관한 죄를 범하였다고 의심할 만한 상당한 이유가 있었다고 하더라도 경찰관이 이미 피의자 甲의 신원과 주거지 및 전화번호 등을 모두 파악하고 있었고 당시 마약 투약의 범죄 증거가 급속하게 소멸될 상황도 아니었다면 긴급을 요하는 경우라 할 수 없다(2016도5814). [19 선택]

㉯ [범죄의 중대성] 피의자가 사형·무기 또는 장기 3년 이상의 징역이나 금고에 해당하는 죄3)를 범하였다고 의심할 만한 상당한 이유가 있어야 한다. [14 선택] 여기의 형은 법정형을 의미하며, 범죄혐의는 객관적 혐의로서 영장에 의한 체포와 동일하다.

㉰ [체포의 필요성] 피의자가 증거를 인멸할 염려가 있거나 피의자가 도망하거나 도망할 우려가 있어야 한다.4)

③ 관련판례

㉮ [긴급체포의 요건을 갖추었는지 여부의 판단방법(체포당시상황을 기초로 판단), 위법한 긴급체포에 의한 유치 중에 작성된 피의자신문조서의 증거능력 유무(소극)] (2007도11400) [24 사례]

㉯ **쟁점 018** 자진출석한 피의자에 대한 긴급체포 허용 여부** [25 사례] [13 법사]

【CASE】
甲이 고소인의 자격으로 임의출석하여 피고소인 乙과 함께 검사로부터 대질조사를 받고 나서 조서에 무인을 거부하자, 검사가 甲에게 무고혐의로써 무고죄를 인지하여 조사를 하겠다고 하였고, 이에 甲이 조사를 받지 않겠다고 하면서 나가려고 하자 검사가 범죄사실의 요지, 체포의 이유 등을 고지하고 甲을 긴급체포 하였다. 검사의 긴급체포는 적법한가?

🔍 쟁점연구

1. 문제점
수사기관에 자진출석한 피의자에 대한 긴급체포가 허용될 수 있는지 문제된다.

2. 학설 및 判例

① [부정설] 피의자가 자진출석한 이상 긴급체포의 요건을 구비한 것으로 볼 수 없어 허용되지 않는다.

② [긍정설] 피의자가 자진출석하였더라도 조사 과정에서 범죄혐의가 새롭게 드러나는 등 긴급체포의 요건이 구비되는 경우라면 허용된다.

③ [判例] 자진출석한 피의자에 대한 긴급체포 허용 여부는 결국 긴급체포의 요건 구비여부에 따라 판단하여야 한다는 입장이다. 위 사안에서는 긴급체포가 적법하다고 판시하였다(대판 : 98도785).

---

3) 긴급체포가 가능한 중대한 범죄의 예로는 절도죄, 강도죄, 강간죄 등이 있으며, 긴급체포의 대상인 중대한 범죄에 해당하지 않는 예로는 단순폭행죄, 도박(상습도박)죄, 명예훼손죄, 모욕죄, 무면허운전죄 등이 있다.
4) 주거부정은 긴급체포사유가 아니므로 주의하여야 한다.

3. 검토

자진출석한 피의자는 긴급체포의 요건을 구비한 것으로 볼 수 없어 원칙적으로 긴급체포가 허용되지 않지만, 조사 과정에서 새로운 범죄혐의가 드러나는 등 긴급체포의 요건이 구비되는 경우에는 예외적으로 긴급체포가 허용된다고 보는 것이 타당하다.

【사례해설】

사안의 경우 甲이 조서에 무인을 거부하였고, 검사가 무고혐의를 인정하여 무고죄를 인지하여 조사를 하겠나고 하였음에도 甲이 조사를 받지 않겠다고 하면서 퇴거하려고 하였다는 점에서 긴급체포의 요건(긴급성, 범죄의 중대성, 필요성)을 구비하였다고 보아야 한다. 결국 검사의 긴급체포는 적법하다.

관련판례 [긴급체포가 적법한 경우와 위법한 경우의 비교판례]

1. [긴급체포가 적법한 경우] 甲이 고소인의 자격으로 임의출석하여 피고소인 乙과 함께 검사로부터 대질조사를 받고 나서 조서에 무인을 거부하자, 검사가 甲에게 무고혐의로써 무고죄를 인지하여 조사를 하겠다고 하였고, 이에 甲이 조사를 받지 않겠다고 하면서 나가려고 하자 검사가 범죄사실의 요지, 체포의 이유 등을 고지하고 甲을 긴급체포한 경우 긴급체포의 위법이 없다(98도785).

2. [긴급체포가 위법한 경우] 위증교사죄 등으로 기소된 변호사 甲이 무죄를 선고받자, 검사 A는 이에 불복·항소한 후 보완수사를 한다며 甲의 변호사사무실 사무장 乙에게 참고인 조사를 위한 출석을 요구하였고, 그 후 자진출석한 乙에 대하여 검사는 참고인조사를 하지 아니한 채 곧바로 위증 및 위증교사 혐의로 피의자신문조서를 받기 시작하자 乙은 인적사항만을 진술한 후 甲에게 전화를 하였고, 乙의 전화연락을 받고 검사실로 찾아온 甲은 "참고인조사만을 한다고 하여 임의수사에 응한 것인데 乙을 피의자로 조사하는 데 대해서는 협조를 하지 않겠다."는 취지로 말하며 乙에게 "여기서 나가라."고 지시하였고, 이에 乙이 일어서서 검사실을 나가려 하자 검사는 乙에게 "지금부터 긴급체포 하겠다."고 말하면서 乙의 퇴거를 제지한 경우 적법한 공무집행이라고 볼 수 없다(2006도148).

[판례해설] 긴급체포가 적법한 판례의 경우 조사과정에서 범죄혐의가 인정되어 긴급체포가 적법하지만, 긴급체포가 위법한 판례의 경우 조사를 하기도 전, 즉 범죄혐의가 인정되기도 전에 긴급체포한 것이므로 위법하다.

④ **[긴급체포의 절차**(미란다 원칙의 고지)**]** 검사 또는 사법경찰관은 긴급체포를 한다는 사유를 알리고 영장 없이 피의자를 체포할 수 있고(제200조의3 제1항), 이 경우 피의자에게 피의사실의 요지, 체포의 이유와 변호인을 선임할 수 있음을 말하고 변명할 기회를 주어야 한다(제200조의5). [12 선택] 이와 같은 고지는 체포를 위한 실력행사에 들어가기 이전에 미리 하여야 하는 것이 원칙이나, 달아나는 피의자를 쫓아가 붙들거나 폭력으로 대항하는 피의자를 실력으로 제압하는 경우에는 붙들거나 제압하는 과정에서 하거나, 그것이 여의치 않은 경우에라도 일단 붙들거나 제압한 후에는 지체 없이 행하여야 한다(99도4341). [20 선택]

⑤ 긴급체포 후의 조치(영장 체포와 동일)

㉮ **[긴급체포서 작성 및 긴급체포 사실의 통지]** 검사 또는 사법경찰관은 긴급체포서를 작성하여야 하고(제200조의3 제3항·제4항), [12 선택] 긴급체포 사실을 통지하여야 한다(제200조의6, 제209조, 제213조의2, 제87조). 피의자를 긴급체포한 때에는 ㉠ 변호인이 있는 경우에는 변호인에게, ㉡ 변호인이 없는 경우에는 변호인선임권자 중 피의자가 지정한 자에게 피의사건명, 체포의 일시·장소, 피의사실의 요지, 체포의 이유와 변호인을 선임할 수 있는 취지를 지체 없이(늦어도 체포한 때로부터 24시간 이내에) 서면으로 알려야 한다(제200조의6, 제209조, 제213조의2, 제87조).

㉯ [구속영장의 청구와 석방] 긴급체포한 피의자를 구속하고자 할 때에는 지체 없이 구속영장을 청구하여야 한다(제200조의4 제1항). 구속영장은 피의자를 체포한 때로부터 48시간 이내에 청구하여야 하며, 긴급체포서를 첨부하여야 한다(동항 단서). 48시간 이내에 구속영장을 청구하지 아니하거나 또는 구속영장을 청구하였더라도 영장을 발부받지 못하면 즉시 피의자를 석방하여야 한다(제200조의4 제2항). [20 선택] 검사는 구속영장을 청구하지 아니하고 피의자를 석방한 경우에는 석방한 날부터 30일 이내에 서면으로 긴급체포 후 석방된 자의 인적사항, 석방의 일시ㆍ장소 및 사유 등을 법원에 통지하여야 한다(제200조의4 제4항).

㉰ [사법경찰관이 검사에게 긴급체포된 피의자에 대한 긴급체포 승인 건의와 함께 구속영장을 신청한 경우 검사가 피의자를 대면조사할 권한이 있는지 여부(한정 적극) 및 대면조사의 허용요건] 검사의 구속영장청구 전 피의자 대면 조사는 피의자의 인권에 대한 부당한 침해를 초래하지 않도록 긴급체포의 적법성 여부를 심사하는 경우에 한하여 허용될 뿐, 긴급체포의 합당성이나 구속영장청구에 필요한 사유를 보강하기 위한 목적으로 실시되어서는 아니 된다(2008도11999).

㉱ [법원에 석방통지를 하지 않은 경우, 적법한 긴급체포에 의한 유치 중에 작성된 피의자신문조서의 증거능력 유무(적극)] 피의자가 긴급체포되어 조사를 받고 구속영장이 청구되지 아니하여 석방되었음에도 검사가 30일 이내에 법원에 석방통지를 하지 않았더라도, 단지 사후에 석방통지가 이루어지지 않았다는 사정만으로 긴급체포에 의한 유치 중에 작성된 피의자신문조서들의 작성이 소급하여 위법하게 된다고 볼 수는 없다(2011도6035).

⑥ [재체포의 제한] 긴급체포 되었다가 석방된 자는 영장 없이는 동일한 범죄사실에 관하여 다시 체포하지 못한다(제200조의4 제3항). 따라서 이와 같이 석방된 피의자라도 법원으로부터 구속영장을 발부받아 구속할 수 있음은 물론이다(2001도4291). [긴ㆍ영] [20ㆍ19ㆍ16ㆍ14ㆍ12 선택]

3. 현행범체포 [24 사례]

① [의의] 현행범인은 누구든지 영장 없이 체포할 수 있다(제212조).

② 현행범인과 준현행범인의 의의

㉮ [현행범인] 범죄를 실행하고 있거나 실행하고 난 직후의 사람을 현행범인이라 한다(제211조 제1항). '범죄의 실행의 즉후인 자'라고 함은 범죄의 실행행위를 종료한 직후의 범인이라는 것이 체포하는 자의 입장에서 볼 때 명백한 경우를 일컫는 것으로서 '범죄의 실행행위를 종료한 직후'라고 함은 **범죄행위를 실행하여 끝마친 순간 또는 이에 아주 접착된 시간적 단계를 의미**하는 것으로 시간적으로나 장소적으로 보아 체포를 당하는 자가 **방금 범죄를 실행한 범인이라는 점에 관한 죄증이 명백히 존재하는 것으로 인정되는 경우**를 말한다(2007도1249).

㉯ [현행범이라고 볼 수 없는 경우] ㉠ 교장을 협박하는 등의 소란을 피운 후 40여분 정도가 지나 경찰관들이 출동한 경우(91도1314), ㉡ 음주운전을 종료한 후 40분 이상이 경과한 시점에서 길가에 앉아 있던 경우(2007도1249)

㉓ **[준현행범]** 현행범인으로 간주되는 자로서 ㉠ 범인으로 불리며 추적되고 있는 자 ㉡ 장물이나 범죄에 사용되었다고 인정하기에 충분한 흉기나 그 밖의 물건을 소지하고 ㉢ 신체나 의복류에 증거가 될 만한 뚜렷한 흔적이 있는 자 ㉣ 누구냐고 묻자 도망하려고 하는 자를 말한다(제211조 제2항). 순찰 중이던 경찰관이 교통사고를 낸 차량이 도주하였다는 무전연락을 받고 주변을 수색하다가 범퍼 등의 파손상태로 보아 사고 차량으로 인정되는 차량에서 내리는 사람을 발견한 경우, 형사소송법 제211조 제2항 제2호 소정의 '장물이나 범죄에 사용되었다고 인정함에 충분한 흉기 기타의 물건을 소지하고 있는 때'에 해당하므로 준현행범으로서 영장 없이 체포할 수 있다(99도4341). [22 · 20 선택] [24 사례]

③ 현행범인 체포의 요건
㉑ **[범죄의 명백성]** 특정한 범죄의 범인임이 명백하여야 한다. 따라서 구성요건해당성이 조각되거나, 위법성조각사유나 책임조각사유의 존재가 명백한 경우 현행범인으로 체포할 수 없다.
㉔ **쟁점 019** 현행범체포의 요건으로서 '체포의 필요성' 요부* [17 법사]

【CASE】
甲은 2017. 3. 6. 01:45경 서울 마포구 서교동 빌라 주차장에서 술에 취한 상태에서 전화를 걸다가 순찰 중이던 홍익지구대 경찰관 P1, P2로부터 불심검문을 받게 되자 P2에게 자신의 운전면허증을 교부하였고, P2는 그 신분조회를 위하여 순찰차로 걸어갔다. 그 사이 甲은 불심검문에 항의하면서 주민과 지나가는 행인들이 다 들리도록 P1에게 욕을 하였고, 이에 P1은 甲을 모욕죄의 현행범으로 체포하겠다고 고지한 후 甲의 오른쪽 어깨를 붙잡았으나, 甲이 이에 강하게 반항하면서 P1에게 전치 3주의 상해를 가하였다. P1의 현행범체포는 적법한가?

🔍 **쟁점연구**
1. 문제점
현행범 체포의 요건으로서 체포의 필요성은 형사소송법에는 명문의 규정이 없으므로 현행범으로 체포하기 위하여 '도망 또는 증거인멸의 염려'라는 체포의 필요성 요건이 필요한지 문제된다.

2. 학설 및 判例
① [소극설] 현행범인은 범인과 범죄사실이 명백한 경우이므로 체포의 필요성이 없어도 된다.
② [적극설] 비례의 원칙 등을 고려하여 체포의 필요성이 있어야 한다.
③ [判例(적극설)] 현행범인으로 체포하기 위하여는 행위의 가벌성, 범죄의 현행성과 시간적 접착성, 범인 · 범죄의 명백성 이외에 체포의 필요성, 즉 도망 또는 증거인멸의 염려가 있어야 한다. 이러한 요건을 갖추지 못한 현행범인 체포는 법적 근거에 의하지 아니한 영장 없는 체포로서 위법한 체포에 해당한다(대판 : 2016도19907).

3. 검토(판례지지)
체포의 필요성이 없음에도 체포를 허용하는 것은 체포권의 남용을 초래할 수 있으므로 현행범인으로 체포하기 위해서는 체포의 필요성이 인정되어야 한다.

【사례해설】
  사안에서 甲은 모욕죄의 현행범임에 틀림이 없다. 다만, 체포의 필요성과 관련하여, 甲이 자신의 운전면허증을 경찰관 P2에게 교부한 점 그리고 욕설을 하는 것을 주민과 지나가는 행인들이 들었다는 점 등을 고려하면 甲에게 도망 또는 증거인멸의 염려가 있다고 보기 어렵다. 따라서 체포의 필요성이 인정되지 않음에도 경찰관 P1이 甲을 현행범으로 체포한 것은 위법하다.

> **관련판례** 1. [현행범 체포의 필요성이 인정되지 않아, 위법한 체포에 해당하는 경우] 피고인이 경찰관의 불심검문을 받아 운전면허증을 교부한 후 경찰관에게 큰 소리로 욕설을 하였는데, 경찰관이 모욕죄의 현행범으로 체포하겠다고 고지한 후 피고인의 오른쪽 어깨를 붙잡자 반항하면서 경찰관에게 상해를 가한 사안에서, 피고인은 경찰관의 불심검문에 응하여 이미 운전면허증을 교부한 상태이고, 경찰관뿐 아니라 인근 주민도 욕설을 직접 들었으므로, 피고인이 도망하거나 증거를 인멸할 염려가 있다고 보기는 어렵다. 따라서 경찰관이 피고인을 체포한 행위는 적법한 공무집행이라고 볼 수 없고, 피고인이 체포를 면하려고 반항하는 과정에서 상해를 가한 것은 불법체포로 인한 신체에 대한 현재의 부당한 침해에서 벗어나기 위한 행위로서 정당방위에 해당한다(2011도3682). [22 · 16 선택]
> 2. [현행범 체포의 요건을 갖추었는지 여부의 판단방법] 현행범인 체포의 요건을 갖추었는지 여부는 **체포 당시의 상황**을 기초로 판단하여야 하고 사후에 범인으로 인정되었는지에 의할 것은 아니다(2011도3682).

  ㉰ **[경미범죄의 특칙(비례성의 원칙)]** 다액 50만 원 이하의 벌금, 구류 또는 과료에 해당하는 죄의 현행범인에 대하여는 범인의 주거가 분명하지 아니한 때에 한하여 체포할 수 있다(제214조).
④ 체포의 절차
  ㉮ **[수사기관에의 인도]** 현행범인은 누구든지 영장 없이 체포할 수 있으나(제212조), 사인이 현행범인을 체포한 때에는 즉시 검사 또는 사법경찰관리에게 인도하여야 한다(제213조 제1항).
  ㉯ **[미란다 원칙의 고지]** 검사 또는 사법경찰관리는 현행범인을 체포하거나 현행범인의 인도를 받은 때에는 피의자에게 피의사실의 요지, 체포의 이유와 변호인을 선임할 수 있음을 말하고 변명할 기회를 주어야 한다(제213조의2, 제200조의5). [16 · 15 · 14 선택] 한편, 현행범인이 저항을 하는 경우에는 사회통념상 체포를 위하여 필요하고 상당하다고 인정되는 범위에서 실력을 행사할 수 있다.
  ㉰ **[사인의 현행범 체포시 검사 등에게 인도해야 할 시점인 '즉시'의 의미**(불필요한 지체 없이)**]** ⅰ) '즉시'라고 함은 반드시 체포시점과 시간적으로 밀착된 시점이어야 하는 것은 아니고, 정당한 이유 없이 인도를 지연하거나 체포를 계속하는 등으로 불필요한 지체를 함이 없이라는 뜻으로 볼 것이다. ⅱ) 검사 등이 아닌 이에 의하여 현행범인이 체포된 후 불필요한 지체 없이 검사 등에게 인도된 경우 구속영장 청구기간인 48시간의 기산점은 체포시가 아니라 검사 등이 현행범인을 **인도받은 때**라고 할 것이다. ⅲ) 청해부대 소속 군인들이 소말리아 해적인 피고인들을 현행범인으로 체포한 후 국내로 이송하는 데에 약 9일이 소요된 것은 공간적 · 물리적 제약상 불가피한 것으로 정당한 이유 없이 인도를 지연하거나 체포를 계속한 경우로 볼 수 없다(2011도12927). [20 · 19 · 18 선택]
⑤ **[체포 후의 절차**(영장에 의한 체포와 동일함)**]** 체포의 통지(제213조의2, 제87조) 및 구속영장의 청구 또는 석방(제213조의2, 제200조의2 제5항)

4. 영장에 의한 체포 vs 긴급체포 vs 현행범 체포

구분	영장에 의한 체포	긴급체포	현행범 체포
공통점	① 피의자를 대상으로 하며 피고인은 체포의 대상이 아님 ② 미란다 원칙 고지 ③ 체포의 통지 ④ 체포의 취소 ⑤ 접견교통권과 변호인선임의뢰권 ⑥ 체포적부심사청구권		
체포의 주체	검사 또는 사법경찰관리	검사 또는 사법경찰관리	제한 없음
체포 후 검사의 승인	불요	필요	불요
체포 후 조치	피의자를 구속하고자 할 때는 체포한 때부터(사인의 현행범 체포의 경우 현행범인을 인도받은 때부터) 48시간 이내에 구속영장을 청구하여야 함. 위 시간 이내에 구속영장을 청구를 하지 않거나 청구를 하였더라도 영장을 발부받지 못한 경우에는 즉시 석방해야 함		
석방시 법원 통지	피의자를 체포하지 아니하거나 체포한 피의자를 석방한 때에 통지 要	영장을 청구하지 아니하고 피의자를 석방한 때에 통지 要	×
재체포 제한규정 적용	×	○(긴급체포되었다가 석방된 자는 영장 없이는 동일한 범죄사실에 관하여 다시 체포 불가)	×

5. 체포 · 구속의 요건

		요건 (공통요건 : 범죄혐의 인정)	경미 사건의 특칙 (50만원 이하의 벌금 · 구류 · 과료)	영장
피의자	영장체포 (제200조의2)	① 출석요구 불응 ② 출석요구 불응 우려 ※ 명백히 체포의 필요성(도망 또는 증거인멸의 염려) 이 인정되지 않으면 영장청구 기각	① 일정한 주거가 없는 때 ② 출석요구 불응	체포영장
	긴급체포 (제200조의3)	① 긴급성(체포영장 발부받을 시간적 여유 없는 때) ② 범죄의 중대성(사형 · 무기 · 장기 3년 이상의 징역 · 금고) ③ 체포의 필요성 　㉠ 증거인멸의 염려 　㉡ 도망 또는 도망의 염려	규정 없음	불요
	현행범체포 (제211조)	① 현행범인(범죄를 실행하고 있거나 실행하고 난 직후의 사람) ② 준현행범인 　㉠ 범인으로 불리며 추적되고 있을 때 　㉡ 장물이나 범죄에 사용되었다고 인정하기에 충분한 흉기나 그 밖의 물건을 소지하고 있을 때	일정한 주거가 없는 때	불요

			일정한 주거가 없는 때	구속영장
		ⓒ 신체나 의복류에 증거가 될 만한 뚜렷한 흔적이 있을 때 ⓔ 누구냐고 묻자 도망하려고 할 때 ③ 체포의 필요성(도망 또는 증거인멸의 염려)이 있어야 함(판례)		
피의자 · 피고인	구속 (제70조, 제201조)	① 일정한 주거가 없는 때 ② 증거인멸의 염려 ③ 도망 또는 도망의 염려	일정한 주거가 없는 때	구속영장

Ⅱ. 구속

1. 구속의 개념

① [의의] 구속영장에 의하여 피의자 또는 피고인을 구인 또는 구금하는 강제처분을 말한다.

② [범위] 구속은 구인과 구금을 포함한다(제69조). ㉠ 구인이란 피의자·피고인을 법원 기타 장소에 인치하는 강제처분을 말한다. ㉡ 구금이란 피의자·피고인을 교도소, 구치소 등에 감금하는 강체처분을 말한다.

③ [유형] ㉠ [피의자 구속] 수사절차에서 수사기관이 법관의 영장을 발부받아 하는 구속을 말하며 강제수사에 해당한다. ㉡ [피고인 구속] 공소제기를 받은 수소법원이 영장에 의하여 피고인을 구속하는 것을 말하며 법원의 강제처분에 해당한다.

2. 피의자와 피고인 구속의 요건

① [범죄혐의] 피의자가(피고인이) 죄를 범하였다고 의심할 만한 상당한 이유가 있어야 한다(제70조 제1항, 제201조 제1항).

② [구속의 사유] 피의자(피고인)에게 ⅰ) 일정한 주거가 없거나, ⅱ) 증거를 인멸할 염려가 있거나, ⅲ) 도망하거나 도망할 염려가 있어야 한다(제70조 제1항, 제201조 제1항). 판사 또는 법원은 구속사유를 심사함에 있어서 범죄의 중대성, 재범의 위험성, 피해자 및 중요 참고인 등에 대한 위해 우려 등을 고려하여야 한다(제70조 제2항, 제209조). [구·주·인·도]

③ [경미범죄의 특칙] 50만 원 이하의 벌금·구류·과료에 해당하는 사건의 경우에는 피의자(피고인)에게 일정한 주거가 없는 경우에만 구속할 수 있다(제70조 제3항, 제201조 제1항 단서).

3. 피의자의 구속절차

① [영장주의] 피의자를 구속하는 경우 반드시 구속영장이 있어야 한다. 체포와는 달리 구속에 있어서는 영장주의의 예외가 인정되지 아니한다.

② [영장의 청구] 검사는 관할지방법원판사에게 청구하여 구속영장을 발부받아 피의자를 구속할 수 있고, 사법경찰관은 검사에게 신청하여 검사의 청구로 판사의 구속영장을 발부받아 피의자를 구속할 수 있다(제201조 제1항).

③ 구속영장실질심사(구속전피의자심문)

㉮ **[의의]** 구속영장의 청구를 받은 판사가 피의자를 직접 심문하여 구속사유의 존부를 판단하는 것을 말한다.5)

㉯ **[필요적 심문]** ㉠ **[체포된 피의자]** 체포된 피의자6)에 대하여 구속영장을 청구받은 판사는 지체 없이 피의자를 심문하여야 한다. 이 경우 특별한 사정이 없는 한 <u>구속영장이 청구된 날의 다음 날까지</u> 심문하여야 한다(제201조의2 제1항). [영·다] [13 선택] ㉡ **[체포되지 않은 피의자]** 체포되지 않은 피의자에 대하여 구속영장을 청구받은 판사는 피의자가 죄를 범하였다고 의심할 만한 이유가 있는 경우에 <u>구인을 위한 구속영장을 발부하여 피의자를 구인한 후 심문하여야 한다.</u>7) 다만, 피의자가 도망하는 등의 사유로 심문할 수 없는 경우에는 그러하지 아니하다(제201조의2 제2항). [13 선택]

④ **[국선변호인 선정]** 구속전피의자심문에 있어 심문할 피의자에게 변호인이 없는 때에는 지방법원판사는 직권으로 변호인을 선정하여야 한다. 이 경우 변호인의 선정은 피의자에 대한 구속영장 청구가 기각되어 효력이 소멸한 경우를 제외하고는 제1심까지 효력이 있다(제201조의2 제8항). [21·18·17·15·12 선택]

⑤ **[심문의 비공개]** 피의자에 대한 심문절차는 공개하지 아니한다. 다만, 판사는 상당하다고 인정하는 경우에는 피의자의 친족, 피해자 등 이해관계인의 방청을 허가할 수 있다(규칙 제96조의14).

⑥ 구속영장의 발부

㉮ **[발부결정]** 구속영장의 청구를 받은 지방법원판사는 신속히 구속영장의 발부여부를 결정하여야 하며(제201조 제3항) 상당하다고 인정할 때에는 구속영장을 발부한다(제201조 제4항).

㉯ **[기각결정]** 구속영장을 발부하지 아니할 때에는 청구서에 그 취지 및 이유를 기재하고 서명날인하여 청구한 검사에게 교부한다(제201조 제4항 단서).

㉰ **[불복의 가능성]** 판례에 의하면 구속영장의 발부 또는 기각결정에 대하여는 항고(재항고) 또는 준항고를 하는 방법으로 불복하는 것은 허용되지 아니한다.8) [18 사례] [13 법사]

㉱ 쟁점 **020** 긴급체포의 위법과 구속영장 발부와의 관계

【CASE】

사법경찰관 P는 특수절도죄의 피의자 甲을 긴급체포한 후 검사에게 구속영장을 신청하였고, 이에 검사는 관할 지방법원판사에게 구속영장을 청구하였다. 구속전피의자심문을 진행한 지방법원판사는 甲에 대한 긴급체포 과정에서 P가 미란다원칙을 고지하지 않았고, 긴급체포의 요건 구비여부가 불분명하다고 판단하였다. 지방법원판사는 검사의 구속영장청구를 기각할 수 있는가?

---

5) 영장실질심사는 지방법원판사가 피의자에 대한 구속영장을 발부하기 전에 하는 것이며, 수소법원이 피고인에 대한 구속영장을 발부할 때 하는 것이 아님을 주의해야 한다.

6) 체포영장에 의한 체포(제200조의2), 긴급체포(제200조의3), 현행범인의 체포(제212조) 규정에 의해 체포된 피의자를 모두 포함한다.

7) 구속의 절차에서 체포되지 않은 피의자에 대하여는 구인절차(구인을 위한 구속영장발부)가 추가된다는 점에서만 체포된 피의자와 차이가 있을 뿐이다.

8) 구속영장에 관한 재판 그 자체에 대하여 형사소송법상 어떠한 방법으로도 불복할 수 없다.

🔍 쟁점연구

1. 문제점

선행절차인 긴급체포가 위법한 경우, 지방법원판사가 구속영장을 발부할 때 긴급체포의 위법을 이유로 (구속사유가 인정됨에도) 구속영장청구를 기각할 수 있는지 문제된다. 이른바 '하자의 승계' 문제이다.

2. 학설

① [부정설] 긴급체포와 구속은 별개의 제도이므로 긴급체포의 위법을 구속영장 발부시에 고려해서는 안 된다는 견해이다.

② [긍정설] 긴급체포와 구속은 피의자 신병확보를 위한 일련의 과정이므로 긴급체포의 위법을 이유로 구속영장청구를 기각할 수 있다는 견해이다.

3. 검토 및 결론

긴급체포에 중대한 위법이 있고, 그와 같이 체포된 피의자를 구속하는 것은 적법절차 위반이라는 점, 구속영장청구시에 긴급체포서를 첨부하도록 하고 있다는 점을 고려하면 긴급체포가 위법한 경우 구속영장청구를 기각할 수 있다고 보는 것이 타당하다.

【사례해설】

사안의 경우 사법경찰관 P가 미란다원칙을 고지하지 않았고, 긴급체포의 요건 구비여부가 불분명한 점을 고려해 볼 때 긴급체포는 위법하다. 따라서 지방법원판사는 검사의 구속영장청구를 기각하여야 한다.

⑦ 집행의 절차(체포영장의 집행과 동일)

㉮ 영장의 제시와 미란다원칙의 고지(제209조, 제85조 제1항 · 제3항 · 제4항)

㉯ **[영장집행이 정당한 사유 없이 지체된 경우]** 피의자에 대한 구속영장의 제시와 집행이 그 발부 시로부터 정당한 사유 없이 시간이 지체되어 이루어졌다면, 구속영장이 그 유효기간 내에 집행되었다고 하더라도 위 기간 동안의 체포 내지 구금 상태는 위법하다.[9] 다만, 피고인의 방어권, 변호권이 본질적으로 침해되고 판결의 정당성마저 인정하기 어렵다고 보여지는 정도가 아니라면, 독립한 상고이유가 된다고 할 수 없다(2020도16438).

⑧ **[구속 후의 조치]** 변호인 등에 대한 구속사실의 통지(제200조의6, 제209조, 제213조의2, 제87조, 규칙 제51조 제2항 등) 및 법원에 대한 통지(제204조)

4. 피고인의 구속절차

① 사전청문절차

㉮ **[구속영장 발부시의 미란다원칙 실시]** 피고인에 대하여 범죄사실의 요지, 구속의 이유와 변호인을 선임할 수 있음을 말하고 변명할 기회를 준 후가 아니면 구속할 수 없다(제72조).[10]

---

9) **[사실관계]** 구속영장이 2020.2.8. 발부되고, 같은 날 17시경에 서류와 증거물이 반환되어 검사의 구속영장 집행 지휘가 있었는데도, 사법경찰리는 그로부터 3일이 경과한 날인 2020.2.11. 14시경에 구속영장을 집행하였다.

10) 본 규정은 피고인을 구속함에 있어 법관에 의한 사전 청문절차를 규정한 것이므로 "구속할 수 없다."는 의미는 "구속영장을 발부할 수 없다."는 의미로 이해하여야 한다.

④ [사전청문절차 위반의 효과] 사전에 위 규정에 따른 절차를 거치지 아니한 채 구속영장을 발부하였다면 그 발부결정은 위법하다고 할 것이나, 이미 변호인을 선정하여 공판절차에서 변명과 증거의 제출을 다하고 그의 변호 아래 판결을 선고받은 경우 등과 같이 사전청문절차규정에서 정한 절차적 권리가 실질적으로 보장되었다고 볼 수 있는 경우에는 사전청문절차를 거치지 아니한 구속영장의 발부결정이 위법하다고 볼 것은 아니다(2000모134).

② 구속영장의 발부

㉮ [영장주의] 법원이 피고인을 구속함에는 구속영장[11]을 발부하여야 한다(제70조, 제73조).[12] 피고인에 대하여는 수소법원이 영장을 발부하는 것이 원칙이지만 급속을 요하는 경우 재판장 또는 수명법관이 발부하며 수탁판사가 발부하는 경우도 있다(제70조, 제77조, 제80조).

㉯ [법원이 피고인에 대하여 구속영장을 발부하는 경우에 검사의 청구가 필요한지 여부(소극)] (96모46)

③ [구속영장의 집행과 사후청문절차] 피고인을 '구속한 때에는' 법원 또는 법관은 즉시 공소사실의 요지와 변호인을 선임할 수 있음을 알려야 한다(제88조, 형사소송규칙 제52조).[13] 그러나, 사후청문절차에 관한 규정으로서 이를 위반하였다 하여 구속영장의 효력에 어떠한 영향을 미치는 것은 아니다(2000모134).

5. 구속기간

① [구속기간의 계산방법(초일산입)] 구속기간의 초일은 시간을 계산함이 없이 1일로 산정한다(제66조 제1항 단서). 구속기간의 말일이 공휴일 또는 토요일에 해당하는 날이라도 기간에 산입된다(제66조 제3항).

② [피의자의 구속기간] 구속에 앞서 체포 또는 구인이 선행하는 경우 구속기간은 피의자를 실제로 체포 또는 구인한 날로부터 기산한다. 수사기관(사경 + 검사)의 피의자에 대한 구속기간의 최장기간은 30일이다[사경 10일(제202조) + 검사 20일(제203조, 제205조)].

③ [피의자의 구속기간에 산입하지 않는 기간] ㉠ 영장실질심사에 있어서 법원이 관계서류와 증거물을 접수한 날부터 구속영장을 발부하여 검찰청에 반환한 날까지의 기간(제201조의2 제7항) [18 선택] ㉡ 체포구속적부심사에 있어서 법원이 관계서류와 증거물을 접수한 때부터 결정 후 검찰청에 반환된 때까지의 기간(제214조의2 제13항) ㉢ 피의자 감정유치기간(제172조의2, 제221조의3) ㉣ 피의자가 도망간 기간 ㉤ 구속집행 정지기간 등은 구속기간에 산입하지 아니한다.

④ [피고인의 구속기간] 공소제기 전의 체포·구인·구금기간은 피고인의 구속기간에 산입하지 않는다. 피고인에 대한 구속기간은 2개월로 한다. 특히 구속을 계속할 필요가 있는 경우에는 심급마다 2개월 단위로 2차에 한하여 결정으로 갱신할 수 있다. [18 선택] 상소심은 추가 심리가 필요한 부득이한 경우에는 3차에 한하여 갱신할 수 있다. 따라서 피고인에 대한 최장 구속기간은 18개월이다(제92조 제1항·제2항).

---

11) 구속의 주체가 법원이므로 피고인에 대한 구속영장은 '명령장'의 성질을 갖는다.
12) 피의자의 구속이든 피고인의 구속이든 구속의 경우 반드시 구속영장이 필요하며, 피의자의 체포의 경우 영장 없는 체포(긴급체포, 현행범체포)가 허용되는 것과 구별된다.
13) 영장발부 전에 고지한 것과 별개로 '다시' 고지하여야 한다.

⑤ [피고인의 구속기간에 산입하지 않는 기간] 구속기간 계산에 있어 ⊙ 공소제기 전의 체포·구인·구금기간 [18·12 선택] ⓛ 기피신청에 의한 소송진행의 정지기간 ⓒ 공소장변경에 의한 공판절차 정지기간 ⓓ 심신상실·질병으로 인한 공판절차 정지기간 ⓜ 피고인 감정유치기간 ⓗ 피고인이 도망간 기간 Ⓐ 구속집행 정지기간 ⓞ 보석기간 Ⓧ 위헌법률심판 제청에 의한 공판절차 정지기간 등(제92조 제3항, 제172조의2, 헌법재판소법 제42조 등)

6. 재구속의 제한

① [피의자 재구속 제한] 검사 또는 사법경찰관에 의해 구속영장에 의해 구속되었다가 석방된 자는 다른 중요한 증거를 발견한 경우를 제외하고는 동일한 범죄사실에 대하여 재차 구속하지 못한다(제208조 제1항).14) [구·다] [20·13 선택]

② [재구속 제한 규정이 수소법원의 피고인 재구속에도 적용되는지 여부(소극)] 형소법 제208조(재구속 제한) 규정은 수사기관이 피의자를 구속하는 경우에만 적용되고 법원이 피고인을 구속하는 경우에는 적용되지 않는다(69도509).15) [13 선택]

7. 구속영장의 효력

① █쟁점 **021** 이중구속의 허용여부*

🔍 쟁점연구

1. 의의

이중구속이란 구속영장에 의하여 구속된 피의자나 피고인을 별개의 범죄사실로 재차 구속영장을 발부받아 이를 집행하는 것을 말한다.

2. 학설 및 판례

① [긍정설] 사건단위설에 의할 때 이중구속은 허용되고, 구속된 피의자가 석방되는 경우를 대비하여 미리 구속해 둘 필요가 있으며, 형사소송법은 구속된 피의자나 피고인에 대한 구속영장집행절차를 규정하고 있다는 점(제81조 제3항, 제209조)을 근거로 이를 인정하는 견해이다.

② [부정설] 이미 구속된 자에 대하여 구속사유를 인정하기 어렵고(구속된 자에게 도망 또는 증거인멸의 염려가 있다는 것은 상상하기 힘들므로), 이중구속이 피의자나 피고인의 석방을 대비하기 위한 것이라면 석방 전에 사전 구속영장을 발부받아 두었다가 이전 구속이 만료될 때 구속영장을 집행하면 족하다는 점을 근거로 이를 부정하는 견해이다.

③ [판례(긍정설)] 구속의 효력은 원칙적으로 구속영장에 기재된 범죄사실에만 미치는 것이므로 구속기간이 만료될 무렵에 종전 구속영장에 기재된 범죄사실과 다른 범죄사실로 피고인을 구속하였다는 사정만으로는 피고인에 대한 구속이 위법하다고 할 수 없다(대판 : 96모46). [13 선택] [22·21 법선]

---

14) 객관식 빈출지문이니 [긴·영 / 구·다(영·다)]의 두음자를 기억하자.
   ① 긴급체포되었다가 석방된 자는 영장 없이는 동일한 범죄사실에 관하여 다시 체포하지 못한다.
   ② 검사 또는 사법경찰관에 의해 구속영장에 의해 구속되었다가 석방된 자는 다른 중요한 증거를 발견한 경우를 제외하고는 동일한 범죄사실에 대하여 재차 구속하지 못한다.
   ③ 영장실질심사의 경우 구속영장이 청구된 날의 다음 날까지 심문하여야 한다.
15) [기출지문] 구속되었다가 석방된 피의자 또는 피고인은 다른 중요한 증거가 발견된 경우가 아니면 동일한 범죄사실에 관하여 재차 구속하지 못한다. (×) [13 선택]

3. 검토 및 결론

형사소송법 제81조 제3항, 제209조는 구속된 피의자나 피고인에 대한 구속영장 집행을 인정하고 있고, 실무상 필요성이 인정될 수 있기 때문에 긍정설이 타당하다. 다만, 이중구속이 인정되더라도 구속영장의 집행시기는 종전 영장에 의한 구속기간이 만료되는 때라고 보아야 한다.

② **쟁점 022** 별건구속의 허용여부 [20 법사]

🔍 쟁점연구

1. 의의

별건구속이란 본래 의도하고 있는 사건(本件) 수사를 위하여 피의자를 구속할 필요가 있으나 그 사건에 대하여 구속영장을 발부받기 어렵다고 판단하여 구속요건이 갖추어진 다른 사건(別件)으로 구속하는 것을 말한다.

2. 별건구속의 허용여부

① [긍정설] 당해구속은 별건에 관한 것이므로 별건에 대하여 구속요건이 구비되어 있는 이상 별건구속도 허용된다는 견해이다.

② [부정설] 본건에 대한 구속영장 없이 별건구속에 의하여 본건을 수사하는 것은 영장주의에 위반되므로 별건구속은 허용되지 않는다는 견해이다.

③ [검토 및 결론] 별건구속에 의하여 본건을 수사하고 또 다시 본건으로 구속하는 경우가 많은데 이는 구속기간제한 규정을 잠탈하는 것이 되므로 별건구속은 허용되지 않는다고 보는 것이 타당하다.

3. 별건구속에 이은 본건구속의 적법성

별건구속이 위법한 이상, 이에 터잡은 본건구속도 위법하다고 보아야 한다. 이와 같은 본건구속은 구속기간제한 규정을 잠탈한 것이고 또한 적법절차에 위반되는 것이기 때문이다.

③ [여죄수사] 여죄란 수사의 대상이 된 피의사건 이외의 사건으로 동시수사의 가능성이 있는 것을 말한다. 구속된 피의자에 대하여 피의사건을 수사하면서 합목적성 견지에서 그 피의사건 외의 다른 범죄(여죄)의 수사도 원칙적으로 허용된다.

8. 피의자구속과 피고인구속의 비교

구분	피의자구속	피고인구속
공통점	① 구속의 요건 ③ 영장의 유효기간 ⑤ 접견교통권, 변호인선임의뢰권	② 구속의 통지 ④ 영장의 집행기관과 집행의 방식
구속의 주체	수사기관	법원
검사의 영장청구 요부	필요	불요
영장발부기관	지방법원판사	원칙적으로 법원
영장의 성질	허가장	명령장

구속전심문 규정	있음	없음
구속기간	최장 사경 10일, 검사 20일	최장 18개월
구속기간연장 또는 갱신에 대한 불복	불복할 수 없음	보통항고
미란다고지	구속하는 경우 피의사실의 요지, 구속의 이유와 변호인을 선임할 수 있음을 말하고 변명할 기회를 주어야 함	① '구속할 때' 범죄사실의 요지, 구속의 이유와 변호인을 선임할 수 있음을 말하고 변명할 기회를 주어야 함(사전청문절차) ② '구속한 때' 공소사실의 요지와 변호인을 선임할 수 있음을 알려야 함(사후청문절차)
구속적부심사 제도	있음	없음
재구속 요건	다른 중요한 증거를 발견한 때	피의자구속의 경우와 같은 제한 없음

Ⅲ. 감정유치

① 피의자 · 피고인의 정신 또는 신체에 관한 감정이 필요하여 병원 기타 적당한 장소에 피의자 · 피고인을 유치하는 강제처분을 말한다(제221조의3, 제172조 제3항).

② 구속에 관한 규정은 법률에 특별한 규정이 없는 경우에는 감정유치에 관하여 이를 준용한다. 다만, 보석에 관한 규정은 준용되지 않으므로 감정유치된 자에게 보석은 인정되지 아니한다(제221조의3 제2항, 제172조 제7항). 구속 중인 피의자 · 피고인에 대하여 감정유치장이 집행되었을 때에는 유치되어 있는 기간은 구속의 집행이 정지된 것으로 간주한다(제221조의3 제2항, 제172조의2 제1항). 따라서 감정유치기간은 구속기간에 포함되지 않는다.

Ⅳ. 접견교통권

1. **[의의]** 피의자 · 피고인 등이 변호인이나 가족 등과 접견하고, 서류 또는 물건을 수수하며 의사의 진료를 받을 수 있는 권리를 말한다. 헌법도 변호인의 조력을 받을 권리를 기본적 인권으로 보장하고 있다(헌법 제12조 제4항).

2. **접견교통권의 내용**

① 변호인과의 접견교통권의 주체

㉮ **[인정되는 경우]** ⅰ) 신체 구속을 당한 피의자 · 피고인(제34조)[16], ⅱ) **불구속 피의자 · 피고인**(2000헌마138) [20 · 13 선택], ⅲ) 임의동행의 형식으로 수사기관에 연행된 피의자나 피내사자(96모18) [21 · 15 선택]

---

16) 구속영장에 의해 구속된 자뿐만 아니라 체포영장에 의한 체포, 긴급체포, 현행범체포, 감정유치에 의해 구속된 자도 포함된다.

④ [인정되지 않는 경우] ⅰ) 이미 형이 확정되어 집행 중에 있는 수형자(96헌마398), ⅱ) 미결수용자가 형사사건의 변호인이 아닌 민사재판, 행정재판, 헌법재판 등에서 변호사(형사사건의 변호인이 아님)와 접견할 경우(2011헌마122) [14 선택]

② [상대방] 변호인 및 변호인이 되려는 자이다. 따라서 변호인이 되려는 의사를 표시한 자가 객관적으로 변호인이 될 가능성이 있다고 인정되는데도, 피고인 또는 피의자와 접견하지 못하도록 제한하여서는 아니 된다(2013도16162). [23 · 21 선택]

③ 변호인과의 접견교통권의 내용

㉮ [근거규정 및 접견의 비밀보장] 변호인이나 변호인이 되려는 자는 신체가 구속된 피고인 또는 피의자와 접견하고 서류나 물건을 수수할 수 있으며 의사로 하여금 피고인이나 피의자를 진료하게 할 수 있다(제34조). 접견에 있어서 경찰관의 입회나 감시는 허용되지 않는다. 미결수용자와 변호인(변호인이 되려고 하는 사람을 포함한다)과의 접견에는 교도관이 참여하지 못하며 그 내용을 청취 또는 녹취하지 못한다. 다만, 보이는 거리에서 미결수용자를 관찰할 수 있다(수용자처우법 제84조 제1항).

㉯ [미결수용자의 변호인과의 접견교통권을 제한할 수 있는지 여부(법률에 의한 제한이 가능)] ⅰ) '접견시간 제한'은 접견에 관한 일체의 시간적 제한이 금지된다는 것으로 볼 수는 없고, 수용자와 변호인의 접견이 현실적으로 실시되는 경우 접견 시간을 양적으로 제한하지 못한다는 의미이므로, 수용자 처우법의 위임에 따라 수용자의 접견이 이루어지는 일반적인 시간대를 대통령령으로 규정하는 것은 가능하다(2009헌마341). [13 선택] ⅱ) **변호인의 구속된 피고인 또는 피의자와의 접견교통권**은 피고인 또는 피의자 자신이 가지는 변호인과의 접견교통권과는 성질을 달리하는 것으로서 헌법상 보장된 권리라고는 할 수 없고, 형사소송법 제34조에 의하여 비로소 보장되는 권리이지만 **수사기관의 처분 등에 의하여 이를 제한할 수 없고, 다만 법령에 의하여서만 제한이 가능하다**(91모24). [13 선택]

㉰ [변호인의 접견의 상대방이 변호인을 공범으로 가담시키려고 한 사정이 있다는 이유만으로는 접견교통권 금지가 정당화될 수 없음(변호인의 제척제도가 존재하지 않기 때문)] 변호인의 접견교통의 상대방인 신체구속을 당한 사람이 그 변호인을 자신의 범죄행위에 공범으로 가담시키려고 하였다는 등의 사정만으로 그 변호인의 신체구속을 당한 사람과의 접견교통을 금지하는 것이 정당화될 수는 없다(2006모656). [13 선택]

④ [비변호인과의 접견교통권] 구속된 피고인 · 피의자, 체포된 피의자는 관련 법률이 정한 범위에서 타인과 접견하고 서류 또는 물건을 수수하며 의사의 진료를 받을 수 있다(제89조, 제209조, 제200조의6). 여기서 타인이란 변호인 아닌 자로서 가족 등을 말한다.

3. 접견교통권 침해여부에 관한 판례

① [침해에 해당하는 경우] 사실상의 구금장소의 임의적 변경은 접견교통권의 행사에 중대한 장애를 초래하는 것이므로 위법하다(95모94). [13 선택]

② [침해에 해당하지 않는 경우] 접견실에 CCTV를 설치하여 미결수용자와 변호인 간의 접견을 관찰한 행위는 교도관의 육안에 의한 시선계호를 CCTV 장비에 의한 시선계호로 대체한 것에 불과하므로 변호인의 조력을 받을 권리를 침해하지 않는다(2015헌마243).

4. 접견교통권의 침해에 대한 구제수단

① [항고와 준항고] 접견교통권에 대한 결정 또는 처분은 구금에 대한 결정 또는 처분으로 볼 수 있다. 따라서 ⅰ) 법원의 접견교통권 제한결정에 불복이 있는 경우에는 보통항고를 할 수 있고(제403조 제2항) ⅱ) 수사기관의 접견교통권 제한처분에 대하여는 준항고로 그 취소 또는 변경을 청구할 수 있다(제417조).

② [증거능력 부정] 검사 작성의 피의자신문조서가 검사에 의하여 피의자에 대한 변호인의 접견이 부당하게 제한되고 있는 동안에 작성된 경우에는 증거능력이 없다(90도1285). [20 · 15 선택]

③ [상소이유] 수소법원이 접견교통권을 침해함으로써 피고인의 방어준비에 중대한 지장을 가져온 경우에는 상대적 상소(항소, 상고)이유가 된다(제361조의5 제1호, 제383조).

④ [기타] 교도소 또는 구치소에 의한 접견교통권의 침해에 대하여는 행정소송을 하거나 국가배상청구를 할 수 있다.

V. 체포·구속적부심사제도

1. 의의 [22 사례][17]

수사기관에 의해 체포 또는 구속된 피의자에 대하여 법원이 체포·구속의 적부를 심사하여 체포·구속이 위법·부당한 경우 피의자를 석방시키는 제도를 말한다(제214조의2).

2. 청구의 절차

① [청구권자] 체포·구속된 피의자 또는 그 변호인·법정대리인·배우자·직계친족·형제자매·가족·동거인·고용주는 관할법원에 체포 또는 구속의 적부심사를 청구할 수 있다(제214조의2 제1항). 체포·구속된 피의자는 영장에 의한 것인지 영장 없는 불법에 의한 것인지를 불문한다. [피·변·법·배·직·형·가·동·고] [23·18 선택]

② [청구사유와 방식] 체포·구속이 위법한 경우는 물론 부당한 경우에도 심사청구를 할 수 있다. 청구는 서면(체포 또는 구속의 적부심사청구서)으로 하여야 한다.

3. 법원의 심사

① [간이기각결정] 법원은 ㉠ 청구권자 아닌 사람이 청구하거나 동일한 체포영장 또는 구속영장의 발부에 대하여 재청구한 때 ㉡ 공범이나 공동피의자의 순차청구가 수사 방해를 목적으로 하고 있음이 명백한 때에는 심문 없이 청구를 기각할 수 있다(제214조의2 제3항). [청·동·방] [18 선택] 간이기각결정에 대하여 항고하지 못한다(동조 제8항).

② [국선변호인 선정] 법원은 체포와 구속의 적부심사에서 체포 또는 구속된 피의자에게 변호인이 없는 때에는 국선변호인을 선정하여야 하고, 심문 없이 기각결정을 하는 경우에도 국선변호인을 선정하여야 한다(제214조의2 제10항, 제33조 제1항). [23·18·13·12 선택]

---

17) [제11회 변호사시험 제2문의 3] 구속영장에 의하여 구속된 피의자 또는 피고인의 석방을 위하여 변호인이 취할 수 있는 공소제기 전과 후의 조치를 논하시오.

③ **[피의자의 출석과 의견진술 및 조서의 작성]** 피의자의 출석은 절차개시요건이며 검사·변호인·청구인은 심문기일에 출석하여 의견을 진술할 수 있다(제214조의2 제9항). 심문기일에 피의자를 심문하는 경우에는 법원사무관 등은 심문의 요지 등을 조서로 작성하여야 한다(제214조의2 제14항, 제201조의2 제6항). 체포·구속적부심사조서는 제315조 제3호에 의하여 당연히 증거능력이 인정된다.

4. 법원의 결정

① **[기각결정과 석방결정]** 법원은 청구가 이유 없다고 인정한 경우에는 결정으로 청구를 기각하여야 하고(제214조의2 제4항), 청구가 이유 있다고 인정한 경우에는 결정으로 체포되거나 구속된 피의자의 석방을 명하여야 한다(제214조의2 제4항 본문). 이는 심사청구 후 피의자에 대하여 공소제기가 있는 경우에도 또한 같다(제214조의2 제4항 단서).18) [23·18 선택]

② **[불복의 가능성]** 기각결정과 석방결정에 대하여 항고하지 못한다(제214조의2 제8항). [18 선택]

③ **[석방결정과 재체포·재구속 제한]** 체포·구속적부심사결정에 의하여 석방된 피의자가 ㉠ 도망하거나 ㉡ 범죄의 증거를 인멸하는 경우를 제외하고는 동일한 범죄사실에 관하여 재차 체포 또는 구속하지 못한다(제214조의3 제1항). [체·구·적(은)·도·인] [22·20·18 선택]

5. 보증금납입조건부 피의자석방결정(피의자보석)

① **[의의]** 구속적부심사청구가 있는 경우 법원이 보증금의 납입을 조건으로 '구속된 피의자'를 석방시키는 제도를 말한다(제214조의2 제5항). 이를 피의자보석이라고 한다.

② **[성질]** 피의자보석은 법원의 직권에 의하여 석방을 명할 수 있을 뿐이다. 즉, 직권·재량 보석이므로 피의자에게 보석청구권이 인정되지 않는다. 따라서 피의자보석은 피고인보석이 피고인에게 보석청구권이 인정되고 제외사유가 없는 한 보석을 허가해야 하는 것과 구별된다.

③ 피의자보석의 절차

㉮ **[구속적부심사의 청구]** 법원이 피의자보석을 하기 위해서는 구속된 피의자가 구속적부심사를 청구하여야 한다. 구속적부심사를 청구하지 않은 피의자에게 법원이 보석을 허가할 수 없다.

㉯ **[대상자]** 피의자보석은 '구속된' 피의자에게만 인정되며, '체포된' 피의자에게는 인정되지 않는다(97모21). [22·16·13 선택] 구속적부심사청구 후 공소제기된 피고인도 보증금납입조건부 석방결정의 대상이 된다(제214조의2 제5항).

㉰ **[보증금의 납입과 조건]** 보증금의 결정이나 집행절차에 관하여는 보석에 관한 규정이 준용되므로(214조의2 제7항) 피고인보석과는 달리 피의자보석은 반드시 보증금의 납입을 조건으로 하여야만 석방을 명할 수 있다. 따라서 보증금납입조건부 피의자석방결정을 하는 경우 보증금 납입을 이행한 후가 아니면 보석허가결정을 집행할 수 없다(제214조의2, 제100조, 제98조). [23 선택]

---

18) 본규정이 명문화되기 전에 피의자가 구속적부심사청구를 한 후 검사가 법원의 결정이 있기 전에 기소하는 경우, 즉 이른바 '전격기소'의 경우 피의자는 형식적으로 피고인의 지위를 갖게 되는바 법원이 '청구를 기각'하여야 하고 석방결정을 할 수 없는지가 문제되었다. 현행법은 이를 명문으로 해결하여 이른바 '전격기소'의 경우에도 석방결정을 할 수 있게 되었다.

⑤ 쟁점 023 체포된 피의자에 대한 보증금납입조건부 석방결정의 가부 및 석방결정에 대한 항고의 가능성★★ [23 · 18 · 15 법사]

【CASE】
피의자 甲은 무자료 술을 거래한 혐의로 2017. 1. 29. 19:30경 창원지방검찰청 수사관에 의하여 긴급체포 되었고, 검사는 1. 31. 창원지방법원에 구속영장을 청구하였으나 같은 날 甲도 창원지방법원에 체포적부심사청구를 하였다. 법원은 2017. 1. 31. 甲의 청구를 받아들여 3,000만 원의 보증금 납입을 조건으로 석방결정을 하고 검사의 구속영장청구를 기각하였으나, 검사는 법원의 석방결정이 위법하다는 이유로 항고를 하였다.
1. 甲에 대한 보증금납입조건부 석방결정은 적법한가?
2. 법원의 석방결정에 대한 검사의 항고는 적법한가?

🔍 쟁점연구 | 1. 체포된 피의자에 대한 보증금 납입조건부 석방결정의 허용 여부

1. 문제점
체포된 피의자에 대한 보증금납입조건부 석방결정이 허용되는지 문제된다.

2. 학설 및 判例
① [부정설] 형소법 제214조의2 제5항은 그 석방결정의 대상자를 '구속된 피의자'로 한정하고 있으므로 허용되지 않는다.
② [긍정설] 구속은 체포를 포함하는 넓은 의미로 해석될 수 있기 때문에 허용된다.
③ [判例(부정설)] 형소법은 수사단계에서의 체포와 구속을 명백히 구별하고 있고 이에 따라 체포와 구속의 적부심사를 규정한 같은 법 제214조의2에서 체포와 구속을 서로 구별되는 개념으로 사용하고 있는 바, 같은 조 제5항에 보증금 납입을 조건으로 한 석방의 대상자가 '구속된 피의자'라고 명시되어 있으므로 현행 법상 체포된 피의자에 대하여는 보증금 납입을 조건으로 한 석방이 허용되지 않는다(대결 : 97모21). [16 선택] [23 법선] [18 법사]

3. 검토 및 결론
형소법은 체포와 구속을 서로 구별되는 개념으로 사용하고, 제214조의2 제5항은 보증금납입조건부 석방결정의 대상자를 '구속된 피의자'로 한정하는 점을 고려할 때 체포된 피의자에 대한 보증금납입조건부 석방결정이 허용되지 않는다고 보는 것이 타당하다.

【사례해설】
甲에 대한 보증금납입조건부 석방결정은 위법하다.

1. 문제점

보증금납입조건부 석방결정에 대하여 항고가 허용되는지 문제된다.

2. 학설 및 判例

① [부정설] 보증금납입조건부 석방결정도 기각결정이나 다른 석방결정과 마찬가지로 항고가 허용되지 않는다.

② [긍정설] 보증금납입조건부 석방결정에 대하여 항고가 허용되지 않는다는 명문의 규정이 없으므로 항고가 허용된다.

③ [判例] 형소법 제402조 규정에 의하면, 법원의 결정에 대하여 불복이 있으면 항고를 할 수 있으나, 다만 같은 법에 특별한 규정이 있는 경우에는 예외로 하도록 되어 있는바, 체포 또는 구속적부심사절차에서 법원의 결정에 대한 항고의 허용여부에 관하여 같은 법 제214조의2 제8항은 **제3항과 제4항의 기각결정 및 석방결정에 대하여 항고하지 못하는 것으로 규정하고 있을 뿐이고 제5항에 의한 석방결정에 대하여 항고하지 못한다는 규정은 없을 뿐만 아니라**, 기소 후 보석결정에 대하여 항고가 인정되는 점에 비추어 그 보석결정과 성질 및 내용이 유사한 기소 전 보증금납입조건부 석방결정에 대하여도 항고할 수 있도록 하는 것이 **균형에 맞는 측면도 있다 할 것이므로, 같은 법 제214조의2 제5항의 석방결정에 대하여는 피의자나 검사가 그 취소의 실익이 있는 한 같은 법 제402조에 의하여 항고할 수 있다**(대결 : 97모21).[19] [23 · 21 · 19 선택]

3. 검토 및 결론

기소 후 보석결정과의 균형상 보증금납입조건부 석방결정에 대하여 항고가 허용된다고 보는 것이 타당하다.

【사례해설】

설문상 법원의 석방결정에 대한 검사의 항고는 적법하다.

6. 석방된 피의자의 재체포 · 재구속 요건

구분	재체포 · 재구속요건
긴급체포되었다가 석방된 피의자를 체포하는 경우 (제200조의4 제3항)	영장을 발부받을 것 [긴 · 영]
구속되었다가 석방된 피의자를 재차 구속하는 경우 (제208조 제1항)	다른 중요한 증거를 발견한 때 [구 · 다]
체포 · 구속적부심사에 의하여 석방된 피의자를 재차 체포 · 구속하는 경우 (제214조의3 제1항)	도망하거나 범죄의 증거를 인멸하는 때 [체 · 구 · 척(은) · 도 · 인]
피의자보석으로 석방된 피의자를 재차 구속하는 경우 (제214조의3 제2항)	① 도망한 때 ② 도망하거나 범죄의 증거를 인멸할 염려가 있다고 믿을만한 충분한 이유가 있는 때 ③ 출석요구를 받고 정당한 이유 없이 출석하지 아니한 때 ④ 주거의 제한이나 그 밖에 법원이 정한 조건을 위반한 때 [도 · 인 · 출 · 초]

---

19) 판례원문상의 법조문을 현행법에 맞게 수정하였다.

VI. 보석

1. 의의

보증금 납입 등을 조건으로 구속된 피고인을 석방하는 것을 말한다. 보석은 구속의 집행을 정지함에 그치고 구속영장의 효력을 존속시킨다는 점에서 구속영장을 실효시키는 구속의 취소와 구별된다. [13 선택]

2. 보석의 종류

① 청구보석(제외 사유가 없는 한 필요적 보석)

㉮ [의의] 보석의 '청구가 있으면' 제외 사유가 없는 한 법원은 보석을 허가하여야 한다. 즉, 보석은 필요적 보석이 원칙이다(제95조).

㉯ [필요적 보석의 제외 사유] ㉠ 피고인이 사형·무기·장기 10년이 넘는 징역이나 금고에 해당하는 죄를 범한 때(제1호), ㉡ 피고인이 누범에 해당하거나 상습범인 죄를 범한 때(제2호), ㉢ 피고인이 구속의 사유에 해당하는 때[죄증을 인멸하거나 인멸할 염려가 있다고 믿을만한 충분한 이유가 있는 때(제3호), 도망하거나 도망할 염려가 있다고 믿을만한 충분한 이유가 있는 때(제4호), 주거가 분명하지 아니한 때(제5호)], ㉣ 피고인이 피해자, 당해 사건의 재판에 필요한 사실을 알고 있다고 인정되는 자 또는 그 친족의 생명·신체·재산에 해를 가하거나 가할 염려가 있다고 믿을만한 충분한 이유가 있는 때(제6호)

㉰ [다른 사건으로 집행유예기간 중에 있는 피고인에 대하여 보석을 허가하여야 하는지 여부(제외사유에 해당하지 않는 한 허가하여 함)] (90모22)

② [제외 사유에 해당하는 경우(직권 또는 청구, 임의적 보석)] 필요적 보석의 제외사유에 해당하는 때에도 법원은 상당한 이유가 있을 때에는 '직권' 또는 보석청구권자의 '청구'에 의하여 결정으로 보석을 허가할 수 있다(제96조). 임의적 보석의 예로 병보석이 있다.

3. 보석의 청구

① [청구권자] 피고인, 피고인의 변호인·법정대리인·배우자·직계친족·형제자매·가족·동거인 또는 고용주이다(제94조).

② [청구의 방법과 시기] 보석의 청구는 서면에 의하여야 한다(규칙 제53조). 공소제기 후 재판확정 전까지는 심급을 불문하고 보석청구를 할 수 있으며, 상소기간에도 가능하다.

4. 법원의 심리

① 보석청구를 받은 법원은 지체 없이 심리기일을 정하여 구속된 피고인을 심문하여야 한다(규칙 제54조의2 제1항). 재판장은 보석에 관한 결정을 하기 전에 검사의 의견을 물어야 한다(제97조 제1항).

② [검사의 의견청취절차를 거치지 아니한 법원의 보석허가결정의 효력(결정이 적정하면 취소불가)] 검사의 의견청취의 절차는 보석에 관한 결정의 본질적 부분이 되는 것은 아니므로 결정이 적정한 이상 절차상의 하자만을 들어 그 결정을 취소할 수는 없다(97모88).

5. 법원의 결정과 불복방법

① [결정의 기한] 법원은 특별한 사정이 없는 한 보석청구를 받은 날로부터 7일 이내에 그에 관한 결정을 하여야 한다(규칙 제55조).

② **[기각결정과 보석허가결정]** 보석청구가 이유 없을 때에는 보석청구기각결정을 하여야 한다. 법원은 보석청구가 이유 있을 때에는 하나 이상의 조건을 정하여 보석허가결정을 하여야 한다(제98조).

③ **[불복방법]** 보석청구기각결정과 보석허가결정에 대하여 피고인과 검사는 각각 보통항고를 할 수 있다 (제403조 제2항). [16 선택]

6. 보석의 취소와 실효

① **[보석취소와 재구금(검사에게 결정서를 교부 또는 송달)]** 보석허가결정의 취소는 취소결정을 고지하거나 결정 법원에 대응하는 검찰청 검사에게 결정서를 교부 또는 송달함으로써 즉시 집행할 수 있는 것이고, 결정등본이 피고인에게 송달 또는 고지되어야 집행할 수 있는 것은 아니다(83모19).

② **[고등법원의 보석취소결정에 집행정지의 효력을 인정할 수 있는지 여부(부정)]** 고등법원이 한 보석 취소결정에 대하여는 집행정지의 효력을 인정할 수 없다. 즉시항고는 법률관계나 재판절차의 조속한 안정을 위해 일정한 기간 내에서만 제기할 수 있는 항고로서, 즉시항고의 제기기간 내와 그 제기가 있는 때에 재판의 집행을 정지하는 효력이 있다(제410조). 그러나 보통항고의 경우에도 법원의 결정으로 집행정지가 가능한 점(제409조)을 고려하면, 집행정지의 효력이 즉시항고의 본질적인 속성에서 비롯된 것이라고 볼 수는 없다(2020모633).[20) [24 · 23 선택] [24 사례] [22 법선]

7. 보증금 등의 몰취

① 임의적 몰취

㉮ **[판결확정 전 보석취소]** 법원은 보석을 취소하는 때에는 직권 또는 검사의 청구에 따라 결정으로 보증금 또는 담보의 전부 또는 일부를 몰취할 수 있다(제103조 제1항).

㉯ **[보석보증금 몰수결정은 반드시 보석취소와 동시에 해야 하는지 여부(소극)]** 보석취소결정은 성질상 신속을 요하는 경우가 대부분임에 반하여, 보증금몰수결정은 그 몰수의 요부(보석조건위반 등 귀책사유의 유무) 및 몰수 금액의 범위 등에 관하여 신중히 검토하여야 할 필요성도 있으므로 보석취소 후에 별도로 보증금몰수결정을 할 수도 있다(2000모22). [16 선택]

② **[필요적 몰취(형 선고의 판결 확정 후 집행소환불응 또는 도망한 때)]** (제103조 제2항)

VII. 구속의 집행정지, 구속의 취소, 구속의 실효

1. 구속집행정지

① **[의의]** 법원 또는 수사기관이 구속된 피고인·피의자의 구속의 집행을 정지시키는 제도를 말한다(제 101조 제1항, 제209조). [22 사례][21)

② 구속집행정지의 절차

㉮ **[직권에 의한 집행정지]** 구속집행정지는 법원 또는 수사기관(검사 또는 사법경찰관)이 직권으로 행하며 피고인·피의자에게는 신청권이 없다.

---

20) **[참조조문]** 제1심 법원이 한 보석취소결정에 대하여 불복이 있으면 보통항고를 할 수 있고(제102조 제2항, 제402조, 제403조 제2항), 보통항고에는 재판의 집행을 정지하는 효력이 없다(제409조). 한편 즉시항고의 제기기간 내와 그 제기가 있는 때에 재판의 집행을 정지하는 효력이 있다(제410조).

21) **[제11회 변호사시험 제2문의 3]** "구속영장에 의하여 구속된 피의자 또는 피고인의 석방을 위하여 변호인이 취할 수 있는 공소제기 전과 후의 조치를 논하시오."

㉔ **[피고인에 대한 구속집행정지]** 법원은 상당한 이유가 있는 때(㉤ 중병, 출산)에는 결정으로 구속된 피고인을 친족·보호단체 기타 적당한 자에게 부탁하거나 피고인의 주거를 제한하여 구속의 집행을 정지할 수 있다(제101조 제1항). 법원의 구속의 집행정지 결정에 대하여 검사는 보통항고의 방법으로 불복할 수 있다(제403조 제2항).

㉴ **[피의자에 대한 구속집행정지]** 구속된 피의자에 대하여는 검사 또는 사법경찰관이 직권으로 구속의 집행을 정지할 수 있다(제209조, 제101조 제1항).

2. 구속의 취소

① **[의의]** 법원 또는 수사기관이 구속의 사유가 없거나 소멸된 때에 직권 또는 청구에 의하여 구속된 피고인 또는 피의자를 석방하는 것을 말한다(제93조, 제209조). [22 사례]

② **[구속취소의 사유]** 구속취소의 사유는 구속의 사유가 없거나 소멸된 때이다(제93조, 제209조).

③ 구속취소의 절차

㉠ **[피고인에 대한 구속취소]** 법원은 구속의 사유가 없거나 소멸된 때에는 직권 또는 검사·피고인·변호인과 피고인의 법정대리인·배우자·직계친족·형제자매의 청구에 의하여 결정으로 구속을 취소하여야 한다(제93조). 법원의 구속취소결정에 대하여 검사는 즉시항고를 할 수 있다(동조 제4항). [16 선택]

㉡ **[피의자에 대한 구속취소]** 검사 또는 사법경찰관은 구속의 사유가 없거나 소멸된 때에는 직권 또는 피의자·변호인과 피의자의 법정대리인·배우자·직계친족·형제자매의 청구에 의하여 구속을 취소하여야 한다(제209조, 제93조).

3. 구속의 실효

① **[구속의 취소]** 구속이 취소되면 구속의 효력은 상실된다.

② 구속의 당연실효

㉠ **[구속기간의 만료]** 구속기간이 만료되면 구속영장의 효력은 당연히 상실된다.

㉡ **[구속영장의 실효]** 무죄·면소·형의 면제·형의 선고유예·형의 집행유예·공소기각 또는 벌금·과료를 과하는 판결이 '선고'된 때에는 구속영장은 효력을 잃는다(제331조). [12 선택] 판결선고와 동시에 바로 구속영장의 효력이 상실되므로 판결확정 전이라도 즉시 피고인을 석방시켜야 한다.

4. 피의자·피고인 석방절차

구분	체포구속적부심	피의자보석	피고인보석	구속집행정지	구속취소
주체	법원	법원	법원	법원·검사·사경	법원·검사·사경
대상	피의자	피의자	피고인	피의자·피고인	피의자·피고인
절차	청구	직권	직권·청구	직권	직권·청구
청구권자	피/변/법·배·직·형·가·고·동	-	피/변/법·배·직·형·가·고·동	-	피/변/검/법·배·직·형

사유	체포·구속이 위법 부당한 때	법원의 재량	① 원칙 : 필요적 보석 ② 예외 : 임의적 보석	상당한 이유가 있는 때	구속사유가 없거나 소멸한 때
검사의 의견청취	규정 없음	규정 없음	의견을 물어야 함 (예외 없음)	의견을 물어야 함 (예외 : 급속을 요하는 경우)	의견을 물어야 함 (예외 : 검사청구 또는 급속을 요하는 경우)
보증금	불필요	반드시 필요	보증금 또는 기타 조건	불필요	불필요
영장의 효력	석방명령시 효력 상실	효력 상실	효력 지속	효력 지속	효력 상실
검사의 불복방법	불복불가	보통항고	보통항고	보통항고	즉시항고
재수감 요건	도망/인멸	도망/인멸/ 불출석/조건 위반	도망/인멸/ 불출석/ 조건위반/ 해를 가할 염려	도망/인멸/ 불출석/ 조건위반/ 해를 가할 염려	① 피의자 : 중요한 증거 발견 ② 피고인 : 제한 없음
재수감시 영장 요부	재체포·재구속 (영장 요함)	재구속 (영장 요함)	보석취소 (영장 불요)	집행정지 취소 (영장 불요)	재구속 (영장 요함)

03 압수 · 수색 · 검증

📋 **핵심개념** **압수와 수색**

1. 의의

① [압수] 물건의 점유를 취득하는 강제처분을 말한다. 압수에는 압류 · 영치 · 제출명령의 세 가지가 있다.

② [수색] 압수할 물건이나 사람을 발견하기 위하여 행하는 강제처분을 말한다. 실무상 수색은 주로 압수와 함께 행하여지고 압수 · 수색영장이라는 단일영장이 발부되고 있다.

2. 압수 · 수색의 대상

① [압수의 대상] 증거물 또는 몰수할 것으로 사료하는 물건이다(제106조 제1항, 제219조).

② [수색의 대상] 수색의 대상은 피고인 · 피의자의 신체 · 물건 또는 주거 기타 장소이다(제109조 제1항, 제219조). 다만, 피고인 · 피의자 아닌 자에 대하여는 압수할 물건이 있음을 인정할 수 있는 경우에 한하여 수색할 수 있다(제109조 제2항, 제215조).

3. [압수 · 수색의 요건] ⅰ) 압수 · 수색의 필요성, ⅱ) 범죄혐의, ⅲ) 해당사건과의 관계성이 인정되어야 한다.

Ⅰ. 압수 · 수색의 요건

1. 압수 · 수색의 필요성

① 법원 또는 수사기관의 압수 · 수색은 그 필요성이 인정되어야 한다(제106조 제1항, 제109조 제1항, 제215조).

② **[수사기관의 압수의 요건인 '범죄수사에 필요한 때'의 의미]** 단지 수사를 위해 필요할 뿐만 아니라 강제처분으로서 압수를 행하지 않으면 수사의 목적을 달성할 수 없는 경우를 말하고, 그 필요성이 인정되는 경우에도 무제한적으로 허용되는 것은 아니므로 검사가 피의자들의 폐수무단방류 혐의가 인정된다는 이유로 피의자들의 공장부지, 건물, 기계류 일체 및 폐수운반차량 7대에 대하여 한 압수처분은 위법하다(2003모126).

2. 범죄혐의

수사기관은 피의자가 죄를 범하였다고 의심할만한 정황이 있을 때에 압수 · 수색을 할 수 있다(제215조). 명문의 규정은 없지만 법원의 압수 · 수색의 경우에도 범죄혐의는 당연히 인정되어야 한다.

3. 해당사건과의 관계성 [23 사례]

① 법원과 수사기관은 해당사건과 관계가 있다고 인정할 수 있는 것에 한정하여 압수 또는 수색할 수 있다(제106조 제1항, 제109조 제1항, 제215조).

② ['압수·수색영장의 범죄 혐의사실과 관계있는 범죄'의 의미 및 범위]

㉠ [혐의사실과의 객관적 관련성] 압수·수색영장에 기재된 혐의사실 자체 또는 그와 기본적 사실관계가 동일한 범행과 직접 관련되어 있는 경우는 물론 범행 동기와 경위, 범행 수단과 방법, 범행 시간과 장소 등을 증명하기 위한 간접증거나 정황증거 등으로 사용될 수 있는 경우에도 인정될 수 있다. 그러나 혐의사실과 단순히 동종 또는 유사 범행이라는 사유만으로 관련성이 있다고 할 것은 아니다. [22 선택]

㉡ [피의자와 사이의 인적 관련성] 압수·수색영장에 기재된 대상자의 공동정범이나 교사범 등 공범이나 간접정범은 물론 필요적 공범 등에 대해서도 인정될 수 있다(2017도13458). [22 선택] [23·12 사례]

③ [해당사건과의 관련성을 인정할 수 없음에도 압수한 압수물(위수증, 증거능력 부정)] 수사기관이 피의자 甲의 공직선거법 위반 범행을 영장 범죄사실로 하여 발부받은 압수·수색영장의 집행 과정에서 乙, 丙 사이의 대화가 녹음된 녹음파일을 압수하여 乙, 丙의 공직선거법 위반 혐의사실을 발견한 사안에서, 압수·수색영장에 기재된 '피의자'인 甲이 녹음파일에 의하여 의심되는 혐의사실과 무관한 이상, 수사기관이 별도의 압수·수색영장을 발부받지 아니한 채 압수한 녹음파일은 '적법한 절차에 따르지 아니하고 수집한 증거'로서 증거로 쓸 수 없고, 그 절차적 위법은 헌법상 영장주의 내지 적법절차의 실질적 내용을 침해하는 중대한 위법에 해당하여 예외적으로 증거능력을 인정할 수도 없다(2013도7101). [22·15 선택]

④ [해당사건과의 관계성의 제한이 증거의 사용에도 적용되는지(적극)] 수사기관은 영장 발부의 사유로 된 범죄 혐의사실과 관계가 없는 증거를 압수할 수 없고, 별도의 영장을 발부받지 아니하고서는 압수물 또는 압수한 정보를 그 압수의 근거가 된 압수·수색영장 혐의사실과 관계가 없는 범죄의 유죄 증거로 사용할 수 없다(2018도18866).

4. 정보저장매체에 대한 압수·수색의 특칙

① [범위를 정하여 출력 또는 복제가 원칙, 불가능하거나 현저히 곤란한 경우 자체 압수가 허용] 법원 또는 수사기관은 압수의 목적물이 컴퓨터용디스크 그 밖에 이와 비슷한 정보저장매체인 경우에는 기억된 정보의 범위를 정하여 출력하거나 복제하여 제출받아야 한다. 다만, 범위를 정하여 출력 또는 복제하는 방법이 불가능하거나 압수의 목적을 달성하기에 현저히 곤란하다고 인정되는 때에는 정보저장매체 등을 압수할 수 있다(제106조 제3항, 제219조).

② [정보저장매체 자체를 외부로 반출하기 위한 요건(반출허용이 영장에 기재되어 있어야하고 실제로 허용요건을 구비하여야 함)] 저장매체 자체를 직접 혹은 하드카피나 이미징 등 형태로 수사기관 사무실 등 외부로 반출하여 해당 파일을 압수·수색할 수 있도록 영장에 기재되어 있고 실제 그와 같은 사정이 발생한 때에 한하여 위 방법이 예외적으로 허용될 수 있다(2009모1190).

③ 전자정보에 대한 압수 · 수색이 허용되는 경우

㉮ **[이메일 압수 · 수색]** 피의자의 이메일 계정에 대한 접근권한에 갈음하여 발부받은 압수 · 수색영장에 따라 원격지의 저장매체에 적법하게 접속하여 내려받거나 현출된 전자정보를 대상으로 하여 범죄혐의 사실과 관련된 부분에 대하여 압수 · 수색하는 것은, 대물적 강제처분 행위로서 허용되며, 형사소송법 제120조 제1항에서 정한 압수 · 수색영장의 집행에 필요한 처분에 해당한다. 그리고 이러한 법리는 원격지의 저장매체가 국외에 있는 경우라 하더라도 그 사정만으로 달리 볼 것은 아니다(2017도9747).22) [22 · 19 선택] [21 법선]

㉯ **[피의자가 클라우드 아이디와 비밀번호를 임의로 제공한 경우]** 피의자가 휴대전화를 임의제출하면서 휴대전화에 저장된 전자정보가 아닌 클라우드 등 제3자가 관리하는 원격지에 저장되어 있는 전자정보를 수사기관에 제출한다는 의사로 수사기관에게 클라우드 등에 접속하기 위한 **아이디와 비밀번호를 임의로 제공**하였다면 위 클라우드 등에 저장된 전자정보를 임의제출하는 것으로 볼 수 있다(2020도14654). [24 선택]

④ 전자정보에 대한 압수 · 수색이 허용되지 않는 경우

㉮ **[클라우드 압수 · 수색]** [1] 수사기관이 압수 · 수색영장으로 압수한 휴대전화가 클라우드 서버에 로그인되어 있는 상태를 이용하여 클라우드 서버에서 불법촬영물을 다운로드받아 압수한 경우 압수 · 수색영장에 적힌 '압수할 물건'에 원격지 서버 저장 전자정보가 기재되어 있지 않았다면 압수한 불법촬영물은 유죄의 증거로 사용할 수 없다. [2] 수사기관이 압수 · 수색영장에 적힌 '수색할 장소'에 있는 컴퓨터 등 정보처리장치에 저장된 전자정보 외에 원격지 서버에 저장된 전자정보를 압수 · 수색하기 위해서는 **압수 · 수색영장에 적힌 '압수할 물건'에 별도로 원격지 서버 저장 전자정보가 특정되어 있어야 한다**. 압수 · 수색영장에 적힌 '압수할 물건'에 컴퓨터 등 정보처리장치 저장 전자정보만 기재되어 있다면 컴퓨터 등 정보처리장치를 이용하여 원격지 서버 저장 전자정보를 압수할 수는 없다. [3] 따라서 이 사건 압수 · 수색영장으로 수집한 불법촬영물은 증거능력이 없는 위법수집증거에 해당하고, 이 사건 압수 · 수색영장의 집행 경위를 밝힌 압수조서 등이나 위법수집증거를 제시하여 수집된 관련자들의 진술 등도 위법수집증거에 기한 2차적 증거에 해당하여 증거능력이 없다(2022도1452). [24 · 23 선택] [25 사례]

관련판례 압수 · 수색영장에 기재된 '압수할 물건'에 휴대전화에 저장된 전자정보가 포함되어 있지 않다면, 특별한 사정이 없는 한 그 영장으로 휴대전화에 저장된 전자정보를 압수할 수는 없다고 보아야 한다(2024모2020).

㉯ **[압수할 물건에 클라우드 저장 전자정보 기재가 제외되어 있는 경우]** 제1차 압수 · 수색영장에 적힌 '압수할 물건'에는 하드디스크 저장 전자정보(일부 기각 부분 제외)가 포함되어 있는 반면, 클라우드 저장 전자정보는 제외되어 있다. 따라서 법원이 제1차 압수 · 수색영장을 발부하면서 검찰이 청구한 클라우드 저장 전자정보 부분을 기각하였음이 명백하므로 클라우드에 대한 수색도 허용되지 않는다(2020모735).

---

22) **[판결이유]** 수색장소에 있는 정보처리장치를 이용하여 정보통신망으로 연결된 원격지의 저장매체에 접속하는 것이 형사소송법의 규정(제109조 제1항, 제114조 제1항)에 위반하여 압수 · 수색영장에서 허용한 집행의 장소적 범위를 확대하는 것이라고 볼 수 없다.

⑤ [전자정보의 압수를 완료한 경우, 혐의사실과 관련 없는 전자정보(무관정보)를 삭제 · 폐기하여야 하는지 여부(적극)] 수사기관은 복제본에 담긴 전자정보를 탐색하여 혐의사실과 관련된 정보(이하 '유관정보'라 한다)를 선별하여 출력하거나 다른 저장매체에 저장하는 등으로 압수를 완료하면 혐의사실과 관련 없는 전자정보(이하 '무관정보'라 한다)를 삭제 · 폐기하여야 한다(2018도19782).[23] [24 선택] [23 법선]

⑥ [범위를 넘어서는 전자정보의 압수와 증거능력(부정)] 범위를 넘어서는 전자정보를 영장 없이 압수 · 수색하여 취득한 증거는 위법수집증거에 해당하고, 사후에 법원으로부터 영장이 발부되었다거나 피고인 또는 변호인이 증거로 함에 동의하였다고 하여 위법성이 치유되는 것도 아니다(全 2016도348). [24 선택]

II. 압수 · 수색의 제한

1. [군사상 비밀을 요하는 장소] 군사상 비밀을 요하는 장소는 그 책임자의 승낙 없이는 압수 · 수색할 수 없다. 이 경우 책임자는 국가의 중대한 이익을 해하는 경우를 제외하고는 승낙을 거부하지 못한다(제110조, 제219조).

2. [공무상 비밀로 신고된 물건] 공무원 또는 공무원이었던 자가 소지 또는 보관하는 물건에 관하여는 본인 또는 그 해당 공무소가 직무상의 비밀에 관한 것임을 신고한 때에는 그 소속 공무소 또는 당해 감독관공서의 승낙 없이는 압수하지 못한다. 다만, 소속 공무소 또는 당해 감독관공서는 국가의 중대한 이익을 해하는 경우를 제외하고는 승낙을 거부하지 못한다(제111조, 제219조).

3. [업무상 위탁받은 타인의 비밀에 관한 물건] 변호사 · 변리사 등이 그 업무상 위탁을 받아 소지 또는 보관하는 물건으로 타인의 비밀에 관한 것은 압수를 거부할 수 있다. 다만, 그 타인의 승낙이 있거나 중대한 공익상 필요가 있는 때에는 예외로 한다(제112조, 제219조 참조).

III. 압수 · 수색의 절차

1. 영장의 발부
① [법원의 압수 · 수색] 법원의 공판정 내에서의 압수 · 수색은 영장이 필요 없으나(사후영장도 불필요), 공판정 외에서의 압수 · 수색은 영장을 요한다(제113조).

② [수사기관의 압수 · 수색] 검사는 지방법원판사에게 청구하여 발부받은 영장에 의하여 압수 · 수색을 할 수 있다(제215조 제1항). 사법경찰관은 검사에게 신청하고 검사의 청구로 지방법원판사가 발부한 영장에 의하여 압수 · 수색을 할 수 있다(동조 제2항).

③ [제215조 제2항을 위반하여 영장 없이 물건을 압수한 직후 피고인으로부터 작성받은 그 압수물에 대한 '임의제출동의서'의 증거능력 유무(원칙적 소극)] 사법경찰관이 제215조 제2항을 위반하여 영장 없이 물건을 압수한 경우 그 압수물은 물론 이를 기초로 하여 획득한 2차적 증거 역시 유죄 인정의 증거로 사용할 수 없는 것이고, 이와 같은 법리는 위법한 압수가 있은 직후에 피고인으로부터 작성받은 그 압수물에 대한 임의제출동의서도 특별한 사정이 없는 한 마찬가지다(2009도14376).

---

23) [판례해설] 전자정보 압수수색 과정에서 생성되는 하드카피나 이미징 형태의 복제본은 무관정보를 포함하고 있어 압수 완료 시 삭제 · 폐기의 대상이 될 뿐 새로운 범죄혐의 수사를 위한 수사기관의 추가적인 탐색, 출력의 대상이 될 수 없다.

④ **[지방법원판사의 압수영장 발부재판에 대하여 불복할 수 있는지 여부**(소극)**]** 지방법원판사가 한 압수영장발부의 재판에 대하여는 준항고로 불복할 수 없고 나아가 형사소송법 제402조, 제403조에서 규정하는 항고는 법원이 한 결정을 그 대상으로 하는 것이므로 법원의 결정이 아닌 지방법원판사가 한 압수영장발부의 재판에 대하여 그와 같은 항고의 방법으로도 불복할 수 없다(97모66). [16 선택]

2. 일반영장의 금지

① 압수·수색의 대상물은 특정되어야 하며 이것이 특정되지 않고 막연히 '피고사건과 관계 있는 모든 물건'과 같은 방식의 일반영장(一般令狀)은 무효이다. 또한 별건 압수·수색도 금지된다.

② 압수·수색영장의 유효기간이 남아있는 경우 다시 압수·수색을 할 수 있는지 여부(소극)

㉮ **[유효기간의 의미**(집행에 착수할 수 있는 종기를 의미)**]** 형사소송법 제215조에 의한 압수·수색영장은 수사기관의 압수·수색에 대한 허가장으로서 거기에 기재되는 유효기간은 집행에 착수할 수 있는 종기를 의미하는 것일 뿐이므로, 동일한 장소 또는 목적물에 대하여 다시 압수·수색할 필요가 있는 경우라면 그 필요성을 소명하여 법원으로부터 새로운 압수·수색영장을 발부 받아야 하는 것이지, 앞서 발부 받은 압수·수색영장의 유효기간이 남아있다고 하여 이를 제시하고 다시 압수·수색을 할 수는 없다(99모161). [22·19·17·16 선택] [21 법선]

㉯ **[위법한 영장의 재집행]** 수사기관이 압수한 공소외인의 휴대전화 메신저 계정에서 피고인이 보낸 메시지 정보를 취득한 후 위장수사를 진행하여 피고인을 현행범으로 체포하고 증거를 수집한 경우 메시지 정보의 취득은 영장 집행 종료 후의 위법한 재집행이고 휴대전화 메신저 계정을 이용할 정당한 접근권한도 없으므로, 이 사건 메시지 등을 기초로 피고인을 현행범으로 체포하면서 수집한 증거는 위법하게 수집한 증거로서 증거능력이 없다(2020도5336).

③ **[위법한 압수·수색이라고 할 수 없는 경우]** 영장의 '압수·수색·검증할 장소 및 신체'란에 피고인의 주거지와 피고인의 신체 등이 기재되어 있는 경우, 비록 영장이 제시되어 피고인의 신체에 대한 압수·수색이 종료되었다고 하더라도, 영장에 의하여 피고인의 주거지에 대한 압수·수색을 집행한 조치는 위법한 것이라 할 수 없다(2013도2511).

3. 영장의 기재사항

① **[기재사항]** 압수·수색영장에는 피고인(피의자)의 성명·죄명·압수할 물건·수색할 장소·신체·물건·영장 발부 연월일·영장의 유효기간과 그 기간이 지나면 집행에 착수할 수 없으며 영장을 반환하여야 한다는 취지 등을 기재하고 재판장이나 수명법관(지방법원판사)이 서명날인하여야 한다(제114조 제1항, 제219조).

② **[유효기간]** 압수·수색영장의 유효기간은 7일로 한다. 다만, 법원 또는 법관이 상당하다고 인정하는 때에는 7일을 넘는 기간을 정할 수 있다(규칙 제178조).

③ **[영장에 기재된 '압수장소에 보관 중인 물건'을 '압수장소에 현존하는 물건'으로 해석할 수 있는지 여부**(소극)**]** 영장에서 압수할 물건을 '압수장소에 보관 중인 물건'이라고 기재하고 있는 것을 '압수장소에 현존하는 물건'으로 해석할 수 없다(2008도763). [14·13 선택] [23 법선]

4. 영장의 집행

① **[집행방법]** 압수 · 수색영장은 처분을 받는 자에게 '반드시' 사전에 제시하여야 하고 처분을 받는 자가 피의자나 피고인인 경우에는 그 사본을 교부하여야 한다. 다만, 처분을 받는 자가 현장에 없는 등 영장의 제시나 그 사본의 교부가 현실적으로 불가능한 경우 또는 처분을 받는 자가 영장의 제시나 사본의 교부를 거부한 때에는 예외로 한다(제118조, 제219조). 따라서 체포 · 구속영장의 집행시 인정되는 긴급집행은 압수 · 수색영장의 집행에서는 인정되지 않는다.

② 압수 · 수색영장의 제시방법

㉮ **[내용을 충분히 알 수 있도록 제시해야 함]** 법관이 발부한 영장에 의한 압수 · 수색이라는 사실을 확인함과 동시에 형사소송법이 압수 · 수색영장에 필요적으로 기재하도록 정한 사항이나 그와 일체를 이루는 사항을 충분히 알 수 있도록 압수 · 수색영장을 제시하여야 한다(2015도12400). [19 선택]

㉯ **[원본을 제시해야 함**(팩스로 영장 사본을 송신한 것은 위법)**]** 수사기관이 이메일에 대한 압수수색영장을 집행할 당시 피압수자인 네이버 주식회사에 팩스로 영장 사본을 송신했을 뿐 그 원본을 제시하지 않았고, 압수조서와 압수물 목록을 작성하여 피압수 · 수색 당사자에게 교부하였다고 볼 수 없는 경우, 이러한 방법으로 압수된 이메일은 위법수집증거로 원칙적으로 유죄의 증거로 삼을 수 없다(2015도10648). [19 선택] [23 기록]

㉰ **[압수 · 수색을 당하는 사람이 여러 명일 경우에는 그 사람들 모두에게 개별적으로 영장을 제시해야 함]** 수사기관이 압수 · 수색에 착수하면서 그 장소의 관리책임자에게 영장을 제시하였다고 하더라도 물건을 소지하고 있는 다른 사람으로부터 이를 압수하고자 하는 때에는 그 사람에게 따로 영장을 제시하여야 한다(2008도763). [21 · 17 선택]

㉱ **[압수 · 수색영장을 제시하지 않은 것이 위법하지 않은 경우**(영장제시가 불가능한 경우)**]** 형사소송법 제219조가 준용하는 제118조는 "압수 · 수색영장은 처분을 받는 자에게 반드시 제시하여야 한다."라고 규정하고 있으나, 이는 영장제시가 현실적으로 가능한 상황을 전제로 한 규정으로 보아야 하고, 피처분자가 현장에 없거나 현장에서 그를 발견할 수 없는 경우 등 영장제시가 현실적으로 불가능한 경우에는 영장을 제시하지 아니한 채 압수 · 수색을 하더라도 위법하다고 볼 수 없다(제118조)(全 2014도10978). [22 · 21 · 19 · 17 · 16 선택]

㉲ **[사후영장을 발부받아야 하는 경우 그 영장을 제시해야 하는지 여부**(소극)**]** 압수 · 수색영장의 제시에 관한 형소법 제118조는 사후에 영장을 받아야 하는 경우에 관한 형사소송법 제216조 등에 대하여는 적용되지 아니한다(2014도3263).

③ 압수 · 수색과 참여

㉮ **[당사자의 참여와 통지]** 검사 · 피의자 · 피고인 · 변호인은 압수 · 수색영장의 집행에 참여할 수 있다(제121조, 제219조). 압수 · 수색영장을 집행함에는 미리 집행의 일시와 장소를 이들에게 통지하여야 한다. 다만, 당사자가 참여하지 아니한다는 의사를 명시한 때 또는 급속을 요하는 때에는 예외로 한다(제122조, 제219조).

ⓝ [압수·수색영장의 집행시 변호인의 참여권이 변호인에게 주어진 고유권인지 여부(적극)] 피압수자가 수사기관에 압수·수색영장의 집행에 참여하지 않는다는 의사를 명시한 경우에 그 변호인에게 「형소법」제219조, 제122조의 영장집행과 참여권자에 대한 통지 규정에 따라 미리 집행의 일시와 장소를 통지하는 등으로 압수·수색영장의 집행에 참여할 기회를 별도로 보장하여야 한다(2020도10729). [24·23 선택]

ⓓ [참여권을 보장하지 않아 위법한 경우] 수사기관이 준항고인을 피의자로 하여 발부받은 압수·수색영장에 기하여 인터넷서비스업체인 甲 주식회사를 상대로 甲 회사의 본사 서버에 저장되어 있는 준항고인의 전자정보인 카카오톡 대화내용 등에 대하여 압수·수색을 실시하였는데, 수사기관이 압수·수색과정에서 준항고인의 참여권을 보장하지 않은 경우에는 압수·수색에서 나타난 위법이 압수·수색절차 전체를 위법하게 할 정도로 중대하다(2016모587).

ⓡ [참여의 기회를 더 이상 보장할 필요가 없는 경우] 수사기관이 정보저장매체에 기억된 정보 중에서 범죄 혐의사실과 관련 있는 정보를 선별한 다음 복제하여 생성한 파일을 제출받아 압수하였다면 이로써 압수의 목적물에 대한 압수·수색 절차는 종료된 것이므로, 수사기관이 수사기관 사무실에서 위와 같이 압수된 이미지 파일을 탐색·복제·출력하는 과정에서도 피의자 등에게 참여의 기회를 보장하여야 하는 것은 아니다(2017도13263). [21 선택]

ⓜ [정보저장매체에 대한 압수·수색영장 집행의 적법성 인정요건(종근당 사건)] [1] 수사기관 사무실 등으로 반출된 저장매체 또는 복제본에서 혐의사실과의 관련성에 대한 구분 없이 임의로 저장된 전자정보를 문서로 출력하거나 파일로 복제하는 행위는 원칙적으로 영장주의 원칙에 반하는 위법한 압수가 된다. [17 사례] [2] 저장매체에 대한 압수·수색 과정에서 범위를 정하여 출력 또는 복제하는 방법이 불가능하거나 압수의 목적을 달성하기에 현저히 곤란한 예외적인 사정이 인정되어 전자정보가 담긴 저장매체 또는 하드카피나 이미징 등 형태(이하 '복제본'이라 한다)를 수사기관 사무실 등으로 옮겨 복제·탐색·출력하는 경우에도, 피압수·수색 당사자(이하 '피압수자'라 한다)나 변호인에게 참여의 기회를 보장하고 혐의사실과 무관한 전자정보의 임의적인 복제 등을 막기 위한 적절한 조치를 취하는 등 영장주의 원칙과 적법절차를 준수하여야 한다. [17 사례] [3] 전자정보에 대한 압수·수색 과정에서 이루어진 현장에서의 저장매체 압수·이미징·탐색·복제 및 출력행위 등 수사기관의 처분은 하나의 영장에 의한 압수·수색 과정에서 이루어진다. 따라서 준항고인이 전체 압수·수색 과정을 단계적·개별적으로 구분하여 각 단계의 개별 처분의 취소를 구하더라도 준항고법원은 특별한 사정이 없는 한 구분된 개별 처분의 위법이나 취소여부를 판단할 것이 아니라 당해 압수·수색 과정 전체를 하나의 절차로 파악하여 그 과정에서 나타난 위법이 압수·수색 절차 전체를 위법하게 할 정도로 중대한지 여부에 따라 전체적으로 압수·수색 처분을 취소할 것인지를 가려야 한다. [4] 전자정보에 대한 압수·수색이 종료되기 전에 혐의사실과 관련된 전자정보를 적법하게 탐색하는 과정에서 별도의 범죄혐의와 관련된 전자정보를 우연히 발견한 경우라면, 수사기관은 더 이상의 추가 탐색을 중단하고 법원에서 별도의 범죄혐의에 대한 압수·수색영장을 발부받은 경우에 한하여 그러한 정보에 대하여도 적법하게 압수·수색을 할 수 있다. [24 사례] 나아가 이러한 경우에도 특별한 사정이 없는 한 피압수자에게 형사소송법 제219조, 제121조, 제129조에 따라 참여권을 보장하고 압수한 전자정보 목록을 교부하는 등 피압수자의 이익을 보호하기 위한 적절한 조치가 이루어져야 한다(全 2011모1839). [20·19·16·15·14 선택] [24·22 사례]

㉑ **[책임자, 주거주 등의 참여]** 공무소, 군사용 항공기 또는 선박·차량 안에서 압수·수색영장을 집행하려면 그 책임자에게 참여할 것을 통지하여야 한다(제123조 제1항, 제219조). 타인의 주거·간수자 있는 가옥·건조물·항공기 또는 선박·차량 안에서 압수·수색영장을 집행함에는 주거주, 간수자 또는 이에 준하는 사람을 참여하게 하여야 한다(제123조 제2항, 제219조). 주거주 등을 참여하게 하지 못할 때에는 이웃 사람 또는 지방공공단체의 직원을 참여하게 하여야 한다(제123조 제3항, 제219조).

④ 야간집행의 제한

㉮ **[원칙]** 일출 전, 일몰 후에는 압수·수색영장에 야간집행을 할 수 있다는 기재가 없으면 그 영장을 집행하기 위하여 타인의 주거·간수자 있는 가옥·건조물·항공기·선차 내에 들어가지 못한다(제125조, 제219조).

㉯ **[예외]** 압수·수색영장에 야간집행을 할 수 있다는 기재가 없더라도 ㉠ 도박 기타 풍속을 해하는 행위에 상용된다고 인정하는 장소 ㉡ 여관, 음식점 기타 야간에 공중이 출입할 수 있는 장소(단, 공개한 시간 내에 한한다)는 이러한 제한 없이 압수·수색을 할 수 있다(제126조, 제219조).

5. 집행 후의 조치

① **[압수조서의 작성 및 압수목록 작성 교부]** 압수·수색에 관하여는 조서를 작성하여야 한다(제49조). 압수한 경우에는 목록을 작성하여 소유자·소지자·보관자 기타 이에 준하는 자에게 교부하여야 한다(제129조, 제219조). 수색한 경우에 증거물 또는 몰수할 물건이 없는 때에는 그 취지의 증명서를 교부하여야 한다(제128조, 제219조).

② 압수목록 작성·교부의 방법 및 시기

㉮ **[교부의 시기**(압수 직후 현장에서 바로 작성하여 교부)**]** 압수 직후 현장에서 바로 작성하여 교부해야 하는 것이 원칙이다(2008도763). [16 선택]

㉯ **[교부의 방법**(제한 없음)**]** 압수된 정보의 상세목록에는 정보의 파일 명세가 특정되어 있어야 하고, 수사기관은 이를 출력한 서면을 교부하거나 전자파일 형태로 복사해 주거나 이메일을 전송하는 등의 방식으로도 할 수 있다(2017도13263). [압수·수색영장 제시의 경우 원본을 제시하여야 하는 것과 구별하여야 한다] [23 선택]

㉰ **[목록기재 방법**(개별 파일 명세 특정을 요함)**]** 수사기관이 압수·수색영장에 기재된 범죄 혐의사실과의 관련성에 대한 구분 없이 임의로 전체의 전자정보를 복제·출력하여 이를 보관하여 두고, 그와 같이 선별되지 않은 전자정보에 대해 구체적인 개별 파일 명세를 특정하여 상세목록을 작성하지 않고 '….zip'과 같이 그 내용을 파악할 수 없도록 되어 있는 포괄적인 압축파일만을 기재한 경우 수사기관이 취득한 "정보 전체"에 대해 그 압수는 위법한 것으로 취소되어야 하고, 다시 압수·수색영장이 발부되었다고 하여 달리 볼 수 없다(2021모1586).

㉱ **[피의자신문조서 등에 압수의 취지를 기재하여 압수조서를 갈음한 경우**(적법)**]** 형사소송법이 압수 후 압수조서를 작성하도록 한 것은 사법경찰관으로 하여금 압수절차의 경위를 기록하도록 함으로써 사후적으로 압수절차의 적법성을 심사·통제하기 위한 것이다. 구 범죄수사규칙 제119조 제3항에 따라 피의자신문조서 등에 압수의 취지를 기재하여 압수조서를 갈음할 수 있도록 하더라도, 압수절차의 적법성 심사·통제 기능에 차이가 없으므로 위법하지 않다(2020도2550).

㉮ [압수물과 혐의사실과의 관련성 여부에 관한 평가 및 그에 필요한 추가 수사를 이유로 압수목록 작성·교부의무를 해태·거부할 수 있는지 여부(소극)] 영장에 의한 압수 및 그 대상물에 대한 확인조치가 끝나면 그것으로 압수절차는 종료되고, 압수물과 혐의사실과의 관련성 여부에 관한 평가 및 그에 필요한 추가 수사는 압수절차 종료 이후의 사정에 불과하므로 이를 이유로 압수 직후 이루어져야 하는 압수목록 작성·교부의무를 해태·거부할 수는 없다(2021모385).

6. 압수 · 수색 · 검증과 영장주의의 예외

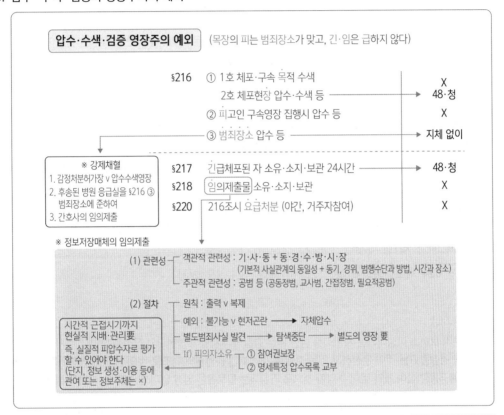

제216조(영장에 의하지 아니한 강제처분) ① 검사 또는 사법경찰관은 제200조의2·제200조의3·제201조 또는 제212조의 규정에 의하여 피의자를 체포 또는 구속하는 경우에 필요한 때에는 영장 없이 다음 처분을 할 수 있다.
  1. 타인의 주거나 타인이 간수하는 가옥, 건조물, 항공기, 선차 내에서의 피의자 수색. 다만, 제200조의2 또는 제201조에 따라 피의자를 체포 또는 구속하는 경우의 피의자 수색은 미리 수색영장을 발부받기 어려운 긴급한 사정이 있는 때에 한정한다.
  2. **체포현장**에서의 압수, 수색, 검증
② 전항 제2호의 규정은 검사 또는 사법경찰관이 피고인에 대한 구속영장의 집행의 경우에 준용한다.
③ 범행 중 또는 범행직후의 **범죄 장소**에서 긴급을 요하여 법원판사의 영장을 받을 수 없는 때에는 영장없이 압수, 수색 또는 검증을 할 수 있다. 이 경우에는 사후에 지체없이 영장을 받아야 한다.

> **제217조(영장에 의하지 아니하는 강제처분)** ① 검사 또는 사법경찰관은 제200조의3에 따라 체포된 자가 소유·소지 또는 보관하는 물건에 대하여 긴급히 압수할 필요가 있는 경우에는 체포한 때부터 24시간 이내에 한하여 영장 없이 압수·수색 또는 검증을 할 수 있다.
> ② 검사 또는 사법경찰관은 제1항 또는 제216조 제1항 제2호에 따라 압수한 물건을 계속 압수할 필요가 있는 경우에는 지체 없이 압수수색영장을 청구하여야 한다. 이 경우 압수수색영장의 청구는 체포한 때부터 48시간 이내에 하여야 한다.
> ③ 검사 또는 사법경찰관은 제2항에 따라 청구한 압수수색영장을 발부받지 못한 때에는 압수한 물건을 즉시 반환하여야 한다.
> **제218조(영장에 의하지 아니한 압수)** 검사, 사법경찰관은 피의자 기타인의 유류한 물건이나 소유자, 소지자 또는 보관자가 임의로 제출한 물건을 영장없이 압수할 수 있다.
> **제220조(요급처분)** 제216조의 규정에 의한 처분을 하는 경우에 급속을 요하는 때에는 제123조 제2항, 제125조의 규정에 의함을 요하지 아니한다.

① **[체포·구속 목적 피의자 수색]** 수색의 범위는 피의자의 주거는 물론 제3자의 주거도 포함한다. 수색은 검사 또는 사법경찰관만 할 수 있고, 현행범인은 누구나 체포할 수 있으나 일반인은 현행범인의 체포를 위하여 타인의 주거를 수색할 수 없다. 또한, 사후영장을 발부받을 필요도 없다. [16·13 선택]

② 체포·구속 현장에서의 압수·수색·검증

㉮ **[체포(체포영장에 의한 체포, 긴급체포, 현행범인의 체포)의 유형 불문]** 검사 또는 사법경찰관은 피의자를 체포 또는 구속하는 경우에 필요한 때에는 영장 없이 체포현장에서 압수·수색·검증을 할 수 있다(제216조 제1항 제2호). [24·23·22·16·14·13·12 선택]

㉯ **쟁점 024** 체포현장의 의미**★★** [23·14 사례] [21·19 법사]

【CASE】

이른바 보이스 피싱이라는 사기죄를 범한 甲은 경찰의 수사망이 좁혀오자 잠적을 하였다. 수사를 진행한 담당 경찰관 P는 甲이 은신하고 있는 호텔로 가서 호텔 종업원의 협조로 甲의 방 안에 들어가 타인 명의의 예금통장 십여 개와 甲이 투약한 것으로 의심되는 필로폰을 영장 없이 압수한 후, 호텔에 잠복하고 있다가 외출 후 호텔로 돌아오는 甲을 사기죄로 적법하게 긴급체포하였다. 경찰관 P의 예금통장 및 필로폰 압수는 적법한가?
【제3회 변호사시험 제2문】

🔍 쟁점연구

1. 문제점

'체포현장'의 의미와 관련하여 압수·수색의 대상이 어디까지인지가 문제된다.

2. 학설

① **[시간적·장소적 접착설]** 체포행위에 시간적·장소적으로 근접해 있으면 되고 체포 전후를 묻지 않는다.

② **[현장설]** 압수·수색 당시 피의자가 현장에 있어야 한다.

③ **[체포착수설]** 피의자가 현장에 있고 체포가 현실적으로 착수되면 족하다.

④ **[체포설]** 피의자가 현실적으로 체포되어 있어야 한다.

3. 검토 및 결론

시간적·장소적 접착설은 압수·수색의 범위를 부당하게 확대할 위험이 있고, 피의자가 도주한 경우에도 압수·수색의 필요성이 인정되므로 체포착수설이 타당하다.

【사례해설】

사안의 경우 경찰관 P는 甲에 대한 체포에 착수하지 않은 상태에서 압수·수색을 한 것이므로 이는 위법하다. 물론 甲에 대한 긴급체포 전에 압수·수색을 한 것이므로 형사소송법 제217조 제1항에 의한 적법한 압수·수색으로 볼 수도 없다.

㉰ **[압수수색의 대상과 장소]** 대상은 무기나 흉기와 같은 물건, 체포의 원인이 된 당해 사건의 증거물 등에 한정된다. 따라서 별건의 증거를 발견한 경우에는 임의제출을 받거나 영장을 발부받아 압수하여야 한다. 장소는 피의자의 신체 및 그의 직접 지배하에 있는 곳으로 한정된다.

㉱ **[사후영장의 요부]** 검사 또는 사법경찰관은 압수한 물건을 계속 압수할 필요가 있는 경우에는 지체 없이 압수·수색영장을 청구하여야 한다. 이 경우 영장의 청구는 체포한 때부터 48시간 이내에 하여야 한다(제217조 제2항). [22·20·18·15 선택] 검사 또는 사법경찰관은 청구한 압수·수색영장을 발부받지 못한 때에는 압수한 물건을 즉시 반환하여야 한다(제217조 제3항). [18 사례]

㉲ **[사후영장을 발부받지 못한 경우의 압수물의 증거능력**(증거동의가 있어도 증거능력 부정)**]** ㉠ (긴급체포시 압수한 물건에 관하여) 형소법 제217조 제2항, 제3항에 위반하여 압수·수색영장을 청구하여 이를 발부받지 아니하고도 즉시 반환하지 아니한 압수물은 이를 유죄 인정의 증거로 사용할 수 없다. 이는 피고인이나 변호인이 이를 증거로 함에 동의하였다고 하더라도 달리 볼 것은 아니다(2009도11401). [13·12 선택] ㉡ 피고인을 마약법위반죄의 현행범으로 체포하면서 대마를 압수하였으나, 그 다음 날 피고인을 석방하였음에도 사후 압수·수색영장을 발부받지 않은 경우, 위 압수물과 압수조서는 형사소송법상 영장주의를 위반하여 수집한 증거로서 증거능력이 부정된다(2008도10914). [14 선택]

③ 긴급체포된 자의 소유물 등에 대한 압수·수색·검증

㉮ **[의의]** ㉠ 검사 또는 사법경찰관은 '긴급체포된 자'가 소유·소지 또는 보관하는 물건에 대하여 긴급히 압수할 필요가 있는 경우에는 체포한 때부터 24시간 이내에 한하여 영장 없이 긴급체포의 사유가 된 범죄사실 수사에 필요한 최소한의 범위 내에서 당해 범죄사실과 관련된 증거물 또는 몰수할 것으로 판단되는 피의자의 소유, 소지 또는 보관하는 물건을 압수할 수 있다(제217조 제1항). [17·16 선택] [23·21·19 사례] ㉡ 따라서 경찰관이 이른바 전화사기죄 범행의 혐의자를 긴급체포하면서 그가 보관하고 있던 다른 사람의 주민등록증, 운전면허증 등을 압수한 경우, 이는 해당 범죄사실의 수사에 필요한 범위 내의 압수로서 적법하므로 이를 위 혐의자의 점유이탈물횡령죄 범행에 대한 증거로 사용할 수 있다(2008도2245). [19·16 선택]

【CASE】

甲이 乙에게 채무변제를 독촉하면서 "너 혼자 몰래 A의 집에 들어가 A 소유의 도자기를 훔쳐 이를 팔아서 나에게 변제하라."라고 말하였다. 이를 승낙한 乙은 혼자 범행을 하는 것이 두려운 나머지 甲에게는 알리지 않은 채 친구 丙과 함께 A의 도자기를 훔치기로 공모하였다. 범행이 발각될 것이 두려웠던 甲은 乙에게 전화하여 범행 단념을 권유하였으나, 乙은 甲의 제안을 단호히 거절하였고 2018. 6. 20. 10:00 경 丙과 함께 A의 집에 도착하였다. 丙은 A의 집 앞에서 망을 보고, 곧바로 乙은 A의 집에 들어가 A의 도자기를 훔친 후 丙과 함께 도주하였다. 그 후 乙은 B를 기망하여 도자기를 1억 원에 판매하고 자신의 몫 5,000만 원을 은행에 별도 계좌를 개설하여 예금해 두었다가 며칠 후 그 전액을 수표로 인출하여 그 정을 알고 있는 甲에게 채무변제금 명목으로 지급하였다.

사건을 수사하던 사법경찰관 P는 2018. 6. 27. 22:00경 乙을 카페에서 적법하게 긴급체포한 직후, 乙이 자신의 노트북 컴퓨터로 작업하던 위 범행 관련 문서를 발견하고 노트북 컴퓨터를 그 자리에서 영장 없이 압수하였다. 그 후 P는 경찰서로 연행된 乙로부터 도자기 판매대금이 예치되었던 예금통장이 乙의 집에 있다는 임의의 자백을 듣고, 가족이 이를 훼손할 염려가 있는 등 긴급히 그 예금통장을 압수할 필요가 있다고 판단하였다. P는 2018. 6. 28. 01:00경 압수수색영장 없이 乙의 집에 들어가 그 집을 지키던 乙의 배우자를 집 밖으로 나가게 한 채 집을 수색하여 예금통장을 압수하고 나서 즉시 노트북 컴퓨터와 예금통장에 대하여 압수수색영장을 발부받았다. P가 압수한 예금통장과 노트북 컴퓨터로부터 취득한 정보의 증거능력은 인정되는가? 【제8회 변호사시험 제1문】

🔍 쟁점연구

1. 문제점

형사소송법 제216조 제1항 제2호의 체포현장과 제217조에 따른 압수 · 수색 또는 검증 장소와의 관계가 문제된다.

2. 判例

[1] 형사소송법 제217조는 수사기관이 피의자를 긴급체포한 상황에서 피의자가 체포되었다는 사실이 공범이나 관련자들에게 알려짐으로써 관련자들이 증거를 파괴하거나 은닉하는 것을 방지하고, 범죄사실과 관련된 증거물을 신속히 확보할 수 있도록 하기 위한 것이다. 제217조에 따른 압수 · 수색 또는 검증은, 체포현장에서의 압수 · 수색 또는 검증을 규정하고 있는 형사소송법 제216조 제1항 제2호와 달리, 체포현장이 아닌 장소에서도 긴급체포된 자가 소유 · 소지 또는 보관하는 물건을 대상으로 할 수 있다. [19 · 17 선택] [22 법선]

[2] 경찰관들이 저녁 8시경 도로에서 위장거래자와 만나서 마약류 거래를 하고 있는 피고인을 긴급체포하면서 현장에서 메트암페타민(증거1)을 압수하고, 저녁 8시 24분경 체포 현장에서 약 2km 떨어진 피고인의 주거지에서 메트암페타민 약 4.82g(증거2)을 추가로 찾아내어 이를 압수한 다음 법원으로부터 사후 압수 · 수색영장을 발부받은 경우, 피고인에 대한 긴급체포 사유, 압수 · 수색의 시각과 경위, 사후 영장의 발부 내역 등에 비추어 피고인의 주거지에서 긴급 압수한 메트암페타민 4.82g은 긴급체포의 사유가 된 범죄사실 수사에 필요한 범위 내의 것으로서 적법하게 압수되었다고 할 것이다(2017도10309).

[판례해설] 증거1은 긴급체포 현장에서 영장 없이 압수한 물건이지만 형소법 제216조 제1항 제2호에 의한 영장주의의 예외가 인정되며 또한 사후에 압수수색영장을 발부받았으므로 적법한 압수물에 해당한다. 증거2는 긴급체포된 자가 소유·소지 또는 보관하는 물건으로서 영장 없이 압수하였더라도 형소법 제217조 제1항(24시간 이내 압수) 및 동조 제2항(사후영장발부)의 요건은 구비하였다. 다만, 제216조의 경우와는 달리 제217조에 의한 압수의 경우에는 요급처분이 허용(야간집행제한 규정의 적용이 배제)된다는 명문의 규정이 없어 야간집행(저녁 8시 24분경 압수)을 이유로 위법한 압수라고 보는 견해와 사후영장발부에 의하여 적법성이 추인되는 것으로 보는 견해가 있다. 판례는 후자의 입장에 가까운 것으로 보인다. [12 사례]

【사례해설】
　사안에서 사경 P에 의하여 압수된 예금통장은 긴급체포현장이 아닌 乙의 집에서 영장 없이 압수한 것이지만 적법하게 긴급체포된 乙의 소유물에 해당하고, 乙의 가족 등이 예금통장을 인멸할 염려가 있으므로 긴급히 압수할 필요도 인정된다. 또한, 체포한 때부터 24시간 이내에 압수하였고 긴급체포의 사유가 된 사기 등의 범죄사실과 관련성도 인정되며, 이는 체포한 때부터 48시간 이내에 압수·수색영장을 청구하여 발부받았으므로 사경 P의 예금통장 압수는 일응 제217조 제1항·제2항의 요건은 구비하였다.
　그러나, 제217조 제1항에 의한 압수·수색의 경우에는 제220조(요급처분의 허용)가 적용되지 아니함에도 사경 P는 01:00경 乙의 집에 들어가 집을 지키던 乙의 배우자를 집 밖으로 나가게 한 채 집을 수색하여 예금통장을 압수하였으므로 제123조 제2항(주거주, 간수자 등의 참여), 제125조(야간집행의 제한)의 규정을 위반한 것이다.
　따라서 P가 압수한 예금통장은 적법한 절차에 따르지 아니하고 수집한 증거로서 증거능력이 인정되지 않는다.

㉰ **[사후영장의 요부]** 검사 또는 사법경찰관은 압수한 물건을 계속 압수할 필요가 있는 경우에는 지체 없이 압수수색영장을 청구하여야 한다. 이 경우 영장의 청구는 체포한 때부터 48시간 이내에 하여야 한다(제217조 제2항). [23·21·19·12 사례] [22·14·13·12 선택] 검사 또는 사법경찰관은 청구한 압수수색영장을 발부받지 못한 때에는 압수한 물건을 즉시 반환하여야 한다(동조 제3항). [17 선택]

④ 범죄장소에서의 긴급압수·수색·검증

㉮ **[의의]** 범행 중 또는 범행 직후의 범죄장소에서 긴급을 요하여 판사의 영장을 받을 수 없는 때에는 영장 없이 압수·수색·검증을 할 수 있다(제216조 제3항). [20 선택]

㉯ **[요건]** 범행 중 또는 범행 직후의 범죄장소이면 족하며, 피의자의 체포나 구속을 전제로 하지 않으며 또한 피의자가 현장에 있거나 체포되었을 것을 전제로 하지 않는다. 따라서 ㉠ 주취운전이라는 범죄행위로 당해 음주운전자를 구속·체포하지 아니한 경우에도 필요하다면 그 차량열쇠는 범행 중 또는 범행 직후의 범죄장소에서의 압수로서 형사소송법 제216조 제3항에 의하여 영장 없이 이를 압수할 수 있다(97다54482).
　㉡ 형사소송법 제216조 제3항의 요건 중 어느 하나라도 갖추지 못한 경우에 그러한 압수·수색 또는 검증은 위법하며, 이에 대하여 사후에 법원으로부터 영장을 발부받았다고 하여 그 위법성이 치유되지 아니한다(2014도16080).

ⓓ [사후영장의 요부] ㉠ 사후에 지체 없이 압수·수색·검증영장을 발부받아야 한다(제216조 제3항).
㉡ [음주운전의 사고현장으로부터 곧바로 후송된 병원 응급실을 범죄장소에 준하는 장소로 볼 수 있는지 여부(적극)] 음주운전 혐의가 있는 피의자가 교통사고를 야기한 후 의식불명의 상태로 병원 응급실에 후송되었고 피의자의 신체와 의복에서 술 냄새 등이 현저하다면 병원 응급실을 범죄장소에 준한다고 볼 수 있으므로 의료인의 자격이 있는 자로 하여금 의료용 기구로 의학적인 방법에 따라 필요 최소한의 한도 내에서 피의자의 혈액을 채취하게 한 후 그 혈액을 영장 없이 채혈할 수 있다. 다만, 이 경우 사후에 지체 없이 법원으로부터 압수영장을 받아야 한다(2011도15258). [23·18·16·14 선택] [21 법사]

⑤ [피고인에 대한 구속현장에서의 압수·수색·검증] 검사 또는 사법경찰관이 피고인에 대한 구속영장을 집행하는 경우에 필요한 때에는 그 집행현장에서 영장 없이 압수·수색·검증을 할 수 있다(제216조 제2항, 동조 제1항 제1호).

⑥ 임의제출물 또는 유류물의 압수

㉮ [의의] ㉠ 검사 또는 사법경찰관은 피의자 기타인의 유류한 물건이나 소유자·소지자·보관자가 임의로 제출한 물건을 영장없이 압수할 수 있다(제218조). [19·18·17 선택]
㉡ [소유자, 소지자 또는 보관자가 아닌 피해자로부터 제출받은 물건을 영장 없이 압수한 경우(증거능력 부정)] 소유자, 소지자 또는 보관자가 '아닌 자'로부터 제출받은 물건을 영장 없이 압수한 경우, 그 압수물 및 압수물을 찍은 사진은 이를 유죄 인정의 증거로 사용할 수 없는 것이고, 피고인이나 변호인이 이를 증거로 함에 동의하였다고 하더라도 달리 볼 것은 아니다(2009도10092).[24] [22·20·18·14·13 선택]

㉯ [대상] ㉠ 증거물 또는 몰수물에 제한되지 않으며, 소지자 또는 보관자는 반드시 권한에 기한 소지자 또는 보관자임을 요하지 않는다. 또한 소지자 또는 보관자가 임의로 제출한 경우 소유권자의 동의가 있어야 하는 것도 아니다.
㉡ [교도관으로부터 비망록을 임의제출받은 경우] 검사가 교도관으로부터 보관하고 있던 피고인의 비망록을 뇌물수수 등의 증거자료로 임의로 제출받아 이를 압수한 경우 그 압수절차가 피고인의 승낙 및 영장 없이 행하여졌다고 하더라도 이에 적법절차를 위반한 위법이 없다(2008도1097). [17·14 선택]

㉰ [사후영장의 요부] 사후영장을 발부받을 필요가 없다. 따라서 현행범 체포현장이나 범죄장소(범죄현장)에서도 소지자 등이 임의로 제출하는 물건은 형사소송법 제218조에 의하여 영장 없이 압수할 수 있고, 이 경우에는 검사나 사법경찰관이 사후에 영장을 받을 필요가 없다(2019도17142 등). [23·19 선택] [23·19 사례]

---

24) [판례해설] 충청남도 금산경찰서 소속 사법경찰관이 피고인 소유의 쇠파이프를 피고인의 주거지 앞 마당에서 발견하였으면서도 그 소유자, 소지자 또는 보관자가 아닌 피해자로부터 임의로 제출받는 형식으로 위 쇠파이프를 압수하였고, 그 후 압수물의 사진을 찍은 사건이다.

㉑ **[유류물 압수]** 범죄수사를 위해 정보저장매체의 압수가 필요하고, 정보저장매체를 소지하던 사람이 그에 관한 권리를 포기하였거나 포기한 것으로 인식할 수 있는 경우에는, 수사기관이 형사소송법 제218조에 따라 피의자 기타 사람이 유류한 정보저장매체를 영장 없이 압수할 때 해당 사건과 관계가 있다고 인정할 수 있는 것에 압수의 대상이나 범위가 한정된다거나, 참여권자의 참여가 필수적이라고 볼 수는 없다(2021도1181).[25)]

⑦ **[요급처분]** '제216조'의 규정에 의하여 영장에 의하지 않는 강제처분을 하는 경우에 급속을 요하는 때에는 영장의 집행과 책임자의 참여(제123조 제2항), 야간집행의 제한(제125조)의 규정에 의함을 요하지 아니한다. 그러나 **'제217조(긴급체포된 자의 소유물 대한 압수·수색·검증)'** 및 **'제218조(임의제출물 등의 압수)'** 에 의하는 경우에는 이러한 예외를 허용하는 규정이 없다. [19·16 사례] [21·17·15 법사]

⑧ 압수·수색·검증과 영장주의의 예외의 정리

구분	사후영장 필요여부	요급처분 허용여부(제220조)
체포구속 목적의 피의자 수색 (제216조 제1항 제1호)	불요	급속을 요하는 경우 아래 규정 배제(요급처분 허용) ① 책임자참여(제123조 제2항) ② 야간집행 제한(제125조)
체포구속현장에서의 압수등 (제216조 제1항 제2호)	압수계속 필요시 지체 없이(늦어도 체포시부터 48시간 이내) 청구하여 사후영장 발부받아야 함(제217조 제2항)	
피고인 구속영장 집행시 압수등(제216조 제2항)	불요	
범행 중 범행 직후 범죄장소에서 압수등 (제216조 제3항)	지체 없이 사후영장 발부받아야 함	
긴급체포된 자에 대한 압수등(제217조 제1항)	① 긴급체포후 24시간 이내 영장 없이 압수등 허용 ② 압수계속 필요시 지체 없이(늦어도 긴급체포시부터 48시간 이내) 청구하여 사후영장 발부받아야 함(동조 제2항)	요급처분을 허용하는 명문규정 없음
임의제출물등에 대한 압수 (제218조)	불요	

---

25) 정보저장매체에 대한 압수·수색에 있어, 압수·수색 당시 또는 이와 시간적으로 근접한 시기까지 정보저장매체를 현실적으로 지배·관리하면서 그 정보저장매체 내 전자정보 전반에 관한 전속적인 관리처분권을 보유·행사하고, 달리 이를 자신의 의사에 따라 제3자에게 양도하거나 포기하지 아니한 경우에는, 그 지배·관리자인 피의자를 정보저장매체에 저장된 전자정보 전반에 대한 실질적인 압수·수색 당사자로 평가할 수 있다. 그러나 유류물 압수는 수사기관이 소유권이나 관리처분권이 처음부터 존재하지 않거나, 존재하였지만 적법하게 포기된 물건, 또는 그와 같은 외관을 가진 물건 등의 점유를 수사상 필요에 따라 취득하는 수사방법을 말한다. 따라서 유류물 압수에 있어서는 정보저장매체의 현실적 지배·관리 혹은 이에 담겨있는 전자정보 전반에 관한 전속적인 관리처분권을 인정하기 어렵다. 정보저장매체를 소지하고 있던 사람이 이를 분실한 경우와 같이 그 권리를 포기하였다고 단정하기 어려운 경우에도, 수사기관이 그러한 사정을 알거나 충분히 알 수 있었음에도 이를 유류물로서 영장 없이 압수하였다는 등의 특별한 사정이 없는 한, 영장에 의한 압수나 임의제출물 압수와 같이 수사기관의 압수 당시 참여권 행사의 주체가 되는 피압수자가 존재한다고 평가할 수는 없다.

7. 쟁점 026 임의제출물이 정보저장매체인 경우 압수가 적법하기 위한 요건***[23 사례]

【CASE】

甲의 여자친구 D는 甲이 잠이 든 D의 나체를 동의 없이 휴대전화를 이용하여 사진 촬영한 사실을 신고하면서 甲 몰래 가지고 나온 甲의 휴대전화를 사법경찰관 K에게 증거물로 제출하였다. K는 위 휴대전화를 압수한 후 D와 함께 휴대전화의 전자정보를 탐색하다가 D의 나체 사진 외에도 甲이 D와 마약류를 투약하는 장면이 녹화된 동영상을 발견하였고, 탐색을 계속하여 甲과 성명불상의 어싱들이 마약류를 투약하는 장면이 녹화된 동영상을 발견하자 위 동영상들을 따로 시디(CD)에 복제하였다. 그 후 K는 위 시디(CD)에 대하여 영장을 발부받아 甲의 참여하에 이를 압수하였다. 甲이 위 동영상들과 관련된 범죄사실로 공소제기된 경우 甲의 변호인의 입장에서 위 시디(CD)의 증거능력을 부정할 수 있는 근거를 모두 제시하시오. 【제12회 변호사시험 제2문】

🔍 쟁점연구

[1] 정보저장매체에 관한 압수의 법리는 정보저장매체에 해당하는 임의제출물의 압수(형사소송법 제218조)에도 마찬가지로 적용된다. 임의제출물의 압수는 압수물에 대한 수사기관의 점유 취득이 제출자의 의사에 따라 이루어진다는 점에서 차이가 있을 뿐 범죄혐의를 전제로 한 수사 목적이나 압수의 효력은 영장에 의한 경우와 동일하기 때문이다. 따라서 수사기관은 특정 범죄혐의와 관련하여 전자정보가 수록된 정보저장매체를 임의제출받아 그 안에 저장된 전자정보를 압수하는 경우 ⅰ) 그 동기가 된 범죄혐의사실과 관련된 전자정보의 출력물 등을 임의제출받아 압수하는 것이 원칙이다. 다만 현장의 사정이나 전자정보의 대량성과 탐색의 어려움 등의 이유로 ⅱ) 범위를 정하여 출력 또는 복제하는 방법이 불가능하거나 압수의 목적을 달성하기에 현저히 곤란하다고 인정되는 때에 한하여 예외적으로 정보저장매체 자체나 복제본을 임의제출받아 압수할 수 있다.

[2] 특히 카메라의 기능과 정보저장매체의 기능을 함께 갖춘 휴대전화인 스마트폰을 이용한 불법촬영 범죄와 같이 범죄의 속성상 해당 범행의 상습성이 의심되거나 성적 기호 내지 경향성의 발현에 따른 일련의 범행의 일환으로 이루어진 것으로 의심되고, 범행의 직접증거가 스마트폰 안에 이미지 파일이나 동영상 파일의 형태로 남아 있을 개연성이 있는 경우에는 그 안에 저장되어 있는 같은 유형의 전자정보에서 그와 관련한 유력한 간접증거나 정황증거가 발견될 가능성이 높다는 점에서 이러한 간접증거나 정황증거는 범죄혐의사실과 구체적 · 개별적 연관관계를 인정할 수 있다. 피의자가 소유 · 관리하는 정보저장매체를 피의자 아닌 피해자 등 제3자가 임의제출하는 경우에는, 그 임의제출 및 그에 따른 수사기관의 압수가 적법하더라도 임의제출의 동기가 된 범죄혐의사실과 구체적 · 개별적 연관관계가 있는 전자정보에 한하여 압수의 대상이 되는 것으로 더욱 제한적으로 해석하여야 한다. 만약 제한 없이 압수 · 수색이 허용될 경우 피의자의 인격적 법익이 현저히 침해될 우려가 있기 때문이다.

[3] 피해자 등 제3자가 피의자의 소유·관리에 속하는 정보저장매체를 영장에 의하지 않고 임의제출한 경우에는 실질적 피압수자인 피의자가 수사기관으로 하여금 그 전자정보 전부를 무제한 탐색하는 데 동의한 것으로 보기 어려울 뿐만 아니라 피의자 스스로 임의제출한 경우 피의자의 참여권 등이 보장되어야 하는 것과 견주어 보더라도 특별한 사정이 없는 한 형사소송법 제219조, 제121조, 제129조에 따라 ⅰ) "피의자"에게 참여권을 보장하고 ⅱ) 압수한 전자정보 목록을 교부하는 등 "피의자"의 절차적 권리를 보장하기 위한 적절한 조치가 이루어져야 한다. [23 선택] 수사기관이 피압수자 측에 참여의 기회를 보장하거나 압수한 전자정보 목록을 교부하지 않는 등 영장주의 원칙과 적법절차를 준수하지 않은 위법한 압수·수색 과정을 통하여 취득한 증거는 위법수집증거에 해당하고, 사후에 법원으로부터 영장이 발부되었다거나 피고인이나 변호인이 이를 증거로 함에 동의하였다고 하여 위법성이 치유되는 것도 아니다.

[4] 만약 전자정보에 대한 압수·수색이 종료되기 전에 범죄혐의사실과 관련된 전자정보를 적법하게 탐색하는 과정에서 별도의 범죄혐의와 관련된 전자정보를 우연히 발견한 경우라면, 수사기관은 더 이상의 추가 탐색을 중단하고 법원으로부터 별도의 범죄혐의에 대한 압수·수색영장을 발부받은 경우에 한하여 그러한 정보에 대하여도 적법하게 압수·수색을 할 수 있다. 따라서 임의제출된 정보저장매체에서 압수의 대상이 되는 전자정보의 범위를 넘어서는 전자정보에 대해 수사기관이 영장 없이 압수·수색하여 취득한 증거는 위법수집증거에 해당하고, 사후에 법원으로부터 영장이 발부되었다거나 피고인이나 변호인이 이를 증거로 함에 동의하였다고 하여 그 위법성이 치유되는 것도 아니다(대판(全) 2016도348).

【사례해설】

甲의 변호인은 수사기관이 전자정보를 탐색·복제·출력시에 피의자나 변호인의 참여권을 보장하지 않았으며, 별도의 마약범죄와 관련된 전자정보를 발견했음에도 탐색을 중단하지 않고 별도의 영장을 발부받지 않은 점은 중대한 영장주의 위반으로서 위법수집증거에 해당하며 이와 같은 영장주의의 중대한 위법이 있는 이상 사후에 압수·수색영장을 발부받았다거나 甲이 증거동의를 하더라도 증거능력이 인정될 수 없음을 주장해야 한다(제308조의2). 만약 이와 같은 사정이 인정되지 않더라도 CD 제출의 적법성을 다투어 증거능력을 부정할 수 있다.

관련판례 1. [피고인이 이 사건 휴대전화를 임의제출한 경우] 수사기관이 甲을 성폭력범죄의처벌등에관한특례법위반(카메라등이용촬영)의 현행범으로 체포하면서 휴대전화를 임의제출받은 후 피의자신문 과정에서 甲과 함께 휴대전화를 탐색하던 중 2022. 6.경의 동일한 범행에 관한 영상을 발견하고 그 영상을 甲에게 제시하였으며 甲이 해당 영상을 언제, 어디에서 촬영한 것인지 쉽게 알아보고 그에 관해 구체적으로 진술하였던 경우에 甲에게 전자정보의 파일 명세가 특정된 압수목록이 작성·교부되지 않았더라도 甲의 절차상 권리가 실질적으로 침해되었다고 볼 수 없다(2019도6730).[26] [23 선택]

---

26) 대법원은 피의자신문시 이 사건 휴대전화를 피고인과 함께 탐색하는 과정에서 관련 범행에 관한 영상을 발견하였으므로, 피고인에게 참여권이 보장되었고, 경찰은 같은 날 곧바로 진행된 2회 피의자신문에서 이 사건 사진을 피고인에게 제시하였고, 5장에 불과한 이 사건 사진은 모두 동일한 일시, 장소에서 촬영된 2014년 범행에 관한 영상을 출력한 것임을 육안으로 쉽게 알 수 있었으므로 비록 피고인에게 전자정보의 파일 명세가 특정된 압수목록이 작성·교부되지 않았더라도 절차 위반행위가 이루어진 과정의 성질과 내용 등에 비추어 피고인의 절차상 권리가 실질적으로 침해되지 않았다고 판단하였다.

2. [압수의 대상이 되는 전자정보만이 저장되어 있어 절차보장을 준수하지 않은 경우(증거능력 인정)] 다만, 위 전원합의체 판결의 경우와 달리 수사기관이 임의제출받은 정보저장매체가 그 기능과 속성상 임의제출에 따른 적법한 압수의 대상이 되는 전자정보와 그렇지 않은 전자정보가 혼재될 여지가 거의 없어 사실상 대부분 압수의 대상이 되는 전자정보만이 저장되어 있는 경우에는 소지·보관자의 임의제출에 따른 통상의 압수절차 외에 피압수자에게 참여의 기회를 보장하지 않고 전자정보 압수목록을 작성·교부하지 않았다는 점만으로 곧바로 증거능력을 부정할 것은 아니다(2019도7342).27) [23 선택]

3. [피의자의 소유·관리에 속하는 정보저장매체] '피의자의 소유·관리에 속하는 정보저장매체'란, 피의자가 압수·수색 당시 또는 이와 시간적으로 근접한 시기까지 해당 정보저장매체를 현실적으로 지배·관리하면서 그 정보저장매체 내 전자정보 전반에 관한 전속적인 관리처분권을 보유·행사하고, 달리 이를 자신의 의사에 따라 제3자에게 양도하거나 포기하지 아니한 경우로써, 피의자를 그 정보저장매체에 저장된 전자정보에 대하여 실질적인 피압수자로 평가할 수 있는 경우를 말하는 것이다. 실질적인 피압수자에 해당하는지 여부는 민사법상 권리의 귀속에 따른 법률적·사후적 판단이 아니라 압수·수색 당시 외형적·객관적으로 인식 가능한 사실상의 상태를 기준으로 판단하여야 한다. 정보저장매체의 외형적·객관적 지배·관리 등 상태와 별도로 단지 피의자나 그 밖의 제3자가 과거 그 정보저장매체의 이용 내지 개별 전자정보의 생성·이용 등에 관여한 사실이 있다거나 그 과정에서 생성된 전자정보에 의해 식별되는 정보주체에 해당한다는 사정만으로 그들을 실질적으로 압수·수색을 받는 당사자로 취급하여야 하는 것은 아니다(全 2022도7453).28) [24·23 선택]

---

27) [위장형 카메라 설치 사건] 甲이 A 소유 모텔 객실에 위장형 카메라를 몰래 설치해 불법촬영을 하였는데 이후 甲의 범행을 인지한 수사기관이 A로부터 임의제출 형식으로 위 카메라를 압수한 경우, 카메라의 메모리카드에 사실상 대부분 압수의 대상이 되는 전자정보만이 저장되어 있어 해당 전자정보인 불법촬영 동영상을 탐색·출력하는 과정에서 위 임의제출에 따른 통상의 압수절차 외에 별도의 조치가 따로 요구되는 것은 아니므로, 甲에게 참여의 기회를 보장하지 않고 전자정보 압수목록을 작성·교부하지 않았다는 점만으로 곧바로 위 임의제출물의 증거능력을 부정할 수 없다. [23 선택]

28) 피고인이 허위의 인턴십 확인서를 작성한 후 甲의 자녀 대학원 입시에 활용하도록 하는 방법으로 甲 등과 공모하여 대학원 입학담당자들의 입학사정업무를 방해하였다는 공소사실과 관련하여, 甲 등이 주거지에서 사용하던 컴퓨터 내 정보저장매체(하드디스크)에 인턴십 확인서 등 증거들이 저장되어 있고, 甲은 자신 등의 혐의에 대한 수사가 본격화되자 乙에게 지시하여 하드디스크를 은닉하였는데, 이후 수사기관이 乙을 증거은닉혐의 피의자로 입건하자 乙이 이를 임의제출하였고, 수사기관은 하드디스크 임의제출 및 그에 저장된 전자정보에 관한 탐색·복제·출력 과정에서 乙 측에 참여권을 보장한 반면 甲 등에게는 참여 기회를 부여하지 않아 그 증거능력이 문제된 사안에서, 증거은닉범행의 피의자로서 하드디스크를 임의제출한 乙에 더하여 임의제출자가 아닌 甲 등에게도 참여권이 보장되어야 한다고 볼 수 없다.
[판례해설] 공소외 1은 임의제출의 원인된 범죄혐의사실인 증거은닉범행의 피의자가 아닐 뿐만 아니라 이 사건 하드디스크의 존재 자체를 은폐할 목적으로 막연히 '자신에 대한 수사가 끝날 때까지' 은닉할 것을 부탁하며 이 사건 하드디스크를 공소외 3에게 교부하였다. 이는 자신과 이 사건 하드디스크 및 그에 저장된 전자정보 사이의 외형적 연관성을 은폐·단절하겠다는 목적하에 그 목적 달성에 필요하다면 '수사 종료'라는 불확정 기한까지 이 사건 하드디스크에 관한 전속적인 지배·관리권을 포기하거나 공소외 3에게 전적으로 양도한다는 의사를 표명한 것으로 볼 수 있다.

8. 압수물의 환부와 가환부

① [의의] ㉠ [환부] 압수물을 종국적으로 소유자 등에게 반환하는 것을 말한다. ㉡ [가환부] 압수의 효력을 존속시키면서 압수물을 소유자 등에게 잠정적으로 반환하는 것을 말한다. ㉢ [환부의 상대방(압수 당시의 소지인)] 압수물의 환부는 환부를 받는 자에게 환부된 물건에 대한 소유권 기타 실체법상의 권리를 부여하거나 그러한 권리를 확정하는 것이 아니라 단지 압수를 해제하여 압수 이전의 상태로 환원시키는 것 뿐으로서 이는 실체법상의 권리와 관계없이 **압수 당시의 소지인**에 대하여 행하는 것이므로 실체법인 민법(사법)상 권리의 유무나 변동이 압수물의 환부를 받을 자의 절차법인 형사소송법(공법)상 지위에 어떠한 영향을 미친다고는 할 수 없다(全 94모51). [21 선택]

② [법원과 수사기관의 압수물의 환부와 가환부]

주체		대상	청구의 요부	재량·의무
법원	환부	압수를 계속할 필요가 없다고 인정되는 압수물	청구 불요	의무
	가환부	① 증거에만 공할 목적으로 압수한 물건 ② 증거에 공할 압수물	① 청구 불요 ② 청구 필요	① 의무 ② 재량
수사기관	환부 가환부	① 사본을 확보한 경우 등 압수를 계속할 필요가 없다고 인정되는 압수물 ② 증거에 사용할 압수물	①② 청구 필요	의무

9. 쟁점 027 소유권포기와 압수물환부청구*

【CASE】

甲은 다이아몬드(시가 6,500만 원 상당)를 매도하려다가 경찰에 적발되어 관세법위반혐의로 구속수사를 받는 한편 위 다이아몬드를 압수당하게 되었는데, 甲은 수사관에 대하여 "다이아몬드에 대한 어떠한 권리나 소유권을 주장하지 않을 것임을 서약한다."는 내용의 소유권포기서를 작성·제출하였다. 이후 담당 검사는 다이아몬드의 최초 매매알선 의뢰인인 乙의 소재가 불명하여 다이아몬드가 밀수품인지 여부를 알 수 없다는 이유로 甲을 기소중지처분하였다. 甲은 검사에게 압수물의 환부를 청구할 수 있는가?

쟁점연구

1. 문제점

검사는 사본을 확보한 경우 등 압수를 계속할 필요가 없다고 인정되는 압수물 및 증거에 사용할 압수물에 대하여 공소제기 전이라도 소유자, 소지자, 보관자 또는 제출인의 청구가 있는 때에는 환부 또는 가환부하여야 한다(제218조의2 제1항). 이와 관련하여 '기소중지처분'을 한 경우에도 환부청구가 가능한지, 그리고 피압수자가 소유권 등을 포기한 경우에도 환부청구가 가능한지 문제된다.

2. 학설 및 判例

(1) 기소중지처분 관련

① [환부청구 부정설] 기소중지는 수사의 잠정적 중단에 불과하고 나중에 여전히 수사의 필요성이 인정되므로 압수의 필요성이 인정된다.

② [환부청구 긍정설] 법률상 처벌할 수 없는 사람의 소유물 등에 대하여 압수를 계속하는 것은 재산권을 침해할 우려가 있으므로 압수의 필요성이 인정되지 않는다.

③ [判例(긍정설)] 외국산 물품을 관세장물의 혐의가 있다고 보아 압수하였다 하더라도 그것이 언제, 누구에 의하여 관세포탈된 물건인지 알 수 없어 기소중지처분을 한 경우에는 그 압수물은 관세장물이라고 단정할 수 없어 이를 국고에 귀속시킬 수 없을 뿐만 아니라 압수를 더 이상 계속할 필요도 없다(대결(全) : 94모51).

(2) 소유권 포기 관련

① [환부청구 부정설] 피압수자가 압수물에 대한 소유권이나 압수물 환부청구권을 포기한 경우 이는 효력이 있어 환부청구를 할 수 없다.

② [환부청구 긍정설] 피압수자가 압수물에 대한 소유권이나 압수물 환부청구권을 포기한 경우 이는 효력이 없어 환부청구를 할 수 있다.

③ [判例(긍정설)] 압수물의 소유권이나 그 환부청구권을 포기하는 의사표시로 인하여 환부의무에 대응하는 압수물에 대한 환부청구권이 소멸하는 것은 아니다(대결(全) : 94모51).

3. 검토 및 결론

무죄추정의 원칙과 피압수자의 재산권을 고려해 보았을 때 判例의 입장이 타당하다.

【사례해설】

사안의 경우 검사는 다이아몬드가 밀수품인지 여부를 알 수 없다는 이유로 기소중지처분을 하였는데, 이것은 실질적으로 '혐의 없음' 불기소처분이라고 보아야 한다. 그리고, 甲이 소유권 포기서를 작성·제출하였더라도 포기의 의사표시는 무효이므로 甲은 검사에게 압수물의 환부를 청구할 수 있다.

관련판례 [피압수자가 압수물에 대한 소유권을 포기하거나 환부청구권을 포기한 경우 피압수자의 압수물환부청구권이 소멸하는지 여부(소극)] 피압수자 등 환부를 받을 자가 압수 후 그 소유권을 포기하는 등에 의하여 실체법상의 권리를 상실하더라도 그 때문에 압수물을 환부하여야 하는 수사기관의 의무에 어떠한 영향을 미칠 수 없고 또한 수사기관에 대하여 형사소송법상의 환부청구권을 포기한다는 의사표시를 하더라도 그 효력이 없어 그에 의하여 수사기관의 필요적 환부의무가 면제된다고 볼 수는 없으므로 압수물의 소유권이나 그 환부청구권을 포기하는 의사표시로 인하여 위 환부의무에 대응하는 압수물에 대한 환부청구권이 소멸하는 것은 아니다(全 94모51). [21·17 선택] [23·12 법선]

10. 압수처분에 대한 불복방법

① [법원의 결정에 대한 불복(항고)] 법원의 압수나 압수물의 환부에 관한 결정에 대해서는 보통항고로 불복할 수 있다(제403조 제2항).

② [재판장 또는 수명법관의 재판에 대한 불복(준항고)] 재판장 또는 수명법관의 압수 또는 압수물의 환부에 관한 재판에 불복이 있으면 그 법관 소속의 법원에 준항고로 불복할.수 있다(제416조 제1항).

③ [수사기관의 처분에 대한 불복(준항고)] 검사 또는 사법경찰관의 압수 또는 압수물의 환부에 관한 처분에 대하여 불복이 있으면 그 직무집행지의 관할법원 또는 검사의 소속검찰청에 대응하는 법원에 준항고로 불복할 수 있다(제417조).

II. 수사상 검증

📝 핵심개념 검증

1. 의의

수사상의 검증이란 사람·장소·물건의 성질·형상을 오관(五官)[29]의 작용에 의하여 인식하는 수사기관의 강제처분을 말한다. 수사상의 검증은 영장에 의함을 원칙으로 한다.

2. 구별개념

실황조사	수사실무상 행하여지는 것으로서 수사상의 검증과 실질적으로 동일한 기능을 가지고 있으나 임의수사로서 영장을 요하지 않는다.
법원(판사)의 검증	수소법원이 증거조사로서 행하는 검증(제139조)과 증거보전을 위하여 수임판사가 행하는 검증(제184조)이 있으며 영장을 요하지 아니한다.
승낙검증	임의수사에 해당한다.

3. 검증의 내용

① [검증의 대상] 오관의 작용에 의하여 인식가능한 것이면 모두 검증의 대상이 된다.
② [검증의 내용] 검증을 함에는 신체의 검사·사체의 해부·분묘의 발굴·물건의 파괴 기타 필요한 처분을 할 수 있다(제219조, 제140조).

4. 검증의 절차

수사상의 검증에는 원칙적으로 영장주의가 적용되며, 검증영장의 청구절차 등은 압수·수색에 관한 규정이 준용된다(제219조).

1. 신체검사

① [의의] 신체 자체를 검사의 대상으로 하며 원칙적으로 검증으로서의 성질을 갖는다(예 피의자의 지문채취, 신체의 문신 확인). 그러나 혈액검사나 X선 촬영 등 전문적 지식과 경험을 요하는 신체검사는 감정에 해당한다. 신체검사는 신체외부와 착의에서 증거물을 찾는 신체수색과 구별된다.
② [절차] 신체검사는 검증영장에 의하여야 하나, 체포·구속현장이나 긴급체포시에는 영장 없이 신체검사를 할 수 있다(제216조, 제217조). 체포·구속된 피의자의 지문 또는 족형의 채취, 신장측정도 영장 없이 할 수 있다.

2. 체내신체검사

① [의의] 신체의 내부에 대한 수사기관의 강제처분을 말한다.

---

29) 시각, 청각, 후각, 미각, 촉각의 다섯 가지 감각기관을 말한다.

② **[체내수색]** 구강내·질내·항문내 등 신체내부에 대한 수색은 신체검사의 성질도 가지고 있으므로 압수·수색영장 이외에 검증영장에 의하여야 한다.

3. 쟁점 **028** 강제채혈과 강제채뇨*** [24·21·13 법사]

【CASE】
甲은 이미 상당량의 술을 마신 상태였으나 A가 계곡에 떨어져 심한 출혈을 하여 급히 병원으로 이송하지 않으면 사망에 이르게 될 상황이라 어쩔 수 없다고 생각하고 A를 차에 태우고 병원으로 가던 중 부주의로 행인 B를 충격하여 상해를 입혔다. 甲은 B도 차에 태우고 병원에 도착하여 A와 B를 병원에 인계한 후 그간의 긴장을 이기지 못하고 응급실에서 실신하였다. 의식을 잃고 누워있는 甲에게서 술 냄새를 맡은 응급실 당직의사 C는 그 사실을 경찰에 신고하였다. 출동한 경찰관 P1은 甲에게 술 냄새가 심하게 나자 C에게 甲의 혈액채취를 요청하였고, C는 혈액을 채취하여 P1에게 넘겨주었다. 위 혈액 감정 결과, 甲의 운전 당시 혈중알코올농도는 0.18%였던 것으로 확인되었다. 위 혈액감정결과를 甲의 음주운전 혐의를 입증할 증거로 사용할 수 있는가? 【21년 제3차 법전협 모의고사 제2문】

쟁점연구

1. 문제점

강제채혈 등을 위한 영장의 종류와 법적성질, 영장 없는 강제채혈 등의 경우 사후영장이 필요하지 문제된다.

2. 학설 및 判例

① **[압수수색설]** 혈액 등은 체내에 존재하므로 이에 대한 강제 채취는 압수·수색에 해당하고 따라서 압수·수색영장에 따라야 한다.

② **[검증설]** 채혈이나 채뇨 등은 신체검사의 일종인 체내검사에 해당하므로 채혈이나 채뇨도 검증에 해당하고 따라서 검증영장에 따라야 한다.

③ **[압수수색·감정처분설]** 체내에 있는 혈액 등을 채취하는 것이므로 기본적으로 압수·수색에 해당하나 체내검사로서 내부검사의 성질도 겸유하므로 감정처분에도 해당한다. 따라서 압수·수색영장과 감정(처분)허가장을 병용해야 한다.

④ **[判例(압수수색·감정처분설 및 영장주의의 예외)]** ⅰ) 강제채혈이나 강제채뇨에 있어서 수사기관은 범죄 증거를 수집할 목적으로 피의자의 동의 없이 피의자의 혈액 등을 법원으로부터 감정처분허가장을 받아 '감정에 필요한 처분'으로도 할 수 있지만, 압수의 방법으로도 할 수 있다. ⅱ) 또한, 피의자의 신체나 옷에서 술냄새가 강하게 나는 등으로 증거가 될 만한 뚜렷한 흔적이 있는 때에는 준현행범인으로서(제211조 제2항) 사회통념상 교통사고발생 직후라고 볼 수 있는 시간 내라면 사고현장으로부터 곧바로 후송된 병원 응급실 등의 장소를 범죄장소에 준하는 곳으로 보아 수사기관은 영장없이 의료인의 자격이 있는 자로 하여금 필요 최소한의 한도에서 혈액을 채취하게 한 후 사후에 지체 없이 압수영장을 청구하여 발부받는 방법으로도 할 수 있다(대판 : 2011도15258; 2018도6219). [24·23·22·18·16·14 선택] [23·21 법선]

3. 검토

채혈이나 채뇨는 압수·수색의 성질과 감정의 성질을 모두 가지므로 압수·수색영장 또는 감정처분허가장을 받아 행할 수도 있다고 보는 것이 타당하다.

사고현장으로부터 곧바로 후송된 병원 응급실 등의 장소는 형사소송법 제216조 제3항의 범죄장소에 준한다 할 것이므로 지체 없이 압수영장을 발부받으면 채혈은 적법하고 혈액감정결과의 증거능력이 인정되어 증거로 사용할 수 있다.

관련판례 1. [위법한 강제채혈과 증거능력] 수사기관이 법원으로부터 영장 또는 감정처분허가장을 발부받지 아니한 채 피의자의 동의 없이 피의자의 신체로부터 혈액을 채취하고 사후에도 지체 없이 영장을 발부받지 아니한 채 혈액 중 알코올농도에 관한 감정을 의뢰하였다면, 이러한 과정을 거쳐 얻은 감정의뢰회보 등은 형사소송법상 영장주의 원칙을 위반하여 수집하거나 그에 기초하여 획득한 증거로서, 원칙적으로 절차위반행위가 적법절차의 실질적인 내용을 침해하여 피고인이나 변호인의 동의가 있더라도 유죄의 증거로 사용할 수 없다(2011도15258). [23·22·18 선택] [23·12 법선]

2. [경찰관이 간호사로부터 진료 목적으로 채혈된 피고인의 혈액 중 일부를 임의로 제출받아 압수한 것이 위법한지 여부(소극)] 경찰관이 간호사로부터 진료목적으로 채혈된 피고인의 혈액 중 일부를 임의로 제출받아 압수한 경우 압수절차가 피고인 또는 피고인의 가족의 동의 및 영장 없이 행하여졌다고 하더라도 이에 적법절차를 위반한 위법이 있다고 할 수 없다(98도968). [24·13 선택] [23·22 법선]

04 수사상의 증거보전과 증인신문

📝 핵심개념

제184조(증거보전의 청구와 그 절차) ① 검사, 피고인, 피의자 또는 변호인은 미리 증거를 보전하지 아니하면 그 증거를 사용하기 곤란한 사정이 있는 때에는 제1회 공판기일 전이라도 판사에게 압수, 수색, 검증, 증인신문 또는 감정을 청구할 수 있다.
② 전항의 청구를 받은 판사는 그 처분에 관하여 법원 또는 재판장과 동일한 권한이 있다.
③ 제1항의 청구를 함에는 서면으로 그 사유를 소명하여야 한다.
④ 제1항의 청구를 기각하는 결정에 대하여는 3일 이내에 항고할 수 있다.

제221조의2(증인신문의 청구) ① 범죄의 수사에 없어서는 아니될 사실을 안다고 명백히 인정되는 자가 전조의 규정에 의한 출석 또는 진술을 거부한 경우에는 검사는 제1회 공판기일 전에 한하여 판사에게 그에 대한 증인신문을 청구할 수 있다.
③ 제1항의 청구를 함에는 서면으로 그 사유를 소명하여야 한다.
④ 제1항의 청구를 받은 판사는 증인신문에 관하여 법원 또는 재판장과 동일한 권한이 있다.
⑤ 판사는 제1항의 청구에 따라 증인신문기일을 정한 때에는 피고인·피의자 또는 변호인에게 이를 통지하여 증인신문에 참여할 수 있도록 하여야 한다.
⑥ 판사는 제1항의 청구에 의한 증인신문을 한 때에는 지체 없이 이에 관한 서류를 검사에게 송부하여야 한다.

> **사례연습** 검사 S는 甲의 교통사고 현장을 목격한 일본인 J에게 참고인조사를 위해 출석을 요구하였으나 J는 불응하면서 일본으로 출국하려 하고 있다. 이 경우 검사 S가 J의 진술을 확보하기 위해 취할 수 있는 조치는?
>
> 【제3회 변호사시험 제1문】
>
> 【사례해설】
> 검사 S는 J의 진술을 확보하기 위해 제184조와 제221조의2에 근거하여 판사에게 증인신문을 청구할 수 있다.

Ⅰ. 수사상의 증거보전

1. 의의

공판정에서 정상적인 증거조사를 할 때까지 기다려서는 그 증거의 사용이 불가능하거나 현저히 곤란하게 될 염려가 있는 경우에 청구권자의 청구에 의하여 판사가 미리 증거를 조사하고 그 결과를 보전하여 두는 제도를 말한다. 증거보전절차는 검사도 이용이 가능하나 특히 강제처분권이 없는 피의자 · 피고인에게 유리한 증거를 수집 · 보전할 수 있는 기회를 보장한다는 점에서 의미가 크다.

2. 증거보전의 요건

① [**증거보전의 필요성**] 증거보전은 미리 증거를 보전하지 아니하면 그 증거를 사용하기 곤란한 사정, 즉 '증거보전의 필요성'이 있을 때에 할 수 있다(제184조 제1항). '증거를 사용하기 곤란'에는 공판정에서 해당 증거의 증거조사가 곤란한 경우(예 증거물의 멸실 · 분산, 증인의 사망임박 · 질병 · 해외이주)뿐만 아니라 증명력의 변화가 예상되는 경우(예 진술의 변경가능성이 있는 경우)도 포함된다. [14 사례]

② [**청구시기**] 증거보전은 제1회 공판기일 전에 한하여 이를 청구할 수 있다(제184조 제1항). 수사단계는 물론 공소제기 후라도 제1회 공판기일 전이면 가능하다. 다만, 제1심 제1회 공판기일 전에 한하여 허용되는 것이므로 재심청구사건에서는 증거보전절차는 허용되지 아니한다(84모15). [23 법선] 제1회 공판기일 후에는 수소법원이 직접 증거조사를 할 수 있으므로 증거보전의 필요가 없다. 모두절차가 종료한 후에는 수소법원의 증거조사가 가능하므로 결국 제1회 공판기일 전이란 모두절차가 끝난 때까지를 의미한다.

3. 증거보전의 절차

① [**청구권자**] 검사 · 피의자 · 피고인 · 변호인이다(제184조 제1항). 따라서 형사소송법 제184조에 의한 증거보전은 피고인 또는 피의자가 형사입건도 되기 전에 청구할 수는 없다(79도792). [검 · 피 · 피 · 변] [24 선택] [23 법선] 한편, 변호인의 청구권은 피의자 · 피고인의 명시한 의사에 반해서 행사할 수 있는 독립대리권이다. [검 · 피 · 피 · 변]

② [**청구의 방식**] 증거보전의 청구는 관할 지방법원판사에게 하여야 하며(규칙 제91조 제1항) 서면으로 사유를 소명하여야 한다(제184조 제3항).

③ 청구의 내용

㉮ 증거보전으로 청구할 수 있는 것은 압수·수색·검증·증인신문·감정이다(제184조 제1항).

㉯ [피고인신문 또는 피의자신문을 청구할 수 있는지(소극)] 피의자신문 또는 피고인신문에 해당하는 사항을 증거보전의 방법으로 청구할 수 없다(79도792).

㉰ [필요적 공범관계에 있는 공동피고인을 증인으로 신문할 수 있는지(적극)] 공동피고인과 피고인이 뇌물을 주고받은 사이로 필요적 공범관계에 있다고 하더라도 검사는 수사단계에서 피고인에 대한 증거를 미리 보전하기 위하여 필요한 경우에는 판사에게 필요적 공범관계에 있는 공동피고인을 증인으로 신문할 것을 청구할 수 있다(86도1646). [공판절차에서 변론이 분리되지 않은 공범인 공동피고인들의 경우를 제외하고, 공범자들 상호간에 증인적격이 인정된다는 대법원의 기본입장을 고려하면 위 판례의 결론은 당연하다] [24·18·17 선택] [23·22 법선]

④ [지방법원 판사의 결정과 불복] 청구를 받은 판사는 청구가 적법하고 또 증거보전의 필요성이 인정되면 별도의 결정 없이 증거보전을 한다. 청구가 부적법하거나 필요 없다고 인정되면 청구기각결정을 한다. 청구기각결정에 대하여는 3일 이내에 항고할 수 있다(제184조 제4항). [18 선택]

⑤ [증인신문시 당사자의 참여권을 보장하지 않은 상태에서 작성한 증인신문조서의 증거능력 유무(원칙 소극, 예외적으로 증거능력 인정)] 증거보전절차로 증인신문을 하는 경우 참여권을 보장하지 않은 상태에서 작성한 증인신문조서는 원칙적으로 증거능력이 없으나 참여의 기회를 주지 아니한 경우라도 피고인과 변호인이 증인신문조서를 증거로 할 수 있음에 동의하여 별다른 이의 없이 적법하게 증거조사를 거친 경우에는 증인신문조서는 증인신문절차가 위법하였는지의 여부에 관계없이 증거능력이 부여된다(86도1646). [24 선택] [23 법선]

4. 증거보전 후의 절차

① [서류·물건의 보전과 열람·등사권] 증거보전에 의하여 압수한 물건 또는 작성한 조서(증인신문조서 등)는 증거보전을 한 판사가 속하는 법원에 보관한다. 검사·피고인·피의자 또는 변호인은 판사의 허가를 얻어서 그 서류와 증거물을 열람 또는 등사할 수 있다(제185조).

② [조서의 증거능력] 증거보전절차에서 작성된 조서는 법관의 면전조서로서 당연히 증거능력이 인정된다(제311조 단서).

Ⅱ. 수사상의 증인신문

1. 의의

참고인이 출석 또는 진술을 거부하는 경우에 제1회 공판기일 전에 한하여 검사의 청구에 의하여 판사가 그를 증인으로 신문하고 그 증언을 보전하는 대인적 강제처분을 말한다(제221조의2). [24 선택]

2. 증인신문청구의 요건과 청구시기

① [증인신문청구의 요건] 범죄의 수사에 없어서는 아니될 사실을 안다고 명백히 인정되는 자가 출석 또는 진술을 거부하는 경우이다(제221조의2 제1항). [18 선택] [14 사례]

② **[청구시기]** 제1회 공판기일 전에 한하여 증인신문을 청구할 수 있다. 제1회 공판기일 전인 이상 공소제기 전후를 불문한다. 제1회 공판기일 전이란 모두 절차가 끝난 때까지를 의미한다.

3. 증인신문의 절차

① **[증인신문의 청구]** 증인신문청구는 증거보전과는 달리 '검사만' 할 수 있다(제221조의2 제1항). 증인신문을 청구함에는 판사에게 서면으로 그 사유를 소명하여야 한다(제221조의2 제3항).

② **[당사자의 참여권]** 판사는 검사의 청구에 따라 증인신문기일을 정한 때에는 피고인·피의자 또는 변호인에게 이를 통지하여 증인신문에 참여할 수 있도록 하여야 한다(제221조의2 제5항). [18 선택] [22 법선]

4. 증인신문 후의 절차

① **[증인신문조서의 검사에의 송부]** 증인신문을 한 때에는 판사는 지체 없이 이에 관한 서류를 **검사에게** 송부하여야 한다(제221조의2 제6항). 이 증인신문조서는 피의자 등에게 열람등사권이 인정되지 아니한다.

② **[증인신문조서의 증거능력]** 증인신문조서는 법관의 면전조서로서 당연히 증거능력이 인정된다(제311조 단서).

5. 수사상의 증거보전과 수사상의 증인신문

구분	증거보전	증인신문
공통점	① 제1회 공판기일 전까지 청구 가능 ② 수임판사에 의하여 행하여지며 판사의 권한도 동일 ③ 청구한 자의 소명을 요함 ④ 작성된 조서(법관의 면전조서) : 당연히 증거능력 인정 ⑤ 당사자의 참여권이 인정됨	
요건	증거의 사용 곤란 (증거물의 멸실, 증명력 변화 등)	참고인의 출석 또는 진술의 거부
청구권자	검사, 피고인, 피의자, 변호인	검사
청구내용	압수·수색·검증·감정·증인신문	증인신문
작성된 조서	증거보전을 한 판사소속 법원이 보관	검사에게 송부
열람·등사권	인정	부정
판사의 결정에 대한 불복	즉시항고할 수 있음	불복할 수 없음

제3장 | 수사의 종결

01 수사기관의 사건처리

Ⅰ. 사법경찰관의 수사사건 처리

1. 검사에게 사건의 송치 또는 불송치(사법경찰관의 1차적 수사종결)

> **제245조의5(사법경찰관의 사건송치 등)** 사법경찰관은 고소 · 고발 사건을 포함하여 범죄를 수사한 때에는 다음 각 호의 구분에 따른다.
>   1. **(송치)** 범죄의 혐의가 있다고 인정되는 경우에는 지체 없이 검사에게 사건을 송치하고, 관계 서류와 증거물을 검사에게 송부하여야 한다.
>   2. **(불송치)** 그 밖의 경우(즉, 범죄의 혐의가 있다고 인정되는 경우가 아닌 경우)에는 그 이유를 명시한 서면과 함께 관계 서류와 증거물을 지체 없이 검사에게 송부하여야 한다. 이 경우 검사는 송부받은 날부터 90일 이내에 사법경찰관에게 반환하여야 한다.

① [송치사건] 검사는 송치사건의 공소제기 여부 결정 또는 공소의 유지에 관하여 필요한 경우 사법경찰관에게 보완수사를 요구할 수 있다(제197조의2 제1항 제1호).

② [불송치사건] 불송치사건의 경우 고소인 등의 이의신청이나 검사의 재수사요청이 없으면 수사가 종결된다.

③ [검사와 특별사법경찰관리의 관계] 검사는 특별사법경찰관리에 대하여 지휘관계에 있으므로 검사와 협력관계를 전제로 하는 사법경찰관에 대한 규정(보완수사요구, 시정조치요구, 수사의 경합 등)이 적용되지 않는다(제245조의10). [21 법선]

2. 불송치사건의 고소인 등에의 통지와 고소인 등의 이의신청

> **제245조의6(고소인 등에 대한 송부통지)** 사법경찰관은 제245조의5 제2호(불송치)의 경우에는 그 송부한 날부터 7일 이내에 서면으로 고소인 · 고발인 · 피해자 또는 그 법정대리인(피해자가 사망한 경우에는 그 배우자 · 직계친족 · 형제자매를 포함한다)에게 사건을 검사에게 송치하지 아니하는 취지와 그 이유를 통지하여야 한다.
> **제245조의7(고소인 등의 이의신청)** ① 제245조의6의 통지(불송치의 통지)를 받은 사람은 해당 사법경찰관의 소속 관서의 장에게 이의를 신청할 수 있다.
> ② 사법경찰관은 제1항의 신청이 있는 때에는 지체 없이 검사에게 사건을 송치하고 관계 서류와 증거물을 송부하여야 하며, 처리결과와 그 이유를 제1항의 신청인에게 통지하여야 한다. [21 법선]

Ⅱ. 검사의 사건처리

1. 수사의 종결

검사가 사법경찰관으로부터 송치받은 사건 또는 직접 수사한 사건에 대하여 공소제기 여부를 결정할 수 있을 정도로 범죄의 혐의유무가 가려지면 수사과정은 종결할 수 있는 상태가 되며, 검사가 공소를 제기하거나 제기하지 않음으로써 수사는 종결된다. 그러나 공소를 제기한 후에도 검사는 공소유지를 위하여 수사를 할 수 있으며, 불기소처분 후에도 수사를 재개할 수 있다.

2. 검사의 사건처리(검찰사건사무규칙 제98조, 제115조 제3항 등 참고)

공소제기			검사는 수사결과 범죄의 객관적 혐의가 충분하고 소송조건을 구비하여 유죄판결을 받을 수 있다고 인정되면 공소를 제기한다(제246조).
불기소처분	협의의 불기소처분	혐의 없음 [17 선택]	범죄인정 안됨	피의사실이 범죄를 구성하지 않거나 피의사실이 인정되지 않는 경우
			증거불충분	피의사실을 인정할 만한 충분한 증거가 없는 경우
		죄가 안 됨 [17 선택]		피의사실이 범죄구성요건에 해당하나 법률상 범죄의 성립을 조각하는 사유(위법성조각사유나 책임조각사유)가 있어 범죄를 구성하지 아니하는 경우
		공소권 없음		친고죄나 반의사불벌죄에서 소추조건이 흠결된 경우
		각하		고소·고발 제한규정 위반시(예 子가 父를 고소한 경우)
	기소유예			피의사실이 인정되나 형법 제51조 각 호의 사항을 참작하여 소추할 필요가 없는 경우
기소중지				검사가 피의자의 소재불명 또는 참고인중지의 결정의 사유가 아닌 사유로 수사를 종결할 수 없는 경우 그 사유가 해소될 때까지 내리는 처분
참고인중지				검사가 참고인·고소인·고발인 또는 같은 사건 피의자의 소재불명으로 수사를 종결할 수 없는 경우 그 사유가 해소될 때까지 내리는 처분
이송				검사가 공수처법에 따라 고위공직자범죄수사처에 이첩하는 경우 등
송치				타관송치(관할법원에 대응하는 검찰청검사에게 송치), 소년보호사건 송치, 가정보호사건 송치, 성매매보호사건 송치, 아동보호사건 송치

3. 불기소처분을 한 후 공소제기를 할 수 있는지 여부(공소시효 완성 전이면 가능)

검사의 불기소처분에는 확정재판에 있어서의 확정력과 같은 효력이 없어 일단 불기소처분을 한 후에도 공소시효가 완성되기 전이면 언제라도 공소를 제기할 수 있다(2009도6614).

02 검사의 불기소처분에 대한 불복

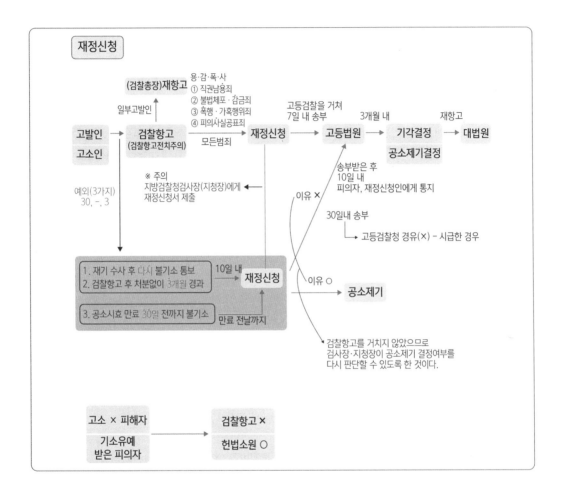

Ⅰ. 검찰항고

1. 의의

검사의 불기소처분에 대하여 검찰청법에 근거하여 불복을 신청하는 제도를 말한다.

2. 내용

① [항고] 검사의 불기소처분에 불복하는 고소인이나 고발인은 그 검사가 속한 지방검찰청 또는 지청을 거쳐 서면으로 관할 고등검찰청 검사장에게 항고할 수 있다(검찰청법 제10조 제1항 본문).

② [재항고] 고등검찰청이 항고를 기각하는 처분에 불복하거나 항고를 한 날부터 항고에 대한 처분이 이루어지지 아니하고 3개월이 지났을 때에는 항고인(형사소송법상 재정신청을 할 수 있는 자, 즉 고소인과 형법 제123조 내지 제126조의 죄에 대한 고발인은 제외)은 그 검사 소속 고등검찰청을 거쳐 서면으로 대검찰청 검찰총장에게 재항고할 수 있다(제10조 제3항 본문).

Ⅱ. 재정신청

1. 의의

검사가 불기소처분을 한 경우 고소인 또는 고발인이 신청하여 고등법원의 결정으로 검찰에 공소제기를 강제시키는 제도를 말한다(제260조 이하).

2. 재정신청 절차

① 신청권자와 그 대상

㉮ [신청권자] 검사로부터 불기소처분의 통지를 받은 고소인, 고발인이다. 고소인은 모든 범죄에 대하여 신청할 수 있으나, 고발인은 형법 제123조(직권남용), 제124조(불법체포·불법감금), 제125조(폭행·가혹행위), 제126조(피의사실공표)의 죄에 대하여만 할 수 있다. 다만, 제126조 피의사실공표죄의 경우 피공표자의 명시한 의사에 반하여 재정신청을 할 수 없다(제260조 제1항). [15 선택] 재정신청은 대리인에 의해서도 가능하다(제264조 제1항).

㉯ [재정신청의 대상] 재정신청의 대상은 불기소처분이다. 불기소처분의 이유에는 제한이 없으므로 협의의 불기소처분은 물론 기소유예처분에 대해서도 재정신청을 할 수 있다. [15 선택] 그러나 검사의 공소제기, 공소취소, 내사종결처리는 불기소처분이 아니므로 재정신청의 대상이 되지 아니한다(91모68). [15 선택]

② 검찰항고전치주의

㉮ 재정신청인이 재정신청을 하려면 검찰청법 제10조에 따른 항고를 거쳐야 한다(제260조 제2항 본문). [17 선택]

㉯ [예외] ㉠ 검사가 공소시효 만료일 30일 전까지 공소를 제기하지 아니하는 경우, ㉡ (검찰)항고 신청 후 항고에 대한 처분이 행하여지지 아니하고 3개월이 경과한 경우, ㉢ 항고 이후 재기수사가 이루어진 다음에 다시 공소를 제기하지 아니한다는 통지를 받은 경우에는 검찰항고를 거치지 않고 바로 재정신청을 제기할 수 있다(제260조 제2항 단서). [30·다시·3] [17 선택]

③ 재정신청의 기간 및 방법

㉮ 재정신청을 하려는 자는 (검찰)항고의 기각결정을 통지받은 날 또는 검찰항고전치주의의 예외 사유가 발생한 날부터 10일 이내에 지방검찰청검사장 또는 지청장에게 재정신청서를 제출하여야 한다. [17 선택] 다만, 제260조 제2항 제3호의 경우(검사가 공소시효 만료일 30일 전까지 공소를 제기하지 아니하는 경우)에는 공소시효 만료일 전날까지 재정신청서를 제출할 수 있다(제260조 제3항).

㉯ [재정신청서 제출(재소자의 특칙이 적용되지 않음, 도달주의 적용)] ㉠ 재정신청서에 대하여는 형사소송법에 제344조 제1항과 같은 재소자 특례규정이 없으므로 고소인이 재정신청서를 재정신청 기간 안에 교도소장 또는 그 직무를 대리하는 사람에게 제출하였다 하더라도 재정신청서가 위의 기간 안에 불기소처분을 한 검사가 소속한 지방검찰청의 검사장 등에게 도달하지 아니한 이상 이를 적법한 재정신청서의 제출이라고 할 수 없다(98모127). [24·23·19 선택] [23·22 법선]
㉡ 재정신청 기각결정에 대한 재항고나 그 재항고 기각결정에 대한 즉시항고로서의 재항고에 대한 법정기간의 준수 여부는 도달주의 원칙에 따라 재항고장이나 즉시항고장이 법원에 도달한 시점을 기준으로 판단하여야 하고, 거기에 재소자 피고인 특칙은 준용되지 아니한다(全 2013모2347). [19 선택]

ⓒ 재정신청서에는 재정신청의 대상이 되는 사건의 범죄사실 및 증거 등 재정신청을 이유 있게 하는 사유를 기재하여야 한다(제260조 제4항).

㉮ **[재정신청 제기기간 경과 후에 재정신청 대상을 추가할 수 있는지 여부(소극)]** 재정신청 제기기간이 경과된 후에 재정신청보충서를 제출하면서 원래의 재정신청에 재정신청 대상으로 포함되어 있지 않은 고발사실을 재정신청의 대상으로 추가한 경우, 그 재정신청보충서에서 추가한 부분에 관한 재정신청은 법률상 방식에 어긋난 것으로서 부적법하다(97모30). [24 · 23 선택]

④ **[재정신청의 효력]** 재정신청이 있으면 고등법원의 재정결정이 확정될 때까지 공소시효의 진행이 정지된다(제262조의4 제1항). [24 · 23 · 18 선택] 재정신청권자가 수인인 경우에 공동신청권자 중 1인의 신청은 그 전원을 위하여 효력이 발생한다(제264조 제1항). [24 · 15 선택]

⑤ **[재정신청의 취소]** 재정신청은 고등법원의 재정결정이 있을 때까지 취소할 수 있다. 취소한 자는 다시 재정신청을 할 수 없다(제264조 제2항). [15 선택] 재정신청의 취소는 다른 공동신청권자에게 효력이 미치지 아니한다(동조 제3항). [24 · 15 선택]

⑥ 지방검찰청 검사장 · 지청장의 처리

㉮ **[검찰항고를 거친 경우]** 재정신청서를 제출받은 지방검찰청검사장 또는 지청장은 재정신청서를 제출받은 날부터 7일 이내에 재정신청서 · 의견서 · 수사 관계 서류 및 증거물을 관할 고등검찰청을 경유하여 관할 고등법원에 송부하여야 한다(제261조 본문).

㉯ **[검찰항고전치주의의 예외에 해당하는 경우]** 신청이 이유 있는 것으로 인정하는 때에는 즉시 공소를 제기하고 그 취지를 관할 고등법원과 재정신청인에게 통지하고, 신청이 이유 없는 것으로 인정하는 때에는 30일 이내에 재정신청서 · 의견서 · 수사 관계 서류 및 증거물을 관할 고등법원에 송부한다(제261조 단서).

3. 고등법원의 심리와 결정

① **[관할]** 재정신청사건은 불기소처분을 한 검사 소속의 지방검찰청 소재지를 관할하는 고등법원의 관할에 속한다(제260조 제1항).

② **[심리의 방법]** ㉠ 관할 고등법원은 재정신청서를 송부받은 때에는 송부받은 날부터 10일 이내에 피의자 및 재정신청인에게 그 사실을 통지하여야 한다(제262조 제1항, 형사소송규칙 제120조). ㉡ 법원은 재정신청서를 송부받은 날부터 3개월 이내에 항고의 절차에 준하여 재정결정을 하여야 한다(제262조 제2항 본문). 이 경우 필요한 때에는 증거를 조사할 수 있다(제262조 제2항 단서). [23 법선]

③ **[심리의 비공개]** 재정신청사건의 심리는 특별한 사정이 없는 한 공개하지 아니한다(제262조 제3항).

④ **[열람, 등사의 제한]** 재정신청사건의 심리 중에는 관련 서류 및 증거물을 열람 또는 등사할 수 없다. 다만, 법원은 증거조사과정에서 작성된 서류의 전부 또는 일부의 열람 또는 등사를 허가할 수 있다(제262조의2). [23 법선]

⑤ 재정결정

㉮ **[기각결정]** ㉠ 재정신청이 법률상의 방식에 위배하거나 이유 없는 때에는 신청을 기각한다(제262조 제2항 제1호). 법률상의 방식에 위배되는 때란 신청기간의 경과, 신청권자가 아닌 자의 신청 등을 말하고, 이유 없는 때란 검사의 불기소처분이 정당한 경우를 말한다.

ⓒ 검사의 무혐의 불기소처분이 위법하다 하더라도 기소유예의 불기소처분을 할 만한 사건이라고 인정되는 경우, 재정신청을 기각할 수 있다(97모30). [23 법선]

ⓒ [재정신청을 기각하는 결정이 확정된 사건] 재정신청을 기각하는 결정이 확정된 사건에 대하여는 다른 중요한 증거를 발견한 경우를 제외하고는 검사는 소추하지 못한다(제262조 제4항 단서). '재정신청을 기각하는 결정이 확정된 사건'은 재정신청사건을 담당하는 법원에서 공소제기의 가능성과 필요성 등에 관한 심리와 판단이 현실적으로 이루어져 재정신청 기각결정의 대상이 된 사건만을 의미하므로, 재정신청 기각결정의 대상이 되지 않은 사건은 '제2항 제1호의 결정이 확정된 사건'이라고 할 수 없고, 설령 재정신청 기각결정의 대상이 되지 않은 사건이 고소인의 고소내용에 포함되어 있었다 하더라도 이와 달리 볼 수 없다(2012도14755). [24·17 선택]

ⓔ ['다른 중요한 증거를 발견한 경우'의 의미] 재정신청 기각결정 당시에 제출된 증거에 새로 발견된 증거를 추가하면 충분히 유죄의 확신을 가지게 될 정도의 증거가 있는 경우를 말한다. 따라서 단순히 재정신청 기각결정의 정당성에 의문이 제기되거나 범죄피해자의 권리를 보호하기 위하여 형사재판절차를 진행할 필요가 있는 정도의 증거가 있는 경우는 여기에 해당하지 않는다(2014도17182). [23 선택] [23·22 법선]

㉮ [공소제기결정] ㉠ 재정신청이 이유 있는 때에는 사건에 대한 공소제기를 결정한다(제262조 제2항 제2호). 공소제기결정을 한 때에는 즉시 그 정본과 사건기록을 재정신청인·피의자와 관할 지방검찰청 검사장 또는 지청장에게 송부하여야 한다(제262조 제5항). ㉡ 공소제기결정이 있는 때에는 공소시효에 관하여 그 결정이 있는 날에 공소가 제기된 것으로 본다(제262조의4 제2항). [22·21 법선]

⑥ [재정결정에 대한 불복] ㉠ 고등법원의 재정신청기각결정에 대해서는 즉시항고(재항고의 의미임)할 수 있으나, 공소제기결정에 대하여는 불복할 수 없다(제262조 제4항 본문). [18·15 선택]

㉡ [공소제기 결정의 잘못을 그 본안사건에서 다툴 수 있는지 여부(원칙적 소극)] 재정법원이 형사소송법 제262조 제2항 제2호에 위반하여 재정신청의 대상인 고소사실이 아닌 사실에 대하여 공소제기결정을 한 관계로 그에 따른 공소가 제기되어 본안사건의 절차가 개시된 후에는, 다른 특별한 사정이 없는 한 이제 그 본안사건에서 위와 같은 잘못을 다툴 수는 없다. 잘못은 본안 사건에서 공소사실 자체에 대하여 무죄, 면소, 공소기각 등을 할 사유에 해당하는지를 살펴 무죄 등의 판결을 함으로써 바로잡을 수 있는 것이다. 따라서 공소제기절차가 법률의 규정에 위반하여 무효인 때에 해당한다하여 공소기각판결을 할 것이 아니다(2009도3563; 동지 2017도13465). [23 선택] [18·15 법사]

4. 검사의 공소제기

① [검사의 공소제기] 고등법원으로부터 공소제기를 결정한 재정결정서를 송부받은 관할 지방검찰청 검사장 또는 지청장은 지체 없이 담당 검사를 지정하고 지정받은 검사는 공소를 제기하여야 한다(제262조 제6항). [17 선택]

② [공소취소의 제한] 검사는 고등법원의 공소제기결정에 따라 공소를 제기한 때에는 이를 취소할 수 없다(제264조의2).1) [24·17·12 선택] [22·21 법선]

---

1) 공소제기결정에 따라 제기한 공소를 검사가 임의로 취소할 수 있도록 한다면 재정신청 제도의 취지가 무의미하게 되기 때문이다.

Ⅲ. 헌법소원(헌재법 제68조 제1항)

① [청구권자에 해당하지 않는 경우] ㉠ 고소인은 모든 범죄에 대하여 재정신청이 가능하므로 보충성요건을 구비할 수 없게 되어 헌법소원을 청구할 수 없으며, 재정결정을 받은 고소인은 법원의 재판에 대한 헌법소원은 금지되므로 헌법소원을 청구할 수 없다. ㉡ 고발인은 자기의 기본권이 침해된 경우가 아니므로 헌법소원을 청구할 수 없다.
② [청구권자에 해당하는 경우] ㉠ [고소하지 않은 피해자] (2008헌마399), ㉡ [무죄가 가능함에도 기소유예처분을 받은 피의자] (2010헌마642)

Ⅳ. 행정소송

검사의 불기소처분이나 그에 대한 항고 또는 재항고결정에 대하여는 행정소송을 제기할 수 없다(89누2271).

03 공소제기 후의 수사

1. 의의
공소제기 후의 수사는 법원의 심리에 지장을 줄 수 있고 피고인의 당사자적 지위를 위협할 수 있으므로 그 허용범위가 문제된다.

2. 공소제기 후의 강제수사
① [공소제기 후 피고사건에 대한 강제처분 등의 권한(수소법원의 권한에 속함), 공소제기 후 수소법원 이외의 지법판사로부터 발부받은 영장에 의한 압수수색은 위법] [1] 공소가 제기된 후에는 그 피고사건에 관한 형사절차의 모든 권한이 사건을 주재하는 수소법원의 권한에 속하게 되며, 강제처분은 원칙적으로 수소법원의 판단에 의하여 이루어지지 않으면 안 된다. [2] **공판중심주의·당사자주의·직접주의**를 지향하는 현행 형사소송법의 소송구조, 관련 법규의 체계, 문언 형식, 내용 등을 종합하여 보면 검사가 공소제기 후 형사소송법 제215조에 따라 수소법원 이외의 지방법원 판사에게 청구하여 발부받은 영장에 의하여 압수·수색을 하였다면, 그와 같이 수집된 증거는 적법한 절차에 따르지 않은 것으로서 원칙적으로 유죄의 증거로 삼을 수 없다(2009도10412). [23·16·14·12 선택] [14·12 사례]

3. 공소제기 후의 임의수사
① [원칙적 허용] 공소제기 후에도 공소유지를 위하여 또는 공소유지여부를 결정하기 위하여 수사가 필요한 이상 임의수사는 원칙적으로 허용된다. 따라서 참고인 조사, 감정·통역·번역의 위촉과 공무소 등에 조회는 제1회 공판기일 전후를 불문하고 허용된다. 다만, 다음과 같은 경우 허용성이 문제된다.

② □쟁점 030 피고인신문 및 공소제기 후 검사가 작성한 피고인에 대한 진술조서의 증거능력*[15 사례] [17 · 16 · 14 법사]

【CASE】
사건을 재수사하는 과정에서 검사는 구속 중인 피고인 乙을 소환하여 범죄사실에 대해 신문하고 그 내용을 조서에 기재하였다. 甲과 乙의 죄책에 대한 이 조서의 증거능력을 논하시오.
【제4회 변호사시험 제2문】

🔍 쟁점연구

1. 문제점
공소제기 이후에 수사기관이 피고인을 소환하여 조사(신문)하는 것이 적법한지, 검사작성 피고인에 대한 진술조서의 증거능력 인정요건이 어떠한지 문제된다.

2. 공소제기 후 피고인 수사(신문)의 허용여부에 대한 학설 및 判例
① [긍정설] 피의자신문은 임의수사이고 임의수사는 형사소송법 제199조 제1항에 의할 때 시기제한이 없으므로 이를 인정하는 견해이다.
② [부정설] 형사소송법 제200조는 '피의자'신문만을 규정하고 있으므로 피고인은 이에 포함되지 않고, 수사기관에 의한 피고인신문을 인정하는 것은 피고인의 방어권을 침해하고 피고인의 당사자적 지위를 위협하며, 공판중심주의를 침해한다는 점을 근거로 이를 부정하는 견해이다.
③ [절충설] 일정한 요건하에 제1회 공판기일 전에 한하여 검사에 의한 피고인 조사(신문)가 허용된다는 견해이다.
④ [判例(긍정설)] 검사 작성의 피고인에 대한 진술조서가 공소제기 후에 작성된 것이라는 이유만으로는 곧 그 증거능력이 없다고 할 수 없다(대판 : 84도1646). [18 · 15 선택]
⑤ [검토] 피고인조사(신문)는 임의수사로서 피고인은 수사기관에의 출석을 거부할 수 있다. 그러므로 피고인이 임의로 수사기관에 출석하여 조사받는 것을 위법하다고 할 수 없다.

3. 검사가 작성한 피고인에 대한 조서의 증거능력
진술서(제313조 제1항)설과 피의자신문조서설(제312조 적용설)이 대립하나, 검사가 작성한 피고인에 대한 조서는 그 조서의 명칭여하를 불문하고 피의자신문조서로서의 실질을 가진다. 따라서 이 피의자신문조서는 '공판준비 또는 공판기일에서의 진술에 대신하여 진술을 기재한 서류'로서 전문증거에 해당하므로(제310조의2) 피고인의 증거동의(제318조)가 있거나, 증거동의가 없는 경우에는 제312조 제1항의 요건을 구비하면 증거능력이 인정된다.

【사례해설】
사안에서 검사 작성의 피고인에 대한 조서가 공소제기 후에 작성된 것이라는 이유만으로 곧 그 증거능력이 없다고 할 수 없고(대판 : 84도1646), 검사가 작성한 피고인 乙에 대한 조서는 그 조서의 명칭여하를 불문하고 피의자신문조서로서의 실질을 가지므로 乙의 죄책에 대하여는 乙의 증거동의(제318조)가 있거나, 증거동의가 없는 경우에는 제312조 제1항의 요건을 구비하면 증거능력이 인정된다.
검사 작성의 공범자인 乙에 대한 피의자신문조서가 甲의 죄책에 대하여 증거능력이 인정되려면 당해 피고인인 甲의 증거동의가 있거나, 증거동의가 없는 경우에는 제312조 제1항에 따라 당해 피고인 甲이 내용을 인정하는 경우 증거능력이 인정된다.

③ 【쟁점 031】 공판정에서 증언한 증인에 대한 참고인조사★★ [20·18·13 사례] [19·12 법사]

【CASE】
사건을 송치받은 검사는 甲의 위 내기 골프 사실을 밝혀내고 기존 사건에 도박죄를 병합하여 기소하였다. 甲의 재판에서 丙은 증인으로 출석하여 증언하면서 약속어음 발행 경위에 대한 수사기관에서의 진술을 번복하였다. 이에 검사는 丙을 소환하여 수사기관에서의 진술이 맞다는 내용의 진술조서를 작성하여 이를 추가 증거로 제출하였다. 이후 증인으로 재차 출석한 丙은 수사기관에서의 진술대로 증언하였고, 추가 증거로 제출된 위 진술조서가 자신이 진술한 그대로 기재되어 있음을 인정하였다. 법원에 추가 증거로 제출된 丙의 진술조서 및 丙의 증언은 증거로 사용할 수 있는가?   【제7회 변호사시험 제2문】

🔍 쟁점연구

1. 문제점
피고인에게 유리한 증언을 한 증인을 수사기관이 법정 외에서 다시 참고인으로 조사하여 법정진술을 번복시키는 것이 허용되는지 문제된다.

2. 학설 및 判例
① [긍정설] 실무현실을 고려하여(증명력이 부정되는지 여부는 별론으로 하고) 증거능력을 인정할 수 있다.
② [부정설] 적법절차에 위반되는 수사이므로 증거능력이 부정된다.
③ [判例(부정설)] 공판준비 또는 공판기일에서 이미 증언을 마친 증인을 검사가 소환한 후 피고인에게 유리한 그 증언 내용을 추궁하여 이를 일방적으로 번복시키는 방식으로 작성한 진술조서는 피고인이 증거로 할 수 있음에 동의하지 아니하는 한 그 증거능력이 없다(대판 : 2008도6985). [23·22·20·17·14 선택] [21 법선]

3. 검토 [당·공·직]
공판준비 또는 공판기일에서 이미 증언을 마친 증인을 검사가 소환한 후 피고인에게 유리한 증언 내용을 추궁하여 이를 일방적으로 번복시키는 방식으로 작성한 진술조서를 유죄의 증거로 삼는 것은 당사자추의·공판중심주의·직접주의를 지향하는 현행 형사소송법의 소송구조에 어긋나는 것이고, 법관의 면전에서 재판을 받을 권리를 침해하는 것이므로, 이러한 진술조서는 피고인이 증거로 할 수 있음에 동의하지 아니하는 한 증거능력이 없다고 보는 것이 타당하다.

【사례해설】
丙의 진술조서는 甲이 증거로 함에 동의하지 아니하는 한 증거로 사용할 수 없으나, 丙의 번복증언은 증인신문절차가 위법하지 아니한 이상 증거로 사용할 수 있다.

관련판례 1. [진술서를 작성하게 한 경우] 검사가 공판준비기일 또는 공판기일에서 이미 증언을 마친 증인을 소환하여 피고인에게 유리한 증언 내용을 추궁한 다음 진술조서를 작성하는 대신 그로 하여금 본인의 증언 내용을 번복하는 내용의 진술서를 작성하도록 하여 법원에 제출한 경우에도 마찬가지로 적용된다(2012도534). [17 선택]
2. [항소심에서 증인으로 신청하여 신문할 수 있는 사람을 소환하여 진술조서를 작성한 경우] 제1심에서 피고인에 대하여 무죄판결이 선고되어 검사가 항소한 후, 수사기관이 항소심 공판기일에 증인으로 신청하여 신문할 수 있는 사람을 특별한 사정 없이 미리 수사기관에 소환하여 작성한 진술조서는 피고인이 증거로 할 수 있음에 동의하지 않는 한 증거능력이 없다. 당사자주의·공판중심주의·직접심리주의에 반하고 피고인의 공정한 재판을 받을 권리를 침해하기 때문이다. 따라서 위 참고인이 나중에 법정에 증인으로 출석하여 위 진술조서의 성립의 진정을 인정하고 피고인 측에 반대신문의 기회가 부여된다 하더라도 위 진술조서의 증거능력을 인정할 수 없음은 마찬가지이다(2013도6825). [24·23 선택] [22 법선]

제3편
공소제기

제1장 | 공소제기의 기본원칙

01 공소제기의 개념과 기본원칙

핵심개념

I. 공소권과 공소제기의 의의

1. 공소권의 의의

공소를 제기하여 수행하는 검사의 권리를 말한다. 공소권은 특정사건에 대하여 유죄·무죄의 실체재판을 청구하는 권리라고 할 수 있다.

2. 공소제기의 의의

검사가 공소권에 기하여 법원에 대해 특정 형사사건의 심판을 구하는 소송행위를 말한다. 공소제기는 수사의 종결과 법원에 의한 심판개시라는 이중의 의미를 가진다.

II. 공소제기의 기본원칙

1. 국가소추주의

형사소송법은 공소는 국가기관인 검사가 제기하여 수행한다고 규정하여(제246조), 국가소추주의를 규정하고 있다.

2. 기소독점주의

① [기소독점주의] 국가소추주의를 전제로 공소제기의 권한을 검사에게 독점시키는 것을 말한다. 형사소송법은 "공소는 검사가 제기하여 수행한다."라고 규정하여(제246조), 기소독점주의를 규정하고 있다.

② [기소독점주의 예외] 즉결심판의 청구는 경찰서장 등이 할 수 있는데 이는 기소독점주의의 예외에 해당한다(즉심법 제3조 제1항, 경범죄처벌법 제9조).

3. 기소편의주의

① [기소법정주의] 수사결과 공소를 제기함에 충분한 혐의가 인정되고 소송조건을 갖춘 때에는 반드시 공소를 제기해야 한다는 원칙을 말한다.

② [기소편의주의] 수사결과 공소를 제기함에 충분한 혐의가 인정되고 소송조건을 갖춘 경우라도 검사의 재량에 의한 기소나 불기소처분(기소유예처분)을 인정하는 제도를 말한다. 형사소송법은 "검사는 형법 제51조의 사항을 참작하여 공소를 제기하지 아니할 수 있다."라고 규정하여 기소편의주의를 채택하고 있다(제247조). [17 선택] [17 법선]

02 공소의 취소와 공소권남용이론

Ⅰ. 공소의 취소

1. 공소의 취소와 기소변경주의
공소취소란 일단 제기한 공소를 검사가 철회하는 법률행위적 소송행위를 말하며, 공소취소를 인정하는 입법주의를 기소변경주의라 한다. 형사소송법은 공소는 제1심판결의 선고 전까지 취소할 수 있다고 규정하여 기소변경주의를 채택하고 있다.

2. 공소취소의 사유
공소취소의 사유에는 법률상 제한이 없다. 공소제기 후 기소유예에 해당하는 사유가 발생한 경우, 소송조건이 결여되었음이 판명된 경우, 증거불충분으로 공소를 유지할 수 없음이 명백한 경우 등에는 공소취소를 할 수 있다.

3. 공소취소의 절차
① [주체] 공소취소는 검사만이 할 수 있다. 다만, 검사는 재정신청절차에서 고등법원의 공소제기결정에 따라 공소를 제기한 때에는 이를 취소할 수 없다(제264조의2).

② [공소취소의 시기] 공소취소는 <u>제1심 판결선고 전까지</u> 할 수 있다(제255조 제1항). 따라서 제1심판결이 선고된 이상 동 판결이 확정되어 이에 대한 재심소송절차가 진행 중에 있다고 하더라도 공소취소를 할 수 없다(76도3203). [<u>재심의 1심에서 고소의 취소가 가능한 것과 구별하여야 함에 유의</u>]

③ [공소취소의 방법] 공소취소는 이유를 기재한 서면으로 하여야 한다. 다만, 공판정에서는 구술로써 할 수 있다(제255조 제2항).

④ [공소취소의 통지] 공소를 취소한 경우에는 7일 이내에 서면으로 고소인·고발인에게 그 취지를 통지해 주어야 한다(제258조 제1항).

4. 공소취소의 효과
① [공소기각결정] 공소가 취소되었을 때에는 공소기각결정을 하여야 한다(제328조 제1항 제1호). 공소취소로 인한 공소기각의 결정에 대하여는 즉시항고할 수 있다(제328조 제2항).

② [재기소의 제한] ㉠ 공소취소에 의한 공소기각의 결정이 확정된 때에는 공소취소 후 그 범죄사실에 대한 <u>다른 중요한 증거를 발견한 경우</u>에 한하여 다시 공소제기를 할 수 있다(제329조). [20 선택] 따라서 다른 중요한 증거의 발견없이 다시 공소가 제기된 경우에는 법원은 공소기각판결을 선고하여야 한다(제327조 제4호).

㉡ <u>포괄일죄로 기소된 공소사실 중 일부에 대하여 공소장변경의 방식으로 이루어지는 공소사실의 일부 철회의 경우에는 형사소송법 제329조(공소취소와 재기소)의 규정이 적용되지 아니한다</u>(2004도3203). [16 선택]

ⓒ [실체적 경합관계에 있는 수개의 공소사실 중 일부를 소추대상에서 철회하는 절차(공소취소)] 실체적 경합관계에 있는 경우에 그 일부를 소추대상에서 철회하려면 공소장변경의 방식에 의할 것이 아니라 공소의 일부 취소절차에 의하여야 한다(91도1438).

ⓓ [공소취소 후 재기소 제한에 관한 규정이 종전의 범죄사실의 내용을 추가 변경하여 재기소하는 경우에도 적용되는지 여부(적극)] 공소취소 후 재기소 제한에 관한 규정은 종전의 범죄사실의 내용을 추가 변경하여 재기소하는 경우에도 적용된다(2008도9634).

ⓔ [검사가 공소취소의 취지가 담긴 공소장변경신청을 한 경우 법원이 취해야 할 조치(공소취소로 간주하여 공소기각결정 고지)] (91도1438)

5. 공소의 취소와 공소사실의 철회(공소장 변경)와의 구별

구분	공소의 취소	공소사실의 철회(공소장 변경)
의의	동일성이 인정되지 않는 수개의 공소사실의 전부 또는 일부를 철회하는 것(제255조 제1항)	동일성이 인정되는 범죄사실 중 일부를 철회하는 것(제298조 제1항)
예	절도죄와 강간죄 중에서 절도죄 전부를 심판대상에서 제외하는 것	현금과 수표를 절취한 하나의 절도죄에서 수표 절도 부분을 심판대상에서 제외하는 것
시기	제1심판결 선고 전까지	원칙적으로 사실심 변론종결 전까지
방식	서면, 다만 공판정에서는 구술로 할 수 있음	서면, 다만 공판정에서는 피고인에게 이익이 되거나 피고인이 동의하는 경우 구술로 할 수 있음
법원의 허가	불요	필요
통지 또는 고지	검사는 7일 이내에 서면으로 고소인·고발인에게 그 취지를 통지해야 함	법원은 신속히 그 사유를 피고인 또는 변호인에게 고지해야 함
재기소 또는 추가의 제한	다른 중요한 증거의 발견	제한 없음

Ⅱ. 공소권 남용이론

1. 의의

① [공소권남용] 공소권의 행사(공소제기)가 형식적으로 적법하지만 실질적으로는 부당한 경우를 말한다.

② 쟁점 032 공소권남용이론

🔍 쟁점연구

1. 의의

공소권남용이 있을 때 유무죄의 실체재판을 하지 말고 공소기각판결 등의 형식재판으로 소송을 종결하여 검사의 공소권을 규제하자는 이론이다.

2. 공소권남용의 유형

① [혐의 없는 사건에 대한 공소의 제기] 범죄의 객관적 혐의가 없음에도 불구하고 검사가 공소를 제기한 경우를 말한다. 이에 대하여 무죄판결설, 공소기각결정설, 공소기각판결설이 대립하고 있다.

② [소추재량일탈 공소의 제기] 사건의 성질과 내용에 비추어 기소유예를 함이 상당함에도 불구하고 공소를 제기한 경우를 말한다. 이에 대하여 유죄판결설과 공소기각판결설이 대립하고 있다.

③ [차별적(선별적) 공소의 제기] 사안이 유사한 여러 피의자 중 일부에 대해서만 선별적으로 공소를 제기하고 나머지에 대해서는 기소유예를 하는 것을 말한다. 이에 대하여 실체판결설과 공소기각판결설이 대립하고 있다.

④ [누락기소와 재기소] 피의자가 검사 앞에서 범죄사실 전부에 대하여 자백하여 검사가 모든 범죄사실을 알수 있었고 동시에 공소를 제기할 수 있었음에도 불구하고 일부에 대해서만 공소를 제기하고 그것이 확정된 후에 나머지 범죄사실에 대하여 재차 기소하는 것을 말한다. 이에 대하여 실체판결설과 공소기각판결설이 대립하고 있다.

3. 검토 및 결론

① [혐의 없는 사건에 대한 공소의 제기] 형소법 규정에 따라 법원은 피고인에게 가장 유리한 무죄판결을 선고하는 것이 타당하다.

② [소추재량일탈 공소의 제기] 기소편의주의 원칙상 검사의 공소제기는 무효라고 할 수 없어, 법원은 (선고유예판결을 포함하여) 유죄판결을 선고하는 것이 타당하다.

③ [차별적(선별적) 공소의 제기] 기소편의주의 원칙상 검사의 공소제기는 무효라고 할 수 없고, 또한 법원이 기소되지 않은 사람에 대한 범죄를 심리하는 것은 불고불리의 원칙에 반하므로 법원은 유죄판결을 선고하는 것이 타당하다.

④ [누락기소와 재기소] 기소편의주의 원칙상 검사의 공소제기는 무효라고 할 수 없다는 점, 검사에게 동시소추의 의무가 없다는 점 그리고 형법 제39조 제1항에 의하여 양형과정에서 피고인에게 불이익이 따르지 않는다는 점 등을 고려할 때 법원은 유죄판결을 선고하는 것이 타당하다.

2. 공소권남용이론의 인정여부

① **[공소권남용의 인정요건**(소추재량권을 현저히 일탈)] 검사가 자의적으로 공소권을 행사하여 피고인에게 실질적인 불이익을 줌으로써 소추재량권을 현저히 일탈한 경우에는 이를 공소권의 남용으로 보아 공소제기의 효력을 부인할 수 있으나, 자의적인 공소의 행사로 인정되려면 단순히 직무상의 과실에 의한 것만으로는 부족하고 적어도 그에 관한 미필적이나마 어떤 의도가 있음이 인정되어야 한다(2014도10199). 따라서 공소의 제기가 소추 재량권을 현저히 일탈하였다고 인정되지 않는 이상 공소권을 남용한 경우에 해당한다고 할 수 없다(2010도9349). [13 선택]

② **[공소권남용에 해당할 여지가 있는 사례]** 피고인이 절취한 차량을 무면허로 운전하다가 적발되어 절도 범행의 기소중지자로 검거되었음에도 무면허 운전의 범행만이 기소되어 유죄의 확정판결을 받고 그 형의 집행중 가석방되면서 다시 그 절도 범행의 기소중지자로 긴급체포되어 절도 범행과 이미 처벌받은 무면허 운전의 일부 범행까지 포함하여 기소된 경우 그 후행기소가 적법한 것으로 보아 유죄를 인정한 원심판결에는 공소권 남용에 관한 법리오해 또는 심리미진의 위법이 있다(2001도3026).

3. 공소권남용에 해당하지 않는 경우

① [**누락 공소제기**] 검사가 피고인의 여러 범죄행위를 일괄하여 기소하지 아니하고 수사진행 상황에 따라 여러 번에 걸쳐 나누어 분리 기소한 경우(2007도5313)

② [**차별적 공소제기**] 똑같은 범죄구성요건에 해당하는 행위라고 하더라도 그 행위자 또는 그 행위 당시의 상황에 따라서 위법성이 조각되거나 책임이 조각되는 경우도 있을 수 있으므로 어떤 사람에 대하여 공소가 제기된 경우 그 공소가 제기된 사람과 동일하거나 다소 중한 범죄구성요건에 해당하는 행위를 하였음에도 불기소된 사람이 있는 경우라 하여 그 공소의 제기가 평등권 내지 조리에 반하는 것으로서 공소권 남용에 해당한다고 할 수 없다(2014도10199). [13 선택]

③ [**위법수사에 의한 공소제기**] 변호인이 주장하는 불법연행 등 각 위법사유가 사실이라고 하더라도 그 위법한 절차에 의하여 수집된 증거를 배제할 이유는 될지언정 공소제기의 절차 자체가 위법하여 무효인 경우에 해당한다고 볼 수 없다(90도1586).

제2장 | 공소제기의 방식

01 공소장

1. 공소장의 제출

① 공소를 제기함에는 공소장을 관할법원에 제출하여야 한다(제254조 제1항). 공소장에는 피고인 수에 상응하는 공소장 부본을 첨부하여야 한다(동조 제2항).

② **[공소장에 CD를 첨부한 경우 공소사실의 특정 여부의 판단**(공소장만으로 판단)**]** 검사가 공소사실의 일부가 되는 범죄일람표를 종이문서로 출력하여 제출하지 아니하고 위 전자적 형태의 문서가 저장된 저장매체 자체를 서면인 공소장에 첨부하여 제출한 경우, 법원은 저장매체에 저장된 전자적 형태의 문서 부분을 고려함이 없이 서면인 공소장이나 공소장변경신청서에 기재된 부분만을 가지고 공소사실 특정 여부를 판단하여야 한다(2016도19027).

2. 공소장의 필요적 기재사항(제254조 제3항)

① **[피고인의 성명 기타 피고인을 특정할 수 있는 사항(제1호)]** 공소장에는 피고인을 특정할 수 있는 사항으로서 피고인의 성명 이외에 주민등록번호 등을 기재하여야 한다(규칙 제117조 제1항 제1호). 다만, 피고인 고유의 성명을 기재하여야 하는 것도 아니며 또 그 기재에 오기가 있다고 하더라도 본적, 주소, 생년월일, 직업 또는 인상체격을 기재하거나 사진을 첨부하는 등 피고인을 특정할 수 있는 정도이면 된다(82도2078).

② **[죄명(제2호)과 적용법조(제4호)]** 적용법조의 기재에 오기가 있거나 그것이 누락된 경우라 할지라도 이로 인하여 피고인의 방어에 실질적 불이익이 없는 한 공소제기의 효력에는 영향이 없다(2000도6113).

③ 공소사실(제3호)

㉮ 공소사실이란 법원에 대하여 심판을 청구하는 범죄사실을 말한다. 공소사실의 기재는 범죄의 시일·장소·방법을 명시하여 사실을 특정할 수 있도록 하여야 한다(제254조 제4항).

㉯ **[범죄의 시일·장소·방법의 명시를 요구한 취지, 명시의 정도]** 형사소송법 제254조 제4항의 취지는 법원에 대하여 심판의 대상을 한정하고 피고인에게 방어의 범위를 특정하여 그 방어권 행사를 용이하게 하기 위한 데 있다고 할 것이므로, 공소제기된 범죄의 성격에 비추어 그 공소의 원인이 된 사실을 다른 사실과 구별할 수 있을 정도로 그 일시, 장소, 방법, 목적 등을 적시하여 특정하면 족하고, 그 일부가 다소 불명확하더라도 그와 함께 적시된 다른 사항들에 의하여 그 공소사실을 특정할 수 있고 그리하여 피고인의 방어권 행사에 지장이 없다면 공소제기의 효력에는 영향이 없다(2005도9561). **[19 선택]**

㉰ **[시일, 장소, 방법의 특정방법]** '시일'은 이중기소나 시효에 저촉되지 않는 정도의 기재를 요하고 '장소'는 토지관할을 가름할 수 있는 정도의 기재를 필요로 하며 '방법'은 범죄의 구성요건을 밝히는 정도의 기재를 요하는 것이다(2008도4665). **[19 선택]**

㉺ **[공범관계의 공소사실의 특정의 요건]** 방조범(교사범)의 공소사실을 기재함에 있어서는 방조(교사)의 사실뿐만 아니라 그 전제가 되는 정범의 범죄 구성을 충족하는 구체적 사실을 기재하여야 한다(2001도5158). [19·14 선택]

㉻ **[포괄일죄의 공소사실의 특정의 정도**(개개의 행위에 대하여 구체적 특정을 요하지 않음)**]** 포괄일죄에 있어서는 그 일죄의 일부를 구성하는 개개의 행위에 대하여 구체적으로 특정되지 아니하더라도 그 전체 범행의 시기와 종기, 범행방법, 범행횟수 또는 피해액의 합계 및 피해자나 상대방을 명시하면 이로써 그 범죄사실은 특정되는 것이므로 포괄일죄인 상습사기의 공소사실에 있어서 그 범행의 모든 피해자들의 성명이 명시되지 않았다 하여 범죄사실이 특정되지 아니하였다고 볼 수 없다(90도833). [19·14 선택]

㉼ **[실체적 경합의 공소사실의 특정의 정도**(범행별로 범죄사실 특정을 요함)**]** 여러 범행이 실체적 경합관계에 있는 경우에는 다른 범행과 구별이 가능하도록 범행별로 범죄의 시일, 장소와 방법을 명시하여 범죄사실을 특정하여야 한다. 따라서 사기죄의 경우 공소사실은 각 피해자와 피해자별 피해액을 특정할 수 있도록 기재하여야 한다(2004도2390 등).

㉽ **[저작물의 저작재산권자가 누구인지 특정되어 있지 않은 경우, 공소사실이 특정되지 않은 것인지 여부**(소극)**, 침해대상인 저작물 등이 기재되어 있으면 족함]** 저작재산권은 저작재산권자가 같더라도 저작물별로 각 별개의 죄가 성립하므로 각 저작물의 저작재산권자가 누구인지 특정되어 있지 않았다고 하여 공소사실이 특정되지 않았다고 볼 것은 아니다(2014도1196).

㉾ **[변조된 유가증권이 압수되어 현존하고 있는 경우]** 유가증권변조 여부가 문제가 된 사건에서 유가증권변조의 공소사실이 범행 일자를 '2005. 1. 말경에서 같은 해 2. 4. 사이'로, 범행 장소를 '서울 불상지'로, 범행방법을 '불상의 방법으로 수취인의 기재를 삭제'한 것으로 되어 있다 하더라도 그 변조된 유가증권이 압수되어 현존하고 있는 이상 공소사실이 특정되지 아니하여 공소제기가 위법하다고 볼 수 없다(2007도11000). [14 선택]

④ 공소장의 기재가 불명확한 경우 법원의 조치

㉮ **[원칙]** 공소사실의 특정은 공소제기의 유효요건이므로 공소사실을 특정하지 아니하면 공소제기의 절차가 법률의 규정을 위반하여 무효인 때에 해당하여 법원은 공소기각판결을 선고하여야 한다(제327조 제2호).

㉯ **[공소사실의 불특정과 하자의 치유]** 공소사실이 전혀 특정되지 아니한 경우에는 하자가 치유될 수 없다. 그러나 공소장의 기재가 불명확한 경우에는 법원은 형사소송규칙 제141조의 규정에 의하여 검사에게 석명을 구한 다음, 그래도 검사가 이를 명확하게 하지 않은 때에야 공소사실의 불특정을 이유로 공소를 기각함이 상당하다(2004도5972). [19·14 선택] [22 법선]

⑤ **[피고인의 구속 여부]** 공소장에는 피고인이 구속되어 있는지 여부를 기재하여야 한다(규칙 제117조 제1항 제2호).

2. 공소장의 임의적 기재사항

① **[의의]** 공소장에는 수개의 범죄사실과 적용법조를 예비적 또는 택일적으로 기재할 수 있다(제254조 제5항).

② 예비적 · 택일적 기재

㉑ [예비적 기재] 수개의 공소사실에 관하여 심판의 순서를 정하여 심판을 구하는 기재방법을 말한다. 선순위 사실을 주위적(본위적) 공소사실이라고 하고, 후순위 사실을 예비적 공소사실이라고 한다.

㉯ [택일적 기재] 수개의 공소사실에 관하여 심판의 순서를 정하지 않고 심판을 구하는 기재방법을 말한다.

㉰ **쟁점 033** 예비적 · 택일적 기재의 허용범위** [24 선택] [24 · 23 법선]

【CASE】

甲은 A의 집에 방화를 할 목적으로 A가 외출하고 없는 사이 A의 집에 침입하여 안방장롱에 들어 있는 옷가지에 불을 붙여 A의 집을 소훼케 하였다는 범죄혐의로 수사를 받고 검사에 의해 현주건조물방화와 주거침입의 범죄사실로 기소되었다. 이때 검사는 공소장에 현주건조물방화의 범죄사실을 주위적 공소사실로, 주거침입의 범죄사실을 예비적 공소사실로 기재하여 공소를 제기하였다. 검사의 공소제기는 적법한가?   【2011년 입법고시】

🔍 쟁점연구

1. 문제점

범죄사실의 동일성이 있는 경우 공소사실의 예비적 · 택일적 기재가 허용되지만, 동일성이 없는 경우에도 공소사실의 예비적 · 택일적 기재가 허용되는지가 문제된다.

2. 학설 및 判例 [기소편의주의]

① [긍정설] "수개의 범죄사실과 적용법조를 예비적 또는 택일적으로 기재할 수 있다."라는 형사소송법 조문을 근거로 허용된다.

② [부정설] 조건부 공소제기를 허용하는 결과를 초래할 수 있다는 점에서 허용될 수 없다.

③ [判例] 형소법 제254조 제5항에 "수개의 범죄사실과 적용법조를 예비적 또는 택일적으로 기재할 수 있다." 함은 수개의 범죄사실 간에 범죄사실의 동일성이 인정되는 범위 내에서는 물론 그들 범죄사실 상호간에 범죄의 일시, 장소, 수단 및 객체 등이 달라서 수개의 범죄사실로 인정되는 경우에도 이들 수개의 범죄사실을 예비적 또는 택일적으로 기재할 수 있다고 해석할 것이며 이렇게 보더라도 공소장에 수개의 범죄사실을 특정하여 기재하고 있는 만큼 **피고인의 방어권행사에 경합범으로 기소된 경우에 비하여 더 지장이나 불이익을 준다고 볼 수 없을 것**일 뿐만 아니라 택일적 또는 예비적 기소는 검사의 **기소편의주의 입장**에서도 법률상 용인될 것임이 명백하다(대판(全) : 65도114). [24 선택] [24 · 23 법선]

3. 검토 및 결론

형사소송법 제254조 제5항의 규정을 고려하면 공소사실의 동일성이 인정되지 않는 수개의 범죄사실을 예비적 또는 택일적으로 기재할 수 있다고 보아야 한다. 이와 같이 해석해도 공소장에 수 개의 범죄사실을 특정하여 기재하고 있으므로 피고인의 방어권 행사에 불이익이 있다고 볼 수 없고 또한 검사의 기소편의주의 입장에서도 택일적 또는 예비적 기소는 허용된다고 보아야 한다.

【사례해설】

현주건조물방화의 범죄사실과 주거침입의 범죄사실은 공소사실의 동일성이 인정되지 않으나 형사소송법 제254조 제5항의 규정상 검사의 공소제기는 적법하다.

③ 법원의 심판

㉮ [심판의 대상] ㉠ [예비적 기재] 주위적 공소사실 이외에 예비적 공소사실도 현실적 심판의 대상이 된다.

㉡ [택일적 기재] 공소사실의 전부가 현실적 심판의 대상이 된다. 항소심에 있어서도 동일하다.

㉢ [예비적 · 택일적 공소사실의 일부에 대한 상소제기의 효력(예비적 · 택일적으로 기재된 나머지 공소사실에 미침)] 동일한 사실관계에 대하여 서로 양립할 수 없는 적용법조의 적용을 주위적 · 예비적으로 구하는 경우 예비적 공소사실만 유죄로 인정되고 그 부분에 대하여 피고인만 상소하였다고 하더라도 주위적 공소사실까지 함께 상소심의 심판대상에 포함되고(2006도1146), 택일적으로 공소제기된 범죄사실 가운데 제1심판결에서 유죄로 인정된 이외의 다른 범죄사실이라도 당연히 항소심의 심판대상이 된다(70도2660).

㉯ [심판의 순서, 판단방법, 검사의 상소, 기판력의 범위]

㉠ [예비적 기재의 경우 심판의 순서(주위적 공소사실을 먼저 심판)] (59도981)

㉡ [예비적 기재의 경우 상고심 및 파기환송 후 원심의 심판대상] 원래 주위적 · 예비적 공소사실의 일부에 대한 상고제기의 효력은 나머지 공소사실 부분에 대하여도 미치는 것이고, 동일한 사실관계에 대하여 서로 양립할 수 없는 적용법조의 적용을 주위적 · 예비적으로 구하는 경우에는 예비적 공소사실만 유죄로 인정되고 그 부분에 대하여 피고인만 상고하였다고 하더라도 주위적 공소사실까지 함께 상고심의 심판대상에 포함된다. 이때 상고심이 예비적 공소사실에 대한 원심판결이 잘못되었다는 이유로 원심판결을 전부 파기환송한다면, 환송 후 원심은 예비적 공소사실은 물론 이와 동일체 관계에 있는 주위적 공소사실에 대하여도 이를 심리 · 판단하여야 한다(2023도10718).[1]

㉢ [택일적 기재에서 어느 하나를 유죄로 인정한 경우 검사의 상소가능성(상소할 수 없음)] (81도1269)

---

1) 검사는 "피고인이 인감증명서를 작성하여 발급하였다."는 동일한 사실관계에 대하여 주위적으로는 형법 제225조(공문서위조죄), 예비적으로는 형법 제227조(허위공문서작성죄)의 적용을 구하였고, 위와 같은 적용법조들은 서로 양립할 수 없다. 대법원은 예비적 공소사실에 대한 환송 전 원심판결이 잘못되었다는 이유로 이를 전부 파기환송하였으므로, 원심으로서는 주위적 공소사실에 대하여 이를 심리 · 판단한 후, 주위적 공소사실을 유죄로 판단하지 않는 경우에 한하여 예비적 공소사실을 심리 · 판단하였어야 한다. 그럼에도 원심은 위 인감증명서 발급에 관한 주위적 공소사실에 대하여 실질적인 심리 · 판단을 하지 않은 채 환송 전 원심의 판단을 유지하고, 예비적 공소사실에 대한 판단으로 나아가 이를 무죄로 판단하였다. 이러한 원심 판단에는 파기환송 후 항소심의 심판대상에 관한 법리를 오해하여 판결에 영향을 미친 잘못이 있다. 이 점을 지적하는 검사의 상고이유 주장은 이유 있다.

④ [예비적 기재와 택일적 기재의 정리]

구분	예비적 기재	택일적 기재
심판의 순서	기소순위에 따라 주위적 공소사실에 대해서 먼저 심리·판단을 하여야 하고, 주위적 공소사실이 유죄로 인정되지 않는 경우에 예비적 공소사실을 심리·판단하여야 한다.	법원의 심판의 순서에 아무런 제한이 없으므로 어느 사실을 먼저 심판하더라도 적법하다.
판단방법	① 주위적 공소사실에 대해서 유죄를 인정하는 경우 : 판결주문에 주위적 공소사실에 대해서만 유죄를 표시하면 족하고, 예비적 공소사실에 대해서는 판결주문뿐만 아니라 판결이유에서도 판단할 필요가 없다. ② 주위적 공소사실을 배척하고 예비적 공소사실을 유죄로 인정하는 경우 : 판결주문에 예비적 공소사실에 대해서만 유죄를 표시하면 족하고, 주위적 공소사실에 대한 판단(무죄판단)을 할 필요가 없다. 판결이유에서는 주위적 공소사실을 배척하는 이유를 명시하여야 한다. ③ 주위적 공소사실과 예비적 공소사실 모두 무죄로 인정하는 경우 : 판결주문에서 1개의 무죄판결을 선고하면 된다. 판결이유에서는 주위적 공소사실과 예비적 공소사실 모두에 대해 배척이유를 명시하여야 한다.	① 공소사실 중 어느 하나를 유죄로 인정하는 경우 : 판결주문에 인정한 사실에 대해서만 유죄를 선고하면 족하며, 다른 사실에 대해서 판단(무죄판단)을 할 필요가 없다. 판결이유에 다른 사실에 대한 배척이유를 명시할 필요도 없다. ② 공소사실 전부를 무죄로 인정하는 경우 : 판결주문에서 1개의 무죄판결을 선고하면 된다. 판결이유에서는 모든 사실에 대한 배척이유를 명시해야 한다.
검사의 상소	① 주위적 공소사실에 대해서 유죄를 인정하는 경우 : 검사의 상소가 허용되지 아니한다. ② 주위적 공소사실을 배척하고 예비적 공소사실을 유죄로 인정하는 경우 : 검사의 상소가 허용된다.	① 공소사실 중 어느 하나를 유죄로 인정하는 경우 : 검사의 상소가 허용되지 아니한다. ② 공소사실 전부를 무죄로 인정하는 경우 : 검사의 상소가 허용된다.
기판력의 범위	공소사실의 동일성이 인정되는 경우 확정판결의 기판력은 예비적·택일적으로 기재된 공소사실의 전부에 미친다.	

02 공소장일본주의

> 📝 **핵심개념**
>
> 1. **[의의]** 검사가 공소를 제기할 때 공소장 하나만을 법원에 제출하여야 하고 법원 또는 배심원에게 예단이 생기게 할 수 있는 서류 기타 물건을 첨부하거나 그 내용을 인용해서는 안 된다는 원칙을 말한다(규칙 제118조 제2항).
>
> 2. **[이론적 근거]** 공소장일본주의는 예단배제의 원칙, 당사자주의 소송구조, 위법수집증거의 배제법칙, 공판중심주의를 근거로 한다.
>
> 3. **공소장일본주의의 내용**
>
> ① **[첨부의 금지]** 당해 사건에 있어서 법관의 심증형성에 영향을 줄 수 있는 수사서류 기타 증거물을 공소장에 첨부하는 것은 금지된다. 그러나 법원에 예단을 줄 염려가 없는 서류는 공소장에 첨부해도 무방하다. 형사소송규칙도 "변호인선임서·보조인신고서·특별대리인선임결정등본·체포영장·긴급체포서·구속영장 기타 구속에 관한 서류를 첨부하여야 한다."라고 규정하고 있다(규칙 제118조 제1항).
>
> ② **[인용의 금지]** 공소장에 법원에 예단이 생기게 할 수 있는 서류 기타 물건의 내용을 인용하는 것도 금지된다.
>
> ③ **[여사기재의 금지]** 여사기재란 공소장의 필요적 기재사항(제254조 제3항) 이외의 사항을 기재하는 것을 말한다.[2]
>
> > **형사소송규칙**
> > **제118조(공소장의 첨부서류)** ① 공소장에는, 공소제기 전에 변호인이 선임되거나 보조인의 신고가 있는 경우 그 변호인선임서 또는 보조인신고서를, 공소제기 전에 특별대리인의 선임이 있는 경우 그 특별대리인 선임결정등본을, 공소제기 당시 피고인이 구속되어 있거나, 체포 또는 구속된 후 석방된 경우 체포영장, 긴급체포서, 구속영장 기타 구속에 관한 서류를 각 첨부하여야 한다.
> > ② 공소장에는 제1항에 규정한 서류외에 사건에 관하여 법원에 예단이 생기게 할 수 있는 서류 기타 물건을 첨부하거나 그 내용을 인용하여서는 아니된다.

1. 공소장일본주의에 위반되지 않는 경우

① **[공소사실의 특정을 위하여 첨부 또는 인용이 허용되는 경우]** 명예훼손·모욕·협박 등과 같이 특정한 표현의 구체적인 내용에 따라 범죄의 성립 여부가 판가름 되는 경우나 특허권·상표권 침해 사범처럼 사안의 성질상 도면 등에 의한 특정이 필요한 경우 등에는 서류 기타 물건의 내용을 직접 인용하거나 요약 또는 사본하여 첨부할 수밖에 없다(2012도214).

---

2) 여사기재의 허용여부에 대하여는 명문의 규정이 없어 견해가 대립되고 있다. 따라서 판례를 중심으로 정리해 두면 족할 것이다.

② 전과의 기재

㉮ [소년부송치처분과 직업 없음을 기재] '피고인을 특정할 수 있는 사항'에 속하는 것이어서 그와 같은 내용의 기재가 있다 하여 공소제기의 절차가 법률의 규정에 위반된 것이라고 할 수 없다(90도1813). [21 법선]

㉯ [누범이나 상습범을 구성하지 않는 전과사실을 기재] 공소장에 누범이나 상습범을 구성하지 않는 전과사실을 기재하였다 하더라도 이는 피고인을 특정할 수 있는 사항에 속한다 할 것으로서 그 공소장기재는 적법하다(66도793).

③ [전과 이외의 악성격, 경력, 소행의 기재] 전과 이외의 피고인의 악성격 등의 기재는 그것이 '공갈이나 강요의 수단이 된 경우'와 같이 범죄구성요건요소가 된 경우나 구성요건적 행위와 밀접불가분의 관계에 있는 경우를 제외하고는 허용되지 않는다.

④ [범행동기의 기재가 공소장의 효력에 영향을 미치는지 여부(소극)] 공소장에 기재된 첫머리 사실이 공소사실의 범의나 공모관계, 공소 범행에 이르게 된 동기나 경위 등을 명확히 나타내기 위하여 적시한 것으로 보이는 때에는 공소제기의 방식이 공소장일본주의에 위배되어 위법하다고 할 수 없다(2014도15129). [24 · 22 · 21 법선]

2. 공소장일본주의의 적용 범위

① [공소제기] 공소장일본주의는 공소제기에 한하여 적용이 된다. 따라서 공소제기 이후의 공판절차갱신 후의 절차, 상소심의 절차, 파기환송 후의 절차에서는 적용되지 않는다.

② [약식명령과 즉결심판] 공소장일본주의는 '정식의 공판절차'에서만 적용된다. 약식명령과 즉결심판의 경우 공소제기와 동시에 수사기록과 증거물이 제출되므로 공소장일본주의의 예외에 해당한다(제449조, 규칙 제170조, 즉심법 제14조 제1항)(2007도3906; 2008도7375). [17 · 15 선택]

3. 공소장일본주의 위반의 효과와 하자의 치유

ⅰ) [공소장일본주의 위반의 효과(공소기각판결)] 공소장일본주의에 위배된 공소제기라고 인정되는 때에는, 그 절차가 법률의 규정에 위반하여 무효인 때에 해당하는 것으로 보아 공소기각의 판결을 선고하는 것이 원칙이다.

ⅱ) [위반의 효과를 다툴 수 있는 시간적 한계(법관의 심증형성이 이루어지기 전까지)] 다만, 공소장기재의 방식에 관하여 피고인 측으로부터 아무런 이의가 제기되지 아니하였고 법원 역시 범죄사실의 실체를 파악하는 데 지장이 없다고 판단하여 그대로 공판절차를 진행한 결과 증거조사절차가 마무리되어 법관의 심증형성이 이루어진 단계에 이른 경우에는 소송절차의 동적 안정성 및 소송경제의 이념 등에 비추어 볼 때 더 이상 공소장일본주의 위배를 주장하여 이미 진행된 소송절차의 효력을 다툴 수 없다고 보아야 한다.

ⅲ) [하자의 치유] 그러나 피고인 측으로부터 이의가 유효하게 제기되어 있는 이상 공판절차가 진행되어 법관의 심증형성의 단계에 이르렀다고 하여 공소장일본주의 위배의 하자가 치유된다고 볼 수 없다(2012도2957). [22 · 21 법선]

제3장 | 공소제기의 효과

01 공소제기의 효과

📝 핵심개념

I. [소송계속] 공소제기에 의하여 피고사건이 법원의 심판대상으로 되어 있는 상태를 말한다. 소송계속은 공소제기가 유효한 경우는 물론 무효인 경우에도 발생한다.

II. [공소시효의 정지] 공소가 제기되면 공소시효의 진행이 정지된다(제253조 제1항).

III. 심판범위의 한정
1. 공소제기의 효력범위
① [인적 효력범위] 공소의 효력은 검사가 피고인으로 지정한 자에게만 미친다(제248조 제1항). 따라서 甲을 피고인으로 공소제기한 후 진범인이 乙로 판명된 경우라도 공소제기의 효력은 甲에게만 미치고 乙에게는 미치지 아니한다. 또한 공범 중 1인에 대한 공소제기가 있어도 다른 공범자에 대하여는 그 효력이 미치지 않는다(주관적 불가분의 원칙이 적용되지 않음).
② [물적 효력범위] 범죄사실 일부에 대한 공소의 효력은 그와 동일성이 인정되는 범죄사실의 전부에 미친다(객관적 불가분의 원칙이 적용됨)(제248조 제2항).

2. 불고불리의 원칙
① [의의] 법원은 검사가 공소를 제기한 피고인과 범죄사실에 대하여만 심판을 할 수 있고, 공소제기가 없는 사건에 대하여는 심판할 수 없다는 원칙을 말한다.
② [불고불리의 원칙에 위반되는 경우] 공소가 제기되지 아니한 별개의 범죄사실을 법원이 인정하여 그에 관하여 몰수나 추징을 선고하는 것은 불고불리의 원칙에 위반되어 허용되지 아니한다(2009도11732). [12 선택]

3. 심판대상
① 심판의 대상론

공소사실대상설	공소장에 기재된 공소사실과 단일성 및 동일성이 인정되는 사실이 심판의 대상이라고 본다.
소인대상설	소인이라는 개념을 인정하여 심판의 대상은 공소사실이 아니라 소인이라고 본다.
절충설	현실적 심판대상은 소인이고, 공소사실은 잠재적 심판대상이라고 본다.
이원설(판례)	현실적 심판대상은 공소장에 기재된 공소사실이고, 잠재적 심판대상은 공소사실과 동일성이 인정되는 사실이라고 본다.

② 이원설의 이론적 체계

공소제기의 효력	⑦ [공소불가분의 원칙 적용] 공소장에 기재된 공소사실과 동일성이 인정되는 사실 전부에 미친다(제248조 제2항). ⓛ [시효정지] 공소사실과 동일성이 인정되는 사실 전부에 효력이 미친다.
법원의 심판대상	공소장에 기재된 공소사실이 현실적 심판대상이며, 공소장에 기재된 공소사실과 동일성이 인정되는 사실이 잠재적 심판대상이다.
공소장변경의 기능	잠재적 심판대상은 공소장변경에 의하여 비로소 현실적 심판대상이 된다.
불고불리원칙의 의미	법원이 공소장변경절차 없이 공소장에 기재된 공소사실과 다른 사실을 인정하는 것은 그 다른 사실이 공소사실과 동일성이 인정되는 사실일지라도 불고불리의 원칙에 위반된다.
기판력	공소장에 기재된 공소사실과 동일성이 인정되는 사실 전부에 대해서 미친다.

4. 기타 공소제기의 효과
① 강제처분의 권한이 수사기관에서 수소법원으로 넘어간다.
② 피의자는 당사자인 피고인의 지위로 전환된다.

02 공판심리의 범위

I. 일죄의 일부에 대한 공소제기

1. [의의] 소송법상 일죄로 취급되는 단순일죄나 과형상 일죄의 전부에 대하여 범죄혐의가 인정되고 소송조건이 구비되었음에도 검사가 그 일부만을 특정하여 공소를 제기하는 것을 말한다. 예컨대 포괄일죄의 일부에 대하여 공소를 제기하는 것을 말한다.

2. 쟁점 034 일죄의 일부에 대한 공소제기의 허용 여부*[15 법사]

🔍 쟁점연구

1. 문제점
단순일죄나 상상적 경합범에 있어서 증거가 충분하고 소송조건도 갖추어진 경우에 검사가 그 일부만을 특정하여 공소제기를 할 수 있는지 문제된다(예를 들어 강도상해의 피의사실이 전부 인정 되고 또한 소송조건이 갖추어졌음에도 검사가 이를 강도죄로 공소제기하는 것을 말한다).

2. 학설
① [적극설] 소송물에 대한 처분권은 검사에게 있고, 형사소송법 제248조 제2항 "범죄사실의 일부에 대한 공소는 그 효력이 전부에 미친다."는 규정은 일죄의 일부기소를 전제로 한다는 점 등을 근거로 이를 허용해야 한다.

② [소극설] 일부기소를 인정하는 것은 <u>검사의 자의적인 공소제기</u>를 허용하는 것이므로 허용되지 않는다.

3. 검토 및 결론

기소편의주의와 범죄사실의 일부에 대한 공소는 그 효력이 전부에 미친다는 형사소송법 제248조 제2항은 일죄의 일부에 대한 공소제기가 허용된다는 전제하의 규정이라고 보아야 한다.

3. 일죄의 일부에 대한 기소의 효력

공소제기의 효력	공소불가분의 원칙상 일죄의 전부에 미친다(제248조 제2항).
법원의 심판대상	일죄의 일부는 현실적 심판대상이며, 일죄의 나머지는 잠재적 심판대상이다.
공소장변경	공소장변경에 의하여 일죄의 나머지도 현실적 심판대상이 될 수 있다.
이중기소금지의 범위	일죄의 전부에 미친다.
기판력	일죄의 일부에 대한 확정판결의 기판력은 일죄의 전부에 미친다.

II. 공소장변경(현실적 심판대상의 변경)

> ### 📝 핵심개념 공소장변경
>
> #### 1. 의의
> ① [개념] 공소장변경이란 검사가 공소사실의 동일성을 해하지 않는 범위 안에서 법원의 허가를 얻어 공소장에 기재된 공소사실 또는 적용법조를 추가·철회·변경하는 것을 말한다(제298조 제1항). 검사는 공소사실 등을 예비적·택일적으로도 변경할 수 있다.
> ② [취지] 공소장변경은 동일성이 인정되는 사실일지라도 공소장변경이 있는 경우에만 법원이 심판할 수 있도록 함으로써 피고인의 방어권을 보장하는 기능을 한다.
>
> #### 2. 구별개념
> ① [공소장정정] 공소장변경은 법원의 심판대상에 변경을 가져온다는 점에서 심판대상을 변경하지 않고 공소장에 기재된 내용의 명백한 오류를 시정하는 공소장정정과 구별된다. 공소장정정은 법원의 허가를 받을 필요가 없다.
> ② [추가기소와 공소취소] 공소장변경은 공소사실의 동일성이 인정되는 범위 안에서만 허용된다(제298조 제1항). 따라서 <u>공소사실의 동일성이 인정되지 않는 다른 범죄사실</u>에 대하여 심판대상을 변경하려면 공소장변경의 방식이 아니라 <u>추가기소 또는 공소취소</u>에 의하여야 한다.
>
> ---
>
> 제298조(공소장의 변경) ① 검사는 법원의 허가를 얻어 공소장에 기재한 공소사실 또는 적용법조의 추가, 철회 또는 변경을 할 수 있다. 이 경우에 법원은 공소사실의 동일성을 해하지 아니하는 한도에서 허가하여야 한다.
> ② 법원은 심리의 경과에 비추어 상당하다고 인정할 때에는 공소사실 또는 적용법조의 추가 또는 변경을 요구하여야 한다.

1. 공소장변경의 한계(공소장변경의 가부)

① **[공소장변경의 허용범위]** 공소장변경은 **공소사실과 동일성이 인정되는 범위**에서만 허용된다(제298조 제1항). [14 사례]

② 공소사실의 동일성의 기준 [24 · 15 · 13 사례] [22 · 17 · 16 법사]

㉮ **[학설]** ㉠ **[기본적 사실동일설]** 공소사실을 그 기초가 되는 사회적 사실로 환원하여 그러한 사실 사이에 다소의 차이가 있더라도 기본적인 점에서 동일하면 동일성을 인정해야 한다는 견해이다.

　㉡ **[죄질동일설]** 죄질의 동일성이 인정되면 공소사실의 동일성을 인정할 수 있다는 견해이다.

　㉢ **[구성요건공통설]** 구성요건이 상당정도 부합하는 때에 공소사실의 동일성을 인정하는 견해이다.

　㉣ **[소인공통설]** 소인의 기본적 부분을 공통으로 할 때에 공소사실의 동일성이 인정된다는 견해이다.

㉯ **[판례]** 공소사실의 동일성은 공소사실의 기초가 되는 사회적 사실관계가 기본적인 점에서 동일하면 그대로 유지되는 것이며, 이러한 기본적 사실관계의 동일성을 판단함에 있어서는 규범적 요소도 아울러 고려하여야 한다(2013도12155). [공 · 사 · 기 / 사 · 사 · 기 + 규범적 요소] [14 · 13 선택]

③ 공소사실의 동일성 인정여부

㉮ **[인정]** "피고인들이 흉기를 휴대하고 다방에 모여 강도예비를 하였다."는 공소사실을 "정당한 이유 없이 폭력 범죄에 공용될 우려가 있는 흉기를 휴대하고 있었다."는 폭처법 제7조 소정의 공소사실의 죄로 변경을 하였는바, 그 변경 전의 공소사실과 변경 후의 공소사실은 그 기본적 사실이 동일하다(86도2396). [14 선택]

㉯ **[부정]** **[포괄일죄가 아닌 별죄(경합범)에 해당하여 공소장변경이 허용되지 않는 경우(추가기소 해야함)]** 상습범에 있어서 공소제기된 범죄사실과 추가로 발견된 범죄사실 사이에 그것들과 동일한 습벽에 의하여 저질러진 또 다른 범죄사실에 대한 유죄의 확정판결이 있는 경우에는 전후 범죄사실의 일죄성은 그에 의하여 분단되어 공소제기된 범죄사실과 판결이 확정된 범죄사실만이 포괄하여 하나의 상습범을 구성하고, 추가로 발견된 확정판결 후의 범죄사실은 그것과 경합범 관계에 있는 별개의 상습범이 되므로, 검사는 공소장변경절차에 의하여 이를 공소사실로 추가할 수는 없고 어디까지나 별개의 독립된 범죄로 공소를 제기하여야 한다(2016도21342). [22 선택]

㉰ **[포괄일죄와 공소장변경의 허용의 판단기준]** 공소장변경허가여부를 결정함에 있어서는 포괄일죄를 구성하는 개개 공소사실별로 종전 것과의 동일성여부를 따지기보다는 변경된 공소사실이 전체적으로 포괄일죄의 범주 내에 있는지, 즉 **단일하고 계속된 범의하**에 동종의 범행을 **반복**하여 행하고 **피해법익**도 동일한 경우에 해당한다고 볼 수 있는지에 초점을 맞추어야 한다(2006도514). **[24 선택]**

2. 공소장변경의 필요성

① **[문제점]** 공소장에 기재된 공소사실과 동일성이 인정되는 사실이 공소장변경에 의하여 비로소 법원의 현실적 심판대상이 된다고 하더라도, 법원이 공소장에 기재된 공소사실이나 적용법조와 조금이라도 다른 사실을 인정(심판)할 때 항상 공소장변경절차를 거쳐야 한다면 소송이 지연되는 결과가 발생하고 오히려 피고인에게 불리하게 작용할 수도 있다. 따라서 법원이 공소사실의 동일성이 인정되는 범위 내에서 구체적으로 어느 범위까지 공소장변경절차 없이 공소장에 기재된 공소사실과 동일성이 인정되는 사실을 인정(심판)할 수 있는가의 문제가 공소장변경의 필요성 문제, 즉 공소장변경의 요부이다.

② **쟁점 035** 공소장변경의 필요성의 판단기준★★★[20·18·15 사례]

【CASE】

甲은 乙이 B로부터 교직원 채용의 대가로 1억 원을 받았다는 사실을 알고 그중 5,000만 원을 자신에게 이체할 것을 乙에게 요구하면서 "5,000만 원을 주지 않으면 부정채용으로 경찰에 고발하겠다."라는 문자를 일주일 동안 수십 차례 보냈다. 문자를 받고 겁을 먹은 乙은 甲에게 5,000만 원을 이체하였다. 검사는 위 범죄사실에 대해 甲을 기소하였다. 만약 제1심 공판 진행 중에 乙이 甲의 문자 내용에 겁을 먹은 것이 아니라 甲을 불쌍하게 여겨 5,000만 원을 이체한 것으로 밝혀졌다면 법원이 취해야 할 조치는?

【제9회 변호사시험 제2문】

🔍 쟁점연구

1. 문제점

공소장에 기재된 공소사실 또는 적용법조가 변경되는 경우 법원이 어떤 기준에 따라 공소장변경절차 없이도 공소장에 기재된 공소사실과 동일성이 인정되는 사실을 인정(심판)할 수 있는지 문제된다.

2. 학설 및 判例[1] [공·사·동+방·실·익+시·노·비]

① [동일벌조설] 벌조 또는 구성요건에 변경이 없는 한 공소장변경이 필요 없다.

② [법률구성설] 구체적 사실관계가 다르더라도 법률구성에 영향이 없는 경우에는 공소장변경이 필요 없다.

③ [사실기재설(통설)] 공소사실 또는 적용법조가 변경되는 경우 <u>사실관계의 변경</u>이 <u>피고인의 방어권행사에 실질적 불이익을 초래하는지 여부</u>를 기준으로 판단해야 한다(실질적 불이익설).

④ [判例] 판례는 기본적으로 사실기재설의 입장에서 "피고인의 <u>방어권 행사에 실질적인 불이익을 초래할 염려가 없는 경우</u>에는 법원이 공소장변경절차 없이 일부 다른 사실을 인정하거나 적용법조를 달리한다고 할지라도 불고불리의 원칙에 위배되지 아니하지만, 방어권 행사에 있어서 실질적인 불이익 여부는 그 공소사실의 기본적 동일성이라는 요소 외에도 <u>법정형의 경중 및 그러한 경중의 차이에 따라 피고인이 자신의 방어에 들일 노력·시간·비용에 관한 판단을 달리할 가능성이 뚜렷한지 여부</u> 등의 여러 요소를 종합하여 판단하여야 한다."(대판 : 2001도3026)라고 판시한 바 있다. [24·15 선택]

3. 검토

<u>공소장변경제도의 취지</u>는 국가형벌권의 적정한 행사뿐만 아니라 <u>피고인의 방어권보장에 있으므로</u> 피고인의 방어권 행사에 실질적인 불이익을 초래할 사실관계의 변경이 있으면 공소장변경이 필요하다는 判例(사실기재설)가 타당하다.

---

1) 이러한 학설(학설의 명칭)을 장황하게 소개하는 것보다는 정확하게 판례이론을 인용한 후 사안포섭을 충실하게 하는 것이 간명한 방법일 것이다. 물론 학설과 판례이론을 모두 기술한다면 금상첨화일 것이나 변호사시험 공부의 현실(모든 학설까지 공부하기에는 공부기간이 짧다)이나 시험에서의 시간적 제약을 고려한다면 일단 판례이론을 충실히 공부하고 그를 기초로 답안을 작성하는 것이 현실적인 방법일 것이라 생각된다.

【사례해설】

① [공소장변경 없이 법원이 직권으로 다른 사실을 인정할 수 있는지] 법원은 '공소사실의 동일성이 인정'되는 범위 내에서 공소가 제기된 범죄사실에 포함된 보다 가벼운 범죄사실이 인정되는 경우, 심리의 경과에 비추어 '피고인의 방어권 행사에 실질적 불이익을 초래할 염려가 없다고 인정'되는 때에는 공소장이 변경되지 않았더라도 직권으로 공소장에 기재된 공소사실과 다른 공소사실을 인정할 수 있다(대판 : 2004도3934). 사안에서 공갈죄의 기수의 공소사실과 공갈죄의 미수의 공소사실은 甲이 乙에 대하여 "부정채용으로 경찰에 고발하겠다."라는 문자를 보냈다는 사실과 乙이 甲에게 5,000만 원을 이체하였다는 사실에 기초한 것으로서 기본적 사실이 동일하므로 공소사실의 동일성이 인정된다고 보여진다. 또한 제1심 공판 진행 중에 乙이 甲의 문자 내용에 겁을 먹은 것이 아니라 甲을 불쌍하게 여겨 5,000만 원을 이체한 것으로 밝혀졌다는 점에서 공갈의 수단인 협박에 해당하는 문자메세지를 보냈다는 사실에 대하여는 피고인인 甲도 충분히 방어권행사를 하였다고 보여진다. 따라서 법원이 甲에 대하여 공갈죄의 미수의 사실을 인정하더라도 방어권행사에 실질적인 불이익을 초래할 염려는 없다고 보아야 하므로 법원은 공소장이 변경되지 않았더라도 직권으로 공갈죄의 미수의 사실을 인정할 수 있다.

② [법원이 甲에 대하여 공갈죄 미수의 사실을 인정하여야 하는지 여부] 공소장변경 없이 법원이 직권으로 다른 사실을 인정할 수 있는 경우라고 하더라도, 공소가 제기된 범죄사실과 대비하여 볼 때 '실제로 인정되는 범죄사실의 사안이 중대'하여 공소장이 변경되지 않았다는 이유로 이를 '처벌하지 않는다면 현저히 정의와 형평에 반하는 것으로 인정되는 경우'가 아닌 한 법원이 직권으로 그 범죄사실을 인정하지 아니하였다고 하여 위법한 것이라고까지 볼 수는 없다(대판 : 2013도658). 사안에서 밝혀진(인정되는) 공갈죄 미수의 사실은 공소가 제기된 공갈죄(기수) 사실 못지않게 사안이 중대하므로 공소장이 변경되지 않았다는 이유로 이를 처벌하지 않으면 현저히 정의와 형평에 반한다고 보여지므로, 법원은 공갈죄 미수의 사실을 유죄로 인정하여야 한다.

③ [공소장변경을 요구하여야 하는지 여부] 본 사안의 경우 법원은 공소장이 변경되지 않았더라도 직권으로 공갈죄의 미수의 사실을 인정할 수 있고 더 나아가 공갈죄 미수의 사실을 유죄로 인정하여야 하므로, 형소법 제298조 제2항의 공소장변경의 요구는 그것이 법원의 의무인지 재량인지 여부를 불문하고 법원이 취해야 할 조치가 될 수 없다.[2]

④ [결론] 법원은 검사의 공소장변경이 없어도 공갈죄의 미수의 사실을 유죄로 인정하여야 한다.

---

[2] 공소장변경의 요구는 공소장변경이 필요한 경우를 전제로 하는 규정이므로 사안과 같이 공소장변경이 없어도 피고인에게 다른 사실을 인정해야 하는 경우, 즉 공소장변경이 불필요한 경우에는 공소장변경의 요구는 법원이 고려할 사항이 아니라고 보아야 한다(공소장변경이 불필요한데 공소장변경을 요구할 필요가 있겠는가?). 본 사안에 대한 기출해설 교재 중에서는 공소장변경의 요구를 선결적으로 검토해야 한다는 전제에서 이를 제일 먼저 학설과 판례까지 상세히 기술한 후 검토과정을 거쳐 공소장변경을 요구함이 타당하다는 결론을 내고 있는 교재도 있다(김정철 등 2인 공저). 이러한 결론에 이르렀다면 (공소장변경 없는 경우에도) 축소사실의 인정이 법원의 의무인지는 더 이상 논할 필요가 없음에도 앞의 교재는 그 다음 항목에서 이를 논점으로 삼아 다시 상세히 기술하고 있는데 이는 논리적 모순이라고 판단된다.

③ 관련판례

㉑ [공소사실의 동일성이 인정되고 피고인의 방어권 행사에 불이익이 없는 경우(공소장변경 없이 법원이 직권으로 사실 인정 가능)] (2013도13444) [15 선택] [18 사례]

관련판례 1. 변제할 의사와 능력 없이 금원을 편취하였다고 기소된 사실을 공소장변경절차 없이 피해자에게 제3자를 소개하게 하여 동액의 금원을 차용하고 피해자에게 그에 대한 보증채무를 부담케 하여 재산상 이익을 취득하였다고 인정하였다 할지라도 공소사실의 동일성을 벗어난 것도 아닐 뿐더러 피고인이 스스로 이를 시인하고 있는 이상 피고인의 방어에 하등의 불이익을 주었다고 볼 수도 없으므로 거기에 위법이 있다 할 수 없다(84도312). [24 선택]

2. 공소장변경절차를 거치지 않고서도 직권으로 당초 공소사실과 다른 공소사실에 대하여 유죄를 인정할 수 있는 예외적인 경우임에도 공소장변경절차를 거친 다음 변경된 공소사실을 유죄로 인정하는 것은 심판 대상을 명확히 특정함으로써 피고인의 방어권 보장을 강화하는 것이므로 특별한 사정이 없는 한 위법하다고 할 수 없다(2022도10564).

㉕ [법원이 인정하는 범죄사실이 공소사실과 동일성이 인정되고 형의 경중에 차이 없는 정당한 법을 적용하는 경우(공소장변경 불요)] (2000도3350)

㉓ [공소제기된 범죄사실에 포함된 가벼운 범죄사실이 인정되는 경우] ㉠ 피고인의 방어권 행사에 실질적 불이익을 초래할 염려가 없다고 인정되는 경우에는 인정되는 범죄사실이 친고죄나 반의사불벌죄라도 공소장변경 없이 직권으로 인정할 수 있다(2004도3934). [18 선택] [20·18 사례] [13 법선]
㉡ 피고인의 방어권 행사에 실질적 불이익을 초래할 염려가 없다고 인정되는 경우 공소장변경 없이 공동정범으로 기소된 범죄사실을 방조사실로 인정할 수 있다(2018도7658).

㉗ [구성요건이 동일한 경우] ㉠ 공소사실의 특정을 위하여 필요한 요소, 즉 범죄의 일시·장소, 행위의 수단·방법, 범죄의 객체 등 사실의 변경이 있으면 원칙적으로 공소장변경을 요한다. ㉡ [범죄의 일시]는 일반적으로 공소사실의 특정을 위한 것이지 범죄사실의 기본적 요소는 아니므로 그 일시가 다소 다르다 하여 공소장변경의 절차를 요하는 것은 아니나 시일의 간격이 길어 방어권행사에 불이익을 줄 염려가 있는 경우에는 공소장변경을 요한다(2016도17679). ㉢ [범죄단체에 가입한 시일]은 범죄사실을 특정하는 중요한 요건일 뿐만 아니라 범죄에 대한 공소시효가 완성되었는지를 결정짓는 요소이므로 공소장변경이 필요하다(93도999).

㉙ [구성요건이 다른 경우] ⅰ) 공소사실과 법원이 인정할 범죄사실 사이에 구성요건을 달리하는 때에는 사실도 변경된다고 해야 하고 또 그 사실의 변경은 피고인의 방어에 영향을 미친다고 할 것이므로 원칙적으로 공소장변경이 필요하다. ⅱ) 동일한 범죄사실에 대하여 형이 더 무거운 조항을 적용하기 위해서는 당연히 공소장변경을 요한다. 그러나 ⅲ) 축소사실의 인정의 경우는 피고인의 방어권행사에 불이익을 주지 않는 경우라면 공소장변경을 요하지 아니한다. ⅳ) 동일한 범죄사실에 대하여 법적 평가만을 달리하는 경우에는 피고인에게 불이익을 주지 않으므로 원칙적으로 공소장변경을 요하지 아니한다.

㉛ 공소장변경을 요하는 경우
㉠ [살인죄 → 폭행치사죄] 살인죄의 구성요건이 반드시 폭행치사 사실을 포함한다고 할 수 없으므로 법원은 공소장변경 없이는 이를 폭행치사죄로 처단할 수는 없다(2001도1091). [19 선택]

ⓛ [금품을 수수하였다는 알선수재죄의 공소사실 → 금융상의 편의 제공을 받아 이익을 수수한 것으로 인정(공소장변경 필요)] 범죄행위의 내용 내지 태양이 서로 달라 피고인의 방어권행사상 실질적인 불이익을 초래하므로 위법하다(98도667).

ⓒ [미수 → 예비음모를 인정] 공소장변경 없이 관세포탈미수 공소사실에 대하여 관세포탈 예비를 인정할 수 없다(82도2939). [15 선택]

ⓔ [일반법 구성요건해당 사실로 공소제기 → 특별법 위반죄 인정] 형법상의 제3자뇌물공여교사를 특가법상의 제3자뇌물공여교사로 인정함에는 공소장변경이 필요하다. 방어권 행사에 있어서 실질적인 불이익여부를 판단할 때 피고인이 자신의 방어에 들일 노력·시간·비용에 관한 판단을 달리할 가능성이 뚜렷한지도 고려하여야 하기 때문이다(2007도10601). [13·12 선택]

ⓜ [상해치사죄 → 상해죄 인정3)] (90도1229)

㉾ 공소장변경을 요하지 않는 경우(축소사실의 인정, 법적 평가 또는 죄수에 대한 법률적 평가만 달리하는 경우)

㉠ [허위사실적시 출판물명예훼손죄 기소 → 사실적시 출판물명예훼손죄 인정] (2006도7915). [17·13 선택]

ⓛ [강제추행치상죄 기소 → 강제추행죄 인정] (全 96도1922) [18 사례]

ⓒ [배임죄로 기소 → 횡령죄 인정] 횡령죄와 배임죄는 다같이 신임관계를 기본으로 하고 있는 같은 죄질의 재산범죄로서 그 형벌에 있어서도 경중의 차이가 없고 동일한 범죄사실에 대하여 단지 법률적 용만을 달리하는 경우에 해당하므로 법원은 배임죄로 기소된 공소사실에 대하여 공소장변경 없이도 횡령죄를 적용하여 처벌할 수 있다(99도2651). [15·13·12 선택]

동지판례 [횡령죄 → 배임죄] (2013도9481), [장물취득죄 → 장물보관죄] (2003도1366)

ⓔ [실체적 경합범 → 포괄일죄] 실체적 경합범으로 공소제기된 범죄사실에 대하여 법원이 그 범죄사실을 그대로 인정하면서 다만 죄수에 관한 법률적인 평가만을 달리하여 포괄일죄로 처단하더라도 이는 피고인의 방어에 불이익을 미치는 것이 아니므로 법원은 공소장변경 없이도 포괄일죄로 처벌할 수 있다(87도546). [12 선택]

동지판례 [포괄일죄 → 실체적 경합범](2005도5996) [13 선택], [실체적 경합범 → 상상적 경합범] (80도2236)

ⓜ [정범 기소 → 간접정범 인정] 피고인의 방어권 행사에 실질적인 불이익을 초래하였다고 할 수는 없다(2016도21075).

동지판례 [간접정범 기소 → 방조범 인정] (2007도4663) [15 선택]

비교판례 1. [단독범 → 공동정범(공소장변경 불필요)] (2018도5909), [단독범 → 공동정범(공소장변경 필요)] (96도1185) [15 사례]

---

3) 축소사실의 인정을 그 자체로서 피고인의 방어권행사에 실질적 불이익이 없는 경우라고 오해하여서는 안 된다. 축소사실도 그에 대한 충분한 심리가 이루어져 피고인의 방어권 행사에 실질적 불이익을 초래할 염려가 없다고 인정되어야만 공소장변경 없이 직권으로 그 축소사실을 인정할 수 있다.

비교판례 2. [**공동정범 → 방조범**(공소장변경 불필요)] (82도884), [**공동정범 → 방조범**(공소장변경 필요)] (94도1684)[4]

㉫ [**공소장에 기재된 적용법조의 구성요건이 충족됨에도 법원이 공소장변경의 절차를 거치지 않고 다른 법조를 적용하여 처단할 수 있는지 여부**(소극)] 적용법조에 해당하는 구성요건이 충족되지 않을 때에는 공소사실의 동일성이 인정되는 범위 내로서 피고인의 방어에 실질적인 불이익을 주지 않는 한도에서 법원이 공소장 변경의 절차를 거침이 없이 직권으로 공소장 기재와 다른 법조를 적용할 수 있지만, 공소장에 기재된 적용법조를 단순한 오기나 누락으로 볼 수 없고 구성요건이 충족됨에도 법원이 공소장변경의 절차를 거치지 아니하고 임의적으로 다른 법조를 적용하여 처단할 수는 없다(2015도12372).

④ 축소사실에 대한 법원의 심판의무 인정여부

㉮ 공소사실은 인정되지 아니하나 그 축소사실이 인정되는 경우 법원이 의무적으로 축소사실에 대하여 유죄판결을 선고해야 하는지가 문제된다.

㉯ 예를 들어 피고인이 폭행치사의 범죄사실로 기소되었으나 법원이 심리한 결과 '폭행'만 인정될 뿐 '치사' 부분은 인정되지 않는 경우, 법원이 축소사실인 폭행에 대해서 유죄판결을 해야 하는지 아니면 폭행치사 전부에 대하여 무죄판결을 선고해야 하는지의 문제이다.

㉰ **쟁점 036** 축소사실 인정의 의무성 또는 재량성***[20 사례] [17 · 15 법사]

🔍 **쟁점연구**

1. 문제점

구성요건이 달라지는 경우에도 법원이 축소사실을 인정하는 경우에는 "大는 小를 포함한다."라는 이론에 의하여 공소장변경이 필요 없다. 그런데, 공소사실은 인정되지 아니하고 축소사실만이 인정되는 경우 법원이 의무적으로 그 축소사실에 대하여 유죄판결을 선고해야 하는지가 문제된다.

2. 학설 및 判例(예외적 의무) [현저히 정 · 형 · 반]

① [재량설] 판결편의주의에 비추어 축소사실의 인정은 **법원의 재량**이다.

② [의무설] 실체적 진실주의에 비추어 축소사실의 인정은 **법원의 의무**다.

③ [判例(예외적 의무설)] 법원은 원칙적으로 공소장의 변경이 없는 한 공소사실과 다른 범죄사실을 유죄로 판단할 의무가 없고, 적정절차에 의한 신속한 실체적 진실의 발견이라는 형사소송의 목적에 비추어 볼 때 피고인을 처벌하지 않는 것이 현저히 정의와 형평에 반하는 경우에만 예외적으로 다른 범죄사실을 유죄로 판단할 의무가 있다(대판 : 2014도1196).

3. 검토 및 결론

불고불리의 원칙과 형사소송법 이념인 실체적 진실주의를 고려할 때 예외적 의무설이 타당하다.

---

4) 위 비교판례 1.과 2.에서는 '방어권의 행사에 실질적 불이익을 줄 우려'가 있는지 여부를 구체적으로 확인하여 그 여부에 따라 공소장변경이 필요한 경우인지 아닌지를 달리 판단하고 있다. 그러므로 이러한 경우에 공소장변경이 필요하지 않다고 일의적으로 판단하여서는 안 된다.

관련판례 [준강간죄의 장애미수 공소사실에 관한 심리결과 준강간죄의 불능미수 범죄사실이 인정되는 경우 법원은 직권으로 심판할 의무가 있음] ① 이 사건 공소사실과 준강간죄의 불능미수 범죄사실 사이에 범행일시, 장소, 피고인의 구체적 행위 등 기본적 사실에 차이가 없고, ② 공판 과정에서 준강간의 고의, 피해자의 항거불능 상태는 물론 준강간의 결과 발생 위험성에 관한 판단근거가 될 수 있는 피고인이 당시 인식한 피해자의 상태에 관한 공방 및 심리가 모두 이루어졌고 검사가 항소이유서에서 준강간죄의 불능미수 성립을 주장하고 피고인의 변호인이 그에 대한 답변서를 제출하기도 하여 직권으로 준강간죄 불능미수의 범죄사실을 인정하더라도 피고인의 방어권 행사에 실질적인 불이익을 초래할 염려가 있다고 볼 수 없으며, ③ 준강간죄의 불능미수가 중대한 범죄이고, 준강간죄의 장애미수와 사이에 범죄의 중대성, 죄질, 처벌가치 등 측면에서 별다른 차이가 없어, 공소장이 변경되지 않았다는 이유로 이를 처벌하지 않는다면 적정절차에 의한 신속한 실체적 진실의 발견이라는 형사소송의 목적에 비추어 현저히 정의와 형평에 반하므로 원심으로서는 준강간죄의 불능미수 범죄사실을 직권으로 인정하였어야 한다(2021도9043).

㉪ 유죄판결이 '법원의 의무인 경우'
　㉠ [장물취득죄 기소 → 장물보관죄 인정] (2003도1366)
　㉡ [히로뽕 투약 기수죄 기소 → 히로뽕 투약 미수죄 인정] (99도3674)
　㉢ [특가법 제5조의3 제1항 위반죄(도주차량운전) 기소 → 업무상과실치상죄 인정] (90도1283)
㉫ 유죄판결이 '법원의 의무가 아닌 경우'
　㉠ [허위사실적시 명예훼손죄 기소 → 사실적시 명예훼손죄 인정5)] (2007도1220) [15 선택]
　㉡ [특수강도죄 기소 → 공동 폭행·협박 또는 특수강도의 방조범 인정] (2001도4013) [13 선택]
　㉢ [상해치사죄 기소 → 폭행죄 인정] (90도1229)
　㉣ [기소된 사기 공소사실의 재산상 피해자와 공소장에 기재된 피해자가 다른 것이 판명된 경우, 법원이 취해야 할 조치] "甲은 A에 대한 2,000만 원의 대여금 채권이 없었음에도 불구하고, A 명의의 차용증을 허위로 작성하고, A 소유의 빌라에 관하여 甲 앞으로 근저당권설정등기를 마친 다음, 그에 기하여 빌라에 관한 부동산임의경매를 신청하여 경매절차가 진행된 결과 빌라는 B에게 매각되었으며 그 후 배당금 1,000만 원을 교부받았다."라는 공소사실로 검사는 甲을 A에 대한 사기죄로 기소하였다. 이 경우 기소된 공소사실의 재산상 피해자와 공소장에 기재된 피해자가 다른 것이 판명된 경우, 곧바로 피고인에게 무죄를 선고할 것이 아니라 공소사실의 동일성을 해하지 않고 피고인의 방어권 행사에 실질적 불이익을 주지 않는 한 공소장변경 없이 직권으로 공소장 기재와 다른 실제의 피해자를 적시하여 유죄로 인정하여야 한다(2013도564).6)

3. 공소장변경의 절차
① 신청의 주체와 방식
㉮ [신청의 주체] 공소장변경은 검사의 신청에 의한다(제298조 제1항).

---

5) 공소장변경 없이 축소사실을 인정할 수 있는지의 쟁점과 구별하여야 한다.
6) [판례해설] 위 경매절차는 무효로서 채무자나 물상보증인은 부동산의 소유권을 잃지 않고, 매수인은 부동산의 소유권을 취득할 수 없다. 따라서 공소사실에 따른 실제 피해자는 부동산 매수인 B이다.

ⓘ [신청의 방식] 검사가 공소장변경을 하고자 하는 때에는 그 취지를 기재한 <u>공소장변경허가신청서를 법원에 제출하여야 한다</u>(규칙 제142조 제1항). 다만, 법원은 피고인이 재정하는 <u>공판정에서는</u> 피고인에게 이익이 되거나 피고인이 동의하는 경우 <u>구술에 의한 공소장변경을 허가할 수 있다</u>(동조 제5항). [13 선택]

> **관련판례** 검사가 공소장변경허가신청서를 제출하지 않고 공소사실에 대한 검사의 의견을 기재한 서면을 제출하였더라도 이를 곧바로 공소장변경허가신청서를 제출한 것이라고 볼 수는 없다(2021도13108).

ⓓ [공소장변경의 신청 시한(원칙적으로 변론종결 전까지)] 법원이 적법하게 공판의 심리를 종결한 뒤에 이르러 검사가 공소장변경허가신청을 한 경우에는 반드시 공판의 심리를 재개하여 공소장변경을 허가하여야 하는 것은 아니다(2007도6553).

② 법원의 고지(송달)와 허가결정

㉮ [피고인 또는 변호인에 대한 고지와 부본 송달] 공소장변경허가신청이 있는 때에는 법원은 그 사유를 신속히 피고인 또는 변호인에게 고지하여야 한다(제298조 제3항). 법원은 <u>공소장변경허가신청서 부본</u>을 피고인 또는 변호인에게 즉시 송달하여야 한다(규칙 제142조 제3항). 동 규정은 피고인과 변호인 모두에게 부본을 송달하여야 하는 취지가 아님은 문언상 명백하므로, 공소장변경신청서 부본을 피고인과 변호인 중 어느 한 쪽에 대해서만 송달하였다고 하여 절차상 잘못이 있다고 할 수 없다(2014도14843). [18 선택]

㉯ [법원의 결정] ㉠ [공소장변경신청이 공소사실의 동일성을 해하지 아니하는 경우 법원은 이를 의무적으로 허가해야 하는지 여부(적극)] 형사소송법 제298조 제1항은 "법원은 공소사실의 동일성을 해하지 아니하는 한도에서 공소장변경을 허가하여야 한다."라고 규정하고 있으므로 공소장변경 신청이 <u>공소사실의 동일성을 해하지 아니하는 경우 법원은 이를 의무적으로 허가해야 한다</u>(2018도9810). [23 법사]

> **관련판례** 법원은 검사의 공소장변경허가신청에 대해 결정의 형식으로 이를 허가 또는 불허가하고, 법원의 허가여부 결정은 공판정 외에서 별도의 결정서를 작성하여 고지하거나 공판정에서 구술로 하고 공판조서에 기재할 수도 있다. 만일 공소장변경허가여부 결정을 공판정에서 고지하였다면 그 사실은 <u>공판조서의 필요적 기재사항이다</u>(제51조 제2항 제14호)(2023도3038). [24 선택]

㉡ [공소장변경신청의 기각결정] 공소장변경신청이 현저히 시기가 늦거나 부적합한 때 또는 공소장변경신청이 <u>공소사실의 동일성을 해하는 경우</u>(2012도2142) 법원은 공소장변경신청을 기각한다.

③ [법원의 결정에 대한 불복(소극)] 공소사실 또는 적용법조의 추가, 철회 또는 변경의 허가에 관한 결정은 판결 전의 소송절차에 관한 결정[7]이라 할 것이므로 당사자가 이에 대하여 <u>독립하여 상소할 수 없다</u>(87모17). [24·17·15 선택]

④ 허가 후의 절차

㉮ [검사의 변경된 공소사실 등 낭독 또는 변경요지 진술] (규칙 제142조 제4항)

㉯ [공소장변경 요지의 진술 없이 변론 종결한 후 판결선고(위법)] (91도65)

---

7) 법원의 관할 또는 판결 전의 소송절차에 관한 결정에 대하여는 특히 즉시항고를 할 수 있는 경우 외에는 항고하지 못한다(제403조 제1항).

ⓒ [허가의 취소] 공소사실의 동일성이 인정되지 않는 등의 사유로 공소장변경 허가결정에 위법사유가 있는 경우 공소장변경허가를 한 법원이 스스로 취소할 수 있다(2001도116). [17 선택]

ⓓ [공판절차의 정지] 공소장변경이 피고인의 불이익을 증가할 염려가 있다고 인정한 때에는 법원은 직권 또는 피고인이나 변호인의 청구에 의하여 피고인으로 하여금 필요한 방어의 준비를 하게 하기 위하여 결정으로 필요한 기간 동안 공판절차를 정지할 수 있다(제298조 제4항).

ⓔ [공소장변경 허가 후 공판절차를 정지하지 않아도 위법하지 않은 경우(방어권 행사에 실질적 불이익이 없는 경우)] 경합범으로 기소되었던 수개의 범죄사실을 상습범으로 변경한 정도라면 공소장변경허가를 한 후 공판기일을 상당기간 연기하지 않은 것이 위법이라고 할 수 없다(85도1193).

4. 법원의 공소장변경의 요구

① [의의 및 취지] 법원은 심리경과에 비추어 상당하다고 인정할 때에는 공소사실 또는 적용법조의 추가 또는 변경을 검사에게 요구하여야 한다(제298조 제2항)는 것을 말한다. 검사의 공소장변경이 필요함에도 그 변경이 없어 명백히 죄를 범한 자를 무죄로 하는 일이 없도록 하기 위한 제도이다.

② **쟁점 037** 법원의 공소장변경 요구의 의무성★★ [13 사례] [17·13 법사]

🔍 쟁점연구

1. 문제점
공소장변경요구가 법원의 재량인지 의무인지 여부가 문제된다.

2. 학설 및 判例
① 법원의 의무라는 [의무설], ② 법원의 재량이라는 [재량설], ③ 원칙적으로 법원의 재량이지만, 사안이 중대하고 증거가 명백함에도 공소장변경을 요구하지 않고 무죄를 선고하는 것이 현저히 정의와 형평에 어긋나는 경우에는 의무라는 [예외적 의무설]의 견해 대립이 있다.
④ [判例(법원의 재량)] 법원이 검사에게 공소장변경을 요구할 것인지 여부는 재량에 속하는 것이므로 법원이 검사에게 공소장의 변경을 요구하지 아니하였다고 하여 위법하다고 할 수 없다(대판 : 2010도5835). [14 선택] [23·21 법선]

3. 검토 및 결론
공소의 제기와 변경은 검사의 권한에 해당하므로 재량설이 타당하다. 따라서 법원이 검사에게 공소장변경을 요구하지 아니하였다고 하여 위법하다고 할 수 없다.

③ **쟁점 038** 법원의 공소장변경 요구의 효과

🔍 쟁점연구

I. 검사에 대한 효과

1. 문제점
법원이 검사에게 공소장변경을 요구한 경우 검사에게 복종의무가 있는지 문제가 된다.

2. 학설

① [권고효설] 공소장변경요구는 권고적 의미를 갖는데 그치고 검사에게 복종의무가 있는 것은 아니다.

② [명령효설] 공소장변경요구는 소송지휘권의 일종으로 그 요구에 대하여 검사에게 복종의무가 있다.

3. 검토 및 결론

공소장변경 요구는 법원의 소송지휘권에 의한 결정이므로 검사에게 복종의무가 있다고 보는 것이 타당하다.

II. 공소사실에 대한 형성력

1. 문제점

법원이 검사에게 공소장변경을 요구하였으나 검사가 이에 응하지 않은 경우, 그 법적 효과는 어떠한지 문제된다.

2. 학설

① [형성력 긍정설] 공소장변경 요구를 규정한 취지를 관철하기 위하여 공소장변경의 효과를 인정해야 한다.

② [형성력 부정설] 공소장변경의 효과를 의제하는 규정이 없다는 점에서 공소장변경의 효과를 인정할 수 없다.

3. 검토 및 결론

공소사실의 특정과 변경은 검사의 권한이므로 형성력을 부정하는 것이 타당하다.

5. 공소장변경이 허용되는 절차의 범위

① 상소심에서의 공소장변경

㉮ **쟁점 039** 항소심에서의 공소장변경★★★ [18·13 사례] [23·18 법사]

🔍 쟁점연구

1. 문제점

항소심에서도 공소장변경이 허용되는지 여부에 대하여 항소심의 구조와 관련하여 문제가 된다.

2. 학설 및 判例

① [부정설] 항소심은 사후심이므로 허용되지 않는다.

② [긍정설] 항소심은 속심이므로 허용된다.

③ [절충설] 항소심은 원칙적으로 사후심, 예외적으로 속심이므로 항소심이 파기자판을 하는 경우에 한하여 허용된다.

④ [判例(긍정설)] 형사소송법에 의하면 **항소심은 사후심적 성격이 가미된** 속심이라고 할 것이므로, 공소장변경은 항소심에서도 할 수 있다(대판 : 2013도7101). [22·18 선택]

3. 검토 및 결론

항소심은 속심이고, 제1심의 공판절차에 관한 규정이 항소심에도 적용되므로 항소심에서도 공소장변경이 허용된다고 보는 것이 타당하다.

④ **[상고심]** 상고심은 원칙적으로 법률심이고 사후심에 해당하기 때문에 공소장변경이 허용되지 아니한다. 다만, **상고심에서 파기환송 또는 파기이송을 받은 원심법원에서는** 공소장변경이 허용된다.

> 관련판례 [상고심에서 원심판결을 파기한 후 항소심에 환송한 경우 공소장변경을 할 수 있는지 여부(적극)] 피고인의 상고에 의하여 상고심에서 원심판결을 파기하고 사건을 항소심에 환송한 경우에도 공소사실의 동일성이 인정되면 공소장변경을 허용하여 심판대상으로 삼을 수 있다(2003도8153). [22·18·17 선택]

② 기타 절차에서의 공소장변경 인정 여부

⑦ **[간이공판절차**(인정)**]** 간이공판절차는 증거조사절차의 간이화와 증거능력 제한의 완화 이외에는 통상의 공판절차와 동일하기 때문에 공소장변경이 당연히 허용된다.

④ **[약식명령절차**(부정)**]** 약식명령절차는 공판절차가 아니므로 공판절차를 전제로 하는 공소장변경은 허용되지 않는다.

6. 쟁점 **040** 포괄일죄의 일부에 대한 추가기소의 법적효과(공소장변경 의제 인정 여부)*** [14 사례] [23·14 법사]

【CASE】
丙과 丁은 도박 등으로 각 벌금 300만 원의 약식명령을 발령받았지만, 丙은 정식재판을 청구하면서 특수상해로 서울중앙지방법원에서 재판 중인 자신의 사건과 병합심리를 요구하여 두 사건은 병합되었다. 검사는 丙에 대한 도박을 상습도박으로 그 죄명과 적용법조, 범죄사실을 변경하는 공소장 변경을 하였다. 丙에 대한 변경된 상습도박 등 사건의 계속 중에 검사는 丙의 2013. 6. 6. 포커도박 사실을 발견하고 도박으로 같은 법원에 추가기소하였고, 이 사건은 위 상습도박 등 사건에 병합되었다. 이 경우 추가기소에 대하여 법원이 취할 조치는? (단, 공소장 변경이 가능함을 전제할 것)　　【제3회 변호사시험 제1문】

🔍 쟁점연구 | 이중기소와 공소장변경의 특수문제

1. 문제점
검사가 포괄일죄를 이루는 일부사실을 먼저 기소하고, 사후에 그 포괄일죄의 나머지 부분을 다시 기소한 경우 이것이 이중기소에 해당하여 법원이 공소기각판결을 선고해야 하는지, 아니면 공소장변경으로 볼 수 있어 공소기각판결을 선고할 필요 없이 그대로 실체재판을 할 수 있는지 문제된다.

2. 학설 및 판례
① [공소기각판결설] 이중기소에 해당하므로 형사소송법 제327조 제3호에 의하여 공소기각판결을 선고하여야 한다.
② [공소장변경의제설] 형식적으로는 이중기소이지만 실질적으로 공소장변경에 해당하므로 실체재판을 해야 한다.
③ [석명후판단설] 검사에게 석명을 구한 후에 판단하여야 한다.
④ [判例] 공소장변경의제설에 따른 판례와 석명후판단설에 따른 판례가 분기하고 있다.

3. 검토

검사의 추가기소로 먼저 공소를 제기한 범죄사실과 추가기소된 범죄사실이 포괄일죄 또는 상상적 경합의 관계로 인정된다면 **검사의 추가기소에는 각 공소사실 전부를 처벌할 것을 신청하는 취지가 당연히 포함되어 있다고 볼 수 있어 공소장변경과는 절차상 차이가 있을 뿐 실질에 있어서 별 차이가 없으므로** 석명 절차를 거치지 않더라도 공소장변경이 의제된다는 공소장변경의제설이 타당하다.

【사례해설】

2013.10.1. 도박이 상습도박의 사실로 소송계속 중이므로 2013.6.6. 도박 사실에 대한 추가기소는 일응 이중기소에 해당하나 법원은 전후에 기소된 범죄사실 전부에 대하여 실체판단을 할 수 있고, 추가기소된 부분에 대하여 공소기각판결을 할 필요는 없다. 따라서 법원은 전후에 기소된 범죄사실 전부에 대하여 실체판단을 하면 된다.

① 석명후판단설에 따른 경우

㉮ **[단순범행이 먼저 기소된 후 상습범행이 추가로 기소되었으나 심리과정에서 전후 기소된 범죄사실이 포괄하여 하나의 상습범을 구성하는 것으로 밝혀진 경우, 법원의 조치(원칙적으로 실체재판)]** 단순 일죄라고 하여 사기범행을 먼저 기소하고 포괄일죄인 상습사기범행을 추가로 기소하였으나 그 심리과 정에서 전후에 기소된 범죄사실이 모두 포괄하여 상습사기의 일죄를 구성하는 것으로 밝혀진 경우에 는, 검사의 추가기소에는 전후에 기소된 각 범죄사실 전부를 포괄일죄로 처벌할 것을 신청하는 취지가 포함되었다고 볼 수 있어 공소사실을 추가하는 등의 공소장변경과는 절차상 차이가 있을 뿐 그 실질에 있어서 별 차이가 없으므로, **석명에 의하여** 추가기소의 공소장의 제출은 포괄일죄를 구성하는 행위로 서 먼저 기소된 공소장에 누락된 것을 추가 보충하고 죄명과 적용법조를 포괄일죄의 죄명과 적용법조 로 변경하는 취지의 것으로서 1개의 죄에 대하여 중복하여 공소를 제기한 것이 아님이 분명하여진 경 우에는 **위의 추가기소에 의하여 공소장변경이 이루어진 것으로 보아** 전후에 기소된 범죄사실 전부에 대하여 실체판단을 하여야 하고 추가기소에 대하여 공소기각판결을 할 필요는 없다(99도3929).

㉯ **[상상적 경합관계에 있는 공소사실 중 일부가 먼저 기소된 후 나머지 공소사실이 추가기소되고 이들 이 상상적 경합관계에 있음이 밝혀진 경우, 법원의 조치(원칙적으로 실체재판)]** 추가기소에 의하여 전후에 기소된 각 공소사실 전부를 처벌할 것을 신청하는 취지가 포함되었다고 볼 수 있어, 공소사실을 추가하는 등의 공소장변경과는 절차상 차이가 있을 뿐 실질에 있어서 별 차이가 없다. 따라서 법원으로 서는 **석명권을 행사**하여 1개의 죄에 대하여 중복하여 공소를 제기한 것이 아님이 분명해진 경우에는, **추가기소에 의하여 공소장변경이 이루어진 것으로 보아** 전후에 기소된 공소사실 전부에 대하여 실체 판단을 하여야 하고 추가기소에 대하여 공소기각판결을 할 필요가 없다(2012도2087).

② 공소장변경의제설에 따른 경우

㉮ **[수개의 협박 범행이 먼저 기소된 후 다시 별개의 협박 범행이 추가로 기소되었으나 심리과정에서 전 후 기소된 범죄사실이 포괄하여 하나의 협박죄를 구성하는 것으로 밝혀진 경우, 법원의 조치(원칙적 으로 실체재판)]** 실체적 경합범으로 기소된 범죄사실에 대하여 그 범죄사실을 그대로 인정하면서, 다 만 죄수에 관한 법률적인 평가만을 달리하여 포괄일죄로 처단하는 것이 피고인의 방어에 불이익을 주 는 것이 아니어서 공소장변경 없이도 포괄일죄로 처벌할 수 있는 점에 비추어 보면, 비록 협박죄의 포 괄일죄로 공소장을 변경하는 절차가 없었다거나 추가로 공소장을 제출한 것이 포괄일죄를 구성하는 행

위로서 기존의 공소장에 누락된 것을 추가·보충하는 취지의 것이라는 **석명절차를 거치지 아니하였다 하더라도**, 법원은 전후에 기소된 범죄사실 전부에 대하여 실체판단을 할 수 있고, 추가기소된 부분에 대하여 공소기각판결을 할 필요는 없다(2007도2595). [22 선택] [14 사례]

㉯ [검사가 단순일죄라고 하여 존속상해 범행을 먼저 기소하고 다시 포괄일죄인 폭처법 위반(상습존속상해) 범행을 추가로 기소하였는데 이를 병합하여 심리하는 과정에서 전후에 기소된 각각의 범행이 모두 포괄하여 하나의 폭처법위반(상습존속상해)죄를 구성하는 것으로 밝혀진 경우(원칙적으로 실제재판)] 폭처법위반(상습존속상해)죄의 포괄일죄로 공소장을 변경하는 절차가 없었다거나 추가기소의 공소장의 제출이 포괄일죄를 구성하는 행위로서 먼저 기소된 공소장에 누락된 것을 추가·보충하는 취지의 것이라는 **석명절차를 거치지 아니하였다 하더라도**, 법원은 전후에 기소된 범죄사실 전부에 대하여 실체판단을 할 수 있고, 추가기소된 부분에 대하여 공소기각판결을 할 필요는 없다고 할 것이다(2011도15356).

7. 빈출쟁점 정리

쟁점	키워드 암기	
1. 검사의 공소장변경이 허용되는가?	공소사실의 동일성 판단기준 ① 학설 　ⅰ) **기본적 사실동일설**　　ⅱ) **죄질동일설** 　ⅲ) **구성요건공통설**　　ⅳ) **소인공통설** ② 判例 　공소사실의 기초가 되는 사회적 사실관계가 기본적인 점에서 동일한지 여부 + 규범적 요소	공·사·기/ 사·사·기/ 규범적 요소
2. 법원이 어떤 범위에서 공소장변경절차 없이 공소장에 기재된 공소사실과 동일성이 인정되는 사실을 인정할 수 있는가? (공소장변경의 요부)	공소사실의 동일성 인정 + 피고인의 방어권행사에 실질적 불이익 초래할 염려가 없는 경우 + (방어권 행사에 있어서 실질적인 불이익 판단할 때) 피고인이 자신의 방어에 들일 노력·시간·비용과 법정형의 경중을 고려	공·사·동/ 방·실·익/ 시·노·비
3. 공소장의 변경이 없음에도 공소사실과 다른 범죄사실을 유죄로 판단할 의무가 있는가?	처벌하지 않는 것이 현저히 정의와 형평에 반하는 경우에만 예외적으로 다른 범죄사실을 유죄로 판단할 의무가 있다(예외적 의무설).	정·형·반
4. 법원이 검사에게 공소장변경을 요구하여야 하는가?	제298조 제2항 '요구하여야 한다'를 '요구할 수 있다'로 해석, 즉 법원의 재량	법원재량
5. 항소심에서의 공소장변경	항소심은 사후심적 성격이 가미된 속심	속심

03 공소시효

📝 핵심개념 공소시효

1. 의의

검사가 공소권을 유효하게 행사할 수 있는 기간을 말한다.

2. 공소시효기간

공소시효는 다음 기간의 경과로 완성한다(제249조 제1항).

대상범죄	시효기간
사형에 해당하는 범죄	25년
무기징역 또는 무기금고에 해당하는 범죄	15년
장기 10년 이상의 징역 또는 금고에 해당하는 범죄	10년
장기 10년 미만(장기 5년 이상)의 징역 또는 금고에 해당하는 범죄	7년
장기 5년 미만의 징역 또는 금고에 해당하는 범죄, 장기 10년 이상의 자격정지에 해당하는 범죄, 벌금에 해당하는 범죄	5년
장기 5년 이상의 자격정지에 해당하는 범죄	3년[8]
장기 5년 미만의 자격정지에 해당하는 범죄, 구류, 과료 또는 몰수에 해당하는 범죄	1년

의제공소시효 : 공소가 제기된 범죄에 대하여 판결의 확정이 없이 공소제기시부터 25년이 경과하면 공소시효가 완성된 것으로 간주한다.

제249조(공소시효의 기간) ② 공소가 제기된 범죄는 판결의 확정이 없이 공소를 제기한 때로부터 25년을 경과하면 공소시효가 완성한 것으로 간주한다.

제252조(시효의 기산점) ① 시효는 범죄행위의 종료한 때로부터 진행한다.

② 공범에는 최종행위의 종료한 때로부터 전공범에 대한 시효기간을 기산한다.

제253조(시효의 정지와 효력) ① 시효는 공소의 제기로 진행이 정지되고 공소기각 또는 관할위반의 재판이 확정된 때로부터 진행한다.

② 공범의 1인에 대한 전항의 시효정지는 다른 공범자에게 대하여 효력이 미치고 당해 사건의 재판이 확정된 때로부터 진행한다.

③ 범인이 형사처분을 면할 목적으로 국외에 있는 경우 그 기간 동안 공소시효는 정지된다.

④ 피고인이 형사처분을 면할 목적으로 국외에 있는 경우 그 기간 동안 제249조제2항에 따른 기간의 진행은 정지된다. <신설 2024.2.13>

---

8) 형사소송법은 공소시효 기간이 3년 또는 1년인 것을 규정하고 있지만, 실제로 이에 해당하는 범죄는 없다. 참고로 가장 가벼운 경범죄의 공소시효도 5년이다.

1. 공소시효의 계산 [19 선택] [19 사례]

① 기준이 되는 법정형

㉮ **[법정형 기준]** 공소시효기간은 법정형을 기준으로 계산한다. 두 개 이상의 형을 병과하거나 두 개 이상의 형에서 한 개를 과할 범죄에 대해서는 무거운 형에 의하여 공소시효기간을 계산한다(제250조).

㉯ **[가중·감경할 경우의 기준]** ㉠ 형법에 의하여 형을 가중·감경할 경우에는 가중 또는 감경하지 아니한 형에 의하여 공소시효기간을 계산한다(제251조). ㉡ 형법 이외에 특별법에 의하여 형을 가중·감경하는 경우에는 특별법상의 법정형(가중·감경한 형)을 기준으로 공소시효기간을 계산한다(77도2752). [23·22·21 법선]

㉰ **[교사범과 종범]** 정범의 법정형을 기준으로 공소시효기간을 계산한다. 다만, 필요적 공범의 경우에는 각각 개별적으로 결정한다.

㉱ **[신법의 법정형]** 범죄 후 법률의 개정에 의하여 법정형이 가벼워진 경우, 형법 제1조 제2항에 의하여 당해 범죄사실에 적용될 가벼운 법정형이 공소시효기간의 기준이 된다(2008도4376). [15 선택]

② 법정형의 기초인 범죄사실

㉮ **[원칙]** 공소시효는 공소장에 기재된 공소사실의 법정형을 기준으로 한다.

㉯ **[상상적 경합범의 경우 각각의 범죄사실을 분리하여 별도로 공소시효를 계산해야 하는지 여부(적극)]** 1개의 행위가 여러 개의 죄에 해당하는 경우 형법 제40조는 이를 과형상 일죄로 처벌한다는 것에 지나지 아니하고, 공소시효를 적용함에 있어서는 각 죄마다 따로 따져야 할 것인바 변호사법 위반죄의 공소시효가 완성되었다고 하여 그 죄와 상상적 경합관계에 있는 사기죄의 공소시효까지 완성되는 것은 아니다(2006도6356). [12 선택]

㉰ 공소장변경이 있는 경우

㉠ **[공소장변경이 있는 경우, 공소시효기간의 기준(변경된 공소사실의 법정형)]** 공소장변경절차에 의하여 공소사실이 변경됨에 따라 그 법정형에 차이가 있는 경우 변경된 공소사실에 대한 법정형이 공소시효기간의 기준이 된다(2003도585). [23·22·18·17 선택] [23·22 법선]

㉡ **[공소시효 완성여부의 기준시점(당초의 공소제기시)]** 공소장변경이 있는 경우 공소시효의 완성여부는 당초의 공소제기가 있었던 시점을 기준으로 판단할 것이고 공소장변경시를 기준으로 삼을 것이 아니다(2003도8153). [23·22 선택]

③ 공소시효의 기산점

㉮ **[원칙(범죄행위종료시)]** 공소시효는 범죄행위가 종료한 때로부터 진행한다(제252조 제1항). 범죄행위가 종료한 때에서 '범죄행위'는 당해 범죄행위의 결과까지도 포함한다(2002도3924).

㉯ **[공범의 특칙]** 공범의 경우에는 공범의 최종행위가 종료한 때를 기준으로 모든 공범의 시효기간을 계산한다(제252조 제2항).

㉰ **[거동범]** 결과발생이 있을 수 없으므로 행위 종료시부터 공소시효가 진행된다.

㉱ **[포괄일죄]** 포괄일죄의 공소시효는 최종의 범죄행위가 종료한 때로부터 진행한다(2014도5939).

㉲ **[미수범]** 미수범의 범죄행위는 행위를 종료하지 못하였거나 결과가 발생하지 아니하여 더 이상 범죄가 진행될 수 없는 때에 종료하고 그때부터 미수범의 공소시효가 진행한다(2016도14820). [23 법선]

㉳ **[즉시범]** 도주죄는 즉시범으로서 범인이 간수자의 실력적 지배를 이탈한 상태에 이르렀을 때 기수가 되어 도주 행위가 종료하는 것이므로 이때 이미 공소시효가 진행된다(79도622).

㉚ [계속범] 법익침해상태가 계속되고 있는 동안은 공소시효가 진행하지 않는다. 따라서 공익법인이 주무 관청의 승인을 받지 않은 채 수익사업을 하는 행위는 계속범에 해당한다고 보아야 할 것이니 승인을 받지 않은 수익사업이 계속되고 있는 동안에는 아직 공소시효가 진행하지 않는 것이다(2004도4751). [14 선택]

㉛ [뇌물죄(금전을 무이자로 차용한 경우)] 공무원이 그 직무에 관하여 금전을 무이자로 차용한 경우 공소시효는 금전을 무이자로 차용한 때로부터 기산한다(2011도7282). [21 선택]

㉜ [부정수표단속법 제2조 제2항 위반의 범죄(부정수표발행)] 발행인이 수표를 발행한 때에 비로소 성립하는 것이고 수표를 발행한 때부터 공소시효가 진행한다(2003도3394).

㉝ [강제집행면탈죄] ㉠ [채권의 허위양도(양도통지시)] 강제집행 면탈의 목적으로 채무자가 제3채무자에 대한 채권을 허위로 양도한 경우, 늦어도 그 통지가 있는 때에는 그 범죄행위가 종료하여 그때부터 공소시효가 진행된다(2011도6855). [17 선택]

㉡ [허위의 채무를 부담하는 내용의 채무변제계약 공정증서를 작성한 후 채권압류 및 추심명령을 받은 경우(채권압류 및 추심명령을 받은 때)] 채권압류 및 추심명령을 받은 때에 강제집행면탈죄가 성립함과 동시에 그 범죄행위가 종료되어 공소시효가 진행한다(2009도875). [16 선택]

④ [공소시효 계산방법] ㉮ 공소시효의 초일은 시간을 계산함이 없이 1일로 산정한다(제66조 제1항 단서).

㉯ 기간의 말일이 공휴일 또는 토요일이어도 그 날은 공소시효기간에 산입한다(동조 제3항 단서).

2. 공소시효의 정지

① [의의] 일정한 사유가 있는 경우 공소시효의 진행이 정지되고 그 사유가 없어지면 '나머지 기간'이 다시 진행하게 되는 것을 말한다.

② [중단과의 비교] 시효의 정지는 다시 처음부터 시효가 진행되는 시효중단과 다르다. 형사소송법은 피고인의 이익을 고려하여 공소시효의 중단은 인정하지 않고 정지만을 인정하고 있다.

③ 정지사유

㉮ [공소의 제기] ㉠ 공소시효는 공소의 제기로 진행이 정지된다(제253조 제1항). 공소제기로 정지된 공소시효는 공소기각 또는 관할위반의 재판이 확정된 때로부터 다시 진행한다(제253조 제1항). [24 선택]

관련판례 형사소송법 제253조 제3항에서 정지의 대상으로 규정한 '공소시효'는 범죄행위가 종료한 때로부터 진행하고 공소의 제기로 정지되는 구 형사소송법 제249조 제1항의 시효를 뜻하고, 그 시효와 별개로 공소를 제기한 때로부터 일정 기간이 경과하면 공소시효가 완성된 것으로 간주된다고 규정한 구 형사소송법 제249조 제2항에서 말하는 '공소시효'는 여기에 포함되지 않는다(2020도13547). [23 법선]

신설조문 피고인이 형사처분을 면할 목적으로 국외에 있는 경우 그 기간 동안 제249조 제2항에 따른 기간의 진행은 정지된다(제253조 제4항).9) [신설 2024. 2. 13.]

---

9) 위 판례를 계기로 제253조 제4항을 신설하여 피고인이 형사처분을 면할 목적으로 국외에 있는 경우 그 기간 동안 공소시효가 완성한 것으로 간주하기 위한 기간의 진행이 정지되도록 하였다.

ⓒ [공소장의 제출일자와 접수인 날짜가 다른 경우(공소장 제출일을 기준)] 공소제기는 공소장이 법원에 도달한 때 그 효력이 발생하므로, 공소장의 제출 일자와 법원 직원이 접수인을 찍은 날짜가 다르다면 공소장 제출 일자를 공소제기일로 보아야 하나 통상의 경우 공소장에 접수일로 찍혀 있는 날짜는 공소제기일로 추정된다(2002도690).

ⓔ [피고인의 신병이 확보되기 전에 공소가 제기된 경우 공소시효 진행의 정지 여부(적극)] 피고인의 신병이 확보되기 전에 공소가 제기되었다고 하더라도 그러한 사정만으로 공소제기가 부적법한 것이 아니고, 공소가 제기되면 위 규정에 따라 공소시효의 진행이 정지된다(2016도15526). [23 법선]

㉯ [범인의 해외도피] ㉠ [국외에서 범죄를 저지르고 국외에서 체류를 계속하는 경우] 범인이 형사처분을 면할 목적으로 국외에 있는 경우 그 기간 동안 공소시효는 정지된다(제253조 제3항). [22 사례] '범인이 형사처분을 면할 목적으로 국외에 있는 경우'란 범인이 **국내에서 범죄를 저지르고** 형사처분을 면할 목적으로 국외로 도피한 경우에 한정되지 아니하고, 범인이 **국외에서 범죄를 저지르고** 형사처분을 면할 목적으로 국외에서 체류를 계속하는 경우도 포함된다(2015도5916). [23·21 선택]

ⓛ ['형사처분을 면할 목적'을 인정할 수 없어 공소시효 진행이 정지되지 않는 경우] 법정최고형이 징역 5년인 부정수표단속법 위반죄를 범한 사람이 중국으로 출국하여 체류하다가 그곳에서 징역 14년을 선고받고 8년 이상 복역한 후 우리나라로 추방되어 위 죄로 공소제기된 사안에서, 위 수감기간 동안에는 형사소송법 제253조 제3항의 '형사처분을 면할 목적'을 인정할 수 없어 공소시효의 진행이 정지되지 않는다(2008도4101). [22 법선]

ⓒ [다른 고소사건과 관련하여 형사처분을 면할 목적으로 국외에 있은 경우] 당해 사건의 형사처분을 면할 목적으로 국외에 있었다고 볼 수 없다(2013도9162). [21 법선]

㉰ [재정신청] 재정신청이 있으면 고등법원의 재정결정이 확정될 때까지 공소시효의 진행이 정지된다(제262조의4 제1항).

㉱ [대통령으로서의 재직] 대통령의 불소추특권에 의하여 대통령 재직중에는 내란 또는 외환의 죄를 제외한 범죄에 대하여 공소시효의 진행이 정지된다(2020도3972). [22 법선]

④ 시효정지의 효력범위

㉮ [원칙] 공소제기로 인한 공소시효정지는 공소제기된 피고인에 대해서만 미치는 것이 원칙이다.

㉯ [예외] 공범처벌의 일관성과 균형성을 위하여 공범의 1인에 대한 시효정지는 다른 공범자에게 대하여 효력이 미치고 당해 사건의 재판이 확정된 때로부터 진행한다(제253조 제2항). [15 사례] 동조 제2항의 시효정지의 연대는 동조 제1항에 의한 경우를 의미하므로 **범인이 형사처분을 면할 목적으로 국외에 있는 경우의 공소시효 정지는 다른 공범자에게 미치지 않는다.** [24·22·15 선택] [23·21·17 법선]

㉰ [공소시효 정지에 관한 형사소송법 제253조 제2항의 '공범'에 뇌물공여죄와 뇌물수수죄 사이와 같은 대향범 관계에 있는 자가 포함되는지 여부(소극)] 공소시효 정지에 관한 형사소송법 제253조 제2항의 '공범'에 뇌물공여죄와 뇌물수수죄 사이와 같은 대향범 관계에 있는 자는 포함되지 않는다(2012도4842). [24·23·22·20·17·16 선택] [22 사례] [24 기록] [23 법선]

㉔ [공범 중 1인(乙)이 범죄의 증명이 없다는 이유로 무죄판결을 받고 확정된 경우, 그에 대한 공소제기에 의하여 진범(甲)에 대한 공소시효 진행이 정지되는지 여부(소극)] 공범의 1인으로 기소된 자가 구성요건에 해당하는 위법행위를 공동으로 하였다고 인정되기는 하나 책임조각을 이유로 무죄로 되는 경우와는 달리 범죄의 증명이 없다는 이유로 공범 중 1인이 무죄의 확정판결을 선고받은 경우, 그를 공범이라고 할 수 없어 그에 대하여 제기된 공소로써는 진범에 대한 공소시효 정지의 효력이 없다(98도4621). [17 · 16 · 12 선택]

㉕ [공범 중 1인에 대해 약식명령이 확정된 후 그에 대한 정식재판청구권회복결정이 있는 경우, 그 사이의 기간 동안 다른 공범자에 대한 공소시효가 진행되는지 여부(한정 적극)] 공범 중 1인에 대한 공소의 제기로 다른 공범자에 대한 공소시효의 진행이 정지되더라도 공소가 제기된 공범 중 1인에 대한 재판이 확정되면, 그 재판의 결과가 형사소송법 제253조 제1항이 규정한 공소기각 또는 관할위반인 경우뿐 아니라 유죄, 무죄, 면소인 경우에도 그 재판이 확정된 때로부터 다시 공소시효가 진행된다고 볼 것이고,10) 이는 약식명령이 확정된 때에도 마찬가지라고 할 것이다. 다만, 공범 중 1인에 대해 약식명령이 확정된 후 그에 대한 정식재판청구권회복결정이 있었다고 하더라도 그 사이의 기간 동안에는, 특별한 사정이 없는 한, 다른 공범자에 대한 공소시효는 정지함이 없이 계속 진행한다고 보아야 한다(2011도15137).

3. 공소시효 완성의 효과

㉠ 공소시효가 완성된 경우 공소제기 전이라면 검사는 공소권 없음 불기소처분을 해야하고, ㉡ 공소제기 후라면 법원은 면소판결을 선고해야 한다(제326조 제3호).

4. 공소시효의 특칙

① [공소시효 기산의 특례] (13세 이상이고 장애가 없는) 미성년자에 대한 성폭력범죄(강간등살인죄는 제외)의 공소시효는 해당 성폭력범죄로 피해를 당한 미성년자가 성년에 달한 날부터 진행한다(성폭법 제21조 제1항).

② [공소시효 연장의 특례] 성폭법 제2조 제3호 및 제4호의 죄와 제3조부터 제9조까지의 죄는 디엔에이(DNA)증거 등 그 죄를 증명할 수 있는 과학적인 증거가 있는 때에는 공소시효가 10년 연장된다(동조 제2항). 이는 아동 · 청소년대상 성폭력범죄의 경우에도 동일하다(아청법 제20조 제1항 · 제2항).

③ [공소시효 배제의 특례] ㉠ [살인범죄] 사람을 살해한 범죄(종범은 제외)로 사형에 해당하는 범죄에 대해서는 공소시효 규정을 적용하지 아니한다(제253조의2). [22 · 16 법선]

㉡ [성폭력범죄] 13세 미만의 사람 및 신체적인 또는 정신적인 장애가 있는 사람에 대한 강간죄 등의 성폭력범죄(성폭법 제21조 제3항), 형법 · 성폭법 등의 강간등살인의 죄에 대해서는 공소시효 규정을 적용하지 아니한다(성폭법 제21조 제4항). [23 · 22 법선]

㉢ [헌정질서파괴범죄와 집단살해범죄] 헌정질서파괴범죄와 집단살해범죄에 대해서는 공소시효 규정을 적용하지 아니한다(헌정범죄시효법 제3조).

---

10) 단독범에 대하여 정지된 공소시효가 다시 진행되기 위한 요건인 '공소기각 또는 관할 위반의 재판이 확정된 때'와 차이가 있다는 점을 유의하여야 한다.

해커스변호사
law.Hackers.com

제4편
소송주체와
소송절차의 일반이론

제1장 | 소송주체

01 법원의 관할

📝 핵심개념 법원의 관할

1. 관할의 종류

구분			내용
사건관할	피고사건 자체의 심판에 관한 관할		
	법정관할		법률의 규정에 의하여 정해지는 관할
		고유관할	심급관할, 사물관할, 토지관할
		관련사건관할	고유관할과 관련해서 인정되는 관할
	재정관할		법원의 재판을 통해서 정해지는 관할(관할의 지정과 이전)
직무관할	피고사건과 관련된 특수절차의 심판에 관한 관할(재심, 비상상고, 재정신청, 형사보상 등)		

2. 법정관할

① [사물관할(제1심의 관할)]

㉮ [의의] 사건의 경중이나 성질에 의한 제1심 법원의 관할 분배를 말한다. 사물관할에는 단독판사와 합의부가 있다.

㉯ [단독판사 관할] 제1심은 원칙적으로 단독판사 관할이다(법원조직법 제7조 제4항).

㉰ [합의부 관할] (법원조직법 제32조 제1항)

② [토지관할] 토지관할이란 동등 법원 사이에 있어 지역적·장소적 관계에 의한 제1심 법원의 관할의 분배를 말한다.

③ [심급관할(제2심·제3심)] 심급관할이란 상소관계에 있어서의 관할을 말한다.

④ [관련사건 관할] 관련사건 관할이란 당해사건에 대하여 고유관할이 없는 법원임에도 관련사건임을 이유로 관할권을 인정하는 것을 말한다. 관련사건이란 고유관할이 인정된 하나의 사건을 전제로 그 사건과 인적(1인이 범한 수죄) 또는 물적(수인이 범한 1죄) 관련성 등이 인정되는 사건을 말한다.

Ⅰ. 토지관할

1. 토지관할의 결정기준(제4조)

① [범죄지(제1항)] 범죄지란 범죄사실의 전부 또는 일부가 발생한 장소를 말한다.

② [피고인의 주소·거소·현재지(제1항)] 공소제기 당시 피고인이 현재한 장소로서 임의에 의한 현재지뿐만 아니라 적법한 강제에 의한 현재지도 이에 해당한다. 소말리아 해적인 피고인들에 대한 체포·구금·인도 등이 적법한 절차에 따라 이루어져 피고인들이 현재 부산구치소에 구금되어 있으므로 부산지방법원에 토지관할이 있다(2011도12927). [18 선택]

2. 지방법원 본원과 지방법원 지원의 관계(토지관할의 분배에 있어 대등한 관계)

제1심 형사사건에 관하여 지방법원 본원과 지방법원 지원은 소송법상 별개의 법원이자 각각 일정한 토지관할 구역을 나누어 가지는 대등한 관계에 있으므로 지방법원 지원에 제1심 토지관할이 인정된다는 사정만으로 당연히 지방법원 본원에도 제1심 토지관할이 인정된다고 볼 수는 없다(2015도1803). [24 선택]

3. 토지관할의 우열(없음)

토지관할 결정 기준은 우열이 없으므로 하나의 피고사건에 관하여 수개의 법원이 토지관할을 가질 수 있다. 따라서 제1심법원이 피고인의 현재지인 이상, 그 범죄지나 주소지가 아니더라도 그 판결에 토지관할 위반의 위법은 없다(83도3333). [22 선택]

Ⅱ. 관련사건 관할

1. 관련사건의 정의(제11조)

① [1인이 범한 수죄(제1호)] 수죄란 형법상 실체적 경합범을 말한다. 상상적 경합범은 형사소송법상 일죄이므로 이에 해당되지 않는다.

② [수인이 공동으로 범한 죄(제2호)] 공동으로 범한 죄에는 형법 총칙상의 공범뿐만 아니라 필요적 공범과 합동범이 포함된다.

③ [수인이 동시에 동일장소에서 범한 죄(제3호)] 형법상 동시범이 이에 해당한다.

④ 범인은닉죄·증거인멸죄·위증죄·허위감정통역죄·장물에 관한 죄와 그 본범의 죄(제4호)

2. 관련사건의 병합관할(관할의 확장)

① [의의] 관련사건 일부에 대하여 관할권이 있는 법원은 관련사건 전부에 대해서도 관할권이 인정된다.

② [사물관할의 병합관할] 사물관할을 달리하는 수개의 사건이 관련된 때에는 법원 합의부는 병합관할한다(제9조).

③ [토지관할의 병합관할] 사물관할은 동일하지만 토지관할을 달리하는 수개의 사건이 관련된 때에는 1개의 사건에 관하여 관할권 있는 법원은 다른 사건까지 관할할 수 있다(제5조).

④ [관련사건 관할이 병합 기소나 병합심리를 전제로 하는지의 여부(소극)] 고유 관할사건 계속 중 고유관할법원에 관련사건이 계속된 이상 그 후 양 사건이 병합되어 심리되지 아니한 채 고유사건에 대한 심리가 먼저 종결되었다 하더라도 관련사건에 대한 관할권은 여전히 유지된다(2006도8568).

⑤ 관련사건의 병합심리

㉮ **[의의]** 관련사건은 병합관할이 인정되므로 심리의 편의를 위하여 심리를 병합할 수 있다. 병합심리는 관련사건이 모두 동일 심급에 계속되고 있음을 전제로 한다.

㉯ **[사물관할의 병합심리]** ㉠ '사물관할을 달리하는' 수개의 관련사건이 각각 법원 합의부와 단독판사에 계속된 때에는 합의부는 결정으로 단독판사에 속한 사건을 병합하여 심리할 수 있다(제10조). 사물관할의 병합심리는 관련사건이 법원 합의부와 단독판사에 계속된 각 사건이 토지관할을 달리하는 경우에도 적용한다(형사소송규칙 제4조 제1항). [22·14 선택]
ㄴ 사물관할을 달리하는 수 개의 관련 항소 사건이 각각 고등법원과 지방법원 본원 합의부에 계속된 때에는 고등법원은 결정으로 지방법원 본원합의부에 계속한 사건을 병합하여 심리할 수 있다(형사소송규칙 제4조의2 제1항).

㉰ **[토지관할의 병합심리]** ㉠ **[의의]** '사물관할이 동일하지만' 토지관할을 달리하는 수개의 관련사건이 각각 다른 법원에 계속된 때에는 **공통되는 직근 상급법원**은 검사 또는 피고인의 신청에 의하여 결정으로 1개 법원으로 하여금 병합심리 하게 할 수 있다(제6조). [22 선택] 따라서, 토지관할을 달리하는 수 개의 제1심 법원들에 관련 사건이 계속된 경우에 그 소속 고등법원이 같은 경우에는 그 고등법원이, 그 소속 고등법원이 다른 경우에는 대법원이 위 제1심 법원들의 공통되는 직근상급법원으로서 토지관할 병합심리 신청사건의 관할법원이 된다(全 2006초기335). [20 선택]
ㄴ **[관련사건이 마산지방법원 항소부와 부산고등법원에 각각 계속된 경우에 '토지관할 병합심리'가 가능한지 여부**(소극)**]** '각각 다른 법원'이란 사물관할은 같으나 토지관할을 달리 하는 동종, 동등의 법원을 말하는 것이므로 사건이 각각 계속된 마산지방법원 항소부와 부산고등법원은 심급은 같을지언정 사물관할을 같이하지 아니하여 여기에 해당하지 아니한다(90초56).[1] [19·14 선택]

기출지문 피고인 甲의 A사건은 지방법원 본원 항소부에, 甲의 B사건은 고등법원에 각각 계속되어 있는 경우 甲은 대법원의 결정에 의하여 고등법원에서 병합심리를 받을 수 있다. [×] [14 선택]

㉱ 관련사건의 병합심리

제1사건	제2사건	병합심리유형	병합심리 결정 법원
서울 남부 합의부	서울 남부 단독	사물관할	서울 남부 합의부
서울 중앙 합의부	대구 단독	사물관할	서울 중앙 합의부
부산 고등법원 (합의 항소)	마산 항소부 (단독 항소)	사물관할	부산고등법원
서울 중앙 합의부	서울 동부 합의부	토지관할	서울고등법원
서울 중앙 단독	광주 단독	토지관할	대법원

---

1) [판례해설] 마산지방법원 항소부는 '단독사건'의 항소심이며 부산고등법원은 '합의부사건'의 항소심이다. 사물관할은 '제1심'을 기준으로 하므로 양 사건은 사물관할이 다르다는 점을 주의해야 한다. 이는, 사물관할이 다르기 때문에 토지관할의 병합심리의 전제가 충족되지 못한 경우이다.

3. 재정관할

① [의의] 법원의 재판에 의하여 정해지는 관할을 말한다. 재정관할에는 관할의 지정과 이전이 있다.

② [관할의 이전(제15조)2)] 검사는 관할이전의 사유가 있으면 직근 상급법원에 관할이전을 신청하여야 한다(검사는 신청이 의무임). 피고인도 이 신청을 할 수 있다(피고인은 신청이 권리이며 의무가 아님). [14 선택]

4. 관할의 경합

① [의의] 법원의 관할이 여러 기준에 의하여 정해지기 때문에 동일사건에 대하여 둘 이상의 법원이 관할권을 갖게 되는 경우를 말한다.

② 우선순위의 원칙

㉮ [사물관할의 경합] '동일사건'이 사물관할을 달리하는 수 개의 법원에 계속된 때에는 법원 합의부가 심판한다(제12조). [22 선택]

㉯ [토지관할의 경합(선착수(着手) 우선의 원칙)] '동일사건'이 사물관할을 같이하는 수 개의 법원에 계속된 때, 토지관할 경합의 경우 원칙적으로 먼저 공소를 받은 법원이 심판한다. 다만, 각 법원에 공통되는 바로 위의 상급법원은 검사나 피고인의 신청에 의하여 결정으로 뒤에 공소를 받은 법원으로 하여금 심판하게 할 수 있다(제13조). [24 · 22 선택]

5. 관할권 부존재의 효과

① [관할위반 판결의 선고] 관할이 없으면 관할위반 판결을 선고하여야 하며, 임의적으로 관할권 있는 법원으로 이송 결정을 할 수 없다(제319조).

② [관할위반과 소송행위의 효과] 소송행위는 관할위반인 경우에도 그 효력에는 영향이 없다(제2조). 따라서 관할위반 판결을 선고한 법원이 작성한 공판조서 · 증인신문조서 등은 여전히 증거가 될 수 있다. [24 선택] 또한 관할권이 없는 법원에 대한 공소제기도 공소시효를 정지시키는 효력이 있다.

③ [관할위반과 상소] 관할을 위반하여 선고한 판결은 절대적 항소이유와 상고이유가 된다(제361조의5 제3호, 제383조 제1호). 관할위반의 재판이 법률에 위반됨을 이유로 원심판결을 파기하는 때에는 판결로써 사건을 원심법원 또는 제1심 법원으로 환송하여야 하고(제366조, 제395조) 관할인정이 법률에 위반됨을 이유로 원심판결을 파기하는 때에는 판결로써 사건을 관할법원에 이송하여야 한다(제367조, 제394조).

6. 사건의 이송

① [의의] 수소법원이 소송계속 중인 사건을 다른 법원이 심판하도록 소송계속을 이전시키는 것을 말한다.

② [현재지 관할법원 이송(임의적 이송)] 법원은 피고인이 그 관할구역 내에 현재하지 아니하는 경우에 특별한 사정이 있으면 결정으로 사건을 피고인의 현재지를 관할하는 동급법원에 이송할 수 있다(제8조 제1항).

---

2) 관할법원이 재판권을 행사할 수 없거나 재판의 공평을 유지하기 어려운 경우 사건을 관할권 없는 다른 법원으로 옮기는 것을 말한다.

③ 공소장변경과 합의부 이송(필요적 이송)

㉮ 단독판사의 관할사건이 공소장 변경에 의하여 합의부 관할사건으로 변경된 경우에는 단독판사는 '관할위반의 판결을 선고하지 않고' 결정으로 관할권이 있는 법원인 합의부에 이송한다(제8조 제2항). [14 선택] [14 사례]

㉯ [제1심에서 합의부 관할사건에 관하여 단독판사 관할사건으로 죄명, 적용법조를 변경하는 공소장변경허가신청서가 제출된 경우, 합의부가 취해야 할 조치(공소장변경허가 여부와 관계없이 실체재판)] 제1심에서 합의부 관할사건에 관하어 단독판사 관할사건으로 죄명, 적용법조를 변경하는 공소장변경허가신청서가 제출된 경우, 합의부는 공소장변경허가결정을 하였는지에 관계없이 사건의 실체에 들어가 심판하였어야 하고, 사건을 단독판사에게 재배당 할 수 없다(2013도1658).3) [24·22·18 선택]

㉰ 쟁점 **041** 항소심에서 합의부 관할사건으로 공소장변경이 된 경우 항소심의 조치** [13 사례] [16 법사]

【CASE】
제1심에서 甲에 대한 단순횡령죄로 기소하여 단독 재판부에서 유죄판결을 받은 후 항소심인 지방법원 합의부에서 재판 도중 검사는 합의부사건에 해당하는 특정경제범죄가중처벌법위반(횡령)으로 공소장변경신청을 하여 법원은 공소장변경을 허가하였다. 그 이후의 법원의 조치 내용은 무엇인가?

【제2회 변호사시험 제2문】

🔍 쟁점연구
1. 문제점
항소심에서 단독판사 관할사건이 합의부 관할사건으로 공소장변경이 된 경우 형사소송법 제8조 제2항을 적용할 수 있는지, 만약 적용된다면 관할권이 있는 법원이 어디인지 문제가 된다.

2. 학설 및 判例
① [합의부 제1심 관할설] 항소심(지방법원본원 합의부)이 제1심으로 재판하여야 한다.
② [항소심 관할설] 항소심이 제2심으로 재판하여야 한다.
③ [이송설] 항소심이 제8조 제2항을 적용하여 고등법원으로 사건으로 이송하여야 한다.
④ [관할위반설] 항소심이 관할위반판결을 선고하여야 한다.
⑤ [判例(관할권 있는 고등법원으로 이송조치)] 항소심에서 공소장변경에 의하여 단독판사의 관할사건이 합의부 관할사건으로 된 경우에도 법원은 사건을 관할권이 있는 법원에 이송하여야 하고 항소심에서 변경된 위 합의부 관할사건에 대한 관할권이 있는 법원은 고등법원이라고 봄이 상당하다(대판 : 97도2463). [14·13 선택]

3. 검토 및 결론
소송경제를 고려한 형사소송법 제8조 제2항의 취지에 비추어 보았을 때, 항소심은 제8조 제2항을 적용하여 고등법원으로 사건으로 이송하여야 한다는 견해가 타당하다. 사안의 경우 법원은 공소장변경 신청을 허가한 후, 사건을 관할권이 있는 고등법원으로 이송하여야 한다.

---

3) [판례해설] 형사소송법 제8조 제2항은 단독판사 관할사건이 합의부 관할사건으로 변경된 경우 합의부로 이송해야 한다고 규정하고 있으나, 그 역으로 합의부 관할사건이 단독판사 관할사건으로 변경된 경우에 대해서는 형사소송법에 명문의 규정이 없으며 제8조 제2항이 적용될 수도 없으므로 그냥 합의부가 심판해야 하고 단독판사에게 이송할 수 없다는 취지의 판례이다.

【사례해설】

사안에서 단순횡령죄의 공소사실과 특정경제범죄가중처벌법위반(횡령)죄의 공소사실은 이득액만 차이
가 있고 기본적 사실이 동일하므로 항소심 법원은 공소장변경을 허가하여야 한다. 한편, 신속한 재판을 받
을 권리와 심급에 따른 재판을 받을 권리를 함께 고려하여 항소심에서 단독사건이 합의부사건으로 공소장
변경이 된 경우에도 제8조 제2항을 적용할 수 있다고 보아 관할권이 있는 고등법원으로 사건을 이송하여
야 한다고 보는 것이 타당하므로 법원은 검사의 공소장변경신청을 허가한 후, 사건을 관할권이 있는 고등
법원으로 이송하여야 한다.

㉣ **[국민참여재판 관할법원 이송]** 피고인이 국민참여재판을 원하는 의사를 표시한 경우, 지방법원 지원
합의부가 배제결정을 하지 아니하는 경우, 국민참여재판절차 회부결정을 하여 사건을 지방법원 본원
합의부로 이송하여야 한다(형사재판 참여에 관한 법률 제10조 제1항). [14 선택]

㉤ **[보호사건의 소년부 송치]** 법원은 소년에 대한 피고사건을 심리한 결과 보호처분에 해당할 사유가 있
다고 인정하면 결정으로 사건을 관할 소년부에 송치하여야 한다(소년법 제50조). [14 선택]

㉥ 치료감호사건이 지방법원이나 지방법원지원에 청구되어 피고사건 항소심을 담당하는 합의부에 배당
된 경우 그 합의부는 치료감호사건과 피고사건을 모두 고등법원에 이송하여야 한다(2009도6946).
[24 선택]

02 제척 · 기피 · 회피

📑 핵심개념

1. **[개념 및 적용대상]** 제척 · 기피 · 회피란 불공평한 재판을 할 염려가 있는 법관을 직무집행에서 배제시키
기 위한 제도를 말한다. 제척 · 기피 · 회피제도는 통상의 공판절차 이외에도 약식절차나 즉결심판절차에
서도 적용되고 재심심판절차에서도 적용된다. 피고사건의 심판을 담당하는 법관 이외에 수명법관과 수
탁판사에게도 적용된다.

2. **[제척]** 구체적 사건의 심판에서 법관이 불공평한 재판을 할 우려가 현저한 경우를 유형적으로 정해 놓고
그 사유에 해당하는 법관을 직무집행에서 당연히 배제시키는 제도를 말한다(제17조).

3. **[기피]** 법관이 제척의 사유가 있음에도 재판에 관여하거나 기타 불공평한 재판을 할 염려가 있는 경우에
당사자의 신청에 의한 법원의 결정으로 당해 법관을 직무집행에서 배제시키는 제도를 말한다(제18조).

4. **[회피]** 법관 스스로 기피원인이 있다고 판단하는 때 즉 제척의 사유 기타 불공평한 재판을 할 염려가 있
다고 판단하는 때에 자발적으로 직무집행에서 탈퇴하는 제도를 말한다(제24조 제1항). [16 선택]

제17조(제척의 원인) 법관은 다음 경우에는 직무집행에서 제척된다.
> 1. 법관이 피해자인 때
> 2. 법관이 피고인 또는 피해자의 친족 또는 친족관계가 있었던 자인 때
> 3. 법관이 피고인 또는 피해자의 법정대리인, 후견감독인인 때
> 4. 법관이 사건에 관하여 증인, 감정인, 피해자의 대리인으로 된 때
> 5. 법관이 사건에 관하여 피고인의 대리인, 변호인, 보조인으로 된 때
> 6. 법관이 사건에 관하여 검사 또는 사법경찰관의 직무를 행한 때
> 7. 법관이 사건에 관하여 전심재판 또는 그 기초되는 조사, 심리에 관여한 때
> 8. 법관이 사건에 관하여 피고인의 변호인이거나 피고인·피해자의 대리인인 법무법인, 법무법인 (유한), 법무조합, 법률사무소, 「외국법자문사법」 제2조 제9호에 따른 합작법무법인에서 퇴직한 날부터 2년이 지나지 아니한 때
> 9. 법관이 피고인인 법인·기관·단체에서 임원 또는 직원으로 퇴직한 날부터 2년이 지나지 아니한 때

제25조(법원사무관등에 대한 제척·기피·회피) ① 본장의 규정은 제17조 제7호의 규정을 제한 외에는 법원서기관·법원사무관·법원주사 또는 법원주사보(이하 "법원사무관등"이라 한다)와 통역인에 준용한다.
② 전항의 법원사무관등과 통역인에 대한 기피재판은 그 소속법원이 결정으로 하여야 한다. 단, 제20조 제1항의 결정은 기피당한 자의 소속법관이 한다.

1. 제척의 사유(제17조)

① **[법관이 피고인 또는 피해자의 친족 또는 친족관계가 있었던 자인 때(제2호)] [피해자의 사실혼 배우자인 것이 제척사유에 해당하는지 여부**(소극)**]** 사실혼 관계에 있는 사람은 민법 소정의 친족이라고 할 수 없어 형사소송법 제17조 제2호에서 말하는 친족에 해당하지 않으므로 통역인이 피해자의 사실혼 배우자라고 하여도 통역인에게 제척사유가 있다고 할 수 없다(2010도13583).4) [16 선택] [21 법선]

② **[법관이 사건에 관하여 증인, 감정인, 피해자의 대리인으로 된 때(제4호)]** 통역인이 사건에 관하여 증인으로 증언한 때에는 직무집행에서 제척되고, 제척사유가 있는 통역인이 통역한 증인의 증인신문조서는 유죄 인정의 증거로 사용할 수 없다(2010도13583). [16 선택]

③ 법관이 사건에 관하여 전심재판 또는 그 기초되는 조사, 심리에 관여한 때(제7호)

㉮ 전심재판 관여

㉠ **[의의]** '전심재판'이란 상소에 의하여 불복이 신청된 재판을 의미한다. 즉, 제2심에 있어서는 제1심이, 제3심에 있어서는 제2심 또는 제1심이 전심이 된다.

---

4) 본장의 규정은 제17조 제7호의 규정을 제한 외에는 법원서기관·법원사무관·법원주사 또는 법원주사보(이하 "법원사무관등"이라 한다)와 통역인에 준용한다(제25조).

ⓛ **쟁점 042** 약식명령을 발부한 법관이 정식재판을 담당한 경우 제척여부★★ [14 사례]

【CASE】

2018. 10. 1.부터 2019. 1. 31.경까지 약 4개월간 10회에 걸쳐 상습도박을 한 혐의로 검사가 甲을 약식기소하였다. 위 약식사건에서 벌금 200만 원의 약식명령을 발령한 판사가 甲이 청구한 정식재판을 다시 심리하여 벌금 300만 원을 선고하였다. 판사의 재판은 적법한가?   **【2013년 사법고시】**

🔍 쟁점연구

1. 문제점

약식명령을 발부한 법관이 그 정식재판절차의 제1심에 관여한 경우, 제척되는지 여부가 문제된다.

2. 학설 및 判例 [동일한 심급 내에서 절차만 달리]

① [적극설] 예단과 편견 때문에 불공평한 재판의 염려가 있으므로 제척된다.

② [소극설(다수설)] 약식명령과 그 정식재판절차의 제1심은 동일 심급에서 절차만 달리하는 것이므로 제척되지 않는다.

③ [判例(소극설)] 약식절차와 정식재판청구에 의하여 개시된 제1심 공판절차는 <u>동일한 심급 내에서 서로 절차만 달리할 뿐이므로</u>, 약식명령이 제1심 공판절차의 전심재판에 해당하는 것은 아니고, 따라서 약식명령을 발부한 법관이 정식재판 절차의 제1심판결에 관여하였다고 하여 형소법 제17조 제7호에 정한 '법관이 사건에 관하여 전심재판 또는 그 기초되는 조사, 심리에 관여한 때'에 해당하여 제척의 원인이 된다고 볼 수는 없다(대판 : 2002도944). [24 · 21 · 14 선택]

3. 검토 및 결론

약식절차와 그에 대한 정식재판절차는 모두 제1심으로 동일한 심급에 해당한다. 따라서 약식명령을 발부한 법관이 그 정식재판절차의 제1심에 관여하더라도 제척의 사유가 되지 않는다고 보아야 한다.

【사례해설】

약식명령을 발부한 판사가 다시 정식재판절차에 관여하여 재판을 한 것은 위법하다고 할 수 없다. 한편, 피고인이 정식재판을 청구한 사건에 대하여는 약식명령의 형보다 중한 종류의 형을 선고하지 못한다(제457조의2 제1항). 사안의 경우 판사는 약식명령의 벌금 200만 원보다 중한 벌금 300만 원을 선고하였지만, 이는 중한 종류의 형을 선고한 것은 아니므로 위법하다고 할 수 없다.

관련판례 약식명령을 한 판사가 그 정식재판절차의 항소심판결에 관여함은 '법관이 사건에 관하여 전심재판 또는 그 기초되는 조사, 심리에 관여한 때'에 해당하여 <u>제척의 원인이 된다</u>(2011도17). [24 · 20 · 17 · 15 선택] [21 법선]

ⓒ ['전심재판에 관여한 때'에 해당하지 않아 법관이 제척되지 않는 경우] <u>파기환송판결 전의 원심에</u> 관여한 재판관이 환송 후의 원심 재판관으로 관여하였다고 하여도 형사소송법 제17조에 위배된다고 볼 수 없다(78도3204). [16 선택]

ⓔ [제척 또는 기피되는 재판(불복이 신청된 당해 사건의 판결절차)] 제척 또는 기피되는 재판은 불복이 신청된 당해 사건의 판결절차를 말하는 것이므로 약식명령을 발부한 법관이 그 정식재판절차의 항소심 공판에 관여한 바 있어도 후에 경질되어 그 판결에는 관여하지 아니한 경우는 전심재판에 관여한 법관이 불복이 신청된 당해 사건의 재판에 관여하였다고 할 수 없다(85도281). [24 선택] [23 법선]

㉯ [전심재판의 기초되는 조사심리에 관여]
　㉠ [의의] 제척 원인인 '법관이 사건에 관하여 그 기초되는 조사에 관여한 때'라 함은 전심재판의 내용 형성에 사용될 자료의 수집ㆍ조사에 관여하여 그 결과가 전심재판의 사실인정 자료로 쓰여진 경우를 말한다(99도155).
　㉡ ['전심재판의 기초되는 조사심리에 관여한 때'에 해당하는 경우] 제1심판결에서 유죄의 증거로 사용된 증거를 조사한 판사는 전심재판의 기초가 되는 조사, 심리에 관여한 것이고 항소심재판에 관여할 수 없다(99도3534).
　㉢ '전심재판의 기초되는 조사심리에 관여한 때'에 해당하지 않는 경우
　　ⓐ 법관이 수사단계에서 피고인에 대하여 구속영장을 발부한 경우(89도612)
　　ⓑ 법관이 구속적부심사에 관여한 경우(2004도5710) [16 선택]
　　ⓒ 공소제기 전에 검사의 증거보전 청구에 의하여 증인신문을 한 법관(71도974) [16 법사]
　　ⓓ 법관이 피고인에 대한 구속영장 발부에 있어서 심문을 담당한 경우(2001도7095)
　　ⓔ 검사가 불기소한 부분에 관하여 한 재정신청 사건에 관여하여 이를 기각한 법관들이, 고발 사실 중 공소가 제기된 사건의 항소심에서 재판장과 주심판사로 관여한 경우(2013도10316)

2. 기피의 사유(제18조 제1항)

① [법관이 불공평한 재판을 할 염려가 있는 때(제2호)] 법관이 심리 중 피고인으로 하여금 유죄를 예단하는 취지로 미리 법률판단을 한 때에는 경우에 따라서 불공평한 재판을 할 염려가 있는 경우에도 해당될 수 있다(74모68).

② 기피의 사유가 되지 않는 경우
　㉠ 공소장변경 허가신청에 대하여 불허가결정(2001모2)
　㉡ 재판장이 피고인의 증인에 대한 신문을 제지한 사실(95모10)
　㉢ 재판부가 당사자의 증거신청을 채택하지 아니하거나 이미 한 증거결정을 취소(95모10) [16 선택]

③ [기피신청의 재판(간이기각결정)] 기피신청이 소송의 지연을 목적으로 함이 명백하거나 기피신청이 부적법한 때(관할권 없는 법원에 신청한 경우)에는 신청을 받은 법원 또는 법관은 결정으로 이를 기각한다. 간이기각결정에 대하여 즉시항고할 수 있으나 통상의 즉시항고와는 달리 재판의 집행(소송절차가)이 정지되지 아니한다(제23조 제2항).

④ [기피신청을 받은 법관이 소송 진행을 정지하지 않고 한 소송행위의 효력(무효)] 기피신청을 받은 법관이 본안의 소송절차를 정지하지 않은 채 그대로 소송을 진행하여서 한 소송행위는 그 효력이 없고, 이는 그 후 그 기피신청에 대한 기각결정이 확정(불공정 재판 염려가 없었다는 의미임)되었다고 하더라도 마찬가지이다(2012도8544). [16 선택]

⑤ [기피신청에 대한 재판] 기피신청이 이유 없다고 인정하는 때에는 결정으로 기피신청을 기각한다. 기피신청 기각결정에 대하여는 즉시항고할 수 있다(제23조 제1항). [16 선택]

⑥ **[검사에 대한 제척 · 기피 인정 여부**(부정)**]** 범죄의 피해자인 검사가 그 사건의 수사에 관여하거나 압수 · 수색영장의 집행에 참여한 검사가 다시 수사에 관여하였다는 이유만으로 바로 그 수사가 위법하다거나 그에 따른 참고인이나 피의자의 진술에 임의성이 없다고 볼 수는 없다(2011도12918). [14 법사]

03 피고인

📝 핵심개념

1. 개념

① **[피고인의 개념]** 피고인이란 검사에 의하여 형사책임을 져야 할 자로 공소가 제기된 자 또는 공소가 제기된 자로 취급되어 있는 자를 말한다.5) 따라서 공소제기의 유효여부, 진범인지의 여부, 당사자능력과 소송능력 유무 등을 불문한다.

② **[공동피고인의 개념]** ㉮ **[의의]** 공동피고인이란 동일한 소송절차에서 심판을 받고 있는 수인의 피고인을 말한다. 공동피고인 한 사람에 대하여 다른 피고인을 상피고인이라고 한다.

㉯ **[자격]** 동일한 소송절차에서 심판을 받으면 족하므로 공범 또는 관련사건인지의 여부를 불문하고 공동피고인이 될 수 있다. 따라서 공범이 아닌 공동피고인도 존재할 수 있다.

㉰ **[효력이 미치는 범위]** ㉠ 공동피고인은 단지 심리의 병합으로 인하여 수개의 사건이 동일한 법원에 계속된 것에 불과하므로 소송관계는 피고인마다 개별적으로 존재한다. 따라서 공동피고인 1인에 대하여 발생한 사유는 다른 공동피고인에게 그 효력이 미치지 않는다.

㉡ 다만, 피고인을 위하여 원심판결을 파기하는 경우에 파기의 이유가 상소한 공동피고인에게 공통되는 때에는 그 공동피고인에 대하여도 원심판결을 파기하여야 한다(제364조의2, 제392조).

2. 구별개념

내사	→	수사	→	공판	→	형집행
	인지(입건)		공소제기		유죄확정	
수사기관		수사기관		법원		교정기관
↓		↓		↓		↓
피내사자(용의자)		피의자		검사 – 피고인		수형자

1. 피고인 특정의 기준

① 공소장에는 피고인의 성명 기타 피고인을 특정할 수 있는 사항을 기재하여야 한다(제254조 제3항). 따라서 통상적인 경우에는 공소장에 기재되어 있는 자가 피고인이 되며 이 자에게 공소제기의 효력이 미친다.

---

5) 즉결심판이 청구된 자, 약식명령이 청구된 자도 피고인에 포함된다.

② 쟁점 **043** 피고인 특정의 기준

🔍 쟁점연구

1. 문제점

공소장에는 피고인의 성명 기타 피고인을 특정할 수 있는 사항을 기재하여야 하는데(제254조 제3항), 통상적인 경우에는 공소장에 기재되어 있는 자가 피고인으로 공판정에 출석하여 재판을 받게 된다. 그러나 일정한 원인으로 검사가 의도하지도 않은 자가 공소장에 피고인으로 기재되거나(성명모용), 공소장기재는 정확하지만 공소장에 기재되지 않은 다른 자가 공판정에서 피고인처럼 재판을 받는 경우(위장출석)가 발생할 수도 있다. 이러한 경우 진정피고인을 특정하여 공소제기의 효력이 미치는 범위와 판결의 효력이 미치는 범위 등이 문제된다.

2. 학설 및 判例

① [의사설] 검사가 실제로 공소를 제기하려고 의도했던 자가 피고인이라는 견해
② [표시설] 공소장에 피고인으로 표시된 자가 피고인이라는 견해
③ [행위설] 실제로 피고인으로 행위를 하거나 피고인으로 취급된 자가 피고인이라는 견해
④ [실질적 표시설] 표시설을 중심으로 하면서 의사설과 행위설을 함께 고려하는 견해
⑤ [判例(성명모용소송의 경우 모용자가 피고인)] 형사소송법 제248조에 의하여 공소는 검사가 피고인으로 지정한 이외의 다른 사람에게 그 효력이 미치지 아니하는 것이므로 공소제기의 효력은 검사가 피고인으로 지정한 자에 대하여만 미치는 것이고, 따라서 피의자가 다른 사람의 성명을 모용한 탓으로 공소장에 피모용자가 피고인으로 표시되었다 하더라도 이는 당사자의 표시상의 착오일 뿐이고 검사는 모용자에 대하여 공소를 제기한 것이므로 모용자가 피고인이 되고 피모용자에게 공소의 효력이 미친다고 할 수 없다 (대판 : 92도2554).

3. 검토 및 결론

피고인 특정은 공소장 기재를 떠나서는 판단할 수 없는 것이므로 표시설을 중심으로 하는 것이 당연하고, 이에 더하여 검사의 의사와 실제 피고인으로 행위하는 자까지도 고려해야 하므로 결국 실질적 표시설이 타당하다.

2. 성명모용[피의자 甲(모용자)이 乙(피모용자)의 성명을 모용] [22 법사]

① [의의] 수사절차에서 수사를 받는 피의자 甲(모용자)이 乙(피모용자)의 성명을 모용함으로써 공소장에 피고인이 乙로 기재가 되어 그대로 공소(특히 약식명령청구)가 제기되는 경우를 말한다.

② 甲(모용자)이 공판정에 출석한 경우의 처리

㉮ [피고인 특정] 공소제기의 효력은 甲에게만 미치고 乙에게는 미치지 아니한다. 따라서 모용자 甲만 피고인이고 피모용자 乙은 피고인이 아니다(판례).

㉯ [검사가 취해야 할 조치] 공소장에 피고인으로 기재된 '乙'은 공소장기재의 착오에 불과하므로 검사는 **공소장정정**으로 피고인을 피모용자(乙)에서 모용자(甲)로 바로 잡으면 족하다. 이는 심판대상을 변경하는 것이 아니므로 공소장변경의 절차를 거칠 필요도 없고 또한 법원의 허가도 필요하지 아니하다. 한편 검사가 공소장을 정정한 경우 피모용자(乙)는 피고인이 아니므로 소송절차에 관여한 사실이 없으면 별도의 판단을 할 필요 없이 절차에서 배제하면 족하다. 즉, 무죄판결이나 공소기각판결을 할 필요가 없다.

ⓓ [공소장정정이 이루어지지 않은 경우 법원이 취해야 할 조치] 그러나 만약 검사가 피고인표시를 정정하여 모용관계를 바로잡지 아니한 경우에는 외형상 피모용자 乙을 상대로 공소가 제기된 것으로 되어 있는데, 이는 공소제기의 방식이 법률에 위반하여 무효이므로 법원은 공소기각판결을 선고하여야 한다. [17 사례]

③ 乙(피모용자)이 공판정에 출석한 경우의 처리

㉮ [乙(피모용자)이 공판정에 출석하는 이유] 검사가 약식명령청구서(공소장)에 피고인을 피모용자의 성명인 乙로 기재하여 법원에 약식명령을 청구한 경우에 이러한 문제가 발생한다. 약식명령의 청구를 받은 법원은 서면심리로 재판을 하기 때문에 모용관계를 알지 못하고 약식명령서를 그대로 피모용자인 乙에게 송달하게 된다. 약식명령을 송달받은 피모용자 乙은 이에 불복하여 정식재판을 청구하고 乙이 공판정에 출석하게 된다.

㉯ [피고인 특정] 공소제기의 효력은 甲에게만 미치고 乙에게는 미치지 아니한다(판례). 따라서 '실질적 피고인'은 모용자인 甲이 되고, 피모용자인 乙은 피고인이라고 할 수 없으나 乙도 공판정에 출석하여 심리를 받는 등 사실상의 소송계속이 발생했다는 의미에서 '형식적 피고인'이라고 할 수 있다.

㉰ [乙(피모용자)에게 법원이 취해야 할 조치] 피모용자 乙은 형사처벌을 받을 이유가 없으므로 법원은 乙을 구제해 주어야 한다. 법원은 피모용자 乙에게 적법한 공소의 제기가 없었음을 밝혀주고 형사소송법 제327조 제2호를 유추적용하여 공소기각판결을 선고해야 한다.

㉱ [甲(모용자)에게 법원이 취해야 할 조치] 모용자 甲은 공소가 제기된 진정·실질적 피고인이지만 아직 재판서(약식명령서)를 송달받지 못했으므로 약식명령서를 甲에게 송달해야 한다. 검사가 피고인표시를 정정하여 모용관계를 바로잡지 아니한 경우에는 공소제기의 방식이 법률의 규정을 위반하여 무효이므로 법원은 공소기각판결을 선고하여야 한다(제327조 제2호).

④ [통고처분과 성명모용] 성명모용의 법리는 경범죄처벌법에 따른 경찰서장의 통고처분의 효력에도 마찬가지로 적용된다고 보아야 한다(2023도751).

3. 위장출석

① [의의] 검사가 甲을 피고인으로 지정하여 공소를 제기하였으나 공판단계에서 乙이 甲인 것처럼 행세하면서 법정에 출석하여 재판을 받는 경우를 말한다.

② [공소제기의 효력이 미치는 인적 범위] 공소제기의 효력은 甲에게만 미치고 乙에게는 미치지 아니한다. 따라서 甲만 피고인이고 위장출석자인 乙은 피고인이 아니지만 乙도 마치 피고인처럼 행위를 한다는 의미에서 '형식적 피고인'이 된다.

③ 위장출석자의 배제방법

㉮ [인정신문 단계] 위장출석 사실이 인정신문단계에서 밝혀진 경우 乙을 퇴정시키고 甲을 소환하여 절차를 진행하면 된다.

㉯ [사실심리 단계] 위장출석 사실이 사실심리 단계에서 밝혀진 경우 공소기각판결로서 乙을 절차에서 배제시키고(제327조 제2호) 피고인인 甲을 소환하여 절차를 진행하면 된다. 이 경우 다시 甲을 상대로 공소제기를 할 필요는 없다.

㉰ **[판결선고 후 확정 전 단계]** 위장출석자 乙에게 판결이 선고된 경우 이는 항소 또는 상고의 이유가 된다. 상소심에서도 역시 공소기각판결로써 乙을 배제시킨다. 이 경우 甲을 소환하여 제1심 절차를 진행하면 족하고 다시 공소제기를 할 필요가 없다.

4. 피고인의 소송법상 지위

형사소송법상 피고인신문이 허용되고 이러한 신문을 통하여 피고인이 임의로 행한 진술 또는 자백은 피고인에게 유리하거나 불리한 증거가 될 수 있다. 그러나 피고인이 인적증거 방법으로서의 지위를 갖는다고 하더라도 자기 사건에 있어서 제3자가 아니므로 피고인에게 증인적격은 인정되지 않는다(2001헌바41). [14 선택]

5. 진술거부권

① **[의의]** 피고인 또는 피의자가 공판절차 또는 수사절차에서 법원이나 수사기관의 신문에 대하여 진술을 거부할 수 있는 권리를 말하며 묵비권이라고도 한다. 이는 영미의 자기부죄거부특권에서 유래한 것이다.

② **[진술거부권의 주체]** 헌법 제12조 제2항은 '모든 국민'에게 진술거부권을 보장하고 있으므로 진술거부권 행사주체에는 제한이 없다. 형사소송법은 피고인·피의자에게 진술거부권을 인정하고 있다(제283조의2, 제244조의3).

③ **[음주측정에 불응한 경우를 처벌하는 것이 진술거부권 조항에 위반되는지 여부(소극)]** 음주측정은 '진술'이라 할 수 없고, 따라서 주취운전의 혐의자에게 호흡측정기에 의한 주취여부의 측정에 응할 것을 요구하고 이에 불응할 경우 처벌한다고 하여도 이는 형사상 불리한 '진술'을 강요하는 것에 해당한다고 할 수 없으므로 헌법 제12조 제2항의 진술거부권조항에 위배되지 아니한다(96헌가11). [12 선택]

④ **[진술의 범위]** 진술거부권의 대상인 진술에는 제한이 없으므로 수사기관이나 재판장의 인정신문에 대하여도 당연히 진술을 거부할 수 있다(다수설). [12 선택]

⑤ 진술거부권의 고지

㉮ **[의의]** 진술거부권 행사를 실질적으로 보장해 주기 위하여 수사기관 또는 재판장은 피의자나 피고인을 신문하기 전에 미리 진술을 거부할 수 있음을 알려주어야 한다(제244조의3, 제283조의2 제2항).

㉯ **[진술거부권 고지의 대상이 되는 피의자 지위의 판단방법]** 수사기관에 의한 진술거부권 고지 대상이 되는 피의자 지위는 수사기관이 조사대상자에 대한 범죄혐의를 인정하여 수사를 개시하는 행위를 한 때 인정되는 것으로 보아야 하므로 이러한 **피의자 지위에 있지 아니한 자(참고인)**에 대하여는 진술거부권이 고지되지 아니하였더라도 진술의 증거능력을 부정할 것은 아니다(2012도725). [17·14 선택]

> **관련판례** 조사대상자의 진술내용이 자신과 제3자에게 공동으로 관련된 범죄에 관한 것이거나 제3자의 피의사실뿐만 아니라 자신의 피의사실에 관한 것이기도 하여 그 실질이 피의자신문조서의 성격을 가지는 경우에 수사기관은 그 진술을 듣기 전에 미리 진술거부권을 고지하여야 한다(2014도5939). [17 선택]

⑥ 고지의 방법

㉮ **[신문이 상당기간 중단되었다가 다시 신문하거나 또는 신문자가 변경된 경우]** 진술거부권을 다시 고지하여야 한다(규칙 제144조 등). [12 선택]

④ [공판절차가 갱신된 경우] 피고인에 대하여는 통상 인정신문 이전에 진술거부권에 대하여 1회 고지하면 되지만, 공판절차를 갱신하는 때에는 다시 고지하여야 한다(형사소송규칙 제144조 제1항). [12 선택]

⑦ 진술거부권의 보장

㉮ [증거능력 부정] 진술거부권을 침해하여 얻은 자백이나 진술은 증거능력이 부정된다(92도68). [23 · 14 · 12 선택] [22 법선] 자백의 강요와 고문, 상대방의 동의 없는 거짓말탐지기 사용 등은 진술거부권 침해에 해당한다.

㉯ [피고인이 진술을 거부하거나 거짓 진술을 하는 것을 가중적 양형의 조건으로 참작할 수 있는지 여부 (예외적 가능)] 피고인은 방어권에 기하여 범죄사실에 대하여 진술을 거부하거나 거짓 진술을 할 수 있고, 이 경우 범죄사실을 단순히 부인하고 있는 것이 죄를 반성하거나 후회하고 있지 않다는 인격적 비난요소로 보아 가중적 양형의 조건으로 삼는 것은 결과적으로 피고인에게 자백을 강요하는 것이 되어 허용될 수 없다. 그러나 그러한 태도나 행위가 피고인에게 보장된 방어권 행사의 범위를 넘어 객관적이고 명백한 증거가 있음에도 진실의 발견을 적극적으로 숨기거나 법원을 오도하려는 시도에 기인한 경우에는 가중적 양형의 조건으로 참작될 수 있다(2011도14083). [20 선택] [18 법사]

6. 당사자능력과 소송능력

① [당사자능력의 의의] 소송법상 당사자가 될 수 있는 일반적 · 추상적 능력을 말한다.

② 당사자능력 소멸의 효과

㉮ [일반절차] 당사자능력은 형식적 소송조건으로 법원은 이를 직권으로 조사하여야 한다. 소송계속 중에 당사자능력이 소멸한 경우, 즉 피고인이 사망하거나 피고인인 법인이 존속하지 아니하게 되었을 때에는 공소기각결정을 고지해야 한다(제328조 제1항 제2호).

㉯ [재심절차의 특칙] 유죄의 선고를 받은 자가 사망하더라도 재심청구는 허용이 되고(제424조 제4호) 또한 재심심판절차에서 재심피고인이 사망하더라도 법원은 공소기각결정을 해서는 안 되고 그대로 재심심판절차를 진행하여야 한다(제438조 제2항). [15 선택]

③ [소송능력의 의의] 소송당사자가 유효하게 소송행위를 할 수 있는 능력, 즉 피고인 또는 피의자가 자기의 소송상의 지위와 이해관계를 이해하고 이에 따라 방어행위를 할 수 있는 의사능력을 의미한다(2013도1228).

④ 관련판례

㉮ 피해자가 처벌희망 의사표시를 철회할 당시 나이가 14세 10개월이었더라도 그 철회의 의사표시가 의사능력이 있는 상태에서 행해졌다면 법정대리인의 동의가 없었더라도 유효하다(全 2009도6058). [14 · 13 선택]

㉯ 음주운전과 관련한 도로교통법 위반죄의 범죄수사를 위하여 미성년자인 피의자의 혈액채취가 필요한 경우에도 피의자에게 의사능력이 있다면 피의자 본인만이 혈액채취에 관한 유효한 동의를 할 수 있고, 피의자에게 의사능력이 없는 경우에도 채혈동의를 허용하는 명문의 규정이 없는 이상 법정대리인이 피의자를 대리하여 동의할 수는 없다(2013도1228). [21 · 18 선택]

04 변호인과 보조인

Ⅰ. 의의

변호인은 피의자·피고인의 방어권을 보충하는 것을 임무로 하는 보조자를 말한다. 변호인은 소송주체는 아니고 피의자·피고인의 보조자이다. 변호인제도는 검사와의 관계에서 무기평등의 원칙을 보장하여 공정한 재판의 이념을 실현하는 기능을 한다.

Ⅱ. 변호인의 선임

1. 사선변호인

① 선임권자 [피고인/피의자/법정대리인/배우자/직계혈족/형제자매]

㉮ **[고유의 선임권자]** 피의자·피고인이다(제30조 제1항).

㉯ **[선임대리권자]** 피의자·피고인의 법정대리인·배우자·직계친족·형제자매는 독립하여 변호인을 선임할 수 있다(동조 제2항).

㉰ 변호인을 선임할 수 있는 자는 피고인 및 피의자와 형사소송법 제30조 제2항에 규정된 자에 한정되는 것이고 피고인 및 피의자로부터 그 선임권을 위임받은 자가 **피고인이나 피의자를 대리하여 변호인을 선임할 수는 없다**(94모25).

㉱ **[선임의 방식과 성질]** 변호인선임은 심급마다 선임자와 변호인이 연명날인한 서면을 제출하여야 한다(제32조 제1항). 변호인선임신고서는 특별한 사정이 없는 한 원본을 의미한다고 할 것이고 사본은 이에 해당하지 않는다(2003모429). [23 법선]

② 선임의 효력

㉮ 사건과의 관계

㉠ **[사건대리의 원칙]** 선임의 효력은 공소사실의 동일성이 인정되는 사건 전부에 미치는 것이 원칙이다. 따라서 공소장변경에 의하여 공소사실이 변경된 경우에도 선임의 효력이 미친다.

㉡ **[예외]** 하나의 사건에 관하여 한 변호인선임은 동일법원의 동일피고인에 대하여 병합된 다른 사건에 관하여도 그 효력이 있다. 다만, 피고인 또는 변호인이 이와 다른 의사표시를 한 때에는 그러하지 아니하다(규칙 제13조). 한편, 국선변호인 선정의 효력은 이후 병합된 다른 사건에도 미친다(2015도2046).

㉯ 심급과의 관계

㉠ **[심급대리의 원칙]** 변호인선임은 당해 심급에 한하여 효력이 있다. 여기서 '심급'이란 판결선고시까지가 아니라 **상소에 의하여 이심의 효력이 발생하는 시점(상소장과 소송기록이 상소법원에 송부된 때)까지를 의미한다.** 따라서 상소에 의하여 이심의 효력이 발생하면 원심법원에서의 변호인선임은 그 효력을 상실한다.

㉡ **[변호인선임신고서를 제출하지 않은 변호인이 변호인 명의로 재항고장을 제출한 경우, 재항고장이 적법·유효한 재항고로서의 효력이 있는지 여부(소극)]** 변호인 선임신고서를 제출하지 않은 변호인이 변호인 명의로 재항고장을 제출한 경우, 그 재항고장은 적법·유효한 재항고로서의 효력이 없다(2017모1377).

ⓒ 예외

ⓐ 공소제기 전 변호인 선임은 제1심에도 효력이 있다(제32조 제2항). [15 선택]

ⓑ 제1심법원(항소심)에서의 변호인 선임은 항소심(상고심)의 파기환송·파기이송이 있은 후에도 그 효력이 있다(형사소송규칙 제158조). [15 선택]

2. 국선변호인

① [의의] 법원 또는 법관에 의하여 선정된 변호인을 말한다. 국선변호인은 사선변호인이 없는 경우에만 선정된다. 헌법상 보장되는 '변호인의 조력을 받을 권리'는 변호인의 '충분한 조력'을 받을 권리를 의미하므로 피고인에게 국선변호인의 조력을 받을 권리를 보장하여야 할 국가의 의무에는 피고인이 국선변호인의 실질적 조력을 받을 수 있도록 할 의무가 포함된다(2015도9951). [19 선택]

② 국선변호인 선정사유

㉮ 공소제기 전 절차

㉠ [구속 전 피의자심문] 심문할 피의자에게 변호인이 없는 때에는 지방법원판사는 직권으로 변호인을 선정하여야 한다. 이 경우 변호인의 선정은 피의자에 대한 구속영장청구가 기각되어 효력이 소멸한 경우를 제외하고는 제1심까지 효력이 있다(제201조의2 제8항). [17·15 선택]

㉡ [체포·구속적부심사] 체포·구속적부심사를 청구한 피의자에게 변호인이 없는 때에는 법원은 국선변호인을 선정하여야 한다(제214조의2 제10항).

㉯ 일반공판절차(필요적 변호사건의 선정사유)

㉠ [직권선정(구·미·70세 이상·농·심·3단 쌓기)] 법원은 피고인이 ⓐ 구속된 때 ⓑ 미성년자인 때 ⓒ 70세 이상인 때 ⓓ 농아자인 때 ⓔ 심신장애의 의심이 있는 때 ⓕ 사형, 무기 또는 단기 3년 이상의 징역이나 금고에 해당하는 사건으로 기소된 때에 변호인이 없는 때에는 직권으로 변호인을 선정하여야 한다(제33조 제1항). [12 선택]

관련판례 1. [제33조 제1항의 '피고인이 구속된 때'의 의미(판례변경)] 형사소송법 제33조 제1항 제1호의 문언, 위 법률조항의 입법 과정에서 고려된 '신체의 자유', '변호인의 조력을 받을 권리', '공정한 재판을 받을 권리' 등 헌법상 기본권 규정의 취지와 정신 및 입법 목적 그리고 피고인이 처한 입장 등을 종합하여 보면, 형사소송법 제33조 제1항 제1호의 '피고인이 구속된 때'라고 함은 피고인이 해당 형사사건에서 구속되어 재판을 받고 있는 경우에 한정된다고 볼 수 없고, 피고인이 별건으로 구속영장이 발부되어 집행되거나 다른 형사사건에서 유죄판결이 확정되어 그 판결의 집행으로 구금 상태에 있는 경우 또한 포괄하고 있다고 보아야 한다(소 2021도6357). [23·19 선택] [23 법선]

2. ['피고인이 심신장애의 의심이 있는 때'에 해당하는 경우] 진단서나 정신감정 등 객관적인 자료에 의하여 피고인의 심신장애 상태를 확신할 수 있거나 그러한 상태로 추단할 수 있는 근거가 있는 경우는 물론, 범행의 경위, 범행의 내용과 방법, 범행 전후 과정에서 보인 행동 등과 아울러 피고인의 연령·지능·교육 정도 등 소송기록과 소명자료에 드러난 제반 사정에 비추어 피고인의 의식상태나 사물에 대한 변별능력, 행위통제능력이 결여되거나 저하된 상태로 의심되어 피고인이 공판심리단계에서 효과적으로 방어권을 행사하지 못할 우려가 있다고 인정되는 경우를 포함한다(2019도8531). [23 법선]

ⓒ **[청구에 의한 선정]** 법원은 피고인이 빈곤 그 밖의 사유로 변호인을 선임할 수 없는 경우에 피고인의 청구가 있는 때에는 변호인을 선정하여야 한다(제33조 제2항). 이 경우 '피고인이 빈곤 그 밖의 사유로 변호인을 선임할 수 없는 경우'에 해당한다는 점에 관하여는 <u>원칙적으로 소명이 있어야 한다</u>(2017도18706).

ⓒ **[권리보호의 필요성으로 인한 선정]** 법원은 피고인의 연령·지능 및 교육 정도 등을 참작하여 권리보호를 위하여 필요하다고 인정하는 때에는 피고인의 명시적 의사에 반하지 아니하는 범위 안에서 변호인을 선정하여야 한다(제33조 제3항). [19 선택]

관련판례 판결선고 후 피고인을 법정구속한 뒤에 비로소 국선변호인을 선정하는 것보다는, 피고인의 권리보호를 위해 판결선고 전 공판심리 단계에서부터 형사소송법 제33조 제3항에 따라 피고인의 명시적 의사에 반하지 아니하는 범위 안에서 국선변호인을 선정해 주는 것이 바람직하다(2016도7622). [19 선택]

ⓓ 필요적 변호사건

ⓒ 제33조 제1항·제2항·제3항의 규정에 따라 변호인이 선정된 사건(필요적 변호사건)에 관하여는 변호인 없이 개정하지 못한다. 단, 판결만을 선고할 경우에는 예외로 한다(제282조). [12 선택]

ⓒ **[필요적 변호사건에서 변호인 없이 이루어진 공판절차에서의 일체의 소송행위의 효력(무효)]** (2011도6325)

비교판례 [필요적 변호사건에서 변호인 없이 공판절차가 진행되어 그 공판절차가 위법하게 된 경우, <u>그 이전에 이루어진 적법한 소송행위의 효력(유효)</u>] (90도646) [12 선택] [23 법사]

ⓒ **[필요적 변호사건에서 제1심의 공판절차가 변호인 없이 이루어진 경우 항소심의 조치]** 제1심의 소송행위는 무효이므로 항소심은 변호인이 있는 상태에서 소송행위를 새로이 한 후 위법한 제1심판결을 파기하고 항소심에서의 진술 및 증거조사 등 심리결과에 기하여 다시 판결하여야 한다(2008도2621). [12 선택]

ⓔ **[공판준비기일]** 법원은 공판준비기일이 지정된 사건에 관하여 변호인이 없는 때에는 직권으로 변호인을 선정하여야 한다(제266조의8 제4항).

ⓕ **[재심절차]** 재심개시결정이 확정된 사건에서 사망자나 회복할 수 없는 심신장애인을 위하여 재심의 청구가 있는 때 또는 유죄의 선고를 받은 자가 재심의 판결전에 사망하거나 회복할 수 없는 심신장애인이 된 때에 재심청구인이 변호인을 선임하지 아니하면 재판장은 직권으로 변호인을 선임하여야 한다(제438조).

ⓖ **[국민참여재판]** 국민참여재판에 관하여 변호인이 없는 때에는 법원은 직권으로 변호인을 선정하여야 한다(국참법 제7조).

③ **[국선변호인 선정이 위법한 경우]** (이해가 상반되는 피고인들에 대하여 동일한 국선선정) 이해가 상반된 피고인들 중 어느 피고인이 특정 법무법인을 변호인으로 선임하고, 해당 법무법인이 담당 변호사를 지정하였을 때, 법원이 담당 변호사 중 1인 또는 수인을 다른 피고인을 위한 국선변호인으로 선정한 경우, 국선변호인 선정은 국선변호인의 조력을 받을 피고인의 권리를 침해한다(2015도9951). [19 선택]

III. 변호인의 지위

1. **[보호자적 지위]** 변호인은 피고인의 정당한 법적 이익을 보호해 주는 보호자이다. 변호인은 피고인이 유죄임을 아는 경우에도 이를 검사나 법원에 고지할 의무가 없다(비밀유지의무).

2. **[공익적 지위]** 변호인은 피고인의 보호자이지만 그가 보호하는 이익은 피고인의 '정당한 이익'에 제한된다. 따라서 변호인은 그 직무를 수행할 때에 진실을 은폐하거나 거짓 진술을 하여서는 아니 되는 진실의무를 부담한다(변호사법 제24조 제2항). 이를 변호인의 공익적 지위라고 한다.

3. **[변호인의 진실의무에 위반되지 않는 경우]** 헌법상 권리인 진술거부권이 있음을 알려주고 그 행사를 권고하는 것을 가리켜 변호사로서의 진실의무에 위배되는 것이라고는 할 수 없다(2006모656). [14 선택]

IV. 보조인

1. **[의의]** 피의자·피고인과 일정한 신분관계에 있는 자로서 변호인 이외의 보조자를 말한다.

2. **[자격]** 피의자·피고인의 법정대리인·배우자·직계친족·형제자매는 보조인이 될 수 있다(제29조 제1항).

제2장 │ 소송절차의 일반이론

01 소송행위

> **핵심개념**
>
> **1. 소송행위의 의의**
> 소송절차를 형성하는 소송주체나 소송관계인 등의 행위로서 일정한 소송법적 효과가 발생하는 행위를 말한다.
>
> **2. 목적에 의한 소송행위의 종류**
> ① [실체형성행위] 실체면의 형성, 즉 피고사건에 대한 법관의 심증형성을 직접 목적으로 하는 소송행위를 말한다. 피고인이 유죄인가 무죄인가를 판단하기 위하여 필요한 행위로써 증인의 증언, 피고인의 자백·진술, 당사자의 변론 등이 이에 해당한다.
> ② [절차형성행위] 형사절차를 진행시키는 소송행위를 말한다. 공소의 제기, 기피신청, 공판기일의 지정, 증거조사신청, 상소의 제기 등이 이에 해당한다.

02 소송행위의 일반적 요소

Ⅰ. 소송행위의 일시(기간의 계산)

1. **[시 단위의 계산]** 기간의 계산에 관하여는 시로 계산하는 것은 즉시부터 기산한다(제66조 제1항 본문).

2. **일·월·년 단위의 계산**
① **[원칙(초일 불산입과 말일 공휴일불산입)]** 기간의 계산에 관하여는 일·월·년으로 계산하는 것은 초일을 산입하지 아니한다(제66조 제1항 본문). [19 선택] 기간의 말일이 공휴일이거나 토요일이면 그 날은 기간에 산입하지 아니한다(동조 제3항 본문). [19 선택]
② **[예외(구속기간과 공소시효)]** 시효와 구속기간의 초일은 시간을 계산하지 아니하고 1일로 산정한다(제66조 제1항 단서). 기간의 말일이 공휴일이거나 토요일이더라도 그날 기간이 종료하게 된다(동조 제3항 단서).

Ⅱ. 소송행위의 방식

1. 소송행위의 방식
① [구두주의] 소송행위를 구두로 행하게 하는 주의로서 표시내용이 신속·선명하고 표시자와 표시가 일치한다는 장점이 있다. 실체형성행위의 원칙적인 방식이다.
② [서면주의] 소송행위를 서면으로 행하게 하는 주의로서 소송행위를 내용적·절차적으로 명확히 하여 장래의 분쟁을 방지할 수 있고 소송행위를 신중하게 할 수 있다는 장점이 있다. 형식적 확실성이 요구되는 절차형성행위의 원칙적인 방식이다.

2. 소송서류
① [의의] 특정한 소송과 관련하여 작성된 일체의 서류를 말한다. 법원이 작성한 서류는 물론 소송관계인이 작성하여 법원에 제출한 서류도 이에 포함된다.
② 분류
㉮ [공무원의 서류] 공무원이 작성하는 서류에는 법률에 다른 규정이 없는 때에는 작성 연월일과 소속공무소를 기재하고 기명날인 또는 서명하여야 한다(제57조 제1항). 서류에는 간인하거나 이에 준하는 조치를 하여야 한다(동조 제2항). 따라서 검사의 기명날인 또는 서명이 없는 상태로 제출된 공소장은 특별한 사정이 없는 한 그 절차가 법률의 규정에 위반하여 무효인 때에 해당한다. 다만, 이 경우 공소를 제기한 검사가 공소장에 기명날인 또는 서명을 추완하는 등의 방법에 의하여 공소의 제기가 유효하게 될 수 있다(2019도17150). [22 법선]

> **관련판례** [공소장에 검사의 간인이 없으나 공소장의 형식과 내용이 연속된 것으로 일체성이 인정되고 동일한 검사가 작성하였다고 인정되는 경우 공소장 및 공소제기 유효 여부(유효)] 공소장에 검사의 간인이 없더라도 그 공소장의 형식과 내용이 연속된 것으로 일체성이 인정되고 동일한 검사가 작성하였다고 인정되는 한 그 공소장을 형사소송법 제57조 제2항에 위반되어 효력이 없는 서류라고 할 수 없다. 이러한 공소장 제출에 의한 공소제기는 그 절차가 법률의 규정에 위반하여 무효인 때에 해당한다고 할 수 없다(2019도16259). [24 선택]

㉯ [비공무원의 서류] 공무원 아닌 자가 작성하는 서류에는 연월일을 기재하고 기명날인 또는 서명하여야 한다. 인장이 없으면 지장으로 한다(제59조).

3. 조서(調書)
① [의의] 보고적 문서 중 일정한 절차·사실을 인증하기 위하여 작성된 공권적 문서를 말한다. 공판조서·진술조서·압수수색조서·검증조서 등이 이에 해당한다.
② 공판조서
㉮ [의의] 공판기일의 소송절차에 관하여는 참여한 법원사무관등이 공판조서를 작성하여야 한다(제51조 제1항). [19 선택] 공판조서는 공판기일의 **소송절차**가 법정의 방식에 따라 적법하게 행하여졌는지 여부를 확인하기 위하여 작성된다.
㉯ [공판조서에 대한 열람·등사권] 피고인은 공판조서의 열람·등사를 청구할 수 있고 피고인이 공판조서를 읽지 못하는 때에는 공판조서의 낭독을 청구할 수 있다(제55조 제1항·제2항). 이 청구에 응하지 아니한 때에는 그 공판조서를 유죄의 증거로 할 수 없다(제55조 제3항).

㉰ [피고인의 공판조서 열람·등사청구권이 침해된 경우(공판조서 및 그 기재내용은 증거능력 없음)] 공판조서를 유죄의 증거로 할 수 없을 뿐만 아니라 공판조서에 기재된 당해 피고인이나 증인의 진술도 증거로 할 수 없다(2011도15869). [19 선택] 다만, 피고인이 원하는 시기에 공판조서를 열람·등사 하지 못하였더라도 변론종결 이전에 열람·등사 하여 방어권행사에 지장이 없는 경우 피고인의 공판조서의 열람·등사청구권이 침해되었다고 볼 수 없어 그 공판조서를 유죄의 증거로 할 수 있다(2007도3906). [19 선택]

Ⅲ. 소송행위의 가치판단

1. 소송행위의 성립·불성립

구분	성립	불성립
의의	어느 행위가 소송행위의 본질적 개념요소를 구비하여 소송행위의 '형식과 외관'을 갖춘 경우를 말한다.	어느 행위가 소송행위의 본질적 개념요소가 결여되어 소송행위의 '형식과 외관'을 갖추지 못한 경우를 말한다(예 사인의 공소제기).
법적효과	소송행위가 성립하면 그 행위가 무효라 하더라도 일정한 소송법상의 효과가 발생한다. 따라서 무효라도 방치할 수 없고 소송법적 판단을 하여야 한다.	어떠한 소송법적 효과도 발생하지 않는다. 따라서 법원 및 소송관계인은 무시·방치할 수 있다.
무효의 치유	소송행위로서 성립한 이상 무효의 치유가 문제된다.	무효는 소송행위의 성립을 전제하므로 소송행위가 성립하지 않은 경우에는 무효의 치유는 문제되지 않는다.

① [소송행위의 불성립과 무효의 차이점] ⅰ) 소송행위로서 요구되는 본질적인 개념요소가 결여되어 소송행위로 성립되지 아니한 경우에는 소송행위가 성립되었으나 무효인 경우와는 달리 하자의 치유 문제는 발생하지 않으나 추후 당해 소송행위가 적법하게 이루어진 경우에는 그때부터 위 소송행위가 성립된 것으로 볼 수 있다. ⅱ) 원래 공소제기가 없었음에도 피고인의 소환이 이루어지는 등 사실상의 소송계속이 발생한 상태에서 검사가 약식명령을 청구하는 공소장을 제1심법원에 제출하고, 위 공소장에 기하여 공판절차를 진행한 경우, 제1심법원으로서는 이에 기하여 유·무죄의 실체판단을 하여야 한다(2003도2735). [16 선택]

② [서면인 공소장의 제출 없는 공소제기의 효과(공소제기 불성립)] 전자적 형태의 문서가 저장된 저장매체 자체를 서면인 공소장에 첨부하여 제출한 경우, 위 저장매체에 저장된 전자적 형태의 문서 부분까지 공소가 제기된 것이라고 할 수는 없다. 이 경우 피고인과 변호인이 이의를 제기하지 않고 변론에 응하였다고 하여 달리 볼 것도 아니다(저자 주 : 하자의 치유가 인정되지 않음에 유의). 이러한 법리는 공소장변경허가신청의 경우에도 동일하게 적용된다(2015도3682 등). [24·18 선택]

2. 소송행위의 유효·무효

① [개념] 소송행위가 성립한 것을 전제로 소송행위의 본래적 효력을 인정할 것인가에 대한 가치판단이다.
② [유효] 소송행위의 유효요건을 구비하여 소송행위로서 목적한 본래의 효력이 발생하는 경우를 말한다.
③ [무효] 유효요건을 구비하지 못하여 소송행위로서 목적한 본래의 효력이 발생하지 않는 경우를 말한다.

④ 무효의 원인

㉮ [행위주체] 고소권 없는 자의 고소, 대리권 없는 자에 의한 소송행위 등은 무효이다.

㉯ [의사표시의 하자] 실체형성행위의 경우 중요한 것은 의사와의 합치여부가 아니라 실체와의 합치여부이므로 착오·사기·강박에 의한 소송행위는 무효의 원인이 될 수 없다.

⑤ 쟁점 **044** 착오에 의한 절차형성적 소송행위가 무효가 되기 위한 요건** [20 사례] [16·15 법사]

【CASE】

1심에서 유죄판결을 선고받은 甲이 유죄판결이 선고된 것으로 알고 일단 항소를 제기하였다가 무죄판결되었다는 취지의 교도관의 말과 공판출정 교도관이 작성한 판결선고결과보고서의 기재를 믿은 나머지 착오에 빠져 판결등본송달을 기다리지 않고 항소취하를 함으로써 유죄판결이 확정되었다면 이러한 항소취하의 효력은 어떠한가?

🔍 쟁점연구

1. 문제점

착오로 인하여 행하여진 소송행위가 유효인지 무효인지 문제된다.

2. 학설 및 判例

① [유효설] 소송절차는 형식적 확실성이 중요하므로 외부적으로 표시된 것에 따라 판단해야 한다는 이유로 무효라고 볼 수 없다.

② [무효설] 피고인의 이익과 정의의 희생이 커서는 안 되므로 무효로 보아야 한다.

③ [判例] 착오에 의한 소송행위가 무효로 되기 위하여서는 첫째, 통상인의 판단을 기준으로 하여 만일 착오가 없었다면 그러한 소송행위를 하지 않았으리라고 인정되는 중요한 점(동기를 포함)에 관하여 착오가 있고(착오의 중요성), 둘째, 착오가 행위자 또는 대리인이 책임질 수 없는 사유로 인하여 발생하였으며(착오에 귀책사유가 없을 것), 셋째, 그 행위를 유효로 하는 것이 현저히 정의에 반한다고 인정(유효로 인정하는 것이 정의에 반할 것) 되어야 한다(대결 : 92모1). [23 법선]

3. 검토

절차형성적 소송행위가 착오로 인하여 행하여진 경우, 절차의 형식적 확실성을 고려하면서도 피고인의 이익과 정의의 희생이 커서는 안 된다는 측면에서 그 소송행위의 효력을 고려할 필요가 있으므로 판례가 타당하다.

【사례해설】

甲의 항소취하가 무효가 되기 위하여, 위 첫째의 요건은 갖추었다고 인정된다. 그러나 甲이 착오를 일으키게 된 과정에 교도관의 과실이 개입되어 있었다 하더라도, 유죄판결이 선고된 것으로 알고 일단 항소를 제기한 甲이 교도관의 말과 판결선고 결과보고서의 기재를 믿은 나머지 판결등본송달을 기다리지 않고 항소취하를 하였다는 점에 있어서는 甲에게 귀책사유가 인정되므로 위 둘째 요건을 구비하였다고 볼 수 없다. 따라서 甲의 항소 취하는 甲의 귀책사유로 인한 것으로서 무효라고 할 수 없다.

관련판례 교도관이 내어 주는 상소권포기서를 항소장으로 잘못 믿은 나머지 피고인이 이를 확인하여 보지도 않고 서명·무인한 경우 피고인에게 귀책사유가 있다(95모49). [21 법선]

3. 무효의 치유(하자의 치유)

① [의의] 무효인 소송행위가 사정변경에 의하여 유효한 소송행위가 될 수 있는가의 문제를 말한다. 무효의 치유를 인정하는 이유는 절차유지의 원칙(節次維持原則)에 있다.

② 공격방어방법의 소멸

㉮ [의의] 무효에 대하여 당사자의 이의신청이 없이 소송이 어느 단계에 이르면 무효가 치유되어 당사자가 이를 주장할 수 없는 경우를 말한다.

㉯ [책문권의 포기] 당사자가 상당한 시기 안에 이의를 제기하지 아니하면 토지관할 위반,[1] 공소장부본 송달의 하자, 공판기일 유예기간의 하자, 공판기일 통지의 하자, 증인신문절차의 하자 등이 치유된다.

㉰ [판결의 확정] 판결이 확정되면 심판절차의 하자가 있어도 재심 또는 비상상고의 비상구제절차에 의하지 않고는 이를 다툴 수 없다.

③ 무효(하자)의 치유를 인정하지 않은 경우

㉮ [필요적 변호사건에 관하여 변호인 없이 변론을 진행] 필요적 변호사건에 관하여 변호인 없이 변론을 진행하였다면 그 소송절차는 위법이라 할 것이고 이러한 위법한 소송절차에서 취한 증거절차 또한 위법인 것이므로 이 위법은 <u>그 후에 변호인이 선임되어 변론이 진행되었다 하더라도 그 사실만으로써 곧 치유될 수는 없다</u>(73도1895).

㉯ [공소장변경허가신청서를 공소장에 갈음하는 것으로 구두진술하는 것에 의한 공소제기] 검사가 공판기일에서 피고인 등이 특정되어 있지 않은 공소장변경허가신청서를 공소장에 갈음하는 것으로 구두진술하고 피고인과 변호인이 이의를 제기하지 않은 경우, 이를 적법한 공소제기로 볼 수 없으므로 <u>위와 같은 절차위배의 공소제기에 대하여 피고인과 변호인이 이의를 제기하지 아니하고 변론에 응하였다고 하여 그 하자가 치유되지는 않는다</u>(2008도11813). [24 선택]

④ 소송행위의 추완

㉮ [의의] 법정기간이 경과한 후에 이루어진 소송행위에 대하여 그 기간 내에 행한 소송행위와 같은 효력을 인정하는 것을 말한다.

㉯ [단순추완] 추완행위에 의하여 소송행위 자체가 유효가 되는 것을 말한다. 상소권회복청구(제345조)[2]와 정식재판청구권회복청구(제345조, 제458조)에 대하여는 명문으로 추완을 인정하고 있다.

㉰ [보정적 추완] 추완에 의하여 다른 소송행위의 하자를 보정하는 것을 말한다.

　㉠ **쟁점 045** 변호인선임의 추완을 인정할 수 있는지 여부** [21 사례] [23·15 법사]

【CASE】

甲은 농수산물의원산지표시에관한법률위반·사기·사기미수의 범죄사실로 기소되어 1심에서 유죄판결이 선고되었다. 그런데 甲의 변호인으로 선임된 변호사 L은 실수로 변호인 선임서를 제출하지 아니한 채 항소이유서만을 제출하였고 항소이유서 제출기간이 경과한 후에 비로소 변호인 선임서를 항소법원에 제출하였다. 이 경우 변호인 L이 제출한 항소이유서는 효력이 있는가?

---

1) 토지관할에 대한 관할위반의 신청은 피고사건에 대한 진술 후에는 할 수 없다(제320조 제2항).
2) **제345조(상소권회복청구권자)** 상소할 수 있는 자는 자기 또는 대리인이 책임질 수 없는 사유로 인하여 상소의 제기기간 내에 상소를 하지 못한 때에는 상소권회복의 청구를 할 수 있다.

쟁점연구

1. 문제점

항소이유서 제출기간이 경과한 후에 변호인 선임서를 제출한 것에 의하여 변호인 선임서 제출 전의 항소이유서 제출이 유효하게 될 수 있는지 및 변호인선임의 추완을 인정할 수 있는지 문제된다.

2. 변호인 선임서 제출 전의 항소이유서 제출의 유효성여부

변호인의 선임은 심급마다 변호인과 연명 날인한 서면으로 제출하여야 하므로(제32조 제1항) 변호인 선임서를 제출하지 아니한 채 항소이유서를 제출한 경우 그 항소이유서는 적법·유효한 항소이유서가 될 수 없다.

3. 변호인 선임의 추완 인정여부

① [긍정설] 피고인의 이익보호를 위하여 추완을 인정해야 한다.

② [제한적 긍정설] 항소이유서 제출기간 내에 변호인선임서가 제출된 경우에 한하여 추완을 인정해야 한다.

③ [부정설] 형사소송절차의 동적, 발전적 성격과 변호인 선임서 제출의 소송법적 효과와 중요성을 고려할 때 추완을 인정할 수 없다.

④ [판례(부정설)] 변호인 선임서를 제출하지 아니한 채 항소이유서만을 제출하고 항소이유서 제출기간이 경과한 후에 변호인 선임서를 제출하였다면 그 항소이유서는 적법·유효한 항소이유서가 될 수 없다(대결 : 69모68). [15 선택]

4. 검토

형사소송절차의 동적, 발전적 성격을 고려할 때 추완을 인정할 수 없다고 보는 것이 타당하다.

【사례해설】

변호인 L이 변호인 선임서를 제출하지 아니한 채 제출한 항소이유서는 유효하지 않으며, 그 후 항소이유서 제출기간이 경과한 후에 변호인 선임서를 항소법원에 제출하였다고 하여도 유효하지 않다.

> 관련판례 1. [변호인 선임서를 제출하지 아니한 채 상고이유서만을 제출하고 상고이유서 제출기간이 경과한 후에 변호인 선임서를 제출한 경우] 그 상고이유서는 적법·유효한 상고이유서가 될 수 없다. 이는 그 변호인이 원심 변호인으로서 원심법원에 상고장을 제출하였더라도 마찬가지이다(2013도9605).
> 2. [변호인선임신고서를 제출하지 아니한 변호인이 변호인 명의로 정식재판청구서만 제출하고 정식재판청구기간 경과 후에 비로소 변호인선임신고서를 제출한 경우] 변호인 명의로 제출한 위 정식재판청구서는 적법·유효한 정식재판청구로서의 효력이 없다(2003모429). [22 법선]

ⓛ 쟁점 **046** 고소·고발의 추완*** [23·15 기록]

쟁점연구

1. 문제점

친고죄나 전속고발범죄에 있어서 고소나 고발은 소송조건으로 이를 받지 아니한 채 제기한 공소는 무효이다. 따라서 이렇게 무효인 공소제기가 사후에, 즉 공소제기 이후의 고소나 고발을 받아 유효하게 될 수 있는지 문제된다.

2. 학설 및 判例

① [긍정설] 피고사건이 친고죄인지 여부는 공소제기시에 판명되는 것이 아니라 공판절차 진행과정에서 판명되는 경우가 적지 않고, 추완을 부정하여 공소기각판결을 선고하고 이후 다시 공소를 제기하게 하는 것은 소송경제에 반하므로 이를 긍정하는 견해이다.

② [부정설] 친고죄에 있어서 공소제기는 고소가 있어야만 적법·유효하게 될 수 있고 공소제기는 형식적 확실성이 중시되는 소송행위이므로 검사의 공소권을 규제하고 피고인의 절차해방이익을 강조한다는 측면에서 이를 부정하는 견해이다.

③ [判例(부정설)] ㉠ (2012.12.18. 개정 형법 시행 전에 범한) 강간죄는 친고죄로서 피해자의 고소가 있어야 죄를 논할 수 있고 기소 이후의 고소의 추완은 허용되지 아니한다(대판 : 82도1504). [17 선택]
㉡ 세무공무원의 고발 없이 조세범칙사건의 공소가 제기된 후에 세무공무원이 고발을 하여도 그 공소절차의 무효가 치유된다고 할 수 없다(대판 : 70도942).

3. 검토

고소·고발의 추완을 인정하게 되면 형식재판을 받고 형사절차로부터 해방되어야 할 피고인이 유죄판결을 받게 되는 결과가 초래되는데, 이는 피고인에게 불리한 것이므로 추완을 부정하는 것이 타당하다.

03 소송서류의 송달

핵심개념

1. 서류 등의 열람·등사권

① [소송서류의 비공개 원칙] 소송에 관한 서류는 공판의 개정 전에는 공익상 필요 기타 상당한 이유가 없으면 공개하지 못한다(제47조).

② 공소제기 전 서류 등의 열람·등사

㉮ [원칙] 수사 비공개의 원칙상 공소제기 전의 수사서류에 대한 열람·등사는 인정되지 않는 것이 원칙이다. 수사서류를 공개하면 피의자가 도망을 가거나 증거를 인멸할 위험이 있기 때문이다.

㉯ [예외] ㉠ 구속 전 피의자 심문과 체포·구속적부심에 참여할 변호인은 지방법원 판사 또는 법원에 제출된 구속영장청구서 및 그에 첨부된 고소·고발장, 피의자의 진술을 기재한 서류와 피의자가 제출한 서류를 열람할 수 있다(규칙 제96조의21, 제104조의2). ㉡ 검사, 피고인, 피의자 또는 변호인은 판사의 허가를 얻어 제184조(증거보전)의 처분에 관한 서류와 증거물을 열람 또는 등사할 수 있다(제185조).

③ [공소제기 후 검사가 보관하고 있는 서류 등의 열람·등사] 피고인 또는 변호인은 검사에게 공소제기된 사건에 관한 서류 또는 물건의 목록과 공소사실의 인정 또는 양형에 영향을 미칠 수 있는 다음 서류 등의 열람·등사 또는 서면의 교부를 신청할 수 있다(제266조의3 제1항).

④ 공소제기 후 '법원에 제출된' 서류 등의 열람·복사

㉮ 피고인과 변호인은 소송계속 중의 관계 서류 또는 증거물을 열람하거나 복사할 수 있다(제35조 제1항).

㉯ 재판장은 피해자, 증인 등 사건관계인의 생명 또는 신체의 안전을 현저히 해칠 우려가 있는 경우에는 열람·복사에 앞서 사건관계인의 성명 등 개인정보가 공개되지 아니하도록 보호조치를 할 수 있다(동조 제3항).

⑤ [피해자의 소송기록의 열람·등사] 소송계속 중인 사건의 피해자, 변호사 등은 소송기록의 열람 또는 등사를 재판장에게 신청할 수 있다(제294조의4 제1항). 재판장의 열람·등사의 허가나 허가하는 경우의 조건부여에 관한 재판에 대하여는 불복할 수 없다(제294조의4 제6항).

2. 소송서류의 송달

① [의의] 송달이란 당사자 기타 소송관계인에 대하여 법률에 정한 방식에 의하여 소송서류의 내용을 알리게 하는 법원 또는 법관의 소송행위를 말한다.

② 피고인에 대한 송달의 방법

㉠ [교부송달의 원칙] 송달은 특별한 규정이 없으면 송달받을 사람에게 서류의 등본 또는 부본을 교부하여야 한다(민사소송법 제178조 제1항, 제65조).

㉡ [송달영수인 제도] 피고인 등이 법원 소재지에 서류의 송달을 받을 수 있는 주거 또는 사무소를 두지 아니한 때에는 법원 소재지에 주거 또는 사무소 있는 자를 송달영수인으로 선임하여 연명한 서면으로 신고하여야 하고(제60조 제1항), 송달영수인은 송달에 관하여 본인으로 간주한다(동조 제2항). 다만, 송달영수인 제도는 신체구속을 당한 자에게 적용하지 아니한다(동조 제4항).

㉢ [우편송달] 송달영수인의 선임을 신고하여야 할 자가 그 신고를 하지 아니하는 때에는 법원사무관 등은 서류를 우체에 부치거나 기타 적당한 방법에 의하여 송달할 수 있고 서류를 우체에 부친 경우에는 도달된 때에 송달된 것으로 간주한다(제61조).

㉣ [재감자 송달] 교도소·구치소 또는 국가경찰관서의 유치장에 체포·구속 또는 유치된 사람에게 할 송달은 교도소·구치소 또는 국가경찰관서의 장에게 한다(민사소송법 제182조, 제65조).

㉤ [보충송달] 근무장소 외의 송달할 장소에서 송달받을 사람을 만나지 못한 때에는 그 사무원, 피용자 또는 동거인으로서 사리를 분별할 지능이 있는 사람에게 서류를 교부할 수 있다(민사소송법 제186조 제1항, 제65조).

㉥ [공시송달] 당사자의 송달장소가 불명하여 통상의 송달방법에 의해서는 송달을 실시할 수 없게 되었을 때, 법원사무관 등이 송달한 서류를 보관해 두고 송달을 받을 자가 나타나면 언제든지 그것을 그 자에게 교부한다는 것을 법원게시장에 게시함으로써 행하는 송달방법을 말한다.

1. 재감자 송달과 관련된 판례

① [교도소·구치소에 구속된 자에 대한 송달 방법(소장에게 송달해야 유효하며 재감자에게 전달될 필요 없음, 직원이나 재감자에 대한 송달은 무효)] 재감자에 대한 송달을 교도소 등의 장에게 하지 아니하였다면 그 송달은 부적법하여 무효이다. 한편, 통지는 통지의 대상자에게 도달됨으로써 효력이 발생한다. 송달받을 사람을 재항고인으로 한 송달은 효력이 없고, 달리 재항고인에게 소송기록접수의 통지가 도달하였다는 등의 사정을 발견할 수 없으므로, 소송기록접수의 통지는 효력이 없다(2017모1680 등).

② 수소법원이 송달을 실시함에 있어 당사자 또는 소송관계인의 수감사실을 모르고 종전의 주·거소에 하였다고 하여도 송달의 효력은 발생하지 않는다(95모14).

관련판례 재소자에 대한 특칙 규정은 집행유예취소결정에 대한 즉시항고권회복청구서의 제출에도 적용된다(2022모1004).

2. 공시송달과 관련된 판례

① 기록상 피고인의 집 전화번호 또는 휴대전화번호 등이 나타나 있는 경우 곧바로 공시송달의 방법에 의한 송달을 하고 피고인의 진술 없이 판결을 하는 것은 허용되지 아니한다(2009도12430).

② 법원이 수감 중인 피고인에 대하여 공소장 부본과 피고인소환장 등을 종전 주소지 등으로 송달한 경우는 물론 공시송달의 방법으로 송달하였더라도 이는 위법하다(2013도2714).

③ 제1심이 위법한 공시송달로 피고인을 소환한 후 피고인의 출석 없이 재판한 경우, 항소심은 다시 적법한 절차에 의하여 소송행위를 새로이 한 후 항소심에서의 진술과 증거조사 등 심리 결과에 기초하여 다시 판결하여야 한다(2012도986).

④ 피고인이 공판기일에 출석하지 아니한 때에는 특별한 규정이 없으면 개정하지 못하는 것이 원칙이고, 예외적으로 제1심 공판절차에서 피고인 불출석 상태에서의 재판이 허용되지만, 이는 피고인에게 공판기일 소환장이 적법하게 송달되었음을 전제로 하기 때문에 공시송달에 의한 소환을 함에 있어서도 공시송달 요건의 엄격한 준수가 요구된다(2022모439).

04 소송조건

> 📝 **핵심개념 소송조건**

1. [의의] 실체적 심판을 하기 위한 조건을 말한다.

2. 소송조건의 조사

① [직권조사의 원칙] 친고죄에서 고소의 유무, 반의사불벌죄에서 처벌불원의 의사표시의 부존재, 전속고발범죄에 있어 고발의 유무 등은 직권조사사항이다.

② 소송조건의 존부 판단

㉮ [판단시기] 소송조건은 공소제기의 유효요건인 동시에 절차의 존속과 발전을 위한 조건이므로 공소제기시는 물론 판결시에도 존재하여야 한다.

㉯ [공소장변경의 경우] 소송조건은 공소제기의 유효요건이므로 원칙적으로 공소사실을 기준으로 판단하여야 하며, 공소장변경의 경우에는 변경된 공소사실을 기준으로 판단하여야 한다. 다만, 공소시효의 완성 여부는 공소제기시를 기준으로 한다.

3. 소송조건 흠결의 법적효과

① [검사의 처분] 검사가 소송조건의 흠결을 공소제기 전에 발견한 경우에는 불기소처분을 해야 하며, 공소제기 후에 발견한 경우에는 공소를 취소하여야 한다.

② [법원의 재판] 소송조건의 흠결을 간과하고 검사가 공소를 제기한 경우 법원은 형식재판(면소판결·관할위반판결·공소기각재판)으로 소송을 종결시켜야 한다. 소송조건의 흠결이 있는 경우에 법원이 유무죄의 실체재판을 하는 것은 허용되지 아니한다.

4. **소송조건 흠결의 경합**(공소기각결정 > 공소기각판결 > 관할위반의 판결 > 면소판결)
① 수개의 소송조건이 흠결된 경우에는 논리적 순서와 소송조건의 하자의 중대성을 기준으로 형식재판을 하여야 한다.
② 형식적 소송조건(공소기각)과 실체적 소송조건(면소)의 흠결이 경합한 때에는 형식적 소송조건 흠결을 이유로 재판한다(공소기각의 재판을 하여야 함).
③ 공소기각판결사유와 공소기각결정사유가 경합한 때에는 공소기각결정을 하여야 한다.

1. **소송조건의 흠결이 있는 경우 법원이 취해야 할 조치**(형식재판)

   [무죄사유와 형식재판사유의 경합] 교특법위반의 공소사실에 대하여 무죄사유와 공소기각판결사유가 경합하는 경우, 공소기각판결을 선고해야 한다(2004도4693). [22 선택]

   > **비교판례** 사건의 실체에 관한 심리가 이미 완료되어 교통사고처리 특례법 제3조 제2항 단서에서 정한 사유가 없는 것으로 판명되고 달리 피고인이 같은 법 제3조 제1항의 죄를 범하였다고 인정되지 않는 경우, 공소사실에 대하여 무죄의 실체판결을 선고하였더라도 이를 위법이라고 볼 수는 없다(2012도11431). [12 선택]

2. **소송조건의 흠결이 치유되는 경우**

① **[친고죄에서 피해자의 고소가 없거나 고소가 취소되었음에도 친고죄로 기소되었다가 그 후 비친고죄로 공소장변경이 허용된 경우**(하자치유됨)**]** 그 공소제기의 흠은 치유되고, 친고죄로 기소된 후에 피해자의 고소가 취소되더라도 제1심이나 항소심에서 다른 공소사실로 공소장을 변경할 수 있으며, 이러한 경우 변경된 공소사실에 대하여 심리·판단하여야 한다(2011도2233). [18·15 선택]

② **[공갈죄의 수단으로서 한 협박으로 기소한 경우**(하자치유됨)**]** 공갈죄의 수단으로서 한 협박은 공갈죄에 흡수될 뿐 별도로 협박죄를 구성하지 않으므로 그 범죄사실에 대한 피해자의 고소는 결국 공갈죄에 대한 것이라 할 것이어서 그 후 고소가 취소되었다 하여 공갈죄로 처벌하는 데에 아무런 장애가 되지 아니하며, 검사가 공소를 제기할 당시에는 그 범죄사실을 협박죄로 구성하여 기소하였다 하더라도 그 후 공판 중에 공갈미수로 공소장변경이 허용된 이상 그 공소제기의 하자는 치유된다(96도2151). [18 선택]

해커스변호사
law.Hackers.com

제5편
공판

제1장 | 공판절차

01 공판절차의 기본원칙

핵심개념

1. 공판절차의 의의

광의로는 공소가 제기되어 사건이 법원에 계속된 후부터 소송절차가 종결될 때까지의 모든 절차를 말하며, 공판기일의 절차(협의의 공판절차)와 공판기일 외의 절차(공판준비절차)가 있다.

2. 공판절차의 기본원칙

① [공판중심주의] 법원이 **공판기일의 심리**를 통해서 피고사건의 실체에 대한 유죄·무죄의 심증형성을 하여야 한다는 원칙을 말한다.

② [직접주의] 법관의 심증형성은 공판정에서 **직접 조사한 원본증거**에 의하여야 한다라는 원칙을 말한다.

③ [공개주의] 일반 국민에게 법원의 **재판과정에 대한 방청**을 허용하는 원칙을 말한다. 공개금지사유가 없음에도 불구하고 재판의 심리에 관한 공개를 금지하기로 결정하였다면 그러한 공개금지결정은 피고인의 공개재판을 받을 권리를 침해한 것으로서 그 절차에 의하여 이루어진 증인의 증언은 증거능력이 없다고 할 것이고, 변호인의 반대신문권이 보장되었더라도 마찬가지이다(2014도5939). [23·22·21·17 선택]

④ [구두변론주의] 법원은 당사자의 구두에 의한 변론(주장과 입증)을 근거로 재판을 하여야 한다라는 원칙을 말한다. 형사소송법 제275조의3은 "공판정에서의 변론은 구두로 하여야 한다."라고 규정하고 있고, 제37조 제1항도 "판결은 법률에 다른 규정이 없으면 구두변론에 의거하여야 한다."라고 하여 구두변론주의를 규정하고 있다.

⑤ [집중심리주의] 공판기일의 심리는 집중되어야 하고, 심리에 2일 이상이 필요한 경우에는 부득이한 사정이 없는 한 매일 계속 개정하여야 한다(제267조의2 제1항·제2항). 재판장은 여러 공판기일을 일괄하여 지정할 수 있고, 부득이한 사정으로 매일 계속 개정하지 못하는 경우에도 특별한 사정이 없는 한 전회의 공판기일부터 14일 이내로 다음 공판기일을 지정하여야 한다(동조 제3항·제4항).

02 공판정의 구성과 소송지휘권

1. 소송주체의 출석

① [판사의 출석] 판사는 공판기일에 예외없이 출석하여야 하고 판사가 출석하지 아니한 경우에는 심리를 진행할 수 없다. 공판기일에 출석하여 심리를 하지 않은 판사가 판결에 관여하는 것은 직접주의에 위반되고 상소의 이유가 된다(제361조의5 제8호, 제383조 제1호).

② **[검사의 출석]** 검사의 출석은 개정요건이므로 검사가 공판기일에 출석하지 아니하면 개정하지 못한다 (제275조 제2항). 그러나 검사가 공판기일의 통지를 2회 이상 받고 출석하지 아니하거나 판결만을 선고하는 때에는 검사의 출석없이 개정할 수 있다(제278조).

③ 피고인의 출석

㉮ **[원칙]** 피고인이 공판기일에 출석하지 아니한 때에는 특별한 규정이 없으면 개정하지 못한다(제276조).

㉯ **[예외(피고인의 출석없이 개정할 수 있는 경우)]**

  ㉠ 피고인이 의사무능력자인 경우

  ㉡ 피고인이 법인인 경우

  ㉢ **[경미하거나 유리한 사건인 경우(제277조)]** 다음 어느 하나에 해당하는 사건에 관하여는 피고인의 출석을 요하지 아니한다. 이 경우 피고인은 대리인을 출석하게 할 수 있다. [17 선택]

> 1. 다액 500만원 이하의 벌금 또는 과료에 해당하는 사건
> 2. 공소기각 또는 면소의 재판을 할 것이 명백한 사건
> 3. 장기 3년 이하의 징역 또는 금고, 다액 500만원을 초과하는 벌금 또는 구류에 해당하는 사건에서 피고인의 불출석허가신청이 있고 법원이 피고인의 불출석이 그의 권리를 보호함에 지장이 없다고 인정하여 이를 허가한 사건. 다만, 인정신문(제284조) 절차를 진행하거나 판결을 선고하는 공판기일에는 출석하여야 한다.
> 4. 약식명령에 대하여 피고인만이 정식재판의 청구를 하여 판결을 선고하는 사건

  ㉣ **[즉심법 등 사안이 경미한 경우]** 즉결심판절차에서 피고인에게 벌금 또는 과료를 선고하는 경우에는 피고인이 출석하지 아니하더라도 심판할 수 있다(즉심법 제8조의2 제1항).

  ㉤ **[심신상실이나 유리한 재판인 경우]** 피고인이 심신상실 상태에 있거나 또는 질병에 걸려 있고, 무죄·면소·형의 면제·공소기각의 재판을 할 것이 명백한 때에는 피고인의 출정 없이도 재판할 수 있다(제306조 제4항).

  ㉥ **[피고인이 퇴정하거나 퇴정명령을 받은 경우]** 피고인이 재판장의 허가없이 퇴정하거나 재판장의 질서유지를 위한 퇴정명령을 받은 때에는 피고인의 진술없이 판결할 수 있다(제330조). 따라서 필요적 변호사건이라 하여도 피고인이 재판거부의 의사를 표시하고 재판장의 허가 없이 퇴정하고 변호인마저 이에 동조하여 퇴정해 버린 것은 모두 피고인측의 방어권의 남용 내지 변호권의 포기로 볼 수밖에 없는 것이므로 피고인이나 변호인의 재정 없이도 심리판결할 수 있다(91도865). [13 선택]

  ㉦ **[구속된 피고인이 출석을 거부하는 경우(제277조의2 제1항)]** 피고인의 출석 없이 공판절차를 진행하기 위해서는 단지 구속된 피고인이 정당한 사유 없이 출석을 거부하였다는 것만으로는 부족하고, 더 나아가 교도관에 의한 인치가 불가능하거나 현저히 곤란하다고 인정되어야 한다(2001도114).

2. 변호인의 출석

변호인은 소송주체가 아니므로 원칙적으로 변호인의 출석은 개정요건이 아니다. 그러나 필요적 변호사건(국선변호사건) 경우에는 변호인의 출석은 공판개정의 요건이 된다(제33조, 제282조). 이 경우 변호인이 출석하지 아니한 때에는 법원은 직권으로 변호인을 선정하여야 한다(제283조). 다만, 판결만을 선고하는 경우에는 예외로 한다(제282조 단서).

3. 소송지휘권

① **[의의]** 소송지휘권은 소송절차를 질서있게 유지하고 소송진행을 순조롭게 하기 위한 활동을 말한다. 소송지휘권은 원래 법원의 권한이지만 소송진행의 신속·효율을 위하여 공판기일의 소송지휘권은 재판장이 행사한다(제279조).

② 재판장의 소송지휘권

㉮ **[내용]** 재판장은 공판기일의 지정·변경(제267조, 제270조), 인정신문(제284조), 진술거부권의 고지(제283조의2 제2항), 증인신문순서의 변경(제161조의2 제3항), 불필요한 변론의 제한(제299조), 석명권(규칙 제141조 제1항)을 행사할 수 있다.

㉯ **[석명을 요하는 경우]** 공소사실의 일부가 특정되지 않은 경우 법원은 검사에게 석명을 구하여 공소사실의 특정을 요구하고, 만약 이를 특정하지 아니하면 그 특정되지 아니한 부분의 공소를 기각하여야 할 것임에도 불구하고, 법원이 이러한 조치를 취하지 아니한 채 공소사실을 전부 유죄로 인정한 것은 공소사실의 특정에 관한 법리를 오해하여 판결에 영향을 미친 위법이 있다(2009도11104). [19·14 선택]

③ **[법원의 소송지휘권]** 공판기일의 소송지휘에 관한 것이라도 중요한 사항은 법률에 의하여 법원에 유보되어 있다. 국선변호인 선정(제283조), 증거신청에 대한 결정(제295조), 공소장변경의 요구와 허가(제298조), 증거조사에 대한 이의신청의 결정(제296조 제2항), 재판장의 처분에 대한 이의신청의 결정(제304조), 공판절차의 정지(제306조) 등이 이에 해당한다.

④ 소송지휘권의 행사방법과 불복방법

㉮ **[행사방법]** 법원의 소송지휘권은 결정의 형식으로 하며, 재판장의 소송지휘권은 명령의 형식에 의한다.

㉯ **[법원의 소송지휘권에 대한 불복]** 명문의 규정이 있는 경우에 즉시항고나 항고를 할 수 있다.

㉰ **[재판장의 소송지휘권에 대한 불복]** 재판장의 소송지휘권에 대하여는 법령의 위반이 있는 경우에 한하여 이의신청을 할 수 있다(제304조, 규칙 제136조).

03 공판기일 전의 절차와 증거개시

Ⅰ. 공판기일 전의 절차

1. **[의의]** 공판기일의 심리의 능률과 신속을 위해 수소법원이 행하는 일련의 준비과정을 말한다.

2. **[공소장부본의 송달]** 법원은 공소제기가 있으면 지체없이 공소장부본을 피고인 또는 변호인에게 송달하여야 한다. 다만, 제1회 공판기일 전 5일까지 송달하여야 한다(제266조).

3. **[의견서의 제출]** 피고인 또는 변호인은 공소장부본을 송달받은 날부터 7일 이내에 공소사실에 대한 인정 여부, 공판준비절차에 관한 의견 등을 기재한 의견서를 법원에 제출하여야 한다. 법원은 의견서가 제출된 때에는 이를 검사에게 송부하여야 한다(동조 제2항).

4. **[공판기일의 지정·변경]** 재판장은 공판기일을 정하여야 한다(제267조 제1항). 공판기일은 검사, 변호인과 보조인에게 통지하여야 한다(제267조 제3항). 제1회 공판기일은 피고인의 이의가 없는 한 소환장의 송달 후 5일 이상의 유예기간을 두어야 한다(제269조). 재판장은 직권 또는 검사·피고인·변호인의 신청에 의하여 공판기일을 변경할 수 있다(제270조 제1항).

5. **[피고인 소환]** 공판기일에는 피고인, 대표자 또는 대리인을 소환하여야 한다(제267조 제2항). 피고인을 소환함에는 소환장을 발부하여야 하며 이를 송달하여야 한다(제68조, 제73조, 제76조 제1항).

   `관련판례` [1] 피고인에 대한 공판기일 소환은 형사소송법이 정한 소환장의 송달 또는 이와 동일한 효력이 있는 방법에 의하여야 하고, 그 밖의 방법에 의한 사실상의 기일의 고지 또는 통지 등은 적법한 피고인 소환이라고 할 수 없다. [2] 피고인이 원심 공판기일에 불출석하자, 검사가 피고인과 통화하여 피고인이 변호인으로 선임한 甲 변호사의 사무소로 송달을 원하고 있음을 확인하고 피고인의 주소를 甲 변호사 사무소로 기재한 주소보정서를 원심에 제출하였는데, 그 후 甲 변호사가 사임하고 새로이 乙 변호사가 변호인으로 선임된 사안에서, 원심이 피고인에 대한 공판기일소환장 등을 甲 변호사 사무소로 발송하여 그 사무소 직원이 수령하였더라도 형사소송법이 정한 적법한 방법으로 피고인의 소환이 이루어졌다고 볼 수 없다(2018도13377).[1]

6. 공판 전 준비절차

① **[의의]** 재판장은 효율적이고 집중적인 심리를 위하여 사건을 공판준비절차에 부칠 수 있다(제266조의5 제1항). 공판준비절차는 주장 및 입증계획 등을 서면으로 준비하게 하거나 공판준비기일을 열어 진행한다(동조 제2항).

② **[서면에 의한 공판준비]** 검사, 피고인 또는 변호인은 법률상·사실상 주장의 요지 및 입증취지 등이 기재된 서면을 법원에 제출할 수 있고(제266조의6 제1항), 재판장은 검사, 피고인 또는 변호인에 대하여 서면의 제출을 명할 수 있다(동조 제2항).

③ 공판준비기일

㉮ **[공판준비기일의 지정 및 신청]** 법원은 검사, 피고인 또는 변호인의 의견을 들어 공판준비기일을 지정할 수 있다(제266조의7 제1항). 검사, 피고인 또는 변호인은 법원에 대하여 공판준비기일의 지정을 신청할 수 있다. 이 경우 당해 신청에 관한 법원의 결정에 대하여는 불복할 수 없다(동조 제2항).

㉯ **[국선변호인 선정]** 법원은 공판준비기일이 지정된 사건에 관하여 변호인이 없는 때에는 직권으로 변호인을 선정하여야 한다(제266조의8 제4항).

---

1) 검사가 피고인의 주소로서 보정한 甲 변호사의 사무소는 피고인의 주소, 거소, 영업소 또는 사무소 등의 송달장소가 아니고, 피고인이 형사소송법 제60조에 따라 송달영수인과 연명하여 서면으로 신고한 송달영수인의 주소에도 해당하지 아니하며, 달리 그곳이 피고인에 대한 적법한 송달장소에 해당한다고 볼 자료가 없다. 따라서 원심이 피고인에 대한 공판기일소환장 등을 위 변호사 사무소로 발송하여 그 사무소의 직원이 수령하였다고 하더라도, 형사소송법이 정한 적법한 방법으로 피고인의 소환이 이루어졌다고 볼 수 없다.

ⓓ [**검사 및 변호인 등의 출석**] 공판준비기일에는 검사 및 변호인이 출석하여야 하고, 공판준비기일에는 법원사무관 등이 참여한다(제266조의8 제1항·제2항). 법원은 검사, 피고인 및 변호인에게 공판준비기일을 통지하여야 한다(동조 제3항). 법원은 필요하다고 인정하는 때에는 피고인을 소환할 수 있으며, 피고인은 법원의 소환이 없는 때에도 공판준비기일에 출석할 수 있다(동조 제5항). 재판장은 출석한 피고인에게 진술을 거부할 수 있음을 알려주어야 한다(동조 제6항). [21·12 선택]

ⓓ [**준비기일의 진행**] ㉠ 공판준비절차는 수소법원이 진행한다. ㉡ 공판준비기일은 공개한다. 다만, 공개하면 절차의 진행이 방해될 우려가 있는 때에는 공개하지 아니할 수 있다(제266조의8 제4항). ㉢ 검사·피고인 또는 변호인은 특별한 사정이 없는 한 필요한 증거를 공판준비절차에서 일괄하여 신청하여야 한다(규칙 제123조의8).

④ [**공판준비절차의 종결 및 재개**] 쟁점 및 증거의 정리가 완료된 경우 등의 사유가 있는 때에는 공판준비절차를 종결하여야 한다(제266조의12).

⑤ 공판준비기일 종결의 효과

ⓐ [**실권효**] 공판준비기일에서 신청하지 못한 증거는 공판기일에 신청을 할 수 없다(제266조의13 제1항).

ⓑ [**실권효의 예외**] ㉠ 증거신청으로 인하여 소송을 현저히 지연시키지 아니하는 때, ㉡ 중대한 과실 없이 공판준비기일에 제출하지 못하는 등 부득이한 사유를 소명한 때에는 예외적으로 공판기일에 증거신청을 할 수 있다.

⑥ [**제1회 공판기일 후의 공판준비절차**] 법원은 쟁점 및 증거의 정리를 위하여 필요한 경우에는 제1회 공판기일 후에도 사건을 공판준비절차에 부칠 수 있다(제266조의15).

7. 공판기일 전 증거제출과 증거조사

검사·피고인·변호인은 공판기일 전에 서류나 물건을 증거로 법원에 제출할 수 있다(제274조). 법원은 검사·피고인·변호인의 신청에 의하여 필요하다고 인정한 때에는 공판기일 전에 피고인 또는 증인을 신문할 수 있고, 검증·감정·번역을 명할 수 있다(제273조 제1항).

Ⅱ. 증거개시 [22 사례] [22 법사]

1. 의의

검사 또는 피고인·변호인이 보유하고 있는 증거를 상대방에게 열람·등사 등을 하게 하는 것을 말한다.

2. 검사의 증거개시

① [**신청절차와 증거개시의 대상**] 피고인 또는 변호인은 검사에게 공소제기된 사건에 관한 서류 또는 물건(이하 "서류 등"이라 한다)의 목록과 공소사실의 인정 또는 양형에 영향을 미칠 수 있는 다음 서류 등의 열람·등사 또는 서면의 교부를 신청할 수 있다. 다만, 피고인에게 변호인이 있는 경우에는 피고인은 열람만을 신청할 수 있다(제266조의3 제1항). [21·13 선택]

② 열람·등사의 제한

㉮ 검사는 국가안보, 증인보호의 필요성, 증거인멸의 염려, 관련 사건의 수사에 장애를 가져올 것으로 예상되는 구체적인 사유 등 열람·등사 또는 서면의 교부를 허용하지 아니할 상당한 이유가 있다고 인정하는 때에는 열람·등사 또는 서면의 교부를 거부하거나 그 범위를 제한할 수 있다(제266조의3 제2항).

㉯ 다만, 검사는 서류 등의 **목록**에 대하여는 열람 또는 등사를 거부할 수 없다(제266조의3 제5항). [13 선택]

㉰ 검사는 열람·등사 또는 서면의 교부를 거부하거나 그 범위를 제한하는 때에는 지체 없이 그 이유를 서면으로 통지하여야 한다(제266조의3 제3항).

③ **[열람·등사 등의 거부 또는 제한에 대한 구제]** 피고인 또는 변호인은 ㉠ 검사가 서류 등의 열람·등사 또는 서면의 교부를 거부하거나 그 범위를 제한하거나, ㉡ 검사가 열람·등사 등의 신청을 받은 때부터 48시간 이내에 그 거부 등의 통지를 하지 아니하는 때에는, 법원에 그 서류 등의 열람·등사 또는 서면의 교부를 허용하도록 할 것을 신청할 수 있다(제266조의4 제1항, 제266조의3 제4항).

④ 법원의 결정

㉮ 법원은 신청이 있는 때에는 열람·등사 또는 서면의 교부를 허용하는 경우에 생길 폐해의 유형·정도, 피고인의 방어 또는 재판의 신속한 진행을 위한 필요성 및 해당 서류 등의 중요성 등을 고려하여 검사에게 열람·등사 또는 서면의 교부를 허용할 것을 명할 수 있다. 이 경우 열람 또는 등사의 시기·방법을 지정하거나 조건·의무를 부과할 수 있다(제266조의4 제2항).

㉯ 법원은 열람·등사 또는 교부에 관한 결정을 하는 때에는 검사에게 의견을 제시할 수 있는 기회를 부여하여야 한다(제266조의4 제3항).

> 관련판례 법원의 열람·등사 허용 결정에도 불구하고 검사가 이를 신속하게 이행하지 아니하는 경우에는 해당 증인 및 서류 등을 증거로 신청할 수 없는 불이익을 받는 것에 그치는 것이 아니라, 그러한 검사의 거부행위는 피고인의 열람등사권을 침해하고, 나아가 피고인의 신속·공정한 재판을 받을 권리 및 변호인의 조력을 받을 권리까지 침해하게 되는 것이다(2009헌마257). [13 선택] [22 사례]

㉰ **[법원의 열람등사 허용 결정에 대하여 불복할 수 있는지 여부**(소극)**]** 법원이 검사에게 수사서류 등의 열람·등사 또는 서면의 교부를 허용할 것을 명한 결정은 '판결 전의 소송절차에 관한 결정'에 해당한다 할 것인데, 위 결정에 대하여는 즉시항고에 관한 규정을 두고 있지 않으므로 형사소송법 제402조에 의한 항고의 방법으로 불복할 수 없다(2012모1393). [22 사례]

⑤ 검사가 법원의 결정에 불복하는 경우의 법적 효과 [22 사례] [22 법사]

㉮ 검사가 열람·등사 또는 서면의 교부에 관한 법원의 결정을 지체 없이 이행하지 아니하는 때에는 해당 증인 및 서류 등에 대한 증거신청을 할 수 없다(제266조의4 제5항).

㉯ 검사가 서류 등의 열람·등사 또는 서면의 교부를 거부한 때에는 피고인 또는 변호인도 검사에 대하여 서류 등의 열람·등사 또는 서면의 교부를 거부할 수 있다(제266조의11 제2항).

3. 피고인측의 증거개시 [16 법사]

① **[신청절차와 증거개시의 대상]** 검사는 피고인 또는 변호인이 공판기일 또는 공판준비절차에서 현장부재·심신상실 또는 심신미약 등 법률상·사실상의 주장을 한 때에 한하여 증거개시를 요구할 수 있다(제266조의11 제1항). [심·장] [13 선택]

② 증거개시의 거부

㉮ 검사가 서류 등의 열람·등사 또는 서면의 교부를 거부한 때에는 피고인 또는 변호인도 검사에 대하여 서류 등의 열람·등사 또는 서면의 교부를 거부할 수 있다(제266조의11 제2항).

㉯ 다만, 법원이 피고인과 변호인 측의 증거개시 신청을 기각하는 결정을 한 때에는 그러하지 아니하다.

③ **[열람·등사 등의 거부에 대한 구제]** 검사는 피고인 또는 변호인이 증거개시 요구를 거부한 때에는 법원에 그 서류 등의 열람·등사 또는 서면의 교부를 허용하도록 할 것을 신청할 수 있다.

④ **[피고인이 법원의 결정에 불복하는 경우의 법적 효과]** 검사의 증거개시에 관한 규정이 준용된다. 따라서 피고인 또는 변호인이 열람·등사 또는 서면의 교부에 관한 법원의 결정을 지체 없이 이행하지 아니하는 때에는 해당 증인 및 서류 등에 대한 증거신청을 할 수 없다(제266조의4 제5항).

04 공판기일의 절차

1. 공판기일의 절차

모두절차	진술거부권의 고지 → 인정신문 → 검사의 모두진술(공소장낭독) → 피고인의 모두진술(공소사실 인정 여부) → 재판장의 쟁점정리절차
사실심리절차	증거조사 → 피고인신문 → 최종변론(검사 논고와 구형, 피고인과 변호인의 최종의견진술)
판결선고절차	재판장의 판결선고

2. 모두절차

① **[진술거부권 고지]** 피고인은 진술하지 아니하거나 개개의 질문에 대하여 진술을 거부할 수 있다(제283조의2 제1항). 재판장은 피고인에게 진술을 거부할 수 있음을 고지하여야 한다(동조 제2항).

② **[인정신문]** 재판장은 피고인의 성명, 연령, 등록기준지, 주거와 직업을 물어서 피고인임에 틀림없음을 확인하여야 한다(제284조). 인정신문에 대하여도 피고인은 진술거부권을 행사할 수 있다.

③ **[검사의 모두진술]** 검사는 공소장에 의하여 공소사실·죄명 및 적용법조를 낭독하여야 한다. 다만, 재판장은 필요하다고 인정하는 때에는 검사에게 공소의 요지를 진술하게 할 수 있다(제285조).

④ 피고인의 모두진술

㉮ 피고인은 검사의 모두진술이 끝난 뒤에 공소사실의 인정 여부를 진술하여야 한다. 다만, 피고인이 진술거부권을 행사하는 경우에는 그러하지 아니하다(제286조 제1항).

㉯ 피고인 및 변호인은 이익이 되는 사실 등을 진술할 수 있다(동조 제2항). 피고인은 이를 통하여 관할이전신청(제15조), 기피신청(제18조), 토지관할위반신청(제320조 제2항) 등을 할 수 있다.

㉰ 토지관할위반의 신청(제320조), 공소장부본송달의 하자에 대한 이의신청(제269조 제2항), 제1회 공판기일의 유예기간에 대한 이의신청(제269조) 등은 피고인이 모두진술 단계까지 이의신청을 하지 않을 경우에는 그 하자를 다툴 수 없게 된다.

⑤ 재판장의 쟁점질문 및 당사자의 주장·입증계획 진술

㉮ 재판장은 피고인의 모두진술이 끝난 다음에 피고인 또는 변호인에게 쟁점의 정리를 위하여 필요한 질문을 할 수 있다(제287조 제1항).

㉯ 재판장은 증거조사를 하기에 앞서 검사 및 변호인으로 하여금 공소사실 등의 증명과 관련된 주장 및 입증계획 등을 진술하게 할 수 있다. 다만, 증거로 할 수 없거나 증거로 신청할 의사가 없는 자료에 기초하여 법원에 사건에 대한 예단 또는 편견을 발생하게 할 염려가 있는 사항은 진술할 수 없다(동조 제2항).

3. 사실심리절차

① 증거조사

㉮ [의의] 법원이 범죄사실과 양형에 관한 심증을 얻기 위하여 각종 증거방법을 조사하여 그 내용을 알아보는 소송행위를 말한다.

㉯ [시기] 증거조사는 모두절차가 끝난 후에 실시한다(제290조). 다만, 간이공판절차에서는 이러한 순서에 관계없이 법원이 상당하다고 인정하는 방법으로 증거조사를 할 수 있다(제297조의2).

㉰ 당사자의 신청에 의한 증거조사

㉠ [의의] 검사·피고인·변호인은 서류나 물건을 증거로 제출할 수 있고, 증인·감정인·통역인·번역인의 신문을 신청할 수 있다(제294조 제1항). [18 선택]

㉡ [증거신청의 방식] 증거신청은 검사가 먼저 이를 한 후 다음에 피고인 또는 변호인이 이를 한다(규칙 제133조). 검사·피고인 또는 변호인은 필요한 증거를 일괄하여 신청하여야 한다(규칙 제132조). 증거신청은 서면 또는 구두로 할 수 있다(규칙 제176조 제1항).

㉢ [증거신청의 시기] 증거신청 시기에는 제한이 없다. 다만, 법원은 검사·피고인·변호인이 고의로 증거를 뒤늦게 신청함으로써 공판의 완결을 지연하는 것으로 인정할 때에는 직권 또는 상대방의 신청에 따라 결정으로 이를 각하할 수 있다(제294조 제2항).

㉣ [입증취지의 명시] 검사, 피고인 또는 변호인이 증거신청을 함에 있어서는 그 증거와 증명하고자 하는 사실과의 관계를 구체적으로 명시하여야 한다(규칙 제132조의2 제1항). 서류나 물건의 일부에 대한 증거신청을 함에 있어서는 증거로 할 부분을 특정하여 명시하여야 한다(동조 제3항).

㉤ [증거결정 전의 절차] 법원은 증거결정을 함에 있어서 필요하다고 인정할 때에는 그 증거에 대한 검사, 피고인 또는 변호인의 의견을 들을 수 있다(규칙 제134조 제1항).

㉥ [증거신청에 대한 증거결정] ⓐ 당사자의 증거신청에 대하여 법원은 결정을 하여야한다(제295조). 즉, 채택결정2)이든 기각결정3)이든 의무적으로 증거결정을 하여야 한다. ⓑ 법원은 증거신청을 기각·각하하거나 증거신청에 대한 결정을 보류하는 경우, 증거신청인으로부터 당해 증거서류 또는 증거물을 제출받아서는 아니된다(동조 제4항). [22 법선]

㉦ [증거신청에 대한 채택 여부가 법원의 재량인지 여부(원칙적 적극)] 당사자의 증거신청을 받아들일 것인지는 법원이 재량에 따라 결정하는 것이 원칙이므로 법원은 당사자가 신청한 증거가 적절하지 않다고 판단하거나 조사할 필요가 없다고 인정할 때에는 그 신청을 기각할 수 있다(2008도763). [24 선택] [13 사례]

---

2) 신청한 증거에 대하여 법원이 증거조사를 하기로 하는 결정이다.
3) 증거신청이 법령에 위반하는 경우, 신청된 증거가 증거능력이 없거나 관련성이 없는 경우 등의 사유가 있을 때 기각결정을 할 수 있다.

㉕ [법원의 직권에 의한 증거조사] 법원은 직권으로 증거조사를 할 수 있다(제295조 후단).

㉖ 증거조사의 방법

　㉠ [증거조사의 순서] 증거신청에 대하여 채택 결정이 있게 되면, 법원은 검사가 신청한 증거를 조사한 후 피고인·변호인이 신청한 증거를 조사한다. 법원은 이 조사가 끝난 후 직권으로 결정한 증거를 조사한다(제291조의2 제1항·제2항). 다만, 법원은 직권 또는 검사, 피고인·변호인의 신청에 따라 위 순서를 변경할 수 있다(동조 제3항).

　㉡ 증거에 대한 조사방법

　ⓐ [증인] 증인은 당사자와 재판장이 신문하여 조사한다(제146조 이하).

　ⓑ [증거서류] 검사, 피고인 또는 변호인의 신청에 따라 증거서류를 조사하는 때에는 신청인이 이를 낭독하여야 하고(제292조 제1항), 법원이 직권으로 증거서류를 조사하는 때에는 소지인 또는 재판장이 이를 낭독하여야 한다(동조 제2항). 재판장은 필요하다고 인정하는 때에는 내용을 고지하는 방법으로 조사할 수 있다(동조 제3항). 재판장은 열람이 다른 방법보다 적절하다고 인정하는 때에는 증거서류를 제시하여 열람하게 하는 방법으로 조사할 수 있다(동조 제5항).

　ⓒ [증거물] 검사, 피고인 또는 변호인의 신청에 따라 증거물을 조사하는 때에는 신청인이 이를 제시하여야 하고(제292조의2 제1항), 법원이 직권으로 증거물을 조사하는 때에는 소지인 또는 재판장이 이를 제시하여야 한다(동조 제2항).

　ⓓ [증거물인 서면의 증거조사방법] 본래 증거물이지만 증거서류의 성질도 가지고 있는 이른바 '증거물인 서면'을 조사하기 위해서는 증거서류의 조사방식인 **낭독·내용고지 또는 열람**의 절차와 증거물의 조사방식인 **제시의 절차**가 함께 이루어져야 한다(2013도251). [24·15 선택] [22 법선]

　기출지문 甲의 무고사건에서 甲의 고소장에 대한 증거조사는 낭독 또는 내용의 고지 방법으로 하여야 하고, 제시가 필요한 것은 아니다. (×) [15 선택]

　ⓔ [컴퓨터디스크 등] 컴퓨터디스크 등에 기억된 문자정보를 증거자료로 하는 경우에는 읽을 수 있도록 출력하여 인증한 등본을 낼 수 있다(제292조의3, 규칙 제134조의7). [13 선택]

　ⓕ [녹음·녹화매체 등] 녹음·녹화매체 등에 대한 증거조사는 녹음·녹화매체 등을 재생하여 청취 또는 시청하는 방법으로 한다(제292조의3, 규칙 제134조의8).

㉗ 증거결정과 증거조사 등에 대한 이의신청

　㉠ 검사·피고인·변호인은 법원의 증거결정 또는 재판장의 처분에 관하여 이의신청을 할 수 있다. 이의신청은 증거결정 또는 재판장의 처분이 법령의 위반이 있음을 이유로 하여서만 이를 할 수 있다(제296조, 제304조 제1항, 규칙 제135조의2 단서, 규칙 제136조). [24 선택] [13 사례]

　㉡ 검사·피고인·변호인은 법원의 증거조사에 관하여 이의신청을 할 수 있다(제296조 제1항). 이의신청은 증거조사가 법령의 위반이 있거나 상당하지 아니함을 이유로 하여 이를 할 수 있다(규칙 제135조의2 본문).

　㉢ [증거신청에 대한 법원의 결정에 독립하여 불복(항고)할 수 있는지 여부(소극)] 당사자의 증거신청에 대한 법원의 채택여부의 결정은 **판결 전의 소송절차**에 관한 결정으로서 이의신청을 하는 외에는 달리 불복할 수 있는 방법이 없고, 다만 그로 말미암아 사실을 오인하여 판결에 영향을 미치기에 이른 경우에만 이를 상소의 이유로 삼을 수 있을 뿐이다(90도646). [24·13 사례] [19 법사]

② **[피고인신문]** 피고인에 대하여 공소사실과 그 정상에 관한 필요한 사항을 신문하는 절차를 말한다. 피고인은 증거방법으로서의 지위를 가지므로 피고인신문이 인정된다. 그러나 피고인의 당사자의 지위가 침해되어서는 안 되므로 진술거부권이 인정된다(제283조의2 제1항).

> 관련판례 [피고인신문권 제한과 상고이유] 항소심에서 변호인이 피고인을 신문하겠다는 의사를 표시하였음에도 변호인에게 일체의 피고인신문을 하지 않은 재판장의 조치는 소송절차의 법령위반으로서 상고이유에 해당한다(2020도10778). [24 선택]

③ **최종변론**

㉮ **[검사의 의견진술(검사의 논고와 구형)]** 증거조사와 피고인신문이 종료한 때에는 검사는 사실과 법률적용에 관하여 의견을 진술하여야 한다(제302조 전단). 이를 검사의 논고라고 하고 특히 양형에 관한 진술을 구형이라고 한다. 검사의 구형은 하나의 참고적 진술에 불과하므로 법원은 검사의 구형에 구속되지 않는다. 다만, 검사의 출석없이 개정할 수 있는 경우에는 공소장의 기재사항에 의하여 의견진술이 있는 것으로 간주한다(동조 단서).

㉯ **[피고인과 변호인의 의견진술]** 재판장은 검사의 의견을 들은 후 피고인과 변호인에게 최종의 의견을 진술할 기회를 주어야 한다(제303조).

㉰ **[피고인이나 변호인에게 최종의견 진술의 기회를 주지 아니한 채 변론을 종결한 경우]** 최종의견 진술의 기회는 피고인과 변호인 모두에게 주어져야 한다. 피고인이나 변호인에게 최종의견 진술의 기회를 주지 아니한 채 변론을 종결하고 판결을 선고하는 것은 소송절차의 '법령위반'에 해당한다(2018도327). [24 · 21 선택]

④ **변론종결**

㉮ 피고인의 최종진술을 끝으로 변론이 종결되면 판결의 선고만을 기다리는 상태가 되는데 이를 결심이라고 한다. 법원은 필요하다고 인정한 때에는 직권 또는 검사, 피고인이나 변호인의 신청에 의하여 결정으로 종결한 변론을 재개할 수 있다(제305조).

㉯ **[종결한 변론의 재개(법원의 재량)]** 종결한 변론을 재개하느냐의 여부는 법원의 재량에 속하는 사항으로서 원심이 변론종결 후 선임된 변호인의 변론재개신청을 들어주지 아니하였다 하여 심리미진의 위법이 있는 것은 아니다(86도769). [24 선택]

4. 판결

① **[선고의 기일]** 판결의 선고는 변론을 종결한 기일에 하여야 한다(즉일선고의 원칙). 다만, 특별한 사정이 있는 때에는 따로 선고기일을 지정할 수 있다(제318조의4 제1항). 이 경우 선고기일은 변론종결 후 14일 이내로 지정되어야 한다(동조 제3항).

② **[선고의 방법]** 판결의 선고는 공판정에서 재판서에 의하여야 하며(제42조), 반드시 공개하여야 한다. 판결의 선고는 재판장이 하며 주문을 낭독하고 이유의 요지를 설명하여야 한다(제43조). 다만 변론을 종결한 기일에 판결을 선고하는 경우에는 판결의 선고 후에 판결서를 작성할 수 있다(제318조의4 제2항).

③ **관련판례**

㉮ **[선고된 형과 판결원본에 기재된 형이 다를 경우에 집행할 형(선고된 형)]** 판결은 그 선고에 의하여 효력을 발생하고 판결원본의 기재에 의하여 효력을 발생하는 것이 아니므로 양자의 형이 다른 경우에는 검사는 선고된 형을 집행하여야 한다(81모8).

ⓓ [재판장이 주문을 낭독한 이후라도 선고가 종료되기 전까지는 일단 낭독한 주문의 내용을 정정하여 다시 선고할 수 있는지 여부(적극)] 판결 선고절차가 종료되기 전이라도 변경 선고가 무제한 허용된다고 할 수는 없다. 재판장이 일단 주문을 낭독하여 선고 내용이 외부적으로 표시된 이상 재판서에 기재된 주문과 이유를 잘못 낭독하거나 설명하는 등 실수가 있거나 판결 내용에 잘못이 있음이 발견된 경우와 같이 특별한 사정이 있는 경우에 변경 선고가 허용된다(2017도3884).4) [23 법선]

05 증거조사

📝 **핵심개념 증인신문**

1. 증인신문과 증인
① [증인신문의 의의] 요증사실과 관련하여 증인의 경험을 내용으로 하는 진술을 얻는 증거조사방법을 말한다. 증인신문은 증언과 함께 증인의 표정·진술태도 등도 법관의 면전에 현출되어 법관의 심증형성에 큰 영향을 미치므로 중요한 의미를 갖는 증거조사방법이다.
② [증인의 의의] 증인이란 자신이 과거에 체험한 사실을 법원 또는 법관에게 진술하는 제3자를 말한다. 증인은 다른 사람과 대체할 수 없다는 비대체성을 가진다.
③ 증인(신문)과 참고인(조사)

구분	증인(신문)	참고인(조사)
공통점	㉠ 피의자·피고인 이외의 제3자 ㉡ 신뢰관계자 동석	
진술기관	법원 또는 법관	수사기관
의무	출석·선서·증언의무	의무 없음
제재수단	구인, 과태료, 소송비용부담, 감치, 동행명령	제재수단 없음

④ 증인과 감정인

구분	증인	감정인
공통점	㉠ 당사자 이외의 제3자 ㉡ 법원·법관 면전에서 진술 ㉢ 당사자의 참여권 인정 ㉣ 출석·선서·증언(감정) 의무 부담 ㉤ 여비·일당·숙박료 지급 ㉥ 증언거부권과 감정거부권	

---

4) [사실관계] 제1심 재판장이 선고기일에 법정에서 "피고인을 징역 1년에 처한다."라는 주문을 낭독한 뒤 상소기간 등에 관한 고지를 하던 중 피고인이 "재판이 개판이야, 재판이 뭐 이 따위야." 등의 말과 욕설을 하면서 난동을 부리자 제1심 재판장이 피고인에게 "선고가 아직 끝난 것이 아니고 선고가 최종적으로 마무리되기까지 이 법정에서 나타난 사정 등을 종합하여 선고형을 정정한다."는 취지로 말하며 징역 3년을 선고한 사안이다.

자격	일정한 사실을 체험한 자(판단자료 제공)	일정한 학식·경험을 가진 자(판단능력 보충)
대체성	대체성 없음(구인 가능)	대체성 있음(구인 불가능)
보수	없음	보수(감정료, 체당금)지급받음

2. 증인적격 및 증언능력

① 증인적격

㉮ [의의] 증인으로 선서하고 진술할 수 있는 자격을 말한다. 법원은 법률에 다른 규정이 없으면 누구든지 증인으로 신문할 수 있다(제146조).

㉯ [증인거부권자] 공무원 또는 공무원이었던 자가 그 직무에 관하여 알게 된 사실에 관하여 본인 또는 당해 공무소가 직무상 비밀에 속한 사항임을 신고한 때에는 그 소속공무소 또는 감독관공서의 승낙 없이는 증인으로 신문하지 못한다(제147조 제1항). [20 선택] 소속공무소 또는 당해 감독관공서는 국가에 중대한 이익을 해하는 경우를 제외하고는 승낙을 거부하지 못한다(동조 제2항).

㉰ [법관, 검사의 증인적격] ㉠ 법관은 자신이 담당하는 사건에 관하여 증인적격이 없다. ㉡ 검사는 당사자로서 제3자가 아니므로 증인적격이 없다. 다만 공판검사가 아닌 당해 사건을 수사한 수사검사 또는 사법경찰관리(2001헌바41), 검찰주사, 현행범을 체포한 경찰관·경찰정보원(95도535)[5] 등은 소송당사자가 아니므로 증인적격이 있다. [15 선택]

㉱ [변호인의 증인적격] 피고인의 보호자로서 피고인에 준하는 지위를 가지기 때문에 증인적격이 없다.

㉲ [피고인의 증인적격] 피고인은 소송에 있어 제3자가 아니고 또한 증인적격을 인정할 경우 증언의무 부과로 진술거부권이 침해되기 때문에 피고인의 증인적격이 인정되지 아니한다(2001헌바41).[6] [14 선택]

② [증언능력] 16세 미만의 자 또는 선서의 취지를 이해하지 못하는 자로서 선서무능력자일지라도 증언능력이 있으면 그 증언은 증거로 할 수 있다. 다만 선서무능력자의 증언은 그 증언 내용이 허위일지라도 위증죄의 죄책을 지지 아니한다(84도619). [17 선택]

Ⅰ. 증인신문

1. 쟁점 047 공동피고인의 증인적격★★★ [20·14 사례] [23·20·16·13·12 법사]

【CASE】
甲은 A의 집 밖에서 망을 보고, 乙은 집 안으로 들어가 현금 100만 원과 귀금속을 절취했다. 甲과 乙은 특수절도죄로 기소되어 병합심리 중인바, 공소사실을 뒷받침할 증거가 충분하지 않은 상황이다. 검사가 甲에 대한 공소사실을 증명하기 위하여 乙을 증인으로 신청하였다. 법원은 이에 대하여 어떠한 조치를 취하여야 하는가?

---

5) 현행범을 체포한 경찰관의 진술이라 하더라도 범행을 목격한 부분에 관하여는 어느 목격자와 다름없이 증거능력이 있다.
6) 피고인은 증인적격이 인정되지 않으므로 증인과 같은 선서를 할 필요가 없으나, 피고인의 공판정에서의 진술 또는 자백은 증거로 사용될 수 있다.

🔍 쟁점연구

1. 문제점

공동피고인에게 증인적격이 인정될 수 있는지 문제된다.

2. 학설 및 判例

① [긍정설] 공동피고인도 다른 피고인에 대한 관계에서는 제3자이므로 증인이 될 수 있다는 견해이다.

② [부정설] 공동피고인은 공범관계에 있는지 여부를 불문하고, 진술거부권을 가지므로 다른 피고인에 의한 반대신문을 할 수 없어 공동피고인은 증인이 될 수 없다는 견해이다.

③ [절충설] 공범인 공동피고인은 증인적격이 없으나, 공범이 아닌 공동피고인은 피고사건과 실질적인 관계가 없는 제3자에 불과하기 때문에 증인이 될 수 있다는 견해이다.

④ [判例] ㉮ [공범인 경우] 공범인 공동피고인은 당해 소송절차에서는 피고인의 지위에 있어 다른 공동피고인에 대한 공소사실에 관하여 증인이 될 수 없으나, 소송절차가 분리되어 피고인의 치위에서 벗어나게 되면 다른 공동피고인에 대한 공소사실에 관하여 증인이 될 수 있다(대판 : 2010도10028). [23·21·20· 19·17·16·15·14·13·12 선택]

㉯ [공범이 아닌 경우] 피고인과 별개의 범죄사실로 기소되어 병합심리되고 있던 공동피고인은 피고인에 대한 관계에서 증인의 치위에 있음에 불과하므로, 선서 없이 한 공동피고인의 법정 및 검찰진술은 피고인에 대한 공소범죄사실을 인정하는 증거로 할 수 없다(대판 : 82도898).

3. 검토

공범이 아닌 공동피고인은 다른 피고인에 대하여 제3자의 입장이므로 증인의 지위에 있다. 그러나 공범인 공동피고인은 당해 소송절차에 피고인의 지위를 가지므로 소송절차가 분리되지 않는 한 증인적격이 없다고 보는 것이 타당하다.

【사례해설】

사안의 경우 甲과 乙은 공범인 공동피고인의 관계에 있다. 따라서 검사의 乙에 대한 증인신청에 대하여 법원은 사건과의 관련성을 검토한 후 증인신문이 필요한 경우라면 증거채택 결정을 하고 변론을 분리한 이후 乙을 증인으로 신문할 수 있다.

관련판례 소송절차가 분리된 공범인 공동피고인에 대하여 증인적격을 인정하고 그 자신의 범죄사실에 대하여 신문한다 하더라도 피고인으로서의 진술거부권 내지 자기부죄거부특권을 침해한다고 할 수 없다. 따라서 증인신문절차에서 형사소송법 제160조에 따라 증언거부권이 고지되었음에도 불구하고 위와 같이 증인적격이 인정되는 피고인이 자기의 범죄사실에 대하여 증언거부권을 행사하지 아니한 채 허위로 진술하였다면 위증죄가 성립된다(2023도7528).

2. 쟁점 **048** 공범인 공동피고인의 법정진술의 증거능력*** [20·14 사례] [23·18 법사]

【CASE】

甲과 乙은 각각 뇌물공여와 뇌물수수 혐의로 기소되어 재판을 받던 중 공판정에서 甲은 혐의를 인정하였으나 乙은 혐의를 부인하였다. 공판정에서의 甲의 자백은 乙의 공소사실에 대하여 증거능력이 인정되는가?

🔍 쟁점연구

1. 문제점

공범인 공동피고인의 법정진술이 다른 피고인에 대하여 증거능력이 인정되는지 문제된다.

2. 학설 및 判例

① [적극설] 법관의 면전이므로 공동피고인의 임의의 진술을 기대할 수 있고, 공동피고인에 대한 다른 피고인의 반대신문권이 사실상 보장되고 있으므로 증거능력이 인정된다는 견해이다.

② [소극설] 진술거부권을 가지고 있는 공동피고인에 대한 다른 피고인의 반대신문권이 보장되어 있지 않기 때문에 변론을 분리하여 증인으로 신문하지 않는 한 증거능력이 부정된다는 견해이다.

③ [절충설] 공동피고인에 대한 다른 피고인이 실제로 반대신문권을 하였거나 반대신문의 기회가 보장되어 있을 때에 한하여 증거능력이 인정된다는 견해이다.

④ [判例] 공동피고인의 자백은 이에 대한 피고인의 반대신문권이 보장되어 있어 증인으로 신문한 경우와 다를 바 없으므로 독립한 증거능력이 있다(대판 : 2007도5577). [23·22·21·20·19·17 선택]

3. 검토

공동피고인의 자백은 이에 대한 피고인의 반대신문권이 보장되어 있어 증인으로 신문한 경우와 다를 바 없으므로 독립한 증거능력이 있다고 보는 것이 타당하다.

【사례해설】

공동피고인의 자백은 이에 대한 피고인의 반대신문권이 보장되어 있어 증인으로 신문한 경우와 다를 바 없으므로 甲의 자백은 乙의 공소사실에 대하여 증거능력이 인정된다.

관련판례 1. [공범 아닌 공동피고인의 지위(당해 피고인에 대하여 증인의 지위), 선서없이 한 공범 아닌 공동피고인의 법정진술의 당해 피고인에 대한 증거능력 유무(소극)] 피고인과 별개의 범죄사실로 기소되어 병합심리 중인 공동피고인은 피고인의 범죄사실에 관하여는 증인의 지위에 있다 할 것이므로 선서없이 한 공동피고인의 법정진술은 피고인의 공소 범죄사실을 인정하는 증거로 할 수 없다(82도1000). [23·21·18·17·14·13·12 선택] [20·14 사례]

2. [절도범과 장물범] 공동피고인인 절도범과 그 장물범은 서로 다른 공동피고인의 범죄사실에 관하여는 증인의 지위에 있다 할 것이므로, 피고인이 증거로 함에 동의한 바 없는 공동피고인에 대한 피의자신문조서는 공동피고인의 증언에 의하여 그 성립의 진정이 인정되지 아니하는 한(저자 주 : 공동피고인의 법정진술에 의하여 성립의 진정이 인정되더라도)피고인의 공소범죄사실을 인정하는 증거로 할 수 없다(2005도7601). [19 선택]

3. 증인의 의무

① [출석의무]

㉮ [증인의 소환] 법원은 소환장의 송달, 전화, 전자우편, 그 밖의 상당한 방법으로 증인을 소환한다(제150조의2 제1항).

㉯ [출석의무 위반에 대한 제재] ㉠ 소송비용부담과 500만원 이하의 과태료 부과(제151조 제1항), ㉡ 감치처분(제151조 제2항), ㉢ 구인(제152조) [16 선택]

② [선서의무]

㉮ [원칙] 증인은 신문 전에 선서하게 하여야 한다. 다만, 법률에 다른 규정이 있는 경우에는 예외로 한다(제156조). 선서능력이 있는 증인이 선서 없이 증언한 때에는 그 증언은 증거능력이 부정된다. 증인이 정당한 이유없이 선서를 거부한 때에는 결정으로 50만원 이하의 과태료에 처할 수 있다(제161조 제1항). 이 결정에 대하여 즉시항고를 할 수 있다(동조 제2항). [20 선택]

> 관련판례 [재판장이 선서할 증인에게 위증의 벌을 경고하지 않은 경우 위증죄의 성립 여부(적극)] 재판장이 선서할 증인에 대하여 선서 전에 위증의 벌을 경고하지 않았다는 등의 사유는 그 증인신문절차에서 증인 자신이 위증의 벌을 경고하는 내용의 선서서를 낭독하고 기명날인 또는 서명한 이상 위증의 벌을 몰랐다고 할 수 없을 것이므로 증인보호에 사실상 장애가 초래되었다고 볼 수 없고 따라서 위증죄의 성립에 지장이 없다(2008도942).

㉯ [예외(선서무능력자)] 선서무능력자는 선서의무가 없다. 즉 16세 미만의 자 또는 선서의 취지를 이해하지 못하는 자는 선서시키지 아니하고 신문하여야 한다(제159조). [20 선택]

> 관련판례 [선서무능력자가 선서하고 증언한 경우 선서와 증언의 효력(선서는 무효, 증언은 유효할 수 있음)] 선서무능력자에 대하여 선서케하고 신문한 경우라 할지라도 그 선서만이 무효가 되고 그 증언의 효력에 관하여는 영향이 없고 유효하다(57도23).[7] [16 선택]

③ [증언의무] 증인은 신문받은 사항에 대하여 양심에 따라 숨김과 보탬이 없이 증언을 할 의무를 부담한다(제157조 제2항).

4. 증인의 권리

① 증언거부권

㉮ [의의] 증언의무의 존재를 전제로 하여 일정한 사유에 기하여 증언의무의 이행을 거절할 수 있는 권리를 말한다.

㉯ [자기 또는 근친자의 형사책임과 관련된 증언거부권] ㉠ 증인은 자기나 친족이거나 친족이었던 사람, 법정대리인·후견감독인이 형사소추 또는 공소제기를 당하거나 유죄판결을 받을 사실이 드러날 염려가 있는 증언을 거부할 수 있다(제148조). [19 선택] [14 사례]

---

7) [판례해설] 증언이 유효하려면 증언능력을 갖추고 있어야 함은 물론이다. 선서무능력자의 증언이 곧바로 증언능력이 없는 자의 증언으로서 무효라고 단정하여서는 안 된다는 취지의 판례이다.

ⓒ 이미 피고인이 유죄·무죄판결이나 면소판결을 받고 확정되어 더 이상 공소제기나 유죄판결을 받을 가능성이 없는 경우에는 그에 관한 증언을 거부할 수 없다. 따라서 자신에 대한 유죄판결이 확정된 증인이 공범에 대한 피고사건에서 증언할 당시 앞으로 **재심을 청구할 예정**이라고 하여도 이를 이유로 증인에게 형사소송법 제148조에 의한 증언거부권이 인정되지는 않는다(2011도11994). [23·16 선택] [22·20·14 법선]

ⓓ **[업무상비밀과 관련된 증언거부권]** 변호사·변리사 등이 그 업무상 위탁을 받은 관계로 알게 된 사실로서 타인의 비밀에 관한 것은 증언을 거부할 수 있다. 다만, 본인의 승낙이 있거나 중대한 공익상 필요 있는 때에는 예외로 한다(제149조 참조). [23·22·16 선택]

ⓔ **[증언거부권의 고지]** 증인이 증언거부권자에 해당하는 경우에는 재판장은 신문 전에 증언을 거부할 수 있음을 설명하여야 한다(제160조).

ⓕ 관련판례

　ⓐ **[증언거부권 행사 대상에 해당하는 경우]** 증언거부권의 대상으로 규정한 '공소제기를 당하거나 유죄판결을 받을 사실이 발로될 염려 있는 증언'에는 자신이 범행을 한 사실뿐 아니라 범행을 한 것으로 오인되어 유죄판결을 받을 우려가 있는 사실 등도 포함된다(2010도10028). [13 사례]

　ⓑ **[증언거부권 행사 대상에 해당하지 않는 경우(증인이 이미 유죄의 확정판결을 받은 경우)]** 이미 유죄의 확정판결을 받은 경우에는 일사부재리의 원칙에 의해 다시 처벌되지 아니하므로 증언을 거부할 수 없는바, 이는 사실대로의 진술 즉 자신의 범행을 시인하는 진술을 기대할 수 있기 때문인 점 등에 비추어 보면 피고인은 강도상해죄로 이미 유죄의 확정판결을 받았으므로 그 범행에 대한 증언을 거부할 수 없을 뿐만 아니라 나아가 사실대로 증언하여야 한다(2005도10101). [17·16·14·12 선택] [22·20·14 법사] [24 기록]

　ⓒ **[증언거부권을 고지받지 못한 증인의 증언의 효력(유효)]** 증언거부권 있는 자에게 증언거부권이 있음을 설명하지 않은 경우라도 증인이 선서하고 증언한 이상 그 증언의 효력에는 영향이 없다(4290형상23).[8) [23·16 선택] [14 법사]

5. 증인신문의 방법

① **[당사자의 참여권 등]**

ⓐ **[참여권의 보장]** 검사, 피고인 또는 변호인은 증인신문에 참여할 수 있다(제163조 제1항). 증인신문의 시일과 장소는 검사, 피고인 또는 변호인에게 미리 통지하여야 한다. 다만, 참여하지 아니한다는 의사를 명시한 때에는 예외로 한다(동조 제2항).

ⓑ 관련판례

　ⓐ **[당사자의 참여권이 보장되지 않은 증인신문의 효력]** 증인신문의 시일 및 장소를 통지하지 아니한 **법정 외의 증인신문은 위법임**을 면할 수 없다 할 것이다. 다만, 이러한 절차상의 흠결은 공판기일에서 당해 증인신문조서에 대한 증거조사를 시행함에 있어 관계인이 이의가 없다고 진술한 경우라면 이를 책문권의 포기로 보아 그 절차상의 흠결은 치유된다(67도613). [22 선택] [23 법선]

---

8) [판례해설] 형사소송절차에서 증언거부권을 고지받지 못한 경우 증언거부권을 행사하는 데 사실상 장애가 초래되었다고 볼 수 있는 경우에는 위증죄의 성립을 부정하여야 한다는 (형법적) 쟁점과는 구별하여야 한다(全 2008도942).

ⓛ [**당사자의 참여권이 보장된 경우**] 법원이 공판기일에 증인을 채택하여 다음 공판기일에 증인신문을 하기로 피고인에게 고지하였는데 그 다음 공판기일에 증인은 출석하였으나 피고인이 정당한 사유 없이 출석하지 아니한 경우 이미 출석하여 있는 증인에 대하여 공판기일 외의 신문으로서 증인신문을 하고 다음 공판기일에 그 증인신문조서에 대한 서증조사를 하는 것은 증거조사절차로서 적법하다 (2000도3265). [22 선택]

② 증인신문의 절차

㉮ [**준비절차**] ㉠ 중인의 확인, ㉡ 위증벌의 경고, ㉢ 승인의 선서, ㉣ 증언거부권의 고지

㉯ [**방식**] 증인신문은 구두로 하여야 한다.

㉰ [**개별신문과 대질신문**] 증인신문은 각 증인에 대하여 신문하여야 하고 신문하지 아니한 증인이 재정한 때에는 퇴정을 명하여야 한다(제162조 제1항·제2항). 그러나 다른 증인을 퇴정시키지 않고서 증인신문을 하였다 하여 위법이라 할 수 없다(4292형상725). 필요한 때에는 증인과 다른 증인 또는 피고인과 대질하게 할 수 있다(동조 제3항). [20 변시]

㉱ [**피고인 등의 퇴정 후 신문**] 재판장은 증인이 피고인 또는 어떤 재정인의 면전에서 충분한 진술을 할 수 없다고 인정한 때에는 그를 퇴정하게 하고 진술하게 할 수 있다(제297조 제1항). [23 선택] 피고인을 퇴정하게 한 경우에 증인의 진술이 종료한 때에는 퇴정한 피고인을 입정하게 한 후 법원사무관등으로 하여금 진술의 요지를 고지하게 하여야 한다(제297조 제2항).

관련판례 [변호인이 없는 피고인을 퇴정하게 하고 증인신문을 진행한 경우(피고인의 반대신문권을 배제한 증인의 진술은 위수증, 다만 피고인이 책문권을 포기한 경우 위법의 하자가 치유됨)] 변호인이 없는 피고인을 일시 퇴정하게 하고 증인신문을 한 다음 피고인에게 실질적인 반대신문의 기회를 부여하지 아니한 채 이루어진 증인의 법정진술은 위법한 증거로서 증거능력이 없다고 볼 여지가 있으나, 그 다음 공판기일에서 재판장이 증인신문 결과 등을 공판조서(증인신문조서)에 의하여 고지하였는데 **피고인이 "변경할 점과 이의할 점이 없다."라고 진술하여 책문권 포기 의사를 명시한 경우** 실질적인 반대신문의 기회를 부여받지 못한 하자가 치유되었다(2009도9344). [24·23·22·21 선택] [23 법선]

㉲ [**차폐시설(중계장치) 설치 후 증인신문**] 법원은 아동복지법상의 일정한 범죄의 피해자, 아청법상의 범죄의 대상이 되는 아동·청소년 또는 피해자, 피고인 등과 대면하여 진술하는 경우 심리적인 부담으로 정신의 평온을 현저하게 잃을 우려가 있다고 인정되는 사람을 증인으로 신문하는 경우 상당하다고 인정할 때에는 검사와 피고인 또는 변호인의 의견을 들어 비디오 등 중계장치에 의한 중계시설을 통하여 신문하거나 가림시설 등을 설치하고 신문할 수 있다(제165조의2). [23·22 법선]

관련판례 [피고인에 대하여 차폐시설 설치방식에 의하여 증인신문을 하는 경우 변호인에 대한 차폐시설의 설치의 허용 요건(반대신문권이 제한될 수 있으므로 특별한 사정이 있는 경우 예외적으로 허용됨)] 법원은 형사소송법 제165조의2 제3호의 요건(피고인 등과 대면하여 진술하면 심리적인 부담으로 정신의 평온을 현저하게 잃을 우려가 있는 경우)이 충족될 경우 피고인뿐만 아니라 검사, 변호인, 방청인 등에 대하여도 차폐시설 등을 설치하는 방식으로 증인신문을 할 수 있다. 다만, 변호인에 대한 차폐시설의 설치는, 이미 인적사항에 관하여 비밀조치가 취해진 증인이 변호인을 대면하여 진술함으로써 자신의 신분이 노출되는 것에 대하여 심한 심리적인 부담을 느끼는 등의 특별한 사정이 있는 경우에 예외적으로 허용될 수 있을 뿐이다(2014도18006). [22·17 선택] [23 법선]

③ 교호(상호)신문제도

㉮ **[의의]** 증인신문은 증인을 신청한 당사자가 먼저 신문(주신문)하고 그 다음에 반대 당사자가 신문(반대신문)한다(제161조의2 제1항). 이와 같이 증인신문을 **주신문 – 반대신문 – 재주신문 – 재반대신문**의 순서로 행하는 것을 교호(상호)신문이라고 한다. 재판장은 당사자의 신문이 끝난 후에 신문할 수 있다(제161조의2 제2항).

㉯ **교호신문의 방식**

　㉠ 주신문에 있어서는 원칙적으로 유도신문이 금지된다(규칙 제77조 제2항). 그러나 반대신문에 있어서는 필요할 경우 유도신문을 할 수 있다(규칙 제76조 제2항). [22 · 20 선택]

　㉡ 재판장은 당사자의 신문이 끝난 뒤에 신문할 수 있는 것이 원칙이지만, 필요하다고 인정하면 어느 때나 개입하여 증인을 신문할 수 있다(제161조의2 제2항 · 제3항 전단).

㉰ **관련판례**

　㉠ **[주신문에서 유도신문을 한 하자가 책문권 포기로 치유될 수 있는지 여부**(적극)**]** (2012도2937) [24 선택]

　㉡ 피고인에게 불리한 증거인 증인이 주신문의 경우와 달리 반대신문에 대하여는 답변을 하지 아니하는 등 진술 내용의 모순이나 불합리를 증인신문 과정에서 드러내어 이를 탄핵하는 것이 사실상 곤란하였고, 그것이 피고인 또는 변호인에게 책임 있는 사유에 기인한 것이 아닌 경우, **특별한 사정이 없는 한 증인의 법정진술은 위법한 증거로서 증거능력을 인정하기 어렵다.** 이 경우 <u>피고인의 책문권 포기로 그 하자가 치유될 수 있으나, 책문권 포기의 의사는 명시적인 것이어야 한다</u>(2016도17054). [23 · 21 법선]

④ **[공판정 외의 증인신문]** 법원은 증인의 연령 · 직업 · 건강상태 기타의 사정을 고려하여 검사, 피고인 또는 변호인의 의견을 묻고 법정 외에 소환하거나 현재지에서 신문할 수 있다(제165조).

　　`관련판례` 형사소송법에서 정한 절차와 방식에 따른 증인신문절차를 거치지 아니한 채 증인에 대하여 <u>선서 없이 법관이 임의의 방법으로 청취한 진술과 그 진술의 형식적 변형에 불과한 증거(녹음파일 등)는 적법한 증거조사 절차를 거치지 않은 증거로서 증거능력이 없다.</u> 따라서 사실인정의 자료로 삼을 수도 없고, 피고인이나 변호인이 그러한 절차 진행에 동의하였다거나 사후에 그와 같은 증거조사 결과에 대하여 이의를 제기하지 아니하고 그 녹음파일 등을 증거로 함에 동의하였더라도 그 위법성이 치유되지 않는다(2020도14843).

6. 피해자의 재판절차진술권

법원은 범죄로 인한 피해자 또는 그 법정대리인(피해자가 사망한 경우에는 배우자 · 직계친족 · 형제자매 포함)의 신청이 있는 때에는 그 피해자 등을 증인으로 신문하여야 한다(제294조의2). [18 선택] 이는 헌법상 기본권인 형사피해자의 재판상의 진술권(헌법 제27조 제5항)을 구체화한 규정에 해당한다.

`관련판례` 탄원서 등은 결국 피해자가 형사소송규칙 제134조의10 제1항에 규정된 의견진술에 갈음하여 제출한 서면에 해당하여 <u>범죄사실의 인정을 위한 증거로 할 수 없다</u>(2023도11371).

Ⅱ. 검증

1. **[의의]** 법원 또는 법관이 오관의 작용에 의하여 물건이나 신체 등의 존재나 상태를 알아보는 증거조사 방법이다. 법원의 검증은 수사기관의 검증과는 달리 증거조사의 일종으로 영장주의가 적용되지 아니 한다. 따라서 공판정 내외를 불문하고 영장을 발부할 필요가 없다.

2. **[법원이 공판기일에 검증한 경우**(검증결과가 증거이고, 검증조서가 증거가 되는 것이 아님)**]** 법원이 공판 기일에 CCTV에 대한 검증을 행한 경우에는 그 검증결과, 즉 법원이 오관의 직용에 의하여 판단한 결과가 바로 증거가 되고, 그 검증의 결과를 기재한 검증조서가 서증으로서 증거가 되는 것은 아니다 (2009도8949). [17 선택]

3. **[검증조서의 작성]** 검증에 관하여는 검증결과를 기재한 검증조서를 작성하여야 한다(제49조 제1항). 다만 공판정에서 행한 검증은 별도의 검증조서를 작성하지 아니하고 공판조서에 기재하여야 한다(제 51조 제2항).

Ⅲ. 감정·통역·번역

1. 감정

① **[의의]** 일정한 학식과 경험을 가진 제3자가 그 학식과 경험을 활용하여 얻은 판단을 법원·법관에 보고 하는 것을 말한다. 법원으로부터 감정을 명받은 자를 감정인이라 한다.

② **[감정인의 감정처분]** 감정인은 감정처분을 하기 위하여 법원의 허가를 얻어야 한다(제173조 제1항). 감정인은 타인의 주거·간수자 있는 가옥·건조물·항공기·선차 내에 들어 갈 수 있고, 신체의 검사· 사체의 해부·분묘의 발굴·물건의 파괴를 할 수 있다(제173조 제1항). 감정인은 처분을 받는 자에게 감정처분허가장을 제시하여야 한다(동조 제3항).

2. 통역·번역

국어에 통하지 아니하는 자의 진술은 통역인으로 하여금 통역하게 하여야 하고(제180조) 듣거나 말하는 데 장애가 있는 사람의 진술에 대해서는 통역인으로 하여금 통역하게 할 수 있다(제181조). 국어 아닌 문자 또는 부호는 번역하게 하여야 한다(제182조).

06 간이공판절차

핵심개념

1. 간이공판절차

피고인이 공판정에서 공소사실에 대하여 자백한 때에는 법원은 그 공소사실에 한하여 간이공판절차에 의하여 심판할 것을 결정할 수 있다(제286조의2). 간이공판절차에서는 증거능력 제한을 완화하고 증거조사절차를 간이화하는 특례가 인정된다.

2. 공판절차의 정지와 갱신

① [공판절차의 정지] 심리를 진행할 수 없는 일정한 사유(피고인의 심신상실 또는 질병, 공소장변경, 기타 소송절차의 정지에 따른 공판절차의 정지)가 있는 경우 그 사유가 없어질 때까지 법원의 결정으로 심리를 진행하지 않는 것을 말한다.

② [공판절차의 갱신] 판결선고 이전에 법원이 피고사건에 대해 이미 진행한 공판절차를 다시 처음부터 진행하는 것을 말한다. 공판절차의 갱신은 이미 진행한 절차를 무효로 하고 처음부터 절차를 다시 시작하는 것이므로 재판장은 모두절차부터 절차를 새로이 진행하는 것이 원칙이다.

3. 변론의 분리 · 병합 · 재개

① [변론의 병합] 수개의 사건이 동일 또는 별개의 법원에 계속되어 있는 경우에 그 사건들을 한 개의 절차로 병합하여 동시에 심리하는 것을 말한다.

② [변론의 분리] 병합되어 있는 수개의 사건을 분리하여 별개의 절차에서 심리하는 것을 말한다.

③ [절차] 법원은 필요하다고 인정할 때에는 직권 또는 검사 · 피고인 · 변호인의 신청에 의하여 변론을 분리하거나 병합할 수 있다(제300조).

④ [변론의 재개] 법원은 필요하다고 인정할 때에는 직권 또는 검사 · 피고인 · 변호인의 신청에 의하여 결정으로 종결한 변론을 재개할 수 있다(제305조). 변론이 재개되면 변론은 종결 전의 상태로 돌아가게 된다. 종결한 변론을 재개하느냐의 여부는 법원의 재량에 속하는 사항으로서 원심이 변론종결 후 선임된 변호인의 변론재개신청을 들어주지 아니하였다 하여 심리미진의 위법이 있는 것은 아니다(86도769). [24 선택] [21 법선]

I. 간이공판절차

1. 간이공판절차의 개시요건

① [대상심급과 대상범죄] 간이공판절차는 제1심의 공판절차에서만 허용되고 상소심에서는 허용되지 않는다. 대상범죄에는 제한이 없다. 즉 단독판사 관할사건은 물론 합의부 관할사건도 간이공판절차에 의하여 심판할 수 있다.

② [피고인의 공판정에서의 자백]

㉮ 간이공판절차는 피고인이 자백한 사건의 경우에만 허용된다(제286조의2). 따라서 변호인이 대신 자백한 사건에서는 간이공판절차에 의하여 심판할 수 없다.

④ 간이공판절차는 피고인이 공판정에서 자백한 경우에 허용된다. 따라서 수사절차나 공판준비절차에서 피고인이 자백하였다고 하여 간이공판절차에 의하여 심판할 수 없다.

③ **[자백의 내용]**

㉮ 간이공판절차 결정의 요건인 '공소사실의 자백'이라 함은 <u>공소장 기재사실을 인정하고 나아가 위법성이나 책임조각사유가 되는 사실을 '진술하지 아니하는 것으로 충분하고'</u>9) 명시적으로 유죄를 자인하는 진술이 있어야 하는 것은 아니다(87도1269). [21 · 13 선택]

㉯ **[간이공판절차에 의하여 심판할 수 없는 경우]** 검사 신문시 공소사실 인정하였으나 변호인 신문시 <u>부인한 경우</u>(97도3421), <u>술에 만취하여 기억이 없다는 진술을 한 경우</u>(저자 주 : 범의부인과 책임조각사유의 주장에 해당)에는 그 공소사실은 간이공판절차에 의하여 심판할 대상이 아니다(97도3421). [12 선택]

2. 간이공판절차개시의 결정

① **[결정의 재량성]** 간이공판절차의 요건이 구비되면 법원은 그 공소사실에 대하여 간이공판절차에 의하여 심판할 것을 결정할 수 있다(제286조의2). 간이공판절차 개시결정여부는 법원의 재량이다.

② **결정의 방법과 불복**

㉮ 법원이 간이공판절차결정을 하고자 할 때에는 재판장은 미리 피고인에게 간이공판절차의 취지를 설명하여야 한다(규칙 제131조).

㉯ 간이공판절차 개시결정은 <u>판결 전 소송절차에 관한 결정</u>이므로 항고하지 못한다(제403조 제1항). [13 선택]

㉰ 간이공판절차의 개시요건이 구비되지 않았음에도 그 절차에 의하여 심판한 경우에는 판결에 영향을 미친 법률위반이 되어 항소이유 또는 상고이유가 된다(제361조의5 제1호, 제383조).

3. 간이공판절차의 내용

① 증거능력 제한의 완화

㉮ **[증거동의 간주]** 간이공판절차에서는 <u>전문증거에 대하여 당사자의 동의가 있는 것으로 간주한다</u>. 다만, <u>검사 · 피고인 · 변호인이 증거로 함에 이의가 있는 때에는 그러하지 아니하다</u>(제318조의3). [21 · 20 · 16 · 14 · 13 선택]

㉯ **[전문법칙의 배제]** 간이공판절차에서 증거능력의 제한이 완화되는 것은 전문법칙에 한한다. 따라서 <u>위법수집증거배제법칙이나 자백배제법칙이 적용된다.</u>

㉰ **[자백보강법칙의 적용]** 간이공판절차에서도 증명력의 제한이 완화되는 것이 아니므로 <u>자백의 보강법칙이 적용된다.</u>

② **[증거조사절차의 간이화]** 간이공판절차에서는 <u>적법한 증거조사에 의하지 아니하고 법원이 상당하다고 인정하는 방법으로 증거조사를 할 수 있다</u>(제297조의2). [13 선택] 다음과 같은 규정은 간이공판절차에서 적용되지 아니한다. [21 법선]

---

9) 위법성과 책임은 추정되기 때문이다.

```
┌─────────────────────────────────────────────────────────────────┐
│ <간이공판절차에서 적용되지 아니하는 규정>                          │
│ 1. 증인에 대한 교호신문제도(제161조의2)                            │
│ 2. 재판장의 쟁점정리 후 증거조사(제290조)                          │
│ 3. 증거서류나 증거물을 개별적으로 지시·설명하여 조사(제291조)      │
│ 4. 증거조사의 순서(제291조의2)                                     │
│ 5. 증거서류나 증거물 등에 대한 조사방식(제292조 내지 제292조의3)   │
│ 6. 증거조사 결과에 대하여 피고인의 의견을 묻는 규정(제293조)       │
│ 7. 증인신문·피고인신문 등에 있어 피고인이나 재정인을 퇴정시키는 규정(제297조) │
└─────────────────────────────────────────────────────────────────┘
```

4. 간이공판절차의 취소

① **[취소사유]** 법원은 간이공판절차개시 결정을 한 사건에 대하여 피고인의 자백이 신빙할 수 없다고 인정되거나 간이공판절차로 심판하는 것이 현저히 부당하다고 인정할 때에는 그 결정을 취소하여야 한다(제286조의3). [21 법선]

② **[취소절차]** 간이공판절차 취소는 법원의 결정에 의한다. 다만, 취소하기 전에는 검사의 의견을 들어야 한다(제286조의3). 간이공판절차개시 결정과는 달리 취소사유가 있는 경우 반드시 간이공판절차를 취소해야 한다.

③ **[취소의 효과**(공판절차의 갱신)**]** 간이공판절차 결정이 취소된 때에는 공판절차를 갱신하여야 한다. 다만, 검사·피고인·변호인이 이의가 없는 때에는 그러하지 아니한다(제301조의2).

Ⅱ. 공판절차 정지와 갱신의 사유

구분	내용
정지사유	① 기피신청(제22조) ② 토지관할의 병합심리 또는 관할지정·이전의 신청(규칙 제7조) ③ 공소장변경(제298조 제4항) ④ 피고인의 심신상실 또는 질병(제306조) ⑤ 재심청구의 경합(규칙 제169조) ⑥ 법원의 헌법재판소에 대한 위헌법률심판 제청(헌재 제42조 제1항) ※ ③ 공소장변경은 법원의 직권 또는 피고인·변호인의 청구에 의하여 정지하지만, 나머지는 언제나 법원이 직권으로 정지한다. 또한 ③ 공소장변경은 공판절차 정지가 법원의 재량이지만, 나머지는 법원의 의무이다.
갱신사유	① 판사의 경질(제310조) ② 국민참여재판에 있어 배심원의 교체(국참법 제45조 제1항) ③ 간이공판절차의 취소(제301조의2) ④ 심신상실로 인한 공판절차의 정지 후 재개(규칙 제143조, 제306조 제1항)

07 국민참여재판

1. 의의

국민참여재판이란 사법의 민주적 정당성과 신뢰를 높이기 위하여 국민이 형사재판에 참여하는 제도를 말한다(국민의 형사재판 참여에 관한 법률 제1조).[10]

2. 대상사건 및 절차의 개시 등

① [대상사건(제5조 제1항)]

> 1. 제척·기피사건을 제외한 합의부 관할 사건
> 2. 제1호에 해당하는 사건의 미수죄·교사죄·방조죄·예비죄·음모죄에 해당하는 사건
> 3. 제1호 및 제2호에 해당하는 사건과 형사소송법 제11조에 따른 관련사건으로서 병합하여 심리하는 사건

② 개시요건

㉮ 피고인 의사의 확인

㉠ 법원은 대상사건의 피고인에 대하여 국민참여재판을 원하는지 여부에 관한 의사를 서면 등의 방법으로 반드시 확인하여야 한다(제8조 제1항). [12 선택]

㉡ 피고인은 공소장 부본을 송달받은 날부터 7일 이내에 국민참여재판을 원하는지 여부에 관한 의사가 기재된 서면을 제출하여야 한다(제8조 제2항 전단). 피고인이 서면을 제출하지 아니한 때에는 국민참여재판을 원하지 아니하는 것으로 본다(동조 제3항).

㉢ 피고인은 배제결정 또는 통상절차 회부결정이 있거나 공판준비기일이 종결되거나 제1회 공판기일이 열린 이후에는 종전의 의사를 바꿀 수 없다(제8조 제4항).

㉯ 관련판례

㉠ [국민참여재판으로 진행하기로 하는 제1심법원의 결정에 대하여 항고할 수 있는지 여부(소극)] 국민참여재판으로 진행하기로 하는 결정에 이른 경우 이는 판결 전의 소송절차에 관한 결정에 해당하며 그에 대하여 특별히 즉시항고를 허용하는 규정이 없으므로 위 결정에 대하여는 항고할 수 없다(2009모1032). [18·16 선택]

㉡ [국참대상사건임에도 국참을 원하는지에 관한 의사를 확인하지 않고 통상의 공판절차로 재판을 진행한 경우, 그 공판절차에서 이루어진 소송행위의 효력(무효)] 피고인의 국민참여재판을 받을 권리에 대한 중대한 침해로서 그 절차는 위법하고 이러한 위법한 공판절차에서 이루어진 소송행위도 무효라고 보아야 한다(2012도13896). [18 선택]

㉢ [국참재판 의사를 확인하지 않은 제1심 재판의 하자가 치유되지 않는 경우 항소심이 취해야 할 조치(파기환송)] 제1심의 공판절차상 하자가 치유되었다고 볼 수 있는 사정이 있는지를 판단하여 결국 그 하자가 치유되지 않는 경우에 해당하면 제1심 공판절차에서 이루어진 소송행위를 무효라고 보아 직권으로 제1심판결을 파기하고 사건을 제1심법원으로 환송하여야 한다(2012도13896).

---

10) 이하 '07 국민참여재판'에서는 법의 명칭을 생략하고 조문만 표기하기로 한다.

㉣ 쟁점 **049** 의사확인서를 제출하지 않은 피고인이 제1회 공판기일이 열리기 전까지 국민참여재판을 신청할 수 있는지 여부★ [16 사례] [14 법사]

【CASE】
丙이 강도상해를 범하여 강도상해죄로 기소되었는데 만일 공소장 부본이 丙에게 송달된 후 7일이 경과하고도 丙이 국민참여재판을 원하는 의사확인서를 제출하지 않았으나, 그 후 공판준비절차가 진행되지 않은 상태에서 제1회 공판기일이 열리기 전에 자신의 변호인과 상의하여 국민참여재판을 신청하였다면, 이 경우에 법원이 丙의 국민참여재판 신청을 받아들일 수 있는지 여부에 대하여 논하시오.

【제5회 변호사시험 제2문】

🔍 쟁점연구

1. 문제점
공소장 부본을 송달받은 날로부터 7일 이내에 의사확인서를 제출하지 아니한 피고인도 국민참여재판을 신청할 수 있는지 여부 및 그 종기가 문제된다.

2. 국민참여재판의 신청 기한
국참법은 피고인이 공소장 부본을 송달받은 날부터 7일 이내에 국민참여재판을 원하는지 여부에 관한 의사확인서를 제출하도록 하고(제8조 제2항), 피고인이 그 기간 내에 의사확인서를 제출하지 아니한 때에는 국민참여재판을 원하지 아니하는 것으로 본다고 규정하고 있다(동조 제3항).
그러나 ⅰ) 국민참여재판을 시행하는 이유는 사법의 민주적 정당성과 신뢰를 높이기 위한 것으로서(제1조) 누구든지 법으로 정하는 바에 따라 국민참여재판을 받을 권리를 가지는 것이므로(제3조) 법에서 정하는 대상사건에 해당하는 한 피고인은 원칙적으로 국민참여재판으로 재판을 받을 권리를 가지는 것이라고 보아야 한다는 점, ⅱ) 법에서 국민참여재판 배제결정에 대하여 즉시항고를 할 수 있도록 규정하면서도(제9조 제3항), 국민참여재판으로 진행하기로 하는 법원의 판단에 대하여는 불복의 방법을 따로 규정하지 않은 점 등을 고려할 때[11] 제8조 제2항 및 제3항은 피고인이 공소장 부본을 송달받은 날부터 7일 이내에 의사확인서를 제출하지 아니한 경우에 국민참여재판 신청을 할 수 없도록 한 것이라고 볼 수 없다(대결 : 2009모1032). [20·18·16·14 선택] [22 법선]
한편, 당초 국민참여재판을 희망하지 않는다는 의사확인서를 제출한 피고인도 제1회 공판기일이 열리기 전까지 의사를 변경하여 국민참여재판 신청을 할 수 있으므로(제8조 제4항), 의사확인서를 제출하지 아니한 피고인이 제1회 공판기일이 열리기 전에도 국민참여재판 신청을 할 수 없다고 보는 것은 형평성에 어긋나는 것이다(대결 : 2009모1032).

【사례해설】
강도상해죄가 국민참여재판 대상사건인 이상 법 제8조 제2항·제3항에도 불구하고 공소장 부본을 송달받은 날부터 7일 이내에 의사확인서를 제출하지 아니한 丙도 제1회 공판기일이 열리기 전까지는 국민참여재판 신청을 할 수 있다고 보는 것이 타당하다. 따라서 법원은 丙의 국민참여재판 신청을 받아들일 수 있다.

---

11) 피고인에게 ⅰ) 원칙적으로 국참재판을 받을 권리가 있고, ⅱ) 법이 가급적 국참재판의 기회를 보장하려고 하고 있다는 점을 고려했다는 의미이다. 이를 근거로 피고인이 공소장 부본이 송달된 후 7일 이내에 의사확인서를 제출하지 아니한 경우라도 국민참여재판을 신청할 수 있다는 결론을 도출한 것이다.

ⓒ [법원의 배제결정] 법원은 공소제기 후부터 공판준비기일이 종결된 다음 날까지 다음 어느 하나에 해당하는 경우 국민참여재판을 하지 아니하기로 하는 결정을 할 수 있다(제9조 제1항). 법원은 배제결정을 하기 전에 검사·피고인 또는 변호인의 의견을 들어야 한다. 배제결정에 대하여는 즉시항고를 할 수 있다(동조 제2항·제3항). [12 선택]

> 1. 배심원·예비배심원·배심원후보자 또는 그 친족의 생명·신체·재산에 대한 침해 또는 침해의 우려가 있어서 출석의 어려움이 있거나 이 법에 따른 직무를 공정하게 수행하지 못할 염려가 있다고 인정되는 경우
> 2. 공범 관계에 있는 피고인들 중 일부가 국민참여재판을 원하지 아니하여 국민참여재판의 진행에 어려움이 있다고 인정되는 경우 [12 선택]
> 3. 성폭법 제2조의 범죄로 인한 피해자(성폭력범죄 피해자) 또는 법정대리인이 국민참여재판을 원하지 아니하는 경우
> 4. 그 밖에 국민참여재판으로 진행하는 것이 적절하지 아니하다고 인정되는 경우

관련판례 [피고인의 국민참여재판을 받을 권리를 침해한 경우, 그 공판절차에서 이루어진 소송행위의 효력(무효)] 피고인이 법원에 국민참여재판을 신청하였음에도 불구하고 법원이 이에 대한 배제결정도 하지 않은 채 통상의 공판절차로 재판을 진행하는 것은 피고인의 국민참여재판을 받을 권리 및 법원의 배제결정에 대한 항고권 등의 중대한 절차적 권리를 침해한 것으로서 위법하다 할 것이고, 이와 같이 위법한 공판절차에서 이루어진 소송행위는 무효이다(2011도7106). [18·16 선택]

③ [관할(지방법원 본원 합의부)] 피고인이 국민참여재판을 원하는 의사를 표시한 경우, 지방법원 지원 합의부가 배제결정을 하지 아니하는 경우에는 국민참여재판절차 회부결정을 하여 사건을 지방법원 본원 합의부로 이송하여야 한다(제10조 제1항). [14 선택] 지방법원 지원 합의부가 심판권을 가지는 사건 중 지방법원 지원 합의부가 회부결정을 한 사건에 대하여는 지방법원 본원 합의부가 관할권을 가진다(동조 제2항).

④ [필요적 변호] 국민참여재판에 관하여 변호인이 없는 때에는 법원은 직권으로 변호인을 선정하여야 한다(제7조). [20·18 선택]

⑤ 사정변경에 의한 절차의 변화
㉮ [대상사건에 해당하지 않게 된 경우(원칙적으로 국민참여재판 계속 진행)] 법원은 공소사실의 일부 철회 또는 변경(공소장변경)으로 인하여 대상사건에 해당하지 아니하게 된 경우에도 국민참여재판을 계속 진행한다. [20·12 선택] 다만, 법원은 심리의 상황이나 그 밖의 사정을 고려하여 국민참여재판으로 진행하는 것이 적당하지 아니하다고 인정하는 때에는 결정으로 당해 사건을 지방법원 본원 합의부가 국민참여재판에 의하지 아니하고 심판하게 할 수 있다(제6조 제1항). 이 결정에 대하여는 불복할 수 없다(동조 제2항). [24 선택]

④ [국민참여재판으로 계속 진행하는 것이 부적절한 경우(국참 없이 지법본원합의부가 심판)] 법원은 국민참여재판을 계속 진행하는 것이 부적절하다고 인정하는 경우에는 직권 또는 검사ㆍ피고인ㆍ변호인이나 성폭력범죄 피해자 또는 법정대리인의 신청에 따라 결정으로 사건을 지방법원 본원 합의부가 국민참여재판에 의하지 아니하고 심판하게 할 수 있다(제11조 제1항). [24ㆍ12 선택] 법원은 결정을 하기 전에 검사ㆍ피고인 또는 변호인의 의견을 들어야 하고, 이 결정에 대하여는 불복할 수 없다(동조 제2항ㆍ제3항).[12]

3. 국민참여재판의 절차

① [배심원의 자격] 배심원은 만 20세 이상의 대한민국 국민 중에서 국민의 형사재판 참여에 관한 법률로 정하는 바에 따라 선정된다(국참법 제16조). [12 선택]

② [공판준비기일] 공판준비기일은 공개한다. 다만, 법원은 공개함으로써 절차의 진행이 방해될 우려가 있는 때에는 공판준비기일을 공개하지 아니할 수 있다(제37조 제3항). 공판준비기일에는 배심원이 참여하지 아니한다(동조 제4항). [18 선택]

③ [재판장의 최초 설명(의무)] 국참법 제42조 제2항은 재판장의 공판기일에서의 배심원에 대한 최초 설명의무를 규정하고 있는데, 이러한 재판장의 최초 설명은 피고인에게 진술거부권을 고지하기 전에 이루어지는 것으로 원칙적으로 설명의 대상에 검사가 아직 공소장에 의하여 낭독하지 아니한 공소사실 등이 포함된다고 볼 수 없다(2014도8377).

④ [간이공판절차의 배제] 국민참여재판은 간이공판절차에 의한 증거능력과 증거조사의 특칙을 적용하기에 부적합한 재판이기 때문에 형사소송법 제286조의2(간이공판절차)를 적용하지 아니한다(제43조). [18 선택] [21 법선]

⑤ 평결과 의견

㉮ [재판장의 최종 설명(의무)] 재판장은 변론이 종결된 후 법정에서 배심원에게 공소사실의 요지와 적용법조, 피고인과 변호인 주장의 요지, 증거능력, 그 밖에 유의할 사항에 관하여 설명하여야 한다. 이 경우 필요한 때에는 증거의 요지에 관하여 설명할 수 있다(제46조 제1항). 따라서 재판장이 이에 따라 설명의무가 있는 사항을 설명하지 않는 것은 원칙적으로 위법한 조치이다(2014도8377). [21 법선]

㉯ [유무죄의 평결] ㉠ 심리에 관여한 배심원은 법관의 관여없이 유ㆍ무죄에 관하여 평의하고, 전원의 의견이 일치하면 그에 따라 평결한다.
   ㉡ 배심원은 유ㆍ무죄에 관하여 전원의 의견이 일치하지 아니하는 때에는 평결을 하기 전에 심리에 관여한 판사의 의견을 들어야 한다(제46조 제3항).

㉰ [양형의견] 평결이 유죄인 경우 배심원은 심리에 관여한 판사와 함께 양형에 관하여 토의하고 그에 관한 의견을 개진한다. 재판장은 양형에 관한 토의 전에 처벌의 범위와 양형의 조건 등을 설명하여야 한다(제46조 제4항).

㉱ [평결과 의견의 효력] 평결과 의견은 법원을 기속하지 아니한다(제46조 제5항). [20 선택]

---

12) 국민참여재판 배제결정에 대하여 즉시항고할 수 있다는 점과 구별하여야 한다.

㉟ [배심원이 만장일치의 의견으로 내린 무죄평결이 제1심 재판부의 심증에 부합하여 그대로 채택된 경우 제1심의 판단을 항소심이 뒤집을 수 있는지 여부(명백한 반대 사정이 없는 한 불가)] 배심원이 증인신문 등 사실심리의 전 과정에 함께 참여한 후 증인이 한 진술의 신빙성 등 증거의 취사와 사실의 인정에 관하여 만장일치의 의견으로 내린 무죄의 평결이 재판부의 심증에 부합하여 그대로 채택된 경우라면, 이러한 절차를 거쳐 이루어진 증거의 취사 및 사실의 인정에 관한 제1심의 판단은 실질적 직접심리주의 및 공판중심주의의 취지와 정신에 비추어 항소심에서의 새로운 증거조사를 통해 그에 명백히 반내되는 충분하고도 납득할 만한 현저한 사정이 나타나지 않는 한 한층 더 존중될 필요가 있다(2009도14065). [16 사례]

관련판례 국민참여재판을 거쳐 제1심법원이 배심원의 만장일치 무죄평결을 받아들여 피고인에 대하여 무죄판결을 선고한 경우, 국민참여재판을 도입한 입법 취지, 실질적 직접심리주의의 의미와 정신 등에 비추어 '증거의 취사 및 사실의 인정'에 관한 제1심법원의 판단은 한층 더 존중될 필요가 있고 그런 면에서 제1심법원의 무죄판결에 대한 항소심에서의 추가적이거나 새로운 증거조사는 형사소송법과 형사소송규칙 등에서 정한 바에 따라 신중하게 이루어져야 한다(2020도7802).

제2장 │ 증거

01 증거의 의의와 종류

📝 핵심개념

1. 증거의 의의

① [증거법의 지도이념] 사실의 인정은 증거에 의하여야 한다(제307조 제1항). 사실이란 실체적 진실을 의미하며, 증거법은 사실을 합리적으로 인정하기 위한 제도로서 증거법의 지도이념은 실체적 진실의 발견에 있다.

② [증거의 개념] 형사소송에 있어서 사실인정에 사용되는 객관적인 자료를 증거라고 한다. 증거를 통해 사실관계 존부에 대하여 법관이 심증을 형성하거나 또는 소송관계인이 법관으로 하여금 심증을 형성하게 하는 것을 증명이라고 한다.

③ 증거방법과 증거자료

증거방법	증거로 사용되는 유형물 자체를 말하며, 피고인·증인·증거물 등이 이에 해당한다.
증거자료	증거방법을 조사하여 알게 된 내용을 말하며, 자백·증언·증거물의 성질형상 등이 이에 해당한다.

2. 증거의 종류

① 직접증거와 간접증거

직접증거	㉠ 요증사실(범죄사실)을 직접 증명하는데 사용되는 증거를 말한다. ㉡ 피고인의 자백, 범행목격자의 증언 등이 이에 해당한다.
간접증거 (정황증거)	㉠ 요증사실(범죄사실)을 간접적으로 증명하는데 사용되는 증거를 말한다. 이를 정황증거라고도 한다. ㉡ 범행현장에서 채취된 피고인의 지문, 상해사건에서 피해자의 진단서, 피고인 옷에 묻은 피해자의 혈흔 등이 이에 해당한다.
양자의 관계	㉠ 증거의 증명력을 법관이 자유롭게 판단하는 자유심증주의하에서는 직접증거와 간접증거간의 증명력의 우열은 없다(제308조). ㉡ 법관은 반드시 직접증거에 의해서 사실을 인정하여야 하는 것은 아니며 간접증거에 의해서도 사실을 인정할 수 있다.

② 인증 · 물증 · 서증

인증	㉠ 사람의 진술내용이 증거가 되는 것을 말한다.
	㉡ 증인의 증언, 감정인의 감정 또는 피고인의 자백 · 진술 등이 이에 해당한다.
물증	㉠ 물건의 존재 및 성질 · 형상이 증거가 되는 것을 말한다.
	㉡ 범행에 사용된 흉기, 절도죄의 장물, 위조문서 등이 이에 해당한다.
서증	증거서류	㉠ 서류의 내용이 증거가 되는 것을 말한다.
		㉡ 공판조서, 증인신문조서 등이 이에 해당한다.
	증거물인 서면	㉠ 서류의 존재 및 내용이 증거가 되는 것을 말한다.
		㉡ 무고죄의 고소장, 협박죄에 있어 협박문서, 위조죄에 있어서 위조문서 등이 이에 해당한다.

③ 본증과 반증

| 본증 | 거증책임을 부담하는 당사자가 제출하는 증거를 말한다. 형사소송에서는 원칙적으로 검사가 거증책임을 부담하므로 검사가 제출하는 증거가 본증이 된다. 예외적으로 피고인에게 거증책임이 있는 경우에 피고인이 제출하는 증거가 본증이 된다. |
| 반증 | 본증에 의하여 증명될 사실을 부정하기 위하여 제출하는 증거를 말한다. 원칙적으로 피고인이 제출하는 증거가 반증이 된다. |

④ 진술증거와 비진술증거

진술증거	사람의 진술내용이 증거가 되는 것을 말하며, 진술과 진술을 기재한 서면이 포함된다.
	원본증거 (본래증거)	㉠ 사실을 경험한 자가 법원에서 직접 행한 진술
		㉡ 예 범행현장을 목격하였다는 증인의 공판정에서의 증언, 피고인의 공판정에서의 자백
		㉢ 전문법칙이 적용되지 않는다.
	전문증거	㉠ 경험한 자의 진술이 서면이나 타인의 진술의 형식으로 '간접적으로' 법원에 전달되는 경우 그 '서면'(전문서류)이나 '타인의 진술'(전문진술)
		㉡ 예 법정에 제출된 수사기관이 작성한 피의자신문조서, 증인이 피해자로부터 전해들은 사실을 내용으로 하는 진술을 한 경우 증인의 증언
		㉢ 진술증거 중 전문증거에 대하여만 전문법칙이 적용된다.
비진술증거	㉠ 진술증거 이외의 물적 증거(서증 포함)를 말한다.
	㉡ 전문법칙이 적용되지 않는다.

⑤ 실질증거와 보조증거

실질증거	요증사실(범죄사실)의 존부를 직접 · 간접으로 증명하기 위하여 사용하는 증거 예 살인을 목격하였다는 증인의 진술
보조증거	실질증거의 증명력(신빙성)을 다투기 위하여 사용되는 증거
	증강증거	증명력을 증강하기 위한 증거 예 증인의 기억력이 뛰어나다는 것에 대한 증언
	탄핵증거	증명력을 감쇄하기 위한 증거 예 증인이 치매로 치료를 받았다는 사실에 대한 증언

3. 증거능력과 증명력

구분	증기능력	증명력
개념	① 증거가 엄격한 증명의 자료로 사용될 수 있는 법률상의 자격을 말한다. ② 법률에 의해 미리 형식적으로 결정되어 있다.	① 증거의 실질적 가치를 말한다. ② 법관의 자유심증에 의해 결정된다.
근거 규정	사실의 인정은 증거에 의하여야 한다(제307조 제1항). 즉, 사실의 인정은 '증거능력'이 있고 적법한 증거조사절차를 거친 증거에 의하여야 한다(엄격한 증명의 원칙).	증거의 증명력은 법관의 자유판단에 의한다(제308조)(자유심증주의).
취지	증거수집과정의 위법방지	법관의 합리적 판단에 의한 실체적 진실발견
제한	<증거능력의 제한> ① 자백배제법칙(제309조) ② 위법수집증거배제법칙(제308조의2) ③ 전문법칙(제310조의2)	<자유심증주의의 예외> ① 자백의 보강법칙(제310조) ② 공판조서의 절대적 증명력(제56조) ③ 진술거부권의 행사 – 유죄의 심증(×)
양자의 관계	① 엄격한 증명에 있어서 증거능력은 증명력 판단의 전제가 된다. 증거능력 없는 증거는 (증거가 아니므로) 증명력을 따져볼 필요가 없으며, 법관의 심증형성에 영향을 미칠 수 있으므로 증거조사를 하는 것도 허용되지 않는다. ② 증거능력이 있다고 하여 언제나 증명력이 강한 것은 아니며, 증명력이 강하다고 하여 언제나 증거능력이 있는 것은 아니다. 증명력은 법관의 자유판단에 의할 뿐이며, 증거능력은 법률에 형식적으로 규정되어 있기 때문이다.	

02 증거재판주의

📝 **핵심개념**

1. 의의
① [근거규정] 형사소송법 제307조 제1항은 "사실의 인정은 증거에 의하여야 한다."라고 규정하고 있다. 여기의 '사실'은 '범죄될 사실'을 의미하며 그 인정은 '증거능력 있고 적법한 증거조사를 거친 증거에 의하여야 한다.'라는 의미이다. 이를 증거재판주의라고 한다.
② 증명의 의의와 방법
㉮ [증명의 의의] 범죄사실을 인정함에 있어 법관으로 하여금 '합리적 의심의 여지가 없는 정도의 확신'을 갖게 하는 것을 말한다. 형사소송법도 범죄사실의 인정은 합리적인 의심이 없는 정도의 증명에 이르러야 한다(제307조 제2항)고 규정하고 있다.

ⓛ 증명의 방법

　㉠ [엄격한 증명] 법률상 증거능력 있고 적법한 증거조사를 거친 증거에 의하여 증명하여야 한다는 것을 말한다.

　㉡ [자유로운 증명] 증거능력 있는 증거에 의한 것인지 적법한 증거조사에 의한 것인지에 구애되지 않는 증명을 말한다.

　㉢ [양자의 관계] 엄격한 증명과 자유로운 증명은 증거능력 유무와 증거조사방법의 차이만 있을 뿐 법관의 심증의 정도에는 차이가 없다.

③ [구별개념(소명)]

　㉮ [소명의 의의] 법관으로 하여금 확신을 갖게 할 필요는 없고 단지 '진실할 것이다'라는 추측을 갖게 하는 정도의 입증을 말한다. 즉, 법관이 대략 납득 또는 수긍할 정도의 입증을 말한다.

　㉯ [소명의 대상] 형사소송법상 소명의 대상은 기피사유(제19조 제2항), 증언거부사유(제150조), 증거보전청구사유(제184조 제3항), 증인신문청구사유(제221조의2 제3항), 상소권회복청구사유(제346조 제2항), 정식재판청구권회복청구사유(제458조) 등이 있다.

2. 증명을 요하지 않는 사실(불요증사실)

① [공지의 사실과 법원에 현저한 사실] 공지의 사실, 즉 일반적으로 알려져 있는 사실은 증명을 요하지 않는다. 다만, 반증이 금지되는 것은 아니다. 법원에 현저한 사실, 즉 법원이 그 직무상 명백히 알고 있는 사실은 공지의 사실과는 구별되며 법원에 대한 국민의 신뢰 확보와 공정한 재판의 담보를 위해서 증명을 요한다.

② 추정된 사실

　㉮ [법률상 추정된 사실] 자유심증주의에 반하므로 형사소송에서는 인정되지 아니한다.

　㉯ [사실상 추정된 사실] 사실상 추정된 사실은 증명을 요하지 않으나 반증은 허용되므로 반증에 의하여 법관에게 의심이 생긴 때에는 증명을 필요로 한다.

3. 거증책임

① [의의] 요증사실의 존부가 증명되지 않을 경우 불이익을 받게 될 당사자의 법적 지위를 말한다. 법원은 당사자가 제출한 증거와 직권으로 조사한 증거에 의하여 심증을 형성하게 되는데, 이러한 입증으로도 요증사실의 존부에 대하여 확신을 갖지 못할 때에는 당사자 일방에게 불이익을 주지 않을 수 없는데 이것이 바로 거증책임이다. 이를 보통 실질적 거증책임이라고 한다.

② [거증책임의 분배] 형사소송법에서는 무죄추정의 원칙과 '의심스러울 때에는 피고인의 이익으로(in dubio pro reo)' 원칙이 지배하므로 거증책임은 원칙적으로 검사가 부담한다.

4. 입증의 부담

① [의의] 소송의 진행과정에서 어느 사실이 증명되지 않는 경우 불이익한 판단을 받을 가능성이 있는 당사자가 불이익을 면하기 위하여 그 사실을 증명할 증거를 제출할 부담을 말하며 형식적 거증책임이라고도 한다.[1]

② [입증의 정도] 법관의 심증을 방해할 정도면 족하다.

---

1) 거증책임이 요증사실에 따라 고정되어 있는 것과는 달리 입증의 부담은 소송의 진행과정에 따라 반전하는 것이다. 예컨대 검사가 구성요건해당성을 입증하면 위법성과 책임이 사실상 추정되므로 위법성조각사유와 책임조각사유에 대하여는 피고인이 입증의 부담을 가지게 된다.

1. 엄격한 증명의 대상

① [범죄사실] 공소장에 기재된 범죄사실은 엄격한 증명의 대상이 된다.

㉮ 구성요건해당사실

ㄱ [객관적 구성요건요소] 주체, 객체, 행위, 결과, 인과관계, 수단, 방법 등은 엄격한 증명의 대상이 된다.

ㄴ [주관적 구성요건요소] 고의·과실, 목적, 불법영득의사, 공동정범에서의 공모 등도 엄격한 증명의 대상이 된다.

㉯ [위법성·책임에 관한 사실] 구성요건해당사실이 증명되면 위법성과 책임은 추정되지만, 다툼이 있는 경우 위법성조각사유와 책임조각사유의 '부존재'도 형벌권의 존부에 관한 중요한 사실이므로 엄격한 증명을 요한다(통설).

관련판례 [거증책임이 전환된 경우 위법성조각사유의 '존재'에 대한 증명의 방법(엄격한 증거에 의한 증명을 요하지 않음)] 형법 제310조의 규정에 따라서 위법성이 조각되어 처벌대상이 되지 않기 위하여는 그것이 진실한 사실로서 오로지 공공의 이익에 관한 때에 해당된다는 점을 행위자가 증명하여야 하는 것이나 엄격한 증거에 의하여야 하는 것은 아니므로, 이때에는 전문증거에 대한 증거능력의 제한을 규정한 형사소송법 제310조의2는 적용될 여지가 없다(95도1473). [15·12 선택] [23 법선]

② [처벌조건] 범죄사실 자체는 아니지만 형벌권 발생의 기초가 되는 사실이므로 엄격한 증명의 대상이 된다.

③ 형의 가중감면의 이유되는 사실

㉮ [형의 가중사유] 누범전과는 엄격한 증명을 요한다. 그러나 그 이외의 전과는 정상관계사실로서 자유로운 증명으로 족하다(통설). 상습범가중의 경우 상습성은 엄격한 증명을 요한다.

㉯ [형의 감면사유] 각종 미수 또는 자수나 자복의 사실은 범죄될 사실 그 자체는 아니지만 범죄사실에 준하여 엄격한 증명의 대상이 된다(다수설).

④ 기타

㉮ [경험법칙] 일반적인 경험법칙은 공지의 사실이므로 증명을 요하지 않는다. 그러나 경험법칙의 내용이 명백하지 않은 경우 증명의 대상이 되며, 엄격한 증명을 요하는 사실의 인정에 필요한 때에는 엄격한 증명의 대상이 된다.

㉯ [외국 법규] 법규의 존부와 내용은 법원의 직권조사사항에 속하므로 증명의 대상이 되지 않는 것이 원칙이다. 그러나 외국법이나 관습법과 같이 법규의 내용이 명백하지 않은 때에는 증명의 대상이 되며, 엄격한 증명을 요하는 사실을 인정하는 자료가 되는 때에는 엄격한 증명의 대상이 된다.

⑤ 관련판례

㉮ 뇌물죄에서의 수뢰액(2009도2453), 횡령한 재물의 가액(2016도9027)

㉯ 교사범에 있어서 '교사 사실'(99도1252)

㉰ 횡령죄에서 횡령 행위가 있다는 점(2013도2510), 목적과 용도를 정하여 금전을 위탁한 사실 및 목적과 용도(2013도8121) [23 선택]

㉱ 법률상 규정된 형의 가중·감면의 사유(2010도750)

㉲ 형법 제6조 단서의 '행위지의 법률에 의하여 범죄를 구성하는지 여부'(2011도6507)

ⓑ 범죄의 구성요건과 관련된 간접사실이나 구성요건 사실을 입증하는 직접증거의 증명력을 보강하는 보조사실(2014도10978)

ⓐ 뇌물수수죄에서 공무원의 직무에 관하여 수수했다는 범의(2017도11616)

ⓐ 공동정범과 합동범의 공모관계 또는 모의 등(2007도236; 2001도4013)

ⓐ 국헌문란의 목적(全 2014도10978) [16 선택], 보복의 목적(2014도9030)

2. 자유로운 증명의 대상

① [소송법적 사실] 소송법적 사실은 범죄사실이 아니기 때문에 자유로운 증명으로 족하다. 따라서 친고죄에 있어 고소의 유무, 각종 소송조건의 존부, 피고인의 구속기간, 공소제기 등은 자유로운 증명으로 족하다.

② [정상(양형)관계사실] 양형의 기초가 되는 정상관계 사실은 복잡하고 비유형적이며 또한 양형은 법관의 재량에 해당하므로 이는 자유로운 증명의 대상이 된다. 따라서 형법 제51조의 범인의 연령·성행·지능·환경, 피해자에 대한 관계, 범행의 동기·수단·결과, 범행후의 정황은 자유로운 증명으로 족하다. 또한 선고유예·집행유예의 사유가 되는 사실이나 작량감경의 기초가 되는 사실 등도 자유로운 증명으로 족하다.

③ [보조사실] 증거의 증명력을 탄핵하는 보조사실은 자유로운 증명으로 족하지만, 증명력을 보강하는 보조사실은 엄격한 증명의 대상이 된다.

④ 관련판례

ⓐ 친고죄에서 적법한 고소가 있었는지 여부(2011도4451) [23 선택]

ⓑ 반의사불벌죄에서 처벌을 희망하지 않는다는 의사표시 또는 처벌희망 의사표시 철회의 유무나 그 효력 여부(2010도5610) [13 선택]

ⓒ 피고인의 검찰 진술의 임의성(2003도8077)

ⓓ 형소법 제313조 단서의 '특히 신빙할 수 있는 상태'(2000도1743) [15 선택] [23 사례]

ⓔ 기타 자유로운 증명의 대상 [심(히)·추(한)·양형조건][2]

ㄱ 범인의 범행 당시 정신상태가 심신상실인지 심신미약인지 여부(4294형상590)

ㄴ 몰수·추징의 사유(全 2005도9858)

ㄷ 양형의 조건이 되는 사항(2010도750)

ㄹ 탄핵증거(엄격한 증거조사 불요, 그러나 탄핵증거로서의 증거조사는 필요)(97도1770)

---

[2] 형법적 사실 중 심신상실·심신미약/몰수·추징/양형조건/제310조 위법성조각사유

⑤ 엄격한 증명과 자유로운 증명

엄격한 증명 (형법상 규정된 것)	범죄사실 (객관적 구성요건요소 +주관적 구성요건요소 +위법성·책임)	㉠ 주체, 객체, 행위, 결과, 인과관계, 수단, 방법 등은 엄격한 증명의 대상 예 뇌물죄 수뢰액, 교사범 교사사실, 횡령행위 ㉡ 범죄 구성요건과 관련된 간접사실, 직접증거 증명력 보강하는 보조사실 ㉢ 고의·과실, 목적, 불법영득의사, 공동정범에서의 공모 등도 엄격한 증명의 대상 예 범의, 공모, 국헌문란의 목적 ㉣ 형의 가중 감면 사유 ㉤ 행위지 법률에 의하여 범죄를 구성하는지
	형의 가중·감면사실	
	경험법칙	
	외국법규	
자유로운 증명 (형사소송법상 규정된 것 +기타)	소송법적 사실 + 기타	㉠ 친고죄 적법한 고소 ㉡ 반의사불벌죄 처벌불원의사표시 ㉢ 피고인 검찰 진술의 임의성 ㉣ 형소법 제313조 단서 특신상태
		㉠ 심신상실 ㉡ 몰수·추징의 대상이 되는지 ㉢ 양형의 조건 ㉣ 탄핵증거 ㉤ 형법 310조 위법성조각사유

03 증거능력에 관한 법칙

I. 자백배제법칙

1. 의의

헌법 제12조 제7항과 형사소송법 제309조는 "피고인의 자백이 고문·폭행·협박·신체구속의 부당한 장기화 또는 기망 기타의 방법으로 임의로 진술한 것이 아니라고 의심할 만한 이유가 있는 때에는 이를 유죄의 증거로 하지 못한다."라고 하여 자백배제법칙을 규정하고 있다.

2. 적용범위

① 고문·폭행·협박에 의한 자백(임의성 없는 자백에 해당하는 경우)

㉮ [사경단계 → 검사단계] 피고인이 검사 이전의 수사기관에서 고문 등 가혹행위로 인하여 임의성 없는 자백을 하고 그 후 검사의 조사단계에서도 임의성 없는 심리상태가 계속되어 동일한 내용의 자백을 하였다면 검사의 조사단계에서 고문 등 자백의 강요행위가 없었다고 하여도 검사 앞에서의 자백도 임의성 없는 자백이라고 볼 수밖에 없다(2011도14044). [12 사례] [21 법선]

④ [수사단계 → 법정단계] 피고인이 수사기관에서 가혹행위 등으로 인하여 임의성 없는 자백을 하고 그 후 법정에서도 임의성 없는 심리상태가 계속되어 동일한 내용의 자백을 하였다면 법정에서의 자백도 임의성 없는 자백이라고 보아야 한다(2010도3029). [15 선택] [20 사례] [23 법선]

② [신체구속의 부당한 장기화로 인한 자백] 신체구속의 장기화 또는 고문이나 잠을 재우지 않은 상태에서의 자백은 증거능력이 없다.

③ [기망에 의한 자백] 피고인의 자백이 심문에 참여한 검찰주사가 피의사실을 자백하면 피의사실 부분은 가볍게 처리하고 보호감호의 청구를 하지 않겠다는 각서를 작성하여 주면서 자백을 유도한 것에서 기인한 경우(85도2182) [15 선택] [20 사례]

④ [기타 임의성에 의심 있는 자백(이익약속에 의한 자백)] 피고인이 검사가 자백을 하면 불기소 또는 기소유예를 해 주겠다고 하여 이를 믿고 자백한 경우, 임의성에 의심이 있는 자백에 해당한다. 따라서 특가누물 대신 단순 수뢰로 가볍게 처벌되도록 하겠다는 약속을 한 경우 임의성에 의심이 가고 진실성이 없다(83도2782). [15 선택] [12 사례]

> 관련판례 [일정한 증거가 발견되면 자백하겠다는 약속하에 하게 된 자백] 일정한 증거가 발견되면 자백하겠다는 약속하에 하게 된 자백을 곧 임의성이 없는 자백이라고 단정할 수는 없다(83도712). [15 선택] [23·21 법선]

3. 인과관계 요부

피고인의 자백이 임의성이 없다고 의심할 만한 사유가 있는 때에 해당한다 할지라도 그 임의성이 없다고 의심하게 된 사유들과 피고인의 자백과의 사이에 인과관계가 존재하지 않은 것이 명백한 때에는 그 자백은 임의성이 있는 것으로 인정된다고 보아야 한다(84도2252). [16 선택]

4. 자백배제법칙의 효과(증거능력의 절대적 배제)

자백배제법칙에 의한 증거능력의 제한은 절대적이므로 피고인이 동의하더라도 증거능력이 인정되지 않으며, 탄핵증거로도 사용할 수 없다(2004도7900). [15·13 선택]

Ⅱ. 위법수집증거배제법칙

1. 의의

형사소송법 제308조의2는 "적법한 절차에 따르지 아니하고 수집한 증거는 증거로 할 수 없다."라고 규정하여, 위법수집증거배제법칙을 인정하고 있다. 적법절차의 실현과 위법수사를 방지·억제하기 위하여 인정되는 법칙이다.

2. 적용범위

① [위법수집증거의 증거능력 배제의 기준 및 입증책임(적·실·내·침＋정의에 反)] 법정 절차에 따르지 아니하고 수집한 증거는 원칙적으로 증거능력이 없으나 예외적으로 적법절차의 실질적 내용을 침해하지 않고 증거능력의 배제가 형사사법 정의에 반하는 결과를 초래하는 것으로 평가되는 예외적인 경우라면, 법원은 그 증거를 유죄 인정의 증거로 사용할 수 있다(全 2007도3061). 이 경우 예외에 해당하는 구체적이고 특별한 사정이 존재한다는 것을 검사가 입증하여야 한다(2008도763 등).

② 위법하게 수집된 '진술증거'의 증거능력을 부정한 경우

㉮ [변호인의 참여권을 침해하여 작성된 피의자신문조서] (2010도3359) [17 선택]

㉯ [피고인이 아닌 자가 수사과정에서 진술서를 작성하였지만 수사기관이 그에 대한 조사과정을 기록하지 않은 경우] (2013도3790) [18 · 17 · 16 선택]

㉰ [위법하게 심리공개금지를 결정한 후 이루어진 증인의 증언] (2014도5939) [17 선택]

㉱ [선서 없이 한 공범 아닌 공동피고인의 법정진술] (82도898) [18 · 17 · 13 선택]

㉲ [영장주의의 위반이 있는 경우3)] (2011도15258 등) [18 · 13 선택]

③ 적법절차의 실질적인 내용을 침해하지 않아 증거능력을 인정한 경우

㉮ [검찰관이 외국으로 현지출장을 나가 작성한 참고인 진술조서] 검찰관이 피고인을 뇌물수수 혐의로 기소한 후, 형사사법공조절차를 거치지 아니한 채 과테말라공화국에 현지출장하여 그곳 호텔에서 뇌물공여자를 상대로 참고인 진술조서를 작성한 사안에서, 참고인조사가 증거수집을 위한 수사행위에 해당하고 조사의 방식이나 절차에 강제력이나 위력은 물론 어떠한 비자발적 요소도 개입될 여지가 없었음이 기록상 분명한 이상, 위법수집증거배제법칙이 적용된다고 볼 수 없다(2011도3809). [23 선택]

㉯ [판사의 날인이 없는 압수·수색영장] 필요한 기재 사항이 모두 기재되어 있고 간인 등도 적법하게 이루어졌으나 판사의 서명·날인란에는 서명만 있고 그 옆에 날인이 없는 압수·수색영장에 의하여 압수한 파일 출력물과 이를 제시하고 획득한 2차적 증거인 수사기관 작성의 피의자신문조서 및 증인의 법정진술은 위법수집증거에 해당하지 않는다(2018도20504). [22 법선] [22 법사]

㉰ [영상통보권의 불고지] 사법경찰관이 체포 당시 피고인에게 영사통보권 등을 지체 없이 고지하지 않은 위법이 있으나, 제반 사정을 종합하면 절차 위반의 내용과 정도가 중대하거나 절차 조항이 보호하고자 하는 외국인 피고인의 권리나 법익을 본질적으로 침해하였다고 볼 수 없어 체포나 구속 이후 수집된 증거와 이에 기초한 증거들은 유죄 인정의 증거로 사용할 수 있다(2021도17103). [23 법선]

3. 위법수집증거의 탄핵증거사용 및 증거동의 허용여부

① [위법수집증거와 탄핵증거] 위법수집증거를 탄핵증거로 사용하는 것을 허용하는 경우 사실상 위법수집증거가 법관의 심증 형성에 영향을 미치게 되므로 탄핵증거로 사용하는 것은 허용되지 않는다.

② **쟁점 050** 위법수집증거와 증거동의* [18 법사]

【CASE】

충청남도 금산경찰서 소속 경사 P는 피고인 甲 소유의 쇠파이프를 甲의 주거지 앞마당에서 발견하였으면서도 그 소유자, 소지자 또는 보관자가 아닌 피해자 A로부터 임의로 제출받는 형식으로 이를 증거물로써 압수하였고, 이후 그 압수물의 사진을 찍었다. 공판과정에서 피고인 甲은 위 사진을 증거로 하는 데 동의하였다. 압수물과 사진의 증거능력이 인정되는가?

---

3) 압수목록의 교부가 압수 후 5개월이 경과한 이후이거나 법원으로부터 영장 또는 감정처분허가장을 발부받지 아니한 채 피의자의 동의 없이 피의자의 신체로부터 혈액을 채취한 경우가 이에 해당한다.

🔍 쟁점연구

1. 문제점

위법수집증거배제법칙에 의하여 증거능력이 부정되는 경우, 이것이 증거동의의 대상이 되는지 여부가 문제된다.

2. 학설 및 判例

① [소극설] 증거동의의 본질에 대하여 '반대신문권 포기설'의 입장에서 위법수집증거는 증거동의의 대상이 될 수 없다.

② [적극설] 증거동의의 본질에 대하여 '처분권설'의 입장에서 위법수집증거도 증거동의의 대상이 될 수 있다.

③ [절충설] 본질적인 위법에 해당하는 경우에는 (적법절차의 실질적인 내용을 침해하는 경우) 증거동의의 대상이 될 수 없지만, 본질적인 위법에 해당하지 않는 경우에는 증거동의의 대상이 될 수 있다.

④ [判例(원칙적 부정, 예외적 인정)] 위법하게 수집된 증거는 증거동의의 대상이 될 수 없다는 것이 판례의 일반적인 입장이지만(대판 : 2011도15258), 증거보전절차에서 당사자에게 참여권을 주지 않은 경우나 이미 증언을 마친 증인을 검사가 소환한 후 피고인에게 유리한 그 증언 내용을 추궁하여 이를 일방적으로 번복시키는 경우에는 예외적으로 증거동의의 대상이 될 수 있다고 한다(대판 : 86도1646; 대판(全) : 99도1108).

3. 검토

위법수집증거배제법칙은 '적법절차의 실질적인 내용을 침해하는 경우'에만 적용된다는 점, 그리고 증거동의의 본질은 반대신문권의 포기라는 점을 고려할 때 위법하게 수집된 증거는 증거동의의 대상이 될 수 없다는 보는 것이 타당하다.

【사례해설】

사안의 경우 경사 P가 소유자, 소지자 또는 보관자가 아닌 A로부터 제출받은 쇠파이프는 영장주의에 위반하여 수집한 것이므로, 쇠파이프는 물론 그것을 찍은 사진도 피고인 甲의 증거동의 여부와 상관없이 증거능력이 부정된다.

관련판례 1. [증거보전절차로 증인신문을 하는 경우 참여의 기회를 주지 아니하고 작성된 증인신문조서] 판사가 증거보전절차에서 참여의 기회를 주지 아니한 경우라도 피고인과 변호인이 증인신문조서를 증거로 할 수 있음에 동의하여 별다른 이의없이 적법하게 증거조사를 거친 경우에는 위 증인신문조서는 증인신문절차가 위법하였는지의 여부에 관계없이 증거능력이 부여된다(86도1646).

2. [피고인에게 유리한 증언을 마친 증인에 대한 번복진술조서] 공판준비 또는 공판기일에서 이미 증언을 마친 증인을 검사가 소환한 후 피고인에게 유리한 그 증언 내용을 추궁하여 이를 일방적으로 번복시키는 방식으로 작성한 진술조서는 피고인이 증거로 할 수 있음에 동의하지 아니하는 한 그 증거능력이 없다(全 99도1108). [20 · 18 · 13 사례]

4. 쟁점 051 위법수집증거의 주장 적격(이른바 제3자효 문제)** [19 · 12 사례]

【CASE】

경찰관 P1, P2는 유흥주점에서 성매매가 이루어진다는 제보를 받고 2017. 1. 30. 21:30경 주점 앞에서 잠복근무를 하다가, 여종업원 乙과 손님 丙이 주점에서 나와 모텔로 들어가는 것을 확인하고, 같은 날 22:54경 모텔 주인의 동의를 받고 방문을 열고 들어갔다.

乙, 丙은 침대에 나체 상태로 누워 있었을 뿐 성행위를 하고 있지 않았고 성관계를 가졌음을 증명할 수 있는 화장지나 콘돔 등도 발견하지 못해 P1, P2는 이들을 현행범으로 체포하지 못했다. P1은 (성매매를 하려고 한 것이 범죄가 되거나 혹은 유흥업소 영업자를 처벌하기 위해 조사가 필요하다고 보아) 乙, 丙에게 수사관서로 동행해 줄 것을 요구하면서 "동행을 거부할 수 있으나 거부하더라도 강제로 연행할 수 있다."라는 말을 하였고, 乙이 화장실에 가자, P2가 따라가 감시하기도 하였다. 乙, 丙는 증평지구대로 도착한 이후에 2017. 1. 31. 00:00경부터 02:10경까지 각각 자술서를 작성하였고, 곧이어 P1이 이들에 대한 참고인진술조서를 작성하였다. 그 후 자신의 여종업원 乙이 티켓 영업을 나가도록 한 뒤 대가를 받은 혐의(식품위생법위반)로 甲이 기소되었다. 乙, 丙의 자술서와 乙, 丙에 대한 참고인진술조서는 甲에 대한 공소사실에 관하여 증거능력이 인정되는가?

🔍 쟁점연구

1. 문제점

수사기관이 피고인 아닌 자를 상대로 위법하게 수집한 증거의 경우, 그 자에 대해서는 증거능력이 없는 것이 원칙인데, 이 경우 제3자인 피고인에 대해서까지 증거능력이 부정되는지 여부가 문제된다. 이를 이른바 '제3자효'라고 표현한다.

2. 判例(제3자효 인정)

경찰이 피고인이 아닌 제3자들(유흥업소 손님과 그 여종업원)을 사실상 강제연행하여 불법체포한 상태에서 이들의 성매매 행위나 피고인들의 유흥업소 영업행위를 처벌하기 위하여 진술서를 받고 진술조서를 작성한 경우, 각 진술서 및 진술조서는 위법수사로 얻은 진술증거에 해당하여 증거능력이 없으므로 피고인들의 식품위생법위반 혐의에 대한 유죄 인정의 증거로 삼을 수 없다(대판 : 2009도6717). [24 · 22 선택]

3. 검토

위법수집증거배제법칙은 중대한 위법이 있는 경우, 즉 적법절차의 실질적인 내용을 침해하는 경우에만 적용되며 또한 위법수사 억제라는 측면에서 보았을 때 판례의 입장이 타당하다.

【사례해설】

사안의 경우 경찰관들의 乙, 丙에 대한 임의동행은 사실상 강제연행에 해당하는 중대한 위법이므로, 그 위법한 체포 상태에서 작성된 자술서와 참고인진술조서는 모두 피고인 甲에 대한 공소사실에 관하여 증거능력이 부정된다.

5. 독수의 과실이론

① [의의] 위법하게 수집한 제1차 증거(독수)에 의하여 얻은 제2차 증거(독수의 과실)까지도 증거능력을 배제하는 이론을 말한다.

② 독수과실이론의 예외

㉮ [예외인정 취지] 독수의 과실이론을 지나치게 확장할 경우 형벌권의 무력화를 초래할 우려가 있기 때문에 이를 제한하기 위한 이론이 필요하다.

㉯ 예외이론

　㉠ [오염원 순화에 의한 예외] 수사기관의 위법행위 후에 피고인이 자의에 의하여 행한 행위는 위법성의 오염을 희석한다는 것을 말한다.

　㉡ [불가피한 발견의 예외] 위법한 행위가 아닌 합법적인 수단에 의할지라도 증거가 불가피하게 발견되었을 것임을 증명할 수 있을 때에 증거로 허용될 수 있다는 이론을 말한다.

　㉢ [오염원으로부터 독립의 예외] 위법한 압수·수색과 관계없는 독립된 근원에 의하여 수집될 수 있었던 증거임을 증명할 수 있을 때에는 증거로 허용된다는 이론을 말한다.

㉰ [판례] 적법한 절차에 따르지 아니한 위법행위를 기초로 하여 증거가 수집된 경우에는 당해 증거뿐 아니라 그에 터잡아 획득한 2차적 증거에 대해서도 그 증거능력은 부정되어야 할 것이다. 다만 당초의 적법절차 위반행위와 증거수집 행위의 중간에 그 행위의 위법 요소가 제거 내지 배제되었다고 볼 만한 다른 사정이 개입됨으로써 인과관계가 단절(희석)된 것으로 평가할 수 있는 예외적인 경우에는 이를 유죄 인정의 증거로 사용할 수 있다(2010도2094). [14 사례]

③ 관련판례

㉮ [위법수집증거로부터 획득한 2차적 증거에 해당하지 않는 경우(과실독수)] 범행 현장에서 지문채취 대상물에 대한 **지문채취가 먼저** 이루어진 이상, 수사기관이 그 이후에 지문채취 대상물을 적법한 절차에 의하지 아니한 채 압수하였다고 하더라도 위와 같이 채취된 지문은 위법하게 압수한 지문채취 대상물로부터 획득한 2차적 증거에 해당하지 아니함이 분명하여 이를 가리켜 위법수집증거라고 할 수 없다(2008도7471). [23·22·15·13 선택]

㉯ [2차적 증거의 증거능력을 부정한 경우] 위법한 강제연행 상태에서 호흡 측정 방법에 의한 음주측정을 한 다음 강제연행 상태로부터 시간적·장소적으로 단절되었다고 볼 수도 없고 피의자의 심적 상태 또한 강제연행 상태로부터 완전히 벗어났다고 볼 수 없는 상황에서 피의자가 호흡측정 결과에 대한 탄핵을 하기 위하여 스스로 혈액채취 방법에 의한 측정을 할 것을 요구하여 혈액채취가 이루어졌다고 하더라도 불법체포와 증거수집 사이의 인과관계가 단절된 것으로 볼 수는 없다(2010도2094). [20·15·14 선택]

㉰ [2차적 증거의 증거능력을 인정한 경우(강도상해의 증거)] 제1심 법정에서의 피고인의 자백은 진술거부권을 고지받지 않은 상태에서 이루어진 최초 자백 이후 40여 일이 지난 후에 변호인의 충분한 조력을 받으면서 공개된 법정에서 임의로 이루어진 것이고, 피해자의 진술은 법원의 적법한 소환에 따라 자발적으로 출석하여 위증의 벌을 경고받고 선서한 후 공개된 법정에서 임의로 이루어진 것이어서 예외적으로 유죄 인정의 증거로 사용할 수 있는 2차적 증거에 해당한다(2008도11437). [19·14 선택]

[동지판례] 피고인의 제1심 법정 자백은 최초 자백 이후 약 3개월이 지난 시점에 공개된 법정에서 적법한 절차를 통하여 임의로 이루어진 것이라는 점 등을 고려하여 볼 때 유죄 인정의 증거로 사용할 수 있는 경우에 해당한다(2012도13607). [15 선택]

㉣ **[2차적 증거의 증거능력을 인정한 경우(마약범행의 증거)]** 수사기관의 연행이 위법한 체포에 해당하고 그에 이은 1차 채뇨에 의한 증거 수집이 위법하다고 하더라도, 피고인은 이후 법관이 발부한 구속영장에 의하여 적법하게 구금되었고 법관이 발부한 압수영장에 의하여 2차 채뇨 및 채모 절차가 적법하게 이루어진 경우 법관이 발부한 압수영장에 의하여 이루어진 2차 채뇨 및 채모 절차를 통해 획득된 감정서는 모두 증거능력이 인정된다(2012도13611). [15 선택]

㉤ **[위법하게 압수한 증거를 환부 후 다시 임의제출 받은 경우 증거능력 인정요건(제출의 임의성에 관하여는 검사가 증명해야 함)]** 수사기관이 별개의 증거를 피압수자 등에게 환부하고 후에 임의제출받아 다시 압수하였다면 증거를 압수한 최초의 절차 위반행위와 최종적인 증거수집 사이의 인과관계가 단절되었다고 평가할 수 있으나, 환부 후 다시 제출하는 과정에서 수사기관의 우월적 지위에 의하여 임의제출 명목으로 실질적으로 강제적인 압수가 행하여질 수 있으므로, 제출에 임의성이 있다는 점에 관하여는 검사가 합리적 의심을 배제할 수 있을 정도로 증명하여야 하고, 임의로 제출된 것이라고 볼 수 없는 경우에는 증거능력을 인정할 수 없다(2013도11233). [24 · 17 사례]

6. **쟁점 052** 사인의 위법수집증거배제법칙 적용 여부***[23 · 21 사례] [15 · 12 법사]

【CASE】
甲은 A에게 여러 차례 만나자고 하였으나 A가 만나 주지 않자 A를 강간하기로 마음먹고 A가 거주하는 아파트 1층 현관 부근에 숨어 있다가 귀가하는 A를 발견하고 A가 엘리베이터를 타자 따라 들어가 주먹으로 A의 얼굴을 2회 때리고 5층에서 내린 다음 계단으로 끌고 가 미리 준비한 청테이프로 A의 양손을 묶어 반항을 억압한 후 A를 간음하려 하였으나 A가 그만두라고 애원하자 자신의 행동을 뉘우치고 범행을 단념하였다. 만약, 피해자 A가 甲의 집에 몰래 들어가 범행에 사용된 청테이프를 절취하여 증거로 제출하였다면 위 청테이프를 증거로 사용할 수 있는가? 【제10회 변호사시험 제1문】

🔍 **쟁점연구**

1. 문제점
국가기관이 아닌 개인이 위법하게 수집한 증거를 증거로 사용할 수 있는지와 관련하여 위법수집증거배제법칙이 일반 사인에게도 적용될 수 있는지 문제된다.

2. 사인이 위법하게 수집한 증거의 증거능력 [공익과 사익의 비교형량]
위법수집증거배제법칙은 국가기관(일반적으로 수사기관)이 위법하게 수집한 증거의 증거능력을 부정하는 법칙이다. 일반 사인이 불법적으로 수집한 증거에 대해서 이 법칙을 적용하자는 견해도 있을 수 있으나, [判例]는 일반 사인이 불법적으로 수집한 증거의 증거능력에 대해서는 위법수집증거배제법칙 대신에 **공익**(**형사소추 및 형사소송에서의 진실발견**)과 사익(**개인의 인격적 이익 등**)을 비교형량하여 결정하고 있다.

【사례해설】
사안에서 청테이프는 甲의 A에 대한 성폭력 범죄와 관련하여 꼭 필요한 증거로 보이므로 설사 그것이 A가 甲의 집에 몰래 들어가 절취하여 수사기관에 임의로 제출한 것이라고 하더라도 공익의 실현을 위하여는 청테이프를 범죄의 증거로 제출하는 것이 허용되어야 하고, 이로 말미암아 甲의 기본권을 침해하는 결과가 초래된다고 하더라도 이는 甲이 수인하여야 할 기본권의 제한에 해당한다. 따라서 위 청테이프는 증거로 사용할 수 있다.

1. [업무일지] 사문서위조·위조사문서행사 및 소송사기로 이어지는 일련의 범행에 대하여 피고인을 형사소추하기 위해서는 업무일지가 반드시 필요한 증거로 보이므로 피고인의 사생활 영역을 침해하는 결과가 초래된다 하더라도 이는 피고인이 수인하여야 할 기본권의 제한에 해당된다(2008도1584). [24 선택]

2. [나체사진] 피고인의 동의하에 촬영된 나체사진의 존재만으로 피고인의 인격권과 초상권을 침해하는 것으로 볼 수 없으므로 공익의 실현을 위하여는 그 사진을 범죄의 증거로 제출하는 것이 허용되어야 하고, 이는 피고인이 수인하여야 할 기본권의 제한에 해당된다(97도1230).

3. [전자우편] 시청 소속 공무원인 제3자가 권한 없이 전자우편에 대한 비밀 보호조치를 해제하는 방법을 통하여 전자우편을 수집(정보통신망법위반 행위)했다고 하더라도, 공직선거법위반죄(공무원의 지위를 이용한 선거운동행위)는 중대한 범죄에 해당하므로 전자우편을 증거로 제출하는 것은 허용되어야 할 것이고 기본권의 제한은 피고인이 수인하여야 할 기본권의 제한에 해당한다(2010도12244).

04 전문법칙

📝 핵심개념

1. 전문증거의 의의

① [전문증거의 개념] 사실인정의 기초가 되는 경험한 자의 진술이 서면이나 타인의 진술의 형식으로 간접적으로 법원에 전달되는 경우 그 서면이나 타인의 진술을 말한다.

② 전문증거의 종류

유형		의의
전문진술(전문증언)		요증사실을 직접 경험한 자로부터 그 경험내용을 전해들은 자가 그 내용을 법원에 진술할 때 그 진술을 말한다.
전문서류	각종 조서	요증사실을 직접 경험한 자로부터 전해들은 내용을 법원이나 수사기관이 서면에 기재하는 경우 그 서면을 말한다(예 법관의 면전조서, 피의자신문조서, 참고인진술조서). 다만, 수사과정에서 작성된 서면은 그 명칭과 무관하게 수사기관이 작성한 조서로 인정된다[예 검사단계의 피의자의 진술서(검사작성 피의자신문조서), 사경단계의 피의자의 진술서(사경작성 피의자신문조서), 검사단계의 참고인 진술서(검사작성 참고인진술조서), 사경단계의 참고인진술서(사경작성 참고인진술조서)].
	진술서	요증사실을 직접 경험한 자가 법정 및 수사기관 외에서4) 자신의 경험내용을 스스로 서면에 기재한 경우 그 서면을 말한다. 이 경우 서면을 기재한 자의 지위는 불문한다(예 피의자, 피고인 또는 일반 제3자의 자술서, 일기장).

---

4) 장소적 의미가 아니라 '공판(준비)과정이나 수사과정과 무관하게'라는 의미이다.

진술녹취서	요증사실을 직접 경험한 자의 법정 및 수사기관 외에서의 진술을 (법원·수사기관 이외의) 타인이 서면에 기재한 경우 그 서면을 말한다(예) 강간사건의 피해자의 진술을 성범죄피해자구조단체의 구성원이 서면에 기재한 경우 그 서면).

2. 전문법칙의 의의와 근거

① [의의] 전문증거의 증거능력을 부정하는 증거법칙을 전문법칙이라 한다. 형사소송법도 제310조의2에서 "제311조 내지 제316조에 규정한 것 이외에는 공판준비 또는 공판기일에서의 진술에 대신하여 진술을 기재한 서류(전문서류)나 공판준비 또는 공판기일 외에서의 타인의 진술을 내용으로 하는 진술(전문진술)은 이를 증거로 할 수 없다."라고 규정하고 있다.

② 전문법칙의 이론적 근거5)

㉮ [반대신문권 결여] 전문증거는 원진술의 진실성을 당사자의 반대신문으로 음미할 수 없기 때문에 증거능력이 부정된다고 보는 견해

㉯ [신용성 결여] 전문증거는 전달과정에서 오류나 와전의 가능성이 많고, 선서의 결여로 신용성이 희박하여 증거능력이 부정된다고 보는 견해

㉰ [직접주의 요청] 법관은 공판정에서 직접 조사한 '원본증거'에 의하여야 심증형성을 형성하여야 하는데, 전문증거는 이러한 직접주의에 반하기 때문에 증거능력이 부정된다고 보는 견해

Ⅱ. 전문증거와 전문법칙

1. 전문법칙의 적용요건

① [진술증거] 전문법칙은 진술증거(전문서류 및 전문진술)에 대하여만 적용되며 비진술증거에는 적용되지 않는다(제310조의2).

② [타인의 진술을 내용으로 하는 진술이 전문증거인지 여부를 판단하는 기준] 원진술의 '내용인 사실이 (진실인지 여부가)' 요증사실인 경우에는 전문증거로서 전문법칙이 적용된다. 원진술의 '존재자체가' 요증사실인 경우에는 원본증거에 해당하고 전문증거가 아니므로 전문법칙이 적용되지 않는다. [24·21·19 선택]

관련판례 어떤 진술이 기재된 서류가 그 내용의 진실성이 범죄사실에 대한 직접증거로 사용될 때는 전문증거가 된다고 하더라도, 그와 같은 진술을 하였다는 것 자체 또는 그 진술의 진실성과 관계없는 간접사실에 대한 정황증거로 사용될 때는 반드시 전문증거가 되는 것은 아니다. 그러나 어떠한 내용의 진술을 하였다는 사실 자체에 대한 정황증거로 사용될 것이라는 이유로 서류의 증거능력을 인정한 다음 그 사실을 다시 진술 내용이나 그 진실성을 증명하는 간접사실로 사용하는 경우에 그 서류는 전문증거에 해당한다. 서류가 그곳에 기재된 원진술의 내용인 사실을 증명하는 데 사용되어 원진술의 내용인 사실이 요증사실이 되기 때문이다. 이러한 경우 형사소송법 제311조부터 제316조까지 정한 요건을 충족하지 못한다면 증거능력이 없다(全 2018도2738).6) [21·19·14 선택] [23·22·21 법선]

---

5) 이론적 근거보다는 전문법칙의 예외 규정의 요건이 중요하다.

6) [관련판례] 피해자가 공소외인에게 '피고인이 추행했다'는 진술을 하였다는 것 자체에 대한 증거로 사용된다는 이유로 증거능력을 인정한 다음 공소외인의 위 진술이 피해자의 진술에 부합한다고 보아 공소외인의 위 진술을 피해자의 진술 내용의 진실성을 증명하는 간접사실로 사용한 경우 공소외인의 진술은 전문증거에 해당한다(2020도17109). [23 법선]

③ | 쟁점 **053** 본래증거(원본증거)와 전문증거의 구별***[24·21 사례] [23·21 법사]

【CASE】

甲은 평소 좋아하던 A(여, 20세)로부터 A의 은밀한 신체 부위가 드러난 사진을 전송받은 사실이 있다. 甲은 A와 영상 통화를 하면서 A에게 시키는 대로 하지 않으면 기존에 전송받은 신체 사진을 유포하겠다고 A를 협박하여 이에 겁을 먹은 A로 하여금 가슴과 음부를 스스로 만지게 하였다. 피해자 A는 甲과 영상 통화할 당시 甲이 A에게 "시기는 대로 히지 않으면 기존에 전송받은 신체 사진을 유포하겠다."라고 말한 내용을 몰래 음성 녹음한 후 수사기관에 제출하였다. 공판정에서 甲이 범행을 부인하자 검사는 A가 제출한 위 녹음물을 증거로 제출하였는데, 甲의 변호인이 부동의하였다. 위 녹음물 중 甲이 말한 부분은 증거능력이 있는가? 【제10회 변호사시험 제1문】

🔍 **쟁점연구**

1. 문제점

전문법칙의 적용과 관련하여 원진술의 '내용인 사실' 또는 '존재자체'가 문제된다.

2. 전문증거에 해당하는지 여부

타인의 진술을 내용으로 하는 진술이 전문증거인지는 요증사실과 관계에서 정하여지는데, **원진술의 내용인 사실이 요증사실인 경우에는 전문증거**이나, **원진술의 존재 자체가 요증사실인 경우에는 본래증거**이지 전문증거가 아니다(대판 : 2013도12155).

【사례해설】

사안에서 위 녹음파일의 대화 중 甲의 "시키는 대로 하지 않으면 기존에 전송받은 신체 사진을 유포하겠다."라는 말은 협박의 직접적인 수단으로서 진술의 존재 자체가 협박에 해당하므로(대판 : 2006도2556) 원진술의 존재 자체가 요증사실인 경우로서 본래증거에 해당하고 따라서 전문법칙이 적용되지 않는다. 녹음물 중 甲의 진술 부분은 증거능력이 인정된다.

유사사례 丁과 戊는 수년간 극도로 사이가 좋지 않던 직장 동료 B를 교통사고로 위장하여 살해하기로 마음먹었다. 丁이 1t 트럭을 렌트한 다음 戊가 트럭을 운전하고 丁은 戊의 옆자리에 앉아 B가 퇴근하기를 기다렸다. 자정 무렵 B가 건물 밖으로 나오자 戊가 트럭 속도를 올려 도로를 건너는 B를 강하게 충격한 다음 그대로 도망쳤다. 丁과 戊는 사고 장소에서 3km 떨어진 곳으로 이동하여 주차하였는데, 丁은 후회와 함께 B에 대한 연민이 들어 그를 구호해 주자고 하였으나 戊는 동의하지 않고 그곳을 떠났다. 丁은 119에 전화를 걸어 B의 구조를 요청하였고, 丁의 신고를 받고 출동한 구조대에 의해 병원으로 이송된 B는 가까스로 목숨을 건질 수 있었다. 경찰관 P는 丁을 조사하였고, 丁은 범행을 자백하며 戊가 범행 당일 평택항을 통해 중국으로 출국할 계획이라고 진술하였다. 경찰은 당일 정오에 평택항에서 출국하려는 戊를 긴급 체포하면서, 戊가 소지하고 있던 휴대전화를 영장 없이 압수하였다. 조사 과정에서 戊는 범행을 부인하면서 휴대전화 분석 절차에는 참여하지 않겠다고 하였다. 휴대전화 분석 결과 丁과 戊의 대화 녹음파일이 복구되었고, 대화 중 "트럭이 준비되었으니 자정이 되면 실행하자."라는 丁의 발언이 확인되었다. 위 녹음파일은 戊가 丁 몰래 녹음한 것이었다. 경찰은 적법한 절차에 따라 사후영장을 발부받았다. 戊에 대한 제1심 공판에서 戊가 범행을 부인하면서 녹음파일 중 丁의 진술 부분을 증거로 함에 부동의한 경우, 휴대전화 압수의 적법성 및 녹음파일의 증거능력을 논하시오. 【제13회 변호사시험 제1문】

【사례해설】

사안에서 경찰은 긴급체포 현장에서 戊가 소지하고 있던 휴대전화를 영장 없이 압수하였는데, 평택항이라는 장소의 특성상 정보저장매체 내에 있는 정보를 출력하거나 복제의 방식으로 압수하는 것이 불가능하므로 부득이한 사정이 인정되고, 사후영장을 발부받았으므로 휴대전화 압수는 적법하다. 또한, 녹음파일의 내용은 살인미수와의 관련성이 인정되고 녹음파일의 취득 과정에서 戊에게 참여의 기회를 보장하였으나 戊가 참여하지 않겠다고 하였으므로 참여권 등의 절차보장도 이루어진 것으로 보인다. 따라서 녹음파일은 일응 증거능력이 인정될 것이나 戊가 丁과의 대화를 몰래 녹음하였으므로 통비법 위반여부와 丁의 진술이 전문증거로서 전문법칙의 예외요건을 갖추어야 증거능력이 인정될 수 있는지가 문제된다.

丁과 戊 양자 간의 대화에 있어서 대화 참여자 중의 한 사람인 戊가 그 대화를 녹음하였으므로 丁과 戊의 대화는 그 녹음자인 戊에 대한 관계에서 '타인 간의 대화'라고 할 수 없으므로, 戊의 녹음행위는 통비법 제3조 제1항에 위배된다고 볼 수 없다.

한편, 타인의 진술을 내용으로 하는 진술이 전문증거인지는 요증사실과의 관계에서 정하여지는데, 원진술의 내용인 사실이 요증사실인 경우에는 전문증거이나, 원진술의 존재 자체가 요증사실인 경우에는 본래증거이지 전문증거가 아니다(대판 : 2013도12155).

사안에서 위 녹음파일의 대화 중 "트럭이 준비되었으니 자정이 되면 실행하자."라는 丁의 말은 진술의 존재 자체가 살인의 실행과정에 해당하므로 원진술의 존재 자체가 요증사실인 경우로서 본래증거에 해당하고 따라서 전문법칙이 적용되지 않는다.

2. 전문법칙이 적용되지 않는 경우

㉮ [원진술의 존재자체가 요증사실인 경우] 원진술의 '존재 자체'가 요증사실인 경우의 진술은 원본증거이며 전문증거가 아니므로 전문법칙이 적용되지 않는다. 예컨대 "甲이 A를 살해하는 것을 보았다."라는 乙의 말(원진술)을 들은 丙이 그 사실을 증언하는 경우, 丙의 증언은 甲의 살인사건에서는 전문증거가 되지만 乙의 명예훼손사건에서는 원본증거가 되는 것이다. [14 선택]

㉯ **[정황증거에 사용된 언어]** 전문진술이 원진술자의 심리적·정신적 상황을 증명하기 위한 증거로 사용된 경우에는 전문증거가 아니므로 전문법칙은 적용되지 않는다. 예컨대 피고인 甲의 정신이상을 증명하기 위하여, 甲이 살인을 저지르면서 "나는 신이다."라고 한 말을 들은 乙이 그 말을 제출한 경우가 이에 해당한다.

㉰ **[언어적 행동]** 원진술자의 행위의 의미를 설명하기 위하여 원진술자의 행위당시의 진술을 증거로 제출한 경우를 말한다. 이는 원진술자의 말을 비진술증거로 사용하는 것으로서 전문법칙이 적용되지 않는다. 예컨대 甲이 乙을 껴안은 것이 폭행인지 우정의 표현인지를 설명하기 위하여 그 당시에 甲이 한 진술(예 사랑해!)을 증거로 제출하는 경우가 이에 해당한다.

㉱ **[탄핵증거로 사용된 증거]** '사실을 증명하기 위하여' 제출된 진술증거의 경우 전문법칙이 적용된다. 그러나 탄핵증거는 '증거의 증명력을 다투기 위한 것'이므로 증거를 탄핵하기 위하여 진술증거가 제출되었다고 하더라도 전문법칙이 적용되지 않는다.

㉲ **[증거동의]** 당사자가 증거로 함에 동의한 때에는 전문법칙이 적용되지 않는다.

ⓑ 관련판례[비진술증거 또는 원본증거로서 전문법칙이 적용되지 않는 경우(국·부·정통·사·부지)]

ⓐ [국가기밀 탐지·수집한 문건] 반국가단체로부터 지령을 받고 국가기밀을 탐지·수집하였다는 공소사실과 관련하여 수령한 지령 및 탐지·수집하여 취득한 국가기밀이 문건의 형태로 존재하는 경우나 편의제공의 목적물이 문건인 경우는, 문건 내용의 진실성이 문제 되는 것이 아니라 그러한 내용의 문건이 존재하는 것 자체가 증거가 되는 것으로서 공소사실에 대하여는 전문법칙이 적용되지 않는다(2013도2511).

ⓑ [부수법상 부도수표발행의 공소사실을 증명하기 위하여 제출된 지급거절된 수표] 그 수표는 그 서류의 존재 또는 상태 자체가 증거가 되는 것이어서 증거물인 서면에 해당하고 전문법칙이 적용될 여지가 없다(2015도2275). [16 선택] [23·21 법선]

ⓒ [공포심 등을 유발하는 글을 반복하여 도달하게 하였다는 정통망법위반의 공소사실을 증명하기 위하여 제출된 휴대전화기에 저장된 문자정보] 그 문자정보는 범행의 직접적인 수단이고 경험자의 진술에 갈음하는 대체물에 해당하지 않으므로, 형사소송법 제310조의2에서 정한 전문법칙이 적용되지 않는다(2006도2556). [20·19·18·17·13 선택]

ⓓ [사례비 2,000만 원 사건] A가 "피고인으로부터 '건축허가 담당 공무원이 외국연수를 가므로 사례비를 주어야 한다'는 말과 '건축허가 담당 공무원이 4,000만 원을 요구하는데 사례비로 2,000만 원을 주어야 한다'는 말을 들었다."는 취지로 진술한 경우, 위와 같은 원진술의 존재 자체가 알선수재죄에 있어서의 요증사실이므로 이를 직접 경험한 A가 피고인으로부터 위와 같은 말들을 들었다고 하는 진술들은 전문증거가 아니라 본래증거에 해당된다(2008도8007). [20·19 선택]

ⓔ [88체육관 부지 사건] 피해자 A 등이 제1심 법정에서 "피고인이 88체육관 부지를 공시지가로 매입하게 해 주고 KBS와의 시설이주 협의도 2개월 내로 완료하겠다고 말하였다."라고 진술한 경우, 피고인의 위와 같은 원진술의 존재 자체가 사기죄 또는 변호사법 위반죄에 있어서의 요증사실이므로 이를 직접 경험한 A 등이 피고인으로부터 위와 같은 말을 들었다고 하는 진술은 전문증거가 아니라 본래증거에 해당한다(2012도2937).

ⓕ [피해자의 상해부위를 촬영한 사진] 비진술증거에 해당한다(2007도3906). [24 선택] [21 법선]

ⓖ [정황증거에 사용된 언어에 해당하는 경우] A가 진술 당시 술에 취하여 횡설수설 이야기한 것인지 여부를 확인하기 위하여 법원에 제출된 A의 진술이 녹음된 녹음테이프는 원본증거에 해당하며 전문증거에 해당하지 아니한다(2007도10755). [18 선택]

Ⅱ. 전문법칙의 예외

📝 핵심개념

1. 예외인정의 필요성
전문법칙을 엄격히 적용하면 재판의 지연을 초래할 수 있고 명백한 범인을 처벌하지 못하는 불합리한 결과가 발생한다. 따라서 실체진실의 발견과 소송경제를 위하여 전문증거라도 증거능력을 인정할 필요성이 인정된다.

2. 예외인정의 일반적 기준
① [신용성의 정황적 보장] 원진술자의 진술당시 여러 정황에 비추어 보았을 때 진술의 진실성을 담보할 수 있는 경우를 말한다. 즉 공판정에서 상대방에게 원진술자에 대한 반대신문의 기회를 주지 않더라도 진술당시의 상황에 비추어 허위개입의 위험성이 없는 경우를 말한다.
② [필요성] 원진술과 같은 가치의 증거를 얻는 것이 어렵기 때문에 진실발견을 위하여 어쩔 수 없이 전문증거라도 사용해야 할 필요가 있는 경우를 말한다.

3. 전문법칙의 예외요건의 개념

적법한 절차와 방식에 따라 작성된 것	수사기관의 조서작성이 적법절차와 방식에 따라 작성된 것일 것[7]
실질적 진정성립	서면의 기재내용이 진술자의 진술내용과 동일하다는 것
내용의 인정	조서의 성립의 진정(실질적 진정성립)뿐만 아니라, 조서의 기재내용이 실제 사실에 부합한다는 것, 즉 조서에 기재된 내용의 진실성을 인정하는 것
필요성	성립의 진정에 관한 진술을 하여야 할 자가 사망 등의 사유로 공판정에서 진술할 수 없는 때를 의미
특신상태	진술내용이나 조서 또는 서류의 작성에 허위개입의 여지가 거의 없고 그 진술내용의 신용성이나 임의성을 담보할 구체적이고 외부적인 정황이 있는 경우를 말한다(판례).

4. 전문법칙의 예외규정

구분	적용 대상	증거능력 인정요건
제311조	법원·법관의 면전 조서	당연히 증거능력 인정
제312조 제1항	검사 작성 피의자신문조서 (공동피고인에 대한 피의자신문조서 포함)	적법절차와 방식 + 내용의 인정
제312조 제3항	사법경찰관 작성 피의자신문조서 (공동피고인에 대한 피의자신문조서 포함)	적법절차와 방식 + 내용의 인정

---

7) '조서의 서명 또는 날인 등이 진술자의 것과 일치할 것'을 포함하고 있는 요건이다. 과거에는 이를 '형식적 진정성립'이라는 명칭을 붙여서 다음에서 보는 '실질적 진정성립'과 구별하였으나, 현재는 형식적 진정성립의 요건이 '적법절차와 방식에 따라 작성될 것'이라는 요건 속에 포함되게 되어 전문법칙의 예외요건의 규정에서 말하는 '성립의 진정'은 '실질적 진정성립만을 의미하는 것으로 이해하여야 한다.

제312조 제4항	검사 또는 사법경찰관 작성 참고인진술조서	적법절차와 방식 + 실질적 진정성립 + 특신상태 + 원진술자 반대신문가능성
제312조 제5항	검사 또는 사법경찰관의 수사과정에서 작성한 진술서	제312조 제1항부터 제4항까지 준용
제312조 제6항	검사 또는 사법경찰관 작성 검증조서	적법절차 + 성립의 진정
제313조	사인 작성 진술서 · 진술기재서류 다만, 수사과정에서 작성한 진술서는 제312조 제1항 내지 제4항 적용 (제312조 제5항)	작성자(진술자)의 자필 또는 서명 또는 날인 + 성립의 진정
제314조	제312조 및 제313조의 증거에 적용 다만, 제312조 제3항의 증거에는 적용되지 않음(판례)	필요성(사망 · 질병 · 외국거주 · 소재불명 등) + 특신상태
제315조	당연히 증거능력이 있는 서류	당연히 증거능력 인정
제316조 제1항	피고인의 진술을 그 내용으로 하는 전문진술	특신상태
제316조 제2항	피고인 아닌 타인의 진술을 그 내용으로 하는 전문진술	필요성(사망 · 질병 · 외국거주 · 소재불명 등) + 특신상태

※ 제313조 제1항과 제314조의 서류 등에는 '피고인 또는 피고인 아닌 자가 작성하였거나 진술한 내용이 포함된 문자 · 사진 · 영상 등의 정보로서 컴퓨터용디스크 그 밖에 이와 비슷한 정보저장매체에 저장된 것'도 포함됨

전문법칙의 예외

§311 법관의 면전조서 · 공판조서, 증거보전절차조서, 당해피고사건 공판조서

(cf : 다른 피고인 공판조서 → 제315조 제3호)

§312 ① 검사작성 피의자 신문조서(검 · 피) ──→ 적 · 내
　　　　　　　　　　　　　　　　　　　　　　　(검 · 당 · 공 → 검사작성당해피고인 + 공범인 공동피고인)

　　　③ 사경작성 피의자 신문조서(사 · 피) ──→ 적 · 내
　　　　　　　　　　　　　　　　　　　　　　　(사 · 당 · 공 → 사경작성당해피고인 + 공범인 공동피고인)

　　　④ 수사기관작성 참고인 진술조서(수 · 참) ──→ 적 · 실 · 실 · 반
　　　⑤ 수사기관작성 진술서(수 · 진) ──→ 실질에 따라 §312 ① 내지 §312 ④
　　　⑥ 수사기관작성 검증조서(수 · 검) ──→ 적 · 성

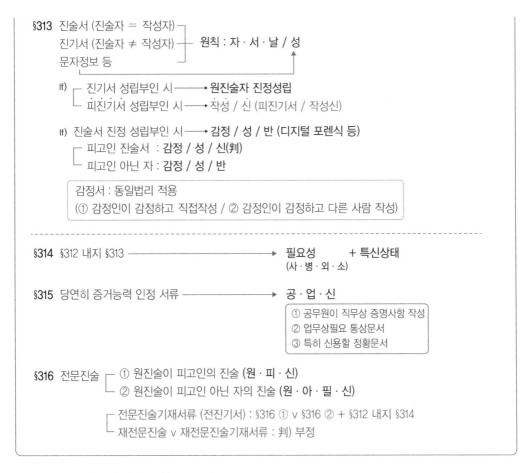

§313 진술서 (진술자 = 작성자)
진기서 (진술자 ≠ 작성자) ── 원칙 : 자 · 서 · 날 / 성
문자정보 등

If) ┌ 진기서 성립부인 시 ──→ 원진술자 진정성립
    └ 피진기서 성립부인 시 ──→ 작성 / 신 (피진기서 / 작성신)

If) 진술서 진정 성립부인 시 ──→ 감정 / 성 / 반 (디지털 포렌식 등)
    ┌ 피고인 진술서 : 감정 / 성 / 신(判)
    └ 피고인 아닌 자 : 감정 / 성 / 반

┌───┐
│ 감정서 : 동일법리 적용   │
│ (① 감정인이 감정하고 직접작성 / ② 감정인이 감정하고 다른 사람 작성) │
└───┘

§314 §312 내지 §313 ─────────────→ 필요성   + 특신상태
                                    (사 · 병 · 외 · 소)

§315 당연히 증거능력 인정 서류 ─────────→ 공 · 업 · 신
                              ┌────────────────────┐
                              │ ① 공무원이 직무상 증명사항 작성 │
                              │ ② 업무상필요 통상문서   │
                              │ ③ 특히 신용할 정황문서   │
                              └────────────────────┘

§316 전문진술 ┌ ① 원진술이 피고인의 진술 (원 · 피 · 신)
             └ ② 원진술이 피고인 아닌 자의 진술 (원 · 아 · 필 · 신)

             ┌ 전문진술기재서류 (전진기서) : §316 ① ∨ §316 ② + §312 내지 §314
             └ 재전문진술 ∨ 재전문진술기재서류 : 判) 부정

1. 법원 또는 법관의 면전조서(제311조)

제311조(법원 또는 법관의 조서) 공판준비 또는 공판기일에 피고인이나 피고인 아닌 자의 진술을 기재한 조서와 법원 또는 법관의 검증의 결과를 기재한 조서는 증거로 할 수 있다. 제184조 및 제221조의2의 규정에 의하여 작성한 조서도 또한 같다. [24 선택]

① [제311조의 취지] ㉠ 법원 또는 법관의 면전조서는 그 성립이 진정하고 신용성의 정황적 보장이 높기 때문에 당연히 증거능력이 인정된다(제311조). 공판준비조서, 공판조서, 증인신문조서, 검증조서 그리고 증거보전절차나 증인신문절차에서 작성된 조서가 이에 해당한다. ㉡ '공판조서'는 상소심에 있어서 원심의 공판조서, 공판절차갱신 전의 공판조서, 이송된 사건의 이송 전의 공판조서 등을 말한다. [24 선택]

② [당해 또는 다른 피고사건의 공판조서의 증거능력 인정근거] 제311조의 공판조서는 당해 사건의 공판조서를 의미하며(2003도3282), 다른 피고인에 대한 형사사건의 공판조서는 형소법 제315조 제3호에 정한 서류로서 당연히 증거능력이 있다(2004도4428). [21 · 20 · 16 · 14 선택] [23 · 21 법선]

③ **[법원이 실시한 녹음테이프에 대한 검증과 증거능력 인정요건]** 수사기관이 아닌 사인이 피고인 아닌 자와의 전화대화를 녹음한 녹음테이프에 대하여 법원이 실시한 검증의 내용이, 녹음테이프에 녹음된 전화대화의 내용이 검증조서에 첨부된 녹취서에 기재된 내용과 같다는 것에 불과한 경우에는 증거자료가 되는 것은 여전히 녹음테이프에 녹음된 대화 내용이므로, 그 중 피고인 아닌 자와의 대화의 내용은 실질적으로 형사소송법 제311조, 제312조 규정 이외의 피고인 아닌 자의 진술을 기재한 서류와 다를 바 없어서, 피고인이 그 녹음테이프를 증거로 할 수 있음에 동의하지 않은 이상 그 녹음테이프 검증조서의 기재 중 피고인 아닌 자의 진술내용을 증거로 사용하기 위해서는 형사소송법 제313조 제1항에 따라 공판준비나 공판기일에서 원진술자의 진술에 의하여 그 녹음테이프에 녹음된 진술내용이 자신이 진술한 대로 녹음된 것이라는 점이 인정되어야 한다(2007도10755). [15 선택] [13 사례]

④ **[제311조에 의한 증거능력을 인정할 수 없는 경우]** 증인신문조서가 증거보전절차에서 피고인이 증인으로서 증언한 내용을 기재한 것이 아니라 증인 甲의 증언내용을 기재한 것이고 다만 피의자였던 피고인이 당사자로 참여하여 자신의 범행 사실을 시인하는 전제하에 위 증인에게 반대신문한 내용이 기재되어 있을 뿐이라면 위 조서는 공판준비 또는 공판기일에 피고인 등의 진술을 기재한 조서도 아니고 반대신문 과정에서 피의자가 한 진술에 관한 한 형사소송법 제184조에 의한 증인신문조서도 아니므로 위 조서 중 피의자의 진술기재 부분에 대하여는 형사소송법 제311조에 의한 증거능력을 인정할 수 없다(84도508). [24 · 14 선택] [23 법선]

2. 검사 작성 피의자신문조서(제312조 제1항)

> **제312조(검사 또는 사법경찰관의 조서 등)** ① 검사가 작성한 피의자신문조서는 적법한 절차와 방식에 따라 작성된 것으로서 공판준비, 공판기일에 그 피의자였던 피고인 또는 변호인이 그 내용을 인정할 때에 한정하여 증거로 할 수 있다. <개정 2020.2.4>

① 검사 작성 피의자신문조서의 범위

㉮ **[검사 작성 조서라고 할 수 있는 경우]**
   ㉠ 검사가 피의사실에 관하여 전반적 핵심적 사항을 질문하고 이를 토대로 신문에 참여한 검찰주사보가 직접 문답하여 작성한 피의자신문조서의 경우(84도846)
   ㉡ 사법연수생인 검사 직무대리가 합의부의 심판사건에 해당하지 아니하는 사건에 관하여 검사의 직무를 대리하여 피고인에 대한 피의자신문조서를 작성한 경우(2010도1107)

㉯ **[검사 작성 조서라고 할 수 없는 경우]** 검찰에 송치되기 전에 구속피의자로부터 받은 검사 작성의 피의자신문조서는 극히 이례에 속하는 것으로, 그렇게 했어야 할 특별한 사정이 보이지 않는 한 송치 후에 작성된 피의자신문조서와 마찬가지로 취급하기는 어렵다(94도1228). [18 · 15 선택]

② 증거능력의 인정요건과 관련한 판례

㉮ **[요건(적 · 내)]** ⅰ) 적법절차와 방식, ⅱ) 내용인정

㉯ **[적법한 절차와 방식에 따라 작성되지 않아 증거능력이 부정되는 경우]**
   ㉠ 조서 말미에 피고인의 서명만이 있고, 날인(무인 포함)이나 간인이 없는 검사 작성의 피고인에 대한 피의자신문조서는 증거능력이 없다고 할 것이고, 그 날인이나 간인이 없는 것이 피고인이 날인이나 간인을 거부하였기 때문이어서 그러한 취지가 조서 말미에 기재되었다거나, 피고인이 법정에서 그 피의자신문조서의 임의성을 인정하였다고 하여 달리 볼 것은 아니다(99도237). [16 선택]

ⓒ 검사 작성의 피의자신문조서에 작성자인 검사의 서명·날인이 되어 있지 아니한 경우 증거능력을 인정할 수 없다(2001도4091).

③ 형소법 제312조 제1항의 '검사 작성 피의자신문조서'의 범위

㉮ **[공범에 대한 검사 작성의 피의자신문조서(제312조 제1항)]** 형소법 제312조 제1항에서 정한 '검사 작성 피의자신문조서'란 당해 피고인에 대한 피의자신문조서만이 아니라, 당해 피고인과 **공범 관계에 있는 다른 피고인이나 피의자**에 대하여 검사가 작성한 피의자신문조서도 포함하고 이때의 '공범'에는 **대향범도 포함된다.**

㉯ **[내용인정 주체(당해 피고인)]** **피고인**이 자신과 공범관계에 있는 **다른 피고인**이나 피의자에 대하여 검사가 작성한 피의자신문조서의 내용을 부인하는 경우에는 형사소송법 제312조 제1항에 따라 유죄의 증거로 쓸 수 없다(2023도3741). [24 선택]

3. 사법경찰관 등 작성 피의자신문조서(제312조 제3항)

> **제312조(검사 또는 사법경찰관의 조서 등)** ③ 검사 이외의 수사기관이 작성한 피의자신문조서는 적법한 절차와 방식에 따라 작성된 것으로서 공판준비 또는 공판기일에 그 피의자였던 피고인 또는 변호인이 그 내용을 인정할 때에 한하여 증거로 할 수 있다.

① **[요건(적·내)]** ⅰ) 적법절차와 방식, ⅱ) 내용인정

② 형사소송법 제312조 제3항의 '검사 이외의 수사기관'에 해당하는 경우

㉮ 특별한 사정이 없는 한 외국의 권한 있는 수사기관도 포함된다[미국 범죄수사대(CID), 연방수사국(FBI)](2003도6548).

㉯ 사법경찰관사무취급이 작성한 피의자신문조서 등

③ **[적법한 절차와 방식의 흠결로 증거능력이 인정되지 않는 경우]** 진술거부권 행사여부에 대한 피의자의 답변이 자필로 기재되어 있지 아니하거나 그 답변 부분에 피의자의 기명날인 또는 서명이 되어 있지 아니한 사법경찰관 작성의 피의자신문조서는 특별한 사정이 없는 한 형사소송법 제312조 제3항에서 정한 '적법한 절차와 방식'에 따라 작성된 조서라 할 수 없으므로 그 증거능력을 인정할 수 없다(2010도3359). [14 선택]

④ **[내용의 인정의 의미]** 피의자신문조서의 기재 내용이 진술내용대로 기재되어 있다는 의미가 아니고 그와 같이 진술한 내용이 실제사실과 부합한다는 것을 의미한다(2010도3359).

⑤ **[당해 피고인이 내용을 부인한 경우**(피고인을 조사한 경찰관이 성립의 진정을 인정하여도 사경 작성 피신조서는 증거능력이 인정되지 않음)**]** 피고인이 당해 공소사실에 대하여 법정에서 부인한 경우 피고인을 조사하였던 경찰관이 법정에 나와 "피고인의 진술대로 조서가 작성되었고, 작성 후 피고인이 조서를 읽어보고 내용을 확인한 후 서명·무인하였으며, 피고인이 내용의 정정을 요구한 일은 없었다."고 증언하더라도 그 피의자신문조서가 증거능력을 가지게 되는 것은 아니다(97도2211).

⑥ 쟁점 054 사경이 작성한 당해 피고인과 공범관계 있는 자에 대한 피의자신문조서의 증거능력 인정 요건★★★[20 · 19 · 13 사례] [13 법사]

【CASE】
식품위생법위반죄의 피고인 甲에 대한 공판과정에서 '공범 관계에 있는 乙에 대한 사법경찰관 작성 피의자신문조서'에 대해서 乙은 증인으로 출석하여 그 성립의 진정을 인정하였으나, 甲은 그 내용을 부정하였다. 피의자신문조서의 증거능력이 인정되는가?

🔍 쟁점연구

1. 문제점
공범인 공동피고인에 대한 사법경찰관 작성 피의자신문조서를 피고인의 공소사실에 증거로 사용하는 경우, 형사소송법 제312조 제3항이 적용되는지 아니면 제312조 제4항이 적용되는지 여부가 문제된다.

2. 학설
① [제312조 제3항 적용설] 공범인 공동피고인에 대한 사법경찰관 작성 피의자신문조서도 형사소송법 제312조 제3항에 규정된 '피의자신문조서'에 해당되므로 형사소송법 제312조 제3항이 적용된다는 견해이다. 이 학설은 다시 아래와 같이 세분화된다.
㉮ [원진술자 내용인정설] 원진술자인 공범인 공동피고인이 내용을 인정하여야 한다.
㉯ [피고인 내용인정설] 당해 피고인이 내용을 인정하여야 한다.
㉰ [절충설] 원진술자인 공범인 공동피고인이 내용을 인정하여야 하고, 당해 피고인에게 원진술자에 대한 반대신문의 기회가 보장되어야 한다.
② [제312조 제4항 적용설] 공범인 공동피고인에 대한 사법경찰관 작성 피의자신문조서는 형사소송법 제312조 제4항에 규정된 '피고인이 아닌 자'의 진술을 기재한 조서에 해당하므로 형사소송법 제312조 제4항이 적용된다는 견해이다.

3. 判例 [제312조 제3항 적용, 피고인의 내용인정 필요]
① 형사소송법 제312조 제3항은 검사 이외의 수사기관이 작성한 당해 피고인에 대한 피의자신문조서를 유죄의 증거로 하는 경우뿐만 아니라 검사 이외의 수사기관이 작성한 당해 피고인과 공범관계에 있는 다른 피고인이나 피의자에 대한 피의자신문조서를 당해 피고인에 대한 유죄의 증거로 채택할 경우에도 적용된다.
② 따라서 당해 피고인과 공범관계가 있는 다른 피의자에 대하여 검사 이외의 수사기관이 작성한 피의자신문조서는 그 피의자의 법정진술에 의하여 성립의 진정이 인정되는 등 형사소송법 제312조 제4항의 요건을 갖춘 경우라고 하더라도 당해 피고인이 공판기일에서 조서의 내용을 부인한 이상 이를 유죄 인정의 증거로 사용할 수 없다(대판 : 2014도1779). [23 · 22 · 21 · 19 · 18 · 17 · 16 · 14 · 13 선택]

4. 검토 [제312조 제3항의 취지]
사법경찰관 작성 피의자신문조서의 증거능력을 엄격히 제한하는 형소법 제312조 제3항의 취지에 비추어 보았을 때, 제312조 제3항 적용설 중 피고인내용인정설이 타당하다.

【사례해설】
사안의 경우 비록 乙이 자신에 대한 사법경찰관 작성 피의자신문조서에 대하여 성립의 진정을 인정하였더라도 甲이 그 내용을 부정하였으므로 이 조서는 증거능력이 부정된다.

[형사소송법 제312조 제3항이 '전혀 별개 사건에서 피고인에 대한 사법경찰관 작성 피의자신문조서'에도 적용되는지 여부(적극)] 형사소송법 제312조 제2항[개정법 제3항]은 전혀 별개의 사건에서 피의자였던 피고인에 대한 검사 이외의 수사기관 작성의 피의자신문조서도 그 적용대상으로 하고 있는 것이라고 보아야 한다(94도2287).

[대향범 사이, 양벌규정상의 업무주와 행위자 사이] 위 법리는 공동정범이나 교사범, 방조범 등 공범관계에 있는 자들 사이에서뿐만 아니라, 법인의 대표자나 법인 또는 개인의 대리인, 사용인, 그 밖의 종업원 등 행위자의 위반행위에 대하여 행위자가 아닌 법인 또는 개인이 양벌규정에 따라 기소된 경우, 이러한 법인 또는 개인과 행위자 사이의 관계에서도 마찬가지로 적용된다(2016도9367). [23·22·21 선택]

⑦ [사법경찰관 작성 검증조서 및 실황조사서에 첨부된 범행내용의 현장진술 및 재연한 내용의 기재와 재연사진이 첨부된 경우 그 기재와 사진의 증거능력 인정요건(사경작성 피신조서 취급)] 사법경찰관이 작성한 검증조서에 피고인이 검사 이외의 수사기관 앞에서 '자백한 범행내용을 현장에 따라 진술·재연한 내용이 기재되고 그 재연 과정을 촬영한 사진'이 첨부되어 있다면, 그러한 기재나 사진은 **피고인이** 공판정에서 실황조사서에 기재된 진술내용 및 범행재연의 상황을 **모두 부인하는** 이상 증거능력이 없다(2003도6548).[8] [21·20 선택] [23 사례] [21 법선] [23·20·14·13 법사]

⑧ 실전연습

丙과 丁은 합동에 의한 특수절도죄를 범하였는데, 수사 및 공판 단계에서 지속적으로 丙은 범죄를 인정하고 丁은 부인하는 경우, 丙과 丁이 함께 기소된 공판정에서 丙에 대한 사법경찰관 작성의 피의자신문조서와 검사 작성의 피의자신문조서를 丁의 유죄를 인정하기 위한 증거로 사용할 수 있는가?

【제9회 변호사시험 제2문】

【사례해설】[공범의 책임전가 경향]

검사가 작성한 공범에 대한 피의자신문조서는 검사가 '피고인이 아닌 자'의 진술을 기재한 조서에 해당하므로 제312조 제4항이 적용된다는 견해가 있다. 그러나 제312조 제1항은 '검사가 작성한 피의자신문조서'라고 규정하고 있으므로 검사가 작성한 공범에 대한 피의자신문조서도 제312조 제1항이 적용된다고 보는 것이 타당하다. 다만, 제312조 제1항이 적용된다고 보는 입장에서 내용의 인정 주체가 원진술자인 공범자라고 보는 견해가 있으나, 공범에 대한 피의자신문조서는 당해 피고인에 대한 피의자신문조서의 내용과 다름없다는 점과 공범의 책임전가 경향을 고려하면 **당해 피고인이** 내용의 인정 주체가 된다고 보는 것이 타당하다.

判例도 피고인이 자신과 공범관계에 있는 다른 피고인이나 피의자에 대하여 검사가 작성한 피의자신문조서의 내용을 부인하는 경우에는 형사소송법 제312조 제1항에 따라 유죄의 증거로 쓸 수 없다고 하여 당해 피고인이 내용의 인정 주체가 된다고 판시한 바 있다(대판 : 2023도3741).

따라서 사안의 경우 丙에 대한 사경 작성의 피의자신문조서 및 검사 작성의 피의자신문조서는 丁의 유죄를 인정하기 위한 증거로 사용할 수 없다.[9]

---

8) [판례해설] 위 판례에서 '검증조서 등'은 사법경찰관이 검증의 결과를 기재한 것이 아니라 실질적으로 피의자의 진술과 그것을 재현한 사진 등이 들어 있는 피의자신문조서이므로, 형사소송법 제312조 제3항의 요건 '특히 피고인의 내용인정' 요건을 구비하여야만 증거능력이 인정될 수 있다는 취지의 판례이다.

9) 사법경찰관 작성의 피의자신문조서는 쟁점연구와 내용이 중복되므로 검사 작성의 공범에 대한 피의자신문조서만을 기재하였다. 출제가 유력한 부분이니 반드시 정리해 두어야 한다.

4. 참고인 진술조서(제312조 제4항)

> 제312조(검사 또는 사법경찰관의 조서 등) ④ 검사 또는 사법경찰관이 피고인이 아닌 자의 진술을 기재한 조서는 적법한 절차와 방식에 따라 작성된 것으로서 그 조서가 검사 또는 사법경찰관 앞에서 진술한 내용과 동일하게 기재되어 있음이 원진술자의 공판준비 또는 공판기일에서의 진술이나 영상녹화물 또는 그 밖의 객관적인 방법에 의하여 증명되고, 피고인 또는 변호인이 공판준비 또는 공판기일에 그 기재 내용에 관하여 원진술자를 신문할 수 있었던 때에는 증거로 할 수 있다. 다만, 그 조서에 기재된 진술이 특히 신빙할 수 있는 상태하에서 행하여졌음이 증명된 때에 한한다.

① [요건(적·실·신·반)] ⅰ) 적법절차와 방식, ⅱ) 실질적 진정성립, ⅲ) 특신상태, ⅳ) 반대신문권 보장

② 진술조서의 증거능력이 인정되는 경우

㉮ [적법절차와 방식에 따른 작성에 해당하는 경우] 진술자 보호의 필요성 등 여러 사정으로 볼 때 상당한 이유가 있는 경우에는 수사기관이 진술자의 성명을 가명으로 기재하여 조서를 작성하였다고 해서 그 이유만으로 그 조서가 '적법한 절차와 방식'에 따라 작성되지 않았다고 할 것은 아니다(2011도7757). [16 선택]

㉯ [내용인정은 요건에 해당하지 않음(주의)] 검사 또는 사법경찰관이 피의자 아닌 자의 진술을 기재한 조서에 대하여 그 원진술자가 공판기일에서 간인·서명·날인한 사실과 그 조서의 내용이 자기가 진술한 대로 작성된 것이라는 점을 인정하면 그 조서는 원진술자의 공판기일에서의 진술에 의하여 성립의 진정함이 인정된 서류로서 증거능력이 있다 할 것이고, 원진술자가 공판기일에서 그 조서의 내용과 다른 진술[10]을 하였다 하여 증거능력을 부정할 사유가 되지 못한다(85도1843).

③ 진술조서의 증거능력이 인정되지 않는 경우

㉮ [적법절차와 방식에 따른 작성에 해당하지 않는 경우] 사법경찰리 작성의 피해자에 대한 진술조서가 피해자의 화상으로 인한 서명 불능을 이유로 입회하고 있던 피해자의 동생에게 대신 읽어 주고 동생으로 하여금 서명·날인하게 하는 방법으로 작성된 경우, 이는 증거로 사용할 수 없다(96도2865).

㉯ [참고인진술조서의 성립의 진정의 인정 주체(원진술자이며 피고인이 아님)] 피의자 아닌 자의 진술을 기재한 조서는 공판정에서 원진술자의 진술에 의하여 성립의 진정함이 인정된 것이 아니면 공판정에서 피고인이 성립을 인정하여도 이를 증거로 할 수 있음에 동의한 것이 아닌 이상 증거로 할 수 없다(83도196).

㉰ 성립의 진정이 인정되지 않아 참고인진술조서의 증거능력이 부정되는 경우

㉠ 원진술자인 甲이 증인으로 나와 그 진술기재의 내용을 열람하거나 고지받지 못한 채 단지 검사나 재판장의 신문에 대하여 "수사기관에서 사실대로 진술하였다."라는 취지의 증언만을 하고 있을 뿐이라면 그 피의자신문조서와 진술조서는 증거능력이 없어 이를 유죄의 증거로 삼을 수 없다(94도343). [17 선택]

㉡ 원진술자인 甲, 乙이 공판기일에서 "수사관이 불러주는 내용을 그대로 기재한 것에 불과한 자신들의 각 진술서를 토대로 하여 그 진술내용을 미리 기재한 각 진술조서에 서명·날인만을 하였다."라는 취지로 진술한 경우 각 진술조서는 증거로 할 수 없다(92도2636).

---

10) 원진술자의 진술(증언)은 원본증거에 해당하며 별도의 증거로서 증거능력이 인정될 수 있고, 참고인진술조서와 증언은 모두 증거능력을 갖게 되며 신빙성 판단의 대상이 될 수 있다.

④ 제312조 제4항에서 '특히 신빙할 수 있는 상태' 관련판례

㉮ [특히 신빙할 수 있는 상태의 의미와 증명주체(검사)] 제312조 제4항에서 '특히 신빙할 수 있는 상태'라 함은 진술 내용이나 조서의 작성에 허위 개입의 여지가 거의 없고, 진술 내용의 신빙성이나 임의성을 담보할 구체적이고 외부적인 정황이 있는 것을 말한다. 그리고 이러한 '특히 신빙할 수 있는 상태'는 증거능력의 요건에 해당하므로 검사가 그 존재에 대하여 구체적으로 주장·입증하여야 하는 것이다(2014도5939). [신·임·담보·구·외·정]

㉯ [특신상태가 인정되지 않는 경우] 검찰관이 피고인을 뇌물수수 혐의로 기소한 후, 형사사법공조절차를 거치지 아니한 채 과테말라공화국에 현지출장하여 그곳 호텔에서 뇌물공여자 甲을 상대로 참고인 진술조서를 작성한 사안에서, 甲이 자유로운 분위기에서 임의수사 형태로 조사에 응하였고 조서에 직접 서명·무인하였다는 사정만으로 특신상태를 인정하기에 부족할 뿐만 아니라, 검찰관이 군사법원의 증거조사절차 외에서, 그것도 형사사법공조절차나 과테말라공화국 주재 우리나라 영사를 통한 조사 등의 방법을 택하지 않고 직접 현지에 가서 조사를 실시한 것은 수사의 정형적 형태를 벗어난 것이라고 볼 수 있는 점 등 제반 사정에 비추어 볼 때, 진술이 특별히 신빙할 수 있는 상태에서 이루어졌다는 점에 관한 증명이 있다고 보기 어려워 甲의 진술조서는 증거능력이 인정되지 아니하므로, 이를 유죄의 증거로 삼을 수 없다(2011도3809).

⑤ [참고인 진술조서에 영상녹화물 조사를 신청하기 위한 요건(영상녹화동의서 첨부 및 조사 전과정의 녹화를 요함)] 피고인 아닌 자가 기명날인 또는 서명한 영상녹화동의서를 첨부하여야 하고, 조사 개시 시점부터 조사가 종료되어 참고인이 조서에 기명날인 또는 서명을 마치는 시점까지 조사 전 과정이 영상녹화되어야 하므로, 이를 위반한 영상녹화물에 의하여는 특별한 사정이 없는 한, 피고인 아닌 자의 진술을 기재한 조서의 실질적 진정성립을 증명할 수 없다(2022도364; 2020도13957).

5. 진술서 및 감정서(제312조 제5항, 제313조)

> 제312조(검사 또는 사법경찰관의 조서 등) ⑤ 제1항부터 제4항까지의 규정은 피고인 또는 피고인이 아닌 자가 수사과정에서 작성한 진술서에 관하여 준용한다.
> 제313조(진술서등) ① 전2조의 규정 이외에 피고인 또는 피고인이 아닌 자가 작성한 진술서나 그 진술을 기재한 서류로서 그 작성자 또는 진술자의 자필이거나 그 서명 또는 날인이 있는 것(피고인 또는 피고인 아닌 자가 작성하였거나 진술한 내용이 포함된 문자·사진·영상 등의 정보로서 컴퓨터용디스크, 그 밖에 이와 비슷한 정보저장매체에 저장된 것을 포함한다. 이하 이 조에서 같다)은 공판준비나 공판기일에서의 그 작성자 또는 진술자의 진술에 의하여 그 성립의 진정함이 증명된 때에는 증거로 할 수 있다. 단, 피고인의 진술을 기재한 서류는 공판준비 또는 공판기일에서의 그 작성자의 진술에 의하여 그 성립의 진정함이 증명되고 그 진술이 특히 신빙할 수 있는 상태하에서 행하여 진 때에 한하여 피고인의 공판준비 또는 공판기일에서의 진술에 불구하고 증거로 할 수 있다. [17 사례]
> ② 제1항 본문에도 불구하고 진술서의 작성자가 공판준비나 공판기일에서 그 성립의 진정을 부인하는 경우에는 과학적 분석결과에 기초한 디지털포렌식 자료, 감정 등 객관적 방법으로 성립의 진정함이 증명되는 때에는 증거로 할 수 있다. 다만, 피고인 아닌 자가 작성한 진술서는 피고인 또는 변호인이 공판준비 또는 공판기일에 그 기재 내용에 관하여 작성자를 신문할 수 있었을 것을 요한다. [17 선택]
> ③ 감정의 경과와 결과를 기재한 서류도 제1항 및 제2항과 같다.

① 진술서

㉮ **[의의]** ㉠ 진술서란 법원이나 수사기관 이외의 <u>일반 사인이 스스로 자기의 의사·사상·관념 및 사실관계 등을 기재한 서면</u>을 말한다. 자술서, 시말서 등 명칭 여하를 불문한다. ㉡ 진술서에는 피고인 또는 피고인 아닌 자가 작성하였거나 진술한 내용이 포함된 문자·사진·영상 등의 정보로서 컴퓨터용디스크, 그 밖에 이와 비슷한 정보저장매체에 저장된 것을 포함한다(제313조 제1항).

㉯ **[수사과정에서 작성한 진술서(제312조 제5항)]** 제312조 제1항부터 제4항까지의 규정은 피고인 또는 피고인이 아닌 자가 수사과정에서 작성한 진술서에 관하여 준용한다(제312조 제5항). [19 사례]

구분	준용규정	증거능력 인정요건
검사의 수사과정에서 피고인이 된 피의자가 작성한 진술서	제312조 제1항·제2항	적법절차, 실질적 진정성립, 특신상태
사법경찰관의 수사과정에서 피의자가 작성한 진술서	제312조 제3항	적법절차, 내용의 인정
검사 또는 사법경찰관의 수사과정에서 참고인이 작성한 진술서 (검사의 수사과정에서 피고인이 아닌 피의자가 작성한 진술서 포함)	제312조 제4항	적법절차, 실질적 진정성립, 특신상태, 반대신문권 보장

㉠ **[수사기관에서의 조사과정에서 작성된 피의자의 진술조서·진술서 등의 법적 성격(피의자신문조서)]** 피의자의 진술을 녹취 내지 기재한 서류 또는 문서가 수사기관에서의 조사과정에서 작성된 것이라면 그것이 '진술조서, 진술서, 자술서'라는 형식을 취하였다고 하더라도 <u>피의자신문조서와 달리 볼 수 없다</u>(2014도1779). [19·16·15·14 선택] [16·15·14 사례]

㉡ **[피고인이 아닌 자가 수사과정에서 작성한 진술서의 증거능력에 관하여도 '적법한 절차와 방식에 따라 작성된 것'이어야 한다는 법리가 적용되는지(적극)]** 피고인이 아닌 자가 수사과정에서 진술서를 작성하였지만 수사기관이 조사과정의 진행경과를 확인하기 위하여 필요한 사항을 진술서에 기록하거나 별도의 서면에 기록한 후 수사기록에 편철하는 등 적절한 조치를 취하지 아니하여 형사소송법 제244조의4 제1항, 제3항에서 정한 절차를 위반한 경우, '적법한 절차와 방식'에 따라 수사과정에서 진술서가 작성되었다고 할 수 없어 증거능력을 인정할 수 없다(2022도9510).[11] [24 선택]

㉰ 수사 과정 이외의 절차에서 작성한 진술서 및 진술기재서류(제313조 제1항·제2항)

㉠ **[제313조 제1항**(공통요건 : 자·서·날/성, 단서 : 피·진·기·서/작성·신)**]** 피고인 또는 피고인이 아닌 자가 작성한 진술서나 그 진술을 기재한 서류로서 그 작성자 또는 진술자의 <u>자필이거나 그 서명 또는 날인이 있는 것</u>(피고인 또는 피고인 아닌 자가 작성하였거나 진술한 내용이 포함된 문자·사진·영상 등의 정보로서 컴퓨터용 디스크, 그 밖에 이와 비슷한 정보저장매체에 저장된 것을 포함한다. 이하 이 조에서 같다)은 공판준비나 공판기일에서의 <u>그 작성자 또는 진술자의 진술에 의하여 성립의 진정함이 증명된 때</u>에는 증거로 할 수 있다. 단, <u>피고인의 진술을 기재한 서류</u>는 공판준비 또는 공판기일에서 <u>작성자의 진술에 의하여 그 성립의 진정함이 증명되고 진술이 특히 신빙할 수 있는 상태하에서 행하여 진 때</u>에 한하여 피고인의 공판준비 또는 공판기일에서의 진술에 불구하고 증거로 할 수 있다. [변시 17]

---

11) [판례해설] 형사소송법 제312조 제5항은 피고인 또는 피고인이 아닌 자가 수사과정에서 작성한 진술서의 증거능력에 관하여 형사소송법 제312조 제1항부터 제4항까지 준용하도록 규정하고 있으므로 수사기관이 수사에 필요하여 피의자가 아닌 자로부터 진술서를 작성·제출받는 경우에도 그 절차는 동일하게 준수되어야 한다.

ⓛ **[제313조 제2항**(감·정·성·반)**]** 제313조 제1항 본문에도 불구하고 진술서의 작성자가 공판준비나 공판기일에서 그 성립의 진정을 부인하는 경우에는 과학적 분석결과에 기초한 디지털포렌식 자료, 감정 등 객관적 방법으로 성립의 진정함이 증명되는 때에는 증거로 할 수 있다. 다만, 피고인 아닌 자가 작성한 진술서는 피고인 또는 변호인이 공판준비 또는 공판기일에 그 기재 내용에 관하여 **작성자를 신문**(저자 주 : 반대신문)할 수 있었을 것을 요한다. [17 선택]

ⓒ ▌**쟁점 055** '피고인의 진술을 기재한 서류(피고인 진술기재 서류)'의 증거능력 인정요건★★★ [13 사례] [23 법사]

🔍 **쟁점연구**

1. 문제점
　　형사소송법 제313조 제1항 단서는 '피고인의 진술을 기재한 서류는 그 작성자의 진술에 의하여 그 성립의 진정함이 증명되고 그 진술이 특히 신빙할 수 있는 상태하에서 행하여 진 때에 한하여 피고인의 진술에 불구하고 증거로 할 수 있다'라고 규정하고 있는데, '작성자'의 의미 등과 관련하여 그 해석에 있어 견해가 대립한다.

2. 학설 및 判例 [피·진·기·서/작성·신]
① [진술자설(가중요건설)] 제313조 제1항 단서의 '작성자'는 원진술자인 피고인을 의미하며, 피고인이 성립의 진정을 인정하는 것 이외에도 특신상태가 증명되어야 증거능력이 인정된다는 견해이다.
② [작성자설(완화요건설)] 제313조 제1항 단서의 '작성자'는 문구 그대로 작성자(녹음테이프와 같은 경우에는 녹음자)를 의미하며, 따라서 작성자가 성립의 진정을 인정하고 특신상태가 증명되면 (비록 피고인이 성립의 진정을 부인하더라도) 증거능력이 인정된다는 견해이다.
③ [判例(작성자설)] 녹음테이프 검증조서의 기재 중 피고인의 진술내용을 증거로 사용하기 위해서는 형사소송법 제313조 제1항 단서에 따라 공판준비 또는 공판기일에서 그 작성자인 상대방의 진술에 의하여 녹음테이프에 녹음된 피고인의 진술내용이 피고인이 진술한 대로 녹음된 것임이 증명되고 나아가 그 진술이 특히 신빙할 수 있는 상태하에서 행하여진 것임이 인정되어야 한다(대판 : 2012도7461). [19·17·16 선택]

3. 검토 및 결론
　　형사소송법 제313조 제1항 단서 규정상 작성자의 진술에 의하여 성립의 진정함이 증명되어야 한다.

ⓔ **관련판례**
ⓐ **[변호사의 법률의견서]** 횡령죄로 기소된 사람의 의뢰를 받은 변호사가 작성하여 그 사람에게 이메일로 전송한 '법률의견서'를 출력한 사본은 그 실질에 있어서 형사소송법 제313조 제1항에 규정된 '피고인 아닌 자가 작성한 진술서나 그 진술을 기재한 서류'에 해당한다(2009도6788). [23·19 선택]
ⓑ **[세무공무원이 작성한 조서]** 조세범칙조사를 담당하는 세무공무원이 피고인이 된 혐의자 또는 참고인에 대하여 심문한 내용을 기재한 조서는 피고인 또는 피고인이 아닌 자가 작성한 진술서나 그 진술을 기재한 서류에 해당한다(2022도8824). [24 선택] [23 법선]
ⓒ **[증거능력이 부정되는 경우**(검사가 참고인인 피해자와의 전화통화 내용을 기재한 수사보고서)**]** 형소법 제313조 제1항 본문에 정한 피고인 아닌 자의 진술을 기재한 서류인 전문증거에 해당하나, 그 진술자의 서명 또는 날인이 없을 뿐만 아니라 진술자의 진술에 의해 성립의 진정함이 증명되지도 않았으므로 증거능력이 없다(2010도5610). [20 선택]

ⓓ [누나가 동생에게 공갈의 피해를 입은 내용을 보낸 문자메시지] 피해자 A가 남동생 B에게 도움을 요청하면서 피고인이 협박한 말을 포함하여 공갈 등 피해를 입은 내용이 들어 있는 문자메시지의 내용을 촬영한 사진은 피해자의 진술서에 준하는 것으로 취급함이 상당할 것인바, 진술서에 관한 형사소송법 제313조에 따라 문자메시지의 작성자인 A가 법정에 출석하여 자신이 문자메시지를 작성하여 동생에게 보낸 것과 같음을 확인하고(저자 주 : 성립의 인정), 동생인 B도 법정에 출석하여 A가 보낸 문자메시지를 촬영한 사진이 맞다고 확인(저자 주 : 사진은 사본이므로 추가되는 증거능력 인정요건에 해당)한 이상, 문자메시지를 촬영한 사진은 그 성립의 진정함이 증명되었다고 볼 수 있으므로 이를 증거로 할 수 있다(2010도8735).12) [23 · 17 선택]

ⓔ [대검찰청 소속 진술분석관이 피해자와 면담하는 내용을 녹화한 영상녹화물의 형사소송법 제313조 제1항에 따른 증거능력 유무(소극)] 피고인이 아닌 자의 진술을 기재한 서류가 비록 수사기관이 아닌 자에 의하여 작성되었다고 하더라도, 수사가 시작된 이후 수사기관의 관여나 영향 아래 작성된 경우로서 서류를 작성한 자의 신분이나 지위, 서류를 작성한 경위와 목적, 작성 시기와 장소 및 진술을 받는 방식 등에 비추어 실질적으로 고찰할 때 그 서류가 수사과정 외에서 작성된 것이라고 보기 어렵다면, 이를 형사소송법 제313조 제1항의 '전 2조의 규정 이외에 피고인이 아닌 자의 진술을 기재한 서류'에 해당한다고 할 수 없다(2023도15133; 2023전도163,164).13)

ⓕ [정보저장매체에 입력하여 기억된 문자정보 또는 그 출력물을 증거로 사용하기 위한 요건(동일성＋무결성)] 압수물인 디지털 저장매체로부터 출력한 문건을 증거로 사용하기 위해서는 디지털 저장매체 원본에 저장된 내용과 출력한 문건의 동일성이 인정되어야 하고, 이를 위해서는 디지털 저장매체 원본이 압수시부터 문건 출력시까지 변경되지 않았음(저자 주 : 무결성)이 담보되어야 한다. 그리고 압수된 디지털 저장매체로부터 출력한 문건을 진술증거로 사용하는 경우 그 기재 내용의 진실성에 관하여는 전문법칙이 적용되므로 형사소송법 제313조 제1항에 따라 그 작성자 또는 진술자의 진술에 의하여 그 성립의 진정함이 증명된 때에 한하여 이를 증거로 사용할 수 있다(2012도16001). [15 · 12 선택]

② 감정서

㉮ [의의] 감정의 경과와 결과를 기재한 서류를 말한다. 법원 또는 법관의 명령에 의하여 감정인이 작성한 감정서 또는 수사기관의 위촉을 받은 수탁감정인이 작성한 감정서가 이에 해당한다.

㉯ [증거능력 인정요건] 감정의 경과와 결과를 기재한 서류도 제313조 제1항과 제2항의 요건을 구비하면 증거능력이 인정된다(제313조 제3항). [14 선택]

㉰ [감정서의 증거능력이 인정되는 경우] 감정서에는 감정인의 기명날인이 있고, 감정인이 공판기일에서 작성명의가 진정하고 감정인의 관찰대로 기술되었다고 진술함으로써 그 성립의 진정함이 증명되었다 할 것이므로 증거능력이 인정된다(2011도1902). [23 사례]

---

12) 앞서 살펴본 정통망법상 문자메시지 반복 도달 판례와 구별하여야 한다.

13) [판례해설] 이 사건 영상녹화물은 수사과정 외에서 작성된 것이라고 볼 수 없으므로 형사소송법 제313조 제1항에 따라 증거능력을 인정할 수 없고, 이 사건 영상녹화물은 수사기관이 작성한 피의자신문조서나 피고인이 아닌 자의 진술을 기재한 조서가 아니고, 피고인 또는 피고인이 아닌 자가 작성한 진술서도 아니므로 형사소송법 제312조에 의하여 증거능력을 인정할 수도 없다.

6. 수사기관 작성 검증조서(제312조 제6항)

> **제312조(검사 또는 사법경찰관의 조서 등)** ⑥ 검사 또는 사법경찰관이 검증의 결과를 기재한 조서는 적법한 절차와 방식에 따라 작성된 것으로서 공판준비 또는 공판기일에서의 작성자의 진술에 따라 그 성립의 진정함이 증명된 때에는 증거로 할 수 있다.

① [요건(적·성)] ⅰ) 적법절차, ⅱ) 성립의 진정
② [수사보고서에 검증의 결과에 해당하는 기재가 있는 경우 증거능력 인정여부(소극)] 수사보고서에 검증의 결과에 해당하는 기재가 있는 경우, 실황조사서에 해당하지 아니하며, 단지 수사의 경위 및 결과를 내부적으로 보고하기 위하여 작성된 서류에 불과하므로 그 안에 검증의 결과에 해당하는 기재가 있다고 하여 이를 형소법 제312조 제6항의 '검사 또는 사법경찰관이 검증의 결과를 기재한 조서'라고 할 수 없을 뿐만 아니라 이를 제313조 제1항의 '피고인 또는 피고인이 아닌 자가 작성한 진술서'나 '그 진술을 기재한 서류'라고 할 수도 없고, 같은 법 제311조, 제315조, 제316조의 적용대상이 되지 아니함이 분명하므로 그 기재 부분은 증거로 할 수 없다(2000도2933).
③ 실황조사서와 압수조서의 증거능력[14]
㉮ [실황조사서] 사법경찰관 사무취급 작성의 실황조사서는 원작성자인 甲의 공판기일에서의 진술에 의하여 그 성립의 진정함이 인정되었으므로 위 서류를 유죄 인정의 증거로 채택한 것은 적법하다(82도1504).
㉯ [압수조서] 사법경찰리가 작성한 '피고인이 임의로 제출하는 별지 기재의 물건(공소장에 기재된 물건)을 압수하였다'는 내용의 압수조서는 피고인이 공판정에서 증거로 함에 동의하지 아니하였고 원진술자의 공판기일에서의 증언에 의하여 그 성립의 진정함이 인정된 바도 없다면 증거로 쓸 수 없다(94도1476).

7. 제314조의 적용

> **제314조(증거능력에 대한 예외)** 제312조 또는 제313조의 경우에 공판준비 또는 공판기일에 진술을 요하는 자가 사망·질병·외국거주·소재불명 그 밖에 이에 준하는 사유로 인하여 진술할 수 없는 때에는 그 조서 및 그 밖의 서류(피고인 또는 피고인 아닌 자가 작성하였거나 진술한 내용이 포함된 문자·사진·영상 등의 정보로서 컴퓨터용디스크, 그 밖에 이와 비슷한 정보저장매체에 저장된 것을 포함한다)를 증거로 할 수 있다. 다만, 그 진술 또는 작성이 특히 신빙할 수 있는 상태하에서 행하여졌음이 증명된 때에 한한다.

① [제314조가 적용될 수 있는 서류(외국의 권한 있는 수사기관 등이 작성한 조서나 서류)] 외국의 권한 있는 수사기관 등이 작성한 조서나 서류도 같은 법 제314조 소정의 요건을 모두 갖춘 것이라면 이를 유죄의 증거로 삼을 수 있다(97도1351).

---

14) [판례해설] 판례는 '실황조사서'와 '압수조서'에 대하여 제312조 제6항의 검증조서에 준하여 증거능력 인정유무를 판단하고 있다.

② [제314조의 적용의 전제요건을 구비하지 못한 경우] 외국에 거주하는 참고인과의 전화 대화내용을 문답형식으로 기재한 검찰주사보 작성의 수사보고서는 검찰주사보의 기명날인만 되어 있을 뿐 원진술자인 A나 B의 서명 또는 기명날인이 없으므로, 위 각 수사보고서는 제313조에 정한 진술을 기재한 서류가 아니어서 제314조에 의한 증거능력의 유무를 따질 필요가 없다고 할 것이고, 이는 검찰주사보가 법정에서 그 수사보고서의 내용이 전화통화내용을 사실대로 기재하였다는 취지의 진술을 하더라도 마찬가지라고 할 것이다(98도2742). [14 선택]

③ [요건] ⅰ) 필요성(사망·질병·외국거주·소재불명 그 밖에 이에 준하는 사유), ⅱ) 특신상태

㉮ 형사소송법 제314조의 '필요성'에 대한 판단 기준

㉠ [질병과 기타 사유] '질병'은 진술을 요할 자가 공판이 계속되는 동안 임상신문이나 출장신문도 불가능할 정도의 중병임을 요한다고 할 것이고, '기타 사유'는 사망 또는 질병에 준하여 증인으로 소환될 당시부터 기억력이나 분별력의 상실 상태에 있다거나 증인소환장을 송달받고 출석하지 아니하여 구인을 명하였으나 끝내 구인의 집행이 되지 아니하는 등으로 진술을 요할 자가 공판준비 또는 공판기일에 진술할 수 없는 예외적인 사유가 있어야 한다(2004도3619). [23 사례]

㉡ [외국거주] '외국거주'는 진술을 하여야 할 사람이 단순히 외국에 있다는 것만으로는 부족하고, **가능하고 상당한 수단**을 다하더라도 그 사람을 법정에 출석하게 할 수 없는 사정이 있어야 예외적으로 그 요건이 충족될 수 있다고 할 것인데, 통상적으로 그 요건이 충족되었는지는 소재의 확인, 소환장의 발송과 같은 절차를 거쳐 확정되는 것이기는 하지만 항상 그러한 절차를 거쳐야만 되는 것은 아니고, 경우에 따라서는 비록 그러한 절차를 거치지 않더라도 법원이 그 사람을 법정에서 신문하는 것을 기대하기 어려운 사정이 있다고 인정할 수 있다면 그 요건은 충족된다고 보아야 한다(2016도8137).[15]

㉯ [형사소송법 제314조의 '필요성'에 대한 입증 주체(검사)] (2013도5001) [18 선택]

㉰ 형사소송법 제314조의 '필요성' 인정여부

㉠ ['필요성'이 인정되는 경우(기억이 나지 않는 경우)] 원진술자가 공판정에서 진술을 한 경우라도 증인신문 당시 일정한 사항에 관하여 "기억이 나지 않는다."라는 취지로 진술하여 그 진술의 일부가 재현 불가능하게 된 경우(2005도9561) [14 선택]

㉡ ['필요성'이 인정되지 않는 경우(출산)] 원진술자가 공판기일에 증인으로 소환받고도 출산을 앞두고 있다는 이유로 출석하지 아니한 경우(99도915) [24 선택]

㉢ 증언거부권(진술거부권) 행사의 경우

ⅰ) [원칙 : 필요성 부정] 법정에 출석한 증인이 형사소송법 제148조, 제149조 등에서 정한 바에 따라 정당하게 증언거부권을 행사하여 증언을 거부한 경우는 형사소송법 제314조의 '그 밖에 이에 준하는 사유로 인하여 진술할 수 없는 때'에 해당하지 아니한다.

---

15) [사실관계] 검사 제출 이메일의 작성자인 乙은 프랑스에 거주하고 있고, 코리아연대의 총책으로 피고인 甲 등에 대한 공소사실 중 코리아연대 구성에 의한 국가보안법 위반(이적단체의 구성 등) 부분의 (공동정범에 해당하기 때문에) 법원으로부터 소환장을 송달받는다고 하더라도 법정에 증인으로 출석할 것을 기대하기 어렵다고 봄이 상당하므로, 법원이 그의 소재 확인, 소환장 발송 등의 조치를 다하지 않았다고 하더라도 형사소송법 제314조의 '외국거주' 요건이 충족되었다고 할 수 있다고 한 사례

ⅱ) [**예외 : 필요성 인정**(피고인이 증언거부상황을 초래한 경우)] 증인이 정당하게 증언거부권을 행사한 것이 아니라도, **피고인이 증인의 증언거부 상황을 초래하였다는 등의 특별한 사정이 없는 한**, 형소법 제314조의 '그 밖에 이에 준하는 사유로 인하여 진술할 수 없는 때'에 해당하지 않는다고 보아야 한다. 따라서 증인이 정당하게 증언거부권을 행사하여 증언을 거부한 경우와 마찬가지로 수사기관에서 그 증인의 진술을 기재한 서류는 증거능력이 없다(全 2018도13945). [24·23·19·16·15·14 선택] [16 사례]

④ 형사소송법 제314조의 '**특히 신빙할 수 있는 상태하에서 행하여졌음**'의 의미와 증명정도

㉮ [**의미**] 그 서류의 작성에 허위 개입의 여지가 거의 없고 **신빙성이나 임의성을 담보할 구체적이고 외부적인 정황**이 증명된 때를 의미한다(2016도8137). [신·임·담보·구·외·정] [23·21·14 사례]

㉯ [**특신상태의 입증의 정도**] 피고인의 진술 또는 작성이 '특히 신빙할 수 있는 상태하에서 행하여졌음에 대한 증명'은 단지 그러할 개연성이 있다는 정도로는 부족하고 **합리적인 의심의 여지를 배제할 정도**에 이르러야 한다. 나아가 이러한 법리는 원진술자의 소재불명 등을 전제로 하고 있는 형사소송법 제316조 제2항의 경우에도 그대로 적용된다(2015도12981). [23 선택]

⑤ **쟁점 056** 사법경찰관 작성 공범에 대한 피의자신문조서와 형사소송법 제314조 적용여부★★

🔍 쟁점연구

1. 문제점
공범에 대한 사법경찰관 작성 피의자신문조서에 대하여 형사소송법 제314조가 적용될 수 있는지 여부가 문제된다.

2. 학설 및 判例
① [**긍정설**] 형소법 제314조는 제312조 제3항에 규정된 서류를 배제하지 않고 있으므로 형사소송법 제314조가 적용된다.

② [**부정설**] 사법경찰관 작성 공범에 대한 피의자신문조서도 제312조 제3항이 적용되기 때문에 제314조가 적용될 수 없다.

③ [**判例(부정설)**] 당해 피고인과 공범 관계가 있는 다른 피의자에 대한 검사 이외의 수사기관 작성의 피의자신문조서는 그 피의자의 법정진술에 의하여 그 성립의 진정이 인정되더라도 당해 피고인이 공판기일에서 그 조서의 내용을 부인하면 증거능력이 부정되므로 그 당연한 결과로 그 피의자신문조서에 대하여는 사망 등 사유로 인하여 법정에서 진술할 수 없는 때에 예외적으로 증거능력을 인정하는 규정인 형사소송법 제314조가 적용되지 아니한다(대판 : 2016도9367). [24·23·19·17·15 선택]

3. 검토
사법경찰관 작성 피의자신문조서의 증거능력을 제한하는 형사소송법 제312초 제3항의 입법취지에 비추어 보았을 때 부정설이 타당하다.

8. 당연히 증거능력이 있는 서류(제315조)

> **제315조(당연히 증거능력이 있는 서류)** 다음에 게기한 서류는 증거로 할 수 있다.
> 1. 가족관계기록사항에 관한 증명서, 공정증서등본 기타 공무원 또는 외국공무원의 직무상 증명할 수 있는 사항에 관하여 작성한 문서
> 2. 상업장부, 항해일지 기타 업무상 필요로 작성한 통상문서
> 3. 기타 특히 신용할 만한 정황에 의하여 작성된 문서

① **[공무원이 직무상 증명할 수 있는 사항에 관하여 작성한 문서(제315조 제1호)]**
㉮ 국립과학수사연구소장 작성의 감정의뢰회보서(82도1504)
㉯ 군의관이 작성한 진단서(72도922)

② **[업무상 필요로 작성한 통상문서(제315조 제2호)]** 성매매업소에서 영업에 참고하기 위하여 성매매 상대방에 관한 정보를 입력하여 작성한 메모리카드의 내용(2007도3219)

③ **[기타 특히 신용할 만한 정황에 의하여 작성된 문서(제315조 제3호)]**

㉮ **[의의]** 상업장부나 항해일지, 진료일지 또는 이와 유사한 금전출납부 등과 같이 범죄사실의 인정 여부와는 관계없이 자기에게 맡겨진 사무를 처리한 내역을 그때그때 계속적, 기계적으로 기재한 문서는 사무처리 내역을 증명하기 위하여 존재하는 문서로서 형사소송법 제315조 제2호에 의하여 당연히 증거능력이 인정된다(94도2865). [12 사례]

㉯ **[제315조 제3호의 당연히 증거능력이 있는 서류에 해당되지 않는 경우]**
사무처리 내역을 계속적, 기계적으로 기재한 문서가 아니라 범죄사실의 인정 여부와 관련 있는 어떠한 의견을 제시하는 내용을 담고 있는 문서는 형사소송법 제315조 제3호에서 규정하는 당연히 증거능력이 있는 서류에 해당한다고 볼 수 없다. 이른바 보험사기 사건에서 건강보험심사평가원이 수사기관의 의뢰에 따라 그 보내온 자료를 토대로 입원진료의 적정성에 대한 의견을 제시하는 내용의 '건강보험심사평가원의 입원진료 적정성 여부 등 검토의뢰에 대한 회신'은 형사소송법 제315조 제3호의 '기타 특히 신용할 만한 정황에 의하여 작성된 문서'에 해당하지 않는다(2017도12671). [24·20 선택]

㉰ 제315조 제3호에 의하여 당연히 증거능력이 인정되는 서류
㉠ 다른 피고사건의 공판조서(2004도4428) [16·14 선택]
㉡ 구속적부심문조서(2003도5693) [23·18 선택] [18 사례]

㉱ 제315조가 적용되지 않아 당연히 증거능력이 인정된다고 할 수 없는 서류
㉠ 사인인 의사가 작성한 진단서(76도500)
㉡ 유치장 근무자가 작성한 체포·구속인접견부 사본(2011도5459)

9. 전문진술(제316조 제1항·제2항)

> **제316조(전문의 진술)** ① 피고인이 아닌 자(공소제기 전에 피고인을 피의자로 조사하였거나 그 조사에 참여하였던 자를 포함한다. 이하 이 조에서 같다)의 공판준비 또는 공판기일에서의 진술이 피고인의 진술을 그 내용으로 하는 것인 때에는 그 진술이 특히 신빙할 수 있는 상태하에서 행하여졌음이 증명된 때에 한하여 이를 증거로 할 수 있다.

> ② 피고인 아닌 자의 공판준비 또는 공판기일에서의 진술이 피고인 아닌 타인의 진술을 그 내용으로
> 하는 것인 때에는 원진술자가 사망, 질병, 외국거주, 소재불명 그 밖에 이에 준하는 사유로 인하여 진
> 술할 수 없고, 그 진술이 특히 신빙할 수 있는 상태하에서 행하여졌음이 증명된 때에 한하여 이를 증거
> 로 할 수 있다.

① 요건

㉮ [원진술이 피고인의 진술을 내용으로 하는 전문진술(제316조 제1항)] 특신상태 [원·피·신] [23·
19·14 선택] [24·23·21·14 사례]

㉯ [원진술이 피고인 아닌 타인의 진술을 내용으로 하는 전문진술(제316조 제2항)] 필요성 + 특신상태
[원·아·필·신] [23·21 사례]

㉰ 관련판례

　㉠ [형사소송법 제316조 제2항 소정의 '피고인 아닌 타인'의 의미(공동피고인이나 공범자를 모두 포
　함한 제3자)] 형사소송법 제316조 제2항에서 말하는 '피고인 아닌 자(乙)'라고 함은 제3자는 말할 것
　도 없고 공동피고인이나 공범자를 모두 포함한다(2011도7173). [20 선택]

　㉡ [전문진술에 있어 원진술자가 증언능력에 준하는 능력을 갖춘 상태에 있어야 하는지 여부(적극)]
　(2005도9561) [14 선택]

　㉢ [형사소송법 제316조 제2항에 해당하지 않아 증거능력이 인정되지 않는 경우(원진술자가 법정
　에 출석하여 진술하고 있는 경우)] 전문진술의 원진술자가 공동피고인이어서 형소법 제316조 제2항
　소정의 '피고인 아닌 타인'에는 해당하나 법정에서 공소사실을 부인하고 있어서 '원진술자가 사망, 질
　병 기타 사유로 인하여 진술할 수 없는 때'에는 해당되지 않는다(99도5679).

　비교판례 [원진술자가 제1심법원에 출석하여 진술을 한 경우] 현행 형사항소심이 속심 겸 사후심의
　구조로 되어 있고, 제1심법원에서 증거로 할 수 있었던 증거는 항소법원에서도 증거로 할 수 있는 점
　(제363조 제3항) 등에 비추어 보면, 원진술자가 제1심법원에 출석하여 진술을 하였다가 항소심에 이
　르러 진술할 수 없게 된 경우를 제316조 제2항에서 정한 '원진술자가 진술할 수 없는 경우'에 해당한다
　고는 할 수 없다(2001도3997).

　㉣ [사경작성 공범자에 대한 피신조서 및 진술조서의 증거능력 인정요건(당해 피고인이 내용 인정해
　야 함) 및 공범자를 원진술자로 하는 전문진술의 증거능력 인정요건(제316조 제2항의 요건 구비해
　야 함, 공범자가 공동피고인으로서 법정에 출석하여 있는 경우 증거능력 인정 안 됨)] (2019도
　11552)

10. 재전문

① [의의] 전문법칙의 예외규정에 의해 증거능력이 인정되는 전문증거의 내용에 또다시 전문증거가 포함
되어 있는 경우, 즉 이중의 전문이 되는 경우를 재전문이라 한다.

② [판례] 판례는 전문진술을 기재한 조서(재전문서류)는 증거능력이 인정될 수 있으나, 재전문진술 또는
재전문진술을 기재한 조서는 증거능력을 인정할 수 없다는 입장이다.

【CASE】

피고인 甲은 "피고인은 1997. 8. 일자불상경 A(女, 30개월)의 하의를 벗기고 성기를 A의 음부 등에 비벼대는 등 강제로 추행하였다."라는 공소사실로 기소되었다. 공판과정에서 다음과 같은 증거가 제출되었을 때, 각 증거는 어떠한 요건하에 증거능력이 인정되는가? (다만, B는 A의 어머니, C는 A의 아버지이고 D는 성폭력상담소 직원이다)

㉮ "A로부터 甲이 자기를 추행하였다는 것을 들었다."라는 취지의 어머니 B의 증언
㉯ "A로부터 甲이 자기를 추행하였다는 것을 들었다."라는 취지의 검찰에서의 어머니 B에 대한 진술조서
㉰ "B가 A로부터 들었다는 추행사실을 내가 다시 전해 들어서 알게 되었다."라는 취지의 아버지 C의 증언
㉱ "B가 A로부터 들었다는 추행사실을 내가 다시 전해 들어서 알게 되었다."라는 취지의 검찰에서의 인천 성폭력상담소 상담원 D에 대한 진술조서

🔍 쟁점연구

1. 문제점

형소법 제316조에는 단순한 전문진술(설문상 ㉮)에 대해서만 규정하고 있을 뿐 재전문증거, 즉 전문진술이 기재된 서류(설문상 ㉯), 재전문진술(설문상 ㉰), 재전문진술이 기재된 서류(설문상 ㉱)에 대해서는 명문의 규정이 없다. 이에 대하여 그 증거능력 인정여부에 관하여 견해가 대립한다.

2. 학설 및 判例(재전문증거의 증거능력 인정여부)

① [부정설] 재전문증거는 이중의 예외이고 형사소송법에 명문의 규정도 없으므로 증거능력을 인정할 수 없다.
② [긍정설] 재전문증거라도 각각에 대하여 전문법칙의 예외 요건을 충족한다면 증거능력이 인정된다.
③ [判例]는 ㉠ [전문진술이 기재된 서류(긍정)]에 대해서는 일정한 요건을 구비하면 증거능력을 인정할 수 있다고 보나, ㉡ [재전문진술이나 재전문진술이 기재된 서류(부정)]에 대해서는 증거능력을 인정할 수 없다는 입장이다.

3. 검토

재전문진술과 전문진술이 기재된 조서는 이중의 전문이라는 점에 있어서 차이가 없으므로 재전문증거라도 전문진술이 기재된 조서와 재전문진술을 구분함이 없이 전문법칙의 예외인정의 요건을 충족하는 경우에는 증거능력이 인정될 수 있다고 보는 긍정설이 타당하다.

【사례해설】

㉮ 형소법 제316조 제2항의 요건(필요성과 특신상태)이 구비되면 증거능력이 인정된다.
㉯ 형소법 제316조 제2항의 요건(필요성과 특신상태)과 제312조 제4항의 요건(적법절차와 방식, 성립의 진정, 특신상태, 원진술자 신문가능성)을 구비하면 증거능력이 인정된다.
㉰, ㉱ 피고인 甲이 증거로 함에 동의하지 않는 한 증거능력이 부정된다.

> 관련판례 1. [전문진술이 기재된 전문서류] ① 피고인의 진술을 그 내용으로 하는 전문진술이 기재된 조서는 형사소송법 제312조 내지 314조의 규정에 의하여 그 증거능력이 인정될 수 있는 경우에 해당하여야 함은 물론, 나아가 형사소송법 제316조 제1항의 규정에 따른 조건을 갖춘 때에 예외적으로 증거능력을 인정하여야 할 것이다(2010도5948). [18·16 선택]

② 피고인 아닌 자의 진술을 그 내용으로 하는 전문진술이 기재된 조서는 형사소송법 제312조 또는 제314조의 규정에 따라 증거능력이 인정될 수 있는 경우에 해당하여야 함은 물론 형사소송법 제316조 제2항의 규정에 따른 요건을 갖추어야 예외적으로 증거능력이 있다(2008도7546). [24 · 23 · 18 · 16 선택]

2. [재전문진술이나 재전문진술이 기재된 전문서류] 형사소송법은 전문진술에 대하여 제316조에서 실질상 단순한 전문의 형태를 취하는 경우에 한하여 예외적으로 그 증거능력을 인정하는 규정을 두고 있을 뿐 재전문진술이나 재전문진술을 기재한 조서에 대하여는 달리 그 증거능력을 인정하는 규정을 두고 있지 아니하고 있으므로 피고인이 증거로 하는 데 동의하지 아니하는 한 이를 증거로 할 수 없다(2010도5948). [17 · 16 선택]

④ 실전연습

> **실전연습** X회사의 개발팀장으로 근무하는 甲은 2022. 4. 1. 위 회사가 입주한 Y상가 관리소장 A와 방문객 주차 문제로 언쟁을 벌인 후, A를 비방할 목적으로 상가 입주자 약 200여 명이 회원으로 가입된 Y상가 번영회 인터넷 카페 사이트 게시판에 "A에게 혼외자가 있다."라는 허위사실을 게시하였다. 甲은 이 글의 신빙성을 높이기 위해 관리사무소 직원 B에게 부탁하여 "A가 혼외자와 함께 있는 것을 보았다."라는 허위 내용이 기재된 B 명의의 사실확인서를 받아 위 게시물에 첨부하였다.
>
> 1. 甲의 재판에서 다음 증거의 증거능력을 검토하시오.
>   가. 재판에서 검사는 甲이 허위 사실확인서를 이용하여 A에 대한 허위사실을 게시한 점을 입증하기 위한 증인으로 甲의 친구 W를 신청하였고, 공판기일에 출석한 W는 적법하게 선서한 후 "'B에게 허위의 사실확인서 작성을 부탁하여 허위 내용 게시에 사용하였다'는 말을 甲으로부터 들었다."라고 증언하였다. 위 W의 증언의 증거능력을 검토하시오.
>   나. 수사단계에서 사법경찰관 P2는 사실확인서를 작성한 B가 간암 말기 판정을 받고 중환자실에 입원하게 되자, 동료 직원 E를 조사하여 "'고향선배인 甲이 부탁을 하여 어쩔 수 없이 A에 대한 허위 사실확인서를 작성하여 주었고 이후 인터넷 카페 사이트 게시판을 보고 甲이 이를 허위 내용 게시에 사용하였다는 것을 알게 되었다'는 말을 B로부터 들었다."라는 진술을 듣고 진술조서에 기재하였다. 검사는 공판기일에 E에 대한 진술조서를 증거로 제출하였다. 이 진술조서 중 위 진술부분의 증거능력을 검토하시오.
>   【제12회 변호사시험 제1문】
>
> 【사례해설】
> ① [설문 가.] W의 법정 진술은 '공판기일 외에서의 타인의 진술을 내용으로 하는 진술'로서 전문증거에 해당하므로(제316조 제1항) 검사가 甲의 진술이 '특히 신빙할 수 있는 상태'에서 행하여졌음을 증명하면 A의 법정진술은 증거로 사용될 수 있다.
> ② [설문 나.] E의 참고인진술조서는 피고인 아닌 타인의 진술을 그 내용으로 하는 전문진술기재서류로서 필요성의 요건을 충족하였으므로 제312조 제4항의 요건과 특신상태가 충족된다면 증거능력이 인정된다.

11. 진술의 임의성

① [의의] 형사소송법 제317조는 "피고인 또는 피고인 아닌 자의 진술이 임의로 된 것이 아닌 것은 증거로 할 수 없다. 전항의 서류는 그 작성 또는 그 내용인 진술이 임의로 되었다는 것이 증명된 것이 아니면 증거로 할 수 없다. 검증조서의 일부가 피고인 또는 피고인 아닌 자의 진술을 기재한 것인 때에는 그 부분에 한하여 전 제2항의 예에 의한다."라고 규정하여 진술을 증거로 사용하기 위해서는 임의성이 인정될 것을 요구하고 있다.

② [임의성의 의미(제309조와의 관계)] 제309조(자백배제법칙)와 제317조는 진술내용이 자백인가 그 외의 진술인가에 차이가 있을 뿐이다. 즉, 제309조는 제317조의 특별규정에 지나지 않으므로 임의성의 의미에는 양자가 차이가 없다. 임의성이란 위법의 개입이 없이 진술이 자유의사에 의하여 이루어진 것을 말한다.

③ [진술의 임의성과 증거능력] 진술이 임의로 된 것이 아닌 것은 증거로 할 수 없으므로 증거능력이 인정되지 않는다. 따라서 전문증거는 전문법칙의 예외요건을 구비한 경우라도 진술의 임의성이 인정되지 않으면 증거능력이 인정되지 않는다.

④ [진술의 임의성에 대한 조사와 증명] 진술의 임의성은 증거능력의 요건이므로 임의성에 관하여 의심할 만한 사정이 있는 경우 법원은 직권으로 이를 조사하여야 한다. 진술의 임의성은 소송법적 사실이므로 자유로운 증명으로 족하다. 임의성에 대한 거증책임은 증거를 제출하는 당사자에게 있다.

> **관련판례** [진술의 임의성(법원의 직권 조사), **임의성 없는 진술**(증거동의 대상 아님), **검찰진술조서의 임의성에 대한 거증책임**(검사)] (2004도7900)

Ⅲ. 전문법칙의 관련문제

1. 녹음테이프 등의 증거능력

① [녹음테이프] 녹음테이프는 기록과 재생의 측면에서 사람의 지각이나 기억보다 정확성이 뛰어나고 살아있는 음성을 법원에 제공한다는 점에서 높은 증거가치를 가진다. 그러나 녹음자에 의하여 조작될 가능성이 있다는 위험성도 내포하고 있다. 형사소송법은 녹음테이프의 증거능력에 관하여 명문의 규정이 없으므로 그 증거능력에 관하여 학설과 판례의 견해가 대립한다.

② [비디오테이프] 비디오테이프도 녹음테이프에 관한 증거능력 이론이 그대로 적용된다.

③ 관련판례

㉮ [녹음테이프(녹음파일)에 담긴 진술 내용의 진실성이 증명의 대상이 되는 때(전문법칙 적용)] 피고인 또는 피고인 아닌 사람의 진술을 녹음한 녹음파일은 실질에 있어서 피고인 또는 피고인 아닌 사람이 작성한 진술서나 그 진술을 기재한 서류와 크게 다를 바 없어 그 녹음파일에 담긴 진술 내용의 진실성이 증명의 대상이 되는 때에는 전문법칙이 적용된다(全 2014도10978).

ⓝ [사인이 녹음한 녹음테이프에 담긴 피고인 아닌 자의 진술내용을 증거로 사용하기 위한 요건(녹음테이프가 원본 또는 원본내용대로 복사된 사본＋제313조 제1항의 본문요건인 원진술자의 성립의 진정 인정)] 첫째, 녹음테이프가 **원본**이거나 원본으로부터 복사한 사본일 경우에는 복사과정에서 편집되는 등의 인위적 개작 없이 **원본의 내용 그대로 복사된 사본**일 것, 둘째, 형사소송법 제313조 제1항에 따라 공판준비나 공판기일에서 원진술자의 진술에 의하여 그 녹음테이프에 **녹음된 각자의 진술내용이 자신이 진술한 대로 녹음된 것**이라는 점이 인정되어야 할 것이다(2010도7497). [23 · 21 · 20 · 19 · 15 · 14 선택] [21 · 14 법선]

ⓓ [사인이 녹음한 녹음테이프에 담긴 피고인의 진술내용을 증거로 사용하기 위한 요건] 첫째, 녹음테이프는 그 성질상 작성자나 진술자의 서명 혹은 날인이 없을 뿐만 아니라 녹음자의 의도나 특정한 기술에 의하여 그 내용이 편집, 조작될 위험성이 있음을 고려하여 그 대화내용을 녹음한 원본이거나 혹은 원본으로부터 복사한 사본일 경우에는 복사과정에서 편집되는 등의 인위적 개작 없이 원본의 내용 그대로 복사된 사본임이 증명되어야 하고, 둘째, 형사소송법 제313조 제1항 단서에 따라 공판준비 또는 공판기일에서 그 작성자인 상대방의 진술에 의하여 녹음테이프에 녹음된 피고인의 진술내용이 피고인이 진술한 대로 녹음된 것임이 증명되고 나아가 그 진술이 특히 신빙할 수 있는 상태하에서 행하여진 것임이 인정되어야 한다(2012도7461). [피 · 진 · 기 · 서/작성 · 신] [19 · 17 · 16 선택]

ⓔ [비디오테이프의 증거능력 인정요건(녹음테이프와 동일)] (2004도3161)

2. 통신비밀보호법

> **통신비밀보호법**
> **제3조(통신 및 대화비밀의 보호)** ① 누구든지 이 법과 형사소송법 또는 군사법원법의 규정에 의하지 아니하고는 우편물의 검열 · 전기통신의 감청 또는 통신사실확인자료의 제공을 하거나 공개되지 아니한 타인간의 대화를 녹음 또는 청취하지 못한다.
> **제4조(불법검열에 의한 우편물의 내용과 불법감청에 의한 전기통신내용의 증거사용 금지)** 제3조의 규정에 위반하여, 불법검열에 의하여 취득한 우편물이나 그 내용 및 불법감청에 의하여 지득 또는 채록된 전기통신의 내용은 재판 또는 징계절차에서 증거로 사용할 수 없다.

① 전기통신의 감청

㉮ [**전기통신의 감청의 의미**] [**전기통신의 감청**]은 제3자가 전기통신의 당사자인 송신인과 수신인의 동의를 받지 아니하고 같은 호 소정의 각 행위를 하는 것만을 말한다고 풀이함이 상당하다고 할 것이므로, 전기통신에 해당하는 [**전화통화 당사자의 일방**]이 상대방 모르게 통화내용을 녹음(위 법에는 '채록'이라고 규정한다)하는 것은 여기의 감청에 해당하지 아니한다. 따라서 전화통화 당사자의 일방이 상대방 몰래 통화내용을 녹음하더라도, 대화 당사자 일방이 상대방 모르게 그 대화내용을 녹음한 경우와 마찬가지로 동법 제3조 제1항 위반이 되지 아니한다. [**제3자의 경우**]는 설령 전화통화 당사자 일방의 동의를 받고 그 통화내용을 녹음하였다 하더라도 그 상대방의 동의가 없었던 이상, 동법 제3조 제1항 위반이 되고 이와 같이 제3조 제1항을 위반한 불법감청에 의하여 녹음된 전화통화의 내용은 제4조에 의하여 증거능력이 없다. 그리고 피고인이나 변호인이 이를 증거로 함에 동의하였다고 하더라도 달리 볼 것은 아니다. 이 점은 제3자가 공개되지 아니한 타인 간의 대화를 녹음한 경우에도 마찬가지이다(2015도1900). [24 · 23 · 20 · 18 · 17 선택]

ⓐ [제3자에 의한 전화통화 당사자 일방의 동의하의 녹음(위법)] 검찰이 구속수감되어 있던 乙에게 그의 압수된 휴대전화를 제공하여 甲과 통화하게 하고 "내가 준 필로폰의 품질에는 아무런 문제가 없다."라는 내용의 녹음이 들어 있는 휴대전화를 임의제출 형식으로 제출받은 후 휴대전화에 내장된 녹음파일에 대한 녹취록 등을 법원에 제출한 경우 피고인과 변호인의 증거동의에 상관없이 증거능력이 없다(2010도9016). [23·20·18·17·14 선택] [15 법선]

ⓒ [인터넷개인방송과 통신비밀보호법] 인터넷개인방송은 전기통신에 해당함은 명백하다. 인터넷개인방송의 방송자가 비밀번호를 설정하는 등 그 수신 범위를 한정하는 ⅰ) 비공개 조치를 취하지 않고 방송을 송출하는 경우, 시청자가 방송 내용을 지득·채록하는 것은 통신비밀보호법에서 정한 감청에 해당하지 않는다. 그러나 인터넷개인방송의 방송자가 비밀번호를 설정하는 등으로 ⅱ) 비공개 조치를 취한 후 방송을 송출하는 경우에는, 방송자로부터 허가를 받지 못한 사람은 당해 인터넷개인방송의 당사자가 아닌 '제3자'에 해당하고, 이러한 제3자가 비공개 조치가 된 인터넷개인방송을 비정상적인 방법으로 시청·녹화하는 것은 통신비밀보호법상의 감청에 해당할 수 있다. 다만 방송자가 이와 같은 제3자의 시청·녹화 사실을 알거나 알 수 있었음에도 방송을 중단하거나 그 제3자를 배제하지 않은 채 방송을 계속 진행하는 등 허가받지 아니한 ⅲ) 제3자의 시청·녹화를 사실상 승낙·용인한 것으로 볼 수 있는 경우에는 불특정인 혹은 다수인을 직간접적인 대상으로 하는 인터넷개인방송의 일반적 특성상 그 제3자 역시 인터넷개인방송의 당사자에 포함될 수 있으므로, 이러한 제3자가 방송 내용을 지득·채록하는 것은 통신비밀보호법에서 정한 감청에 해당하지 않는다(2022도9877).

② 타인 간의 대화 녹음

㉮ [통신비밀보호법상의 '타인 간'의 대화의 녹음에 해당하지 않는 경우] 2자 간 대화 또는 3자 간 대화에서 대화참여자의 녹음(98도3169; 2006도4981) [24·17·16·14·12 선택] [24·21·14·13·12 사례] [23·16 기록] [18·15 법사]

㉯ [통신비밀보호법상의 '타인 간'의 대화의 녹음에 해당하는 경우] 피해아동의 담임교사인 피고인이 피해아동에게 수업시간 중 교실에서 "학교 안 다니다 온 애 같아."라고 말하는 등 정서적 학대행위를 하였다는 이유로 기소되었는데, 피해아동의 부모가 피해아동의 가방에 녹음기를 넣어 수업시간 중 교실에서 피고인이 한 발언을 몰래 녹음한 녹음파일, 녹취록은 '공개되지 아니한 타인 간의 대화'를 녹음한 경우에 해당한다(2020도1538).

㉰ [통신비밀보호법상의 타인 간의 '대화'에 해당한다고 볼 수 없는 경우] ⅰ) 통신비밀보호법에서 보호하는 타인 간의 '대화'는 원칙적으로 현장에 있는 당사자들이 육성으로 말을 주고받는 의사소통행위를 가리킨다. 따라서 사람의 육성이 아닌 사물에서 발생하는 음향은 타인 간의 '대화'에 해당하지 않고 또한 사람의 목소리라고 하더라도 상대방에게 의사를 전달하는 말이 아닌 단순한 비명소리나 탄식 등은 타인과 의사소통을 하기 위한 것이 아니라면 특별한 사정이 없는 한 타인 간의 '대화'에 해당한다고 볼 수 없다. ⅱ) 甲이 乙과 통화를 마친 후 전화가 끊기지 않은 상태에서 휴대전화를 통하여 사물에서 발생하는 음향인 '우당탕'과 비명소리인 '악' 소리를 들었고, 이후 甲이 그와 같은 소리를 들었다고 법정에서 증언하였다. 甲의 증언은 공개되지 않은 타인 간의 대화를 전자장치 또는 기계적 수단을 이용하여 청취한 것이라고 볼 수 없으므로 피고인 丙의 공소사실(상해 등)에 대하여 증거로 사용할 수 있다(2016도19843). [23 선택] [18 법선]

③ [통신비밀보호법상 통신사실확인자료의 사용제한] 통신사실확인자료 제공요청의 목적이 된 범죄와 관련된 범죄라 함은 통신사실 확인자료제공요청 허가서에 기재한 혐의사실과 객관적 관련성이 있고 자료제공 요청대상자와 피의자 사이에 인적 관련성이 있는 범죄를 의미한다(2016도13489). [23 선택]

3. 사진(사본)의 증거능력

① [의의] 사진은 피사체의 영상을 렌즈에 비친 대로 필름이나 인화지에 재생시킨 증거방법이므로 신용성과 증거가치가 높다. 그러나 피사체의 선정과 인화과정에서 조작가능성의 위험도 존재한다.

② 사진의 증거능력

㉮ [복사본의 원본과의 동일성 인정요건(원·출·정)] ⅰ) 원본이 존재하거나 존재하였을 것, ⅱ) 원본 제출이 불능 또는 곤란한 사정이 있을 것, ⅲ) 원본을 청확하게 전사하였을 것(2000도5461)

㉯ [사본으로서의 사진의 증거능력 인정요건(비진술증거로 사용된 경우)] 휴대전화기로 공포심이나 불안감을 유발하는 문자메세지를 반복하여 도달케 한 경우(정통망법 위반에 해당) 저장된 문자 정보 그 자체가 범행의 직접적인 수단으로서 증거(비진술증거에 해당)로 사용될 수 있다. 검사는 휴대전화기 이용자가 그 문자정보를 읽을 수 있도록 한 휴대전화기의 화면을 촬영한 사진을 증거로 제출할 수도 있는데, 이를 증거로 사용하려면 문자정보가 저장된 휴대전화기를 ⅰ) 법정에 제출할 수 없거나 그 제출이 곤란한 사정이 있고, ⅱ) 그 사진의 영상이 휴대전화기의 화면에 표시된 문자정보와 정확하게 같다는 사실이 증명되어야 한다(2006도2556). [13 선택]

㉰ 현장사진

㉠ [의의] 범행을 중심으로 범행상황 및 그 전후상황을 촬영한 사진이 독립된 증거로 사용되는 경우를 말한다.

㉡ [학설] ⅰ) 비진술증거설, ⅱ) 진술증거설, ⅲ) 검증조서유추설 등이 대립한다.

㉢ [검토] 현장사진은 범행의 상황을 촬영한 것이어서 경험한 자의 진술로 볼 수 없고, 현장 검증과 유사하므로 검증조서유추설이 타당하다. [23·18 사례] [22·19·16 법사]

4. 거짓말탐지기 검사 결과의 증거능력

① [거짓말탐지기의 의의] 사람이 진술할 때 나타나는 혈압·호흡·맥박 등의 생리적 반응을 기계적으로 기록하여 그 진술의 진위여부를 판단하는데 사용되는 기계를 말한다.

② 거짓말탐지기 검사결과의 증거능력

㉠ [긍정설] 피검사자의 동의가 있는 경우에는 인격권침해라고 할 수 없고, 검사결과는 감정서의 성질을 가지고 있으므로 동의가 있는 때에는 증거능력이 인정된다.

㉡ [부정설] 거짓말탐지기 검사결과는 최량(最良)의 조건하에서도 자연적 관련성이 없어 최소한의 증명력이나 신빙성이 없으므로 증거능력이 부정된다.

㉢ [판례] 거짓말탐지기의 검사결과에 대하여 사실적 관련성을 가진 증거로서 증거능력을 인정할 수 있으려면, 첫째로 거짓말을 하면 반드시 일정한 심리상태의 변동이 일어나고, 둘째로 그 심리상태의 변동은 반드시 일정한 생리적 반응을 일으키며, 셋째로 그 생리적 반응에 의하여 피검사자의 말이 거짓인지 아닌지가 정확히 판정될 수 있다는 세 가지 전제요건이 충족되어야 한다(2005도130).

③ [거짓말탐지기 검사결과의 증명력(검사를 받는 사람의 진술의 신빙성을 가늠하는 정황증거)] (87도968)

05 증거동의

제318조(당사자의 동의와 증거능력) ① 검사와 피고인이 증거로 할 수 있음을 동의한 서류 또는 물건은 진정한 것으로 인정한 때에는 증거로 할 수 있다.
② 피고인의 출정없이 증거조사를 할 수 있는 경우에 피고인이 출정하지 아니한 때에는 전항의 동의가 있는 것으로 간주한다. 단, 대리인 또는 변호인이 출정한 때에는 예외로 한다. [23·16 선택]

1. 의의
⑦ **[취지]** 검사와 피고인이 증거로 할 수 있음을 동의한 서류 또는 물건은 진정한 것으로 인정한 때에는 증거로 할 수 있으므로(제318조 제1항) 전문증거라도 당사자가 동의한 때에는 증거능력이 있다. [13·12 선택] [22 법선] 이는 재판의 신속과 소송경제를 도모하고 입증절차에서 당사자주의를 구현하기 위한 제도에 해당한다.
⑭ **[증거동의 규정의 의미**(전문증거금지원칙의 예외)**]** 형사소송법 제318조 제1항의 증거동의 규정은 전문증거금지원칙의 예외로서 작성자 또는 진술자에 대한 반대신문권을 포기하겠다는 피고인의 의사표시에 의하여 서류 또는 물건의 증거능력을 부여하려는 규정이다(82도2873).

2. 증거동의의 주체와 대상
① **[동의의 주체]** 동의의 주체는 당사자인 검사와 피고인이다.
⑦ **[증거동의 방법]** 피고인이나 변호인이 무죄에 관한 자료로 제출한 서증 가운데 도리어 유죄임을 뒷받침하는 내용이 있다 하여도, 법원은 상대방(검사)의 원용(동의)이 없는 한 그 서류의 진정성립 여부 등을 조사하고 아울러 그 서류에 대한 피고인이나 변호인의 의견과 변명의 기회를 준 다음이 아니면 그 서증을 유죄 인정의 증거로 쓸 수 없다. 그러나 당해 서류를 제출한 당사자는 그것을 증거로 함에 동의하고 있음이 명백한 것이므로 상대방인 검사의 원용이 있으면 그 서증을 유죄의 증거로 사용할 수 있다(2013도12155).
⑭ **[변호인이 증거동의를 할 수 있는지 여부**(피고인의 명시한 의사에 반하지 않는 한 가능)**]** 변호인은 피고인을 대리하여 증거동의에 관한 의견을 낼 수 있을 뿐이므로 피고인의 명시한 의사에 반하지 아니하는 한 피고인을 대리하여 증거(서류나 물건 등)로 함에 동의할 수 있다. 따라서 피고인이 출석한 공판기일에서 증거로 함에 부동의한다는 의견이 진술된 경우에는 그 후 피고인이 출석하지 아니한 공판기일에 변호인만이 출석하여 종전 의견을 번복하여 증거로 함에 동의하였다 하더라도 이는 특별한 사정이 없는 한 효력이 없다(2013도3). [24·23·21·18·12 선택] [23 법선]
② **[동의의 대상]** 증거동의의 대상은 서류 또는 물건이다. 따라서 비진술증거인 사진(예 피해자의 상해부위를 촬영한 사진)도 증거동의의 대상이 된다(2007도3906). [17 선택] 그러나 임의성 없는 자백, 위법하게 수집된 증거는 증거동의의 대상이 될 수 없다.

③ 위법수집증거에 대하여 증거동의가 있는 경우 증거능력을 긍정한 판례
㉮ [증거보전절차로 증인신문을 하는 경우 참여의 기회를 주지 아니하고 작성된 증인신문조서] (86도 1646)
㉯ [피고인에게 유리한 증언을 마친 증인에 대한 번복진술조서] (全 99도1108)

3. 증거동의의 시기와 방식

① [증거동의의 시기] 동의는 원칙적으로 증거조사 전에 하여야 한다. 그러나 사후동의도 가능하고 이러한 동의가 있으면 그 하자가 치유되어 증거능력이 소급하여 인정된다. 일반적으로 사후동의는 변론종결시까지 가능하다.
② 증거동의의 방식
㉮ [묵시적 증거동의도 가능한지 여부(적극)] 피고인이 증인의 전문진술에 대하여 "별 의견이 없다."라고 진술하였다면 증거동의가 인정된다(83도516).
㉯ [포괄적 증거동의도 가능한지 여부(적극)] "검사가 제시한 모든 증거에 대하여 증거로 함에 동의한다."라는 방식에 의한 증거동의도 가능하다(82도2873). [23 · 20 선택]
㉰ [고발장에 대한 증거 부동의 의견을 밝히고 수사보고서에 대한 증거동의가 있었던 경우 수사보고서에 첨부된 고발장에 증거동의의 효력이 미치지 않음] (2011도3809) [16 선택]

4. 증거동의의 의제

① 피고인의 출정 없이 증거조사를 할 수 있어 증거동의가 간주되는 경우
㉮ [약식명령에 불복하여 정식재판을 청구한 피고인이 정식재판절차에서 2회 불출정한 경우] 법원이 피고인의 출정 없이 증거조사를 하는 경우, 피고인의 증거동의가 간주된다(2007도5776). [24 · 12 선택] [23 · 21 법선]
㉯ [피고인이 재판장의 허가 없이 퇴정하고 변호인마저 이에 동조하여 퇴정해 버린 경우] 피고인이 재판장의 허가 없이 퇴정하고 변호인마저 이에 동조하여 퇴정해 버린 것은 모두 피고인측의 **방어권의 남용** 내지 **변호권의 포기**로 볼 수밖에 없는 것이므로 수소법원으로서는 형사소송법 제330조에 의하여 피고인이나 변호인의 재정 없이도 심리판결할 수 있다. 위와 같이 피고인과 변호인들이 출석하지 않은 상태에서 증거조사를 할 수밖에 없는 경우에는 형사소송법 제318조 제2항의 규정상 피고인의 진의와는 관계없이 형사소송법 제318조 제1항의 동의가 있는 것으로 간주하게 되어 있다(91도865). [20 · 13 선택] [23 법선]
② [간이공판절차] 간이공판절차의 결정이 있는 사건에 있어서는 전문증거에 대하여 당사자의 동의가 있는 것으로 간주한다. 다만, 검사, 피고인 또는 변호인이 증거로 함에 이의가 있는 때에는 그러하지 아니하다(제318조의3). [16 · 14 · 13 선택]

5. 증거동의의 효과

① 법원의 진정성 인정
㉮ [법원이 진정한 것으로 인정한 경우] 당사자가 증거로 함에 동의한 서류 또는 물건일지라도 법원이 진정한 것으로 인정한 때에 한하여 증거능력이 인정된다. 여기서 진정성이란 진술서에 서명 · 날인이 없거나 진술서의 기재내용이 진술과 상이한 경우와 같이 신용성을 의심스럽게 하는 상황이 없는 것을 말한다.

ⓛ [증명력] 증거동의가 있어 증거능력이 인정되더라도 증명력은 여전히 법관의 자유판단에 의한다.
ⓓ [진정성이 인정되어 증거동의가 유효한 경우(전문법칙 적용 안 됨)] 피고인이 작성한 진술서에 관하여 피고인과 변호인이 공판기일에서 증거로 함에 동의하였고 그 진술서에 피고인의 서명과 무인이 있는 것으로 보아 진정한 것으로도 인정된다면, 그 진술서는 증거로 할 수 있는 것임에도 불구하고 원심이 피고인이 그 내용을 부인하기 때문에 증거로 할 수 없다고 판단한 것은 잘못이다(90도1229).

② 증거동의의 효력범위
ⓐ [물적 범위(일부동의도 가능)] 피고인들이 제1심 법정에서 경찰의 검증조서 가운데 범행부분만 부동의하고 현장상황 부분에 대해서는 모두 증거로 함에 동의하였다면, 위 검증조서 중 범행상황 부분만을 증거로 채용한 제1심판결에는 잘못이 없다(90도1303).
ⓑ [인적 범위] 증거동의는 동의한 피고인에 대해서만 그 효력이 미치고 다른 공동피고인에게는 미치지 않는다. 공동피고인이 각자 반대신문권을 가지고 있기 때문이다.
ⓒ [시간적 범위] 동의의 효력은 공판절차의 갱신이 있거나 심급이 변경된 경우에도 소멸되지 않는다.

> 관련판례 [1심에서 증거동의 한 경우 2심에서 증거 부동의 하거나 범행을 부인한 경우의 효력(이미 적법하게 부여된 증거능력은 상실되지 않음)] (2004도8313) [19·13 선택] [17 법선]

6. 증거동의의 취소와 철회
① [증거동의의 취소 또는 철회 허용시기(증거조사 완료 전까지)] 형사소송법 제318조에 규정된 증거동의의 의사표시는 증거조사가 완료되기 전까지 취소 또는 철회할 수 있으나, 일단 증거조사가 완료된 뒤에는 취소 또는 철회가 인정되지 아니하므로 취소 또는 철회 이전에 이미 취득한 증거능력은 상실되지 않는다(2015도3467). [24·23·17·12 선택] [23 법선]
② [피고인이 증거동의의 효과를 모르고 동의하였으나 재정한 변호인이 어떠한 조치를 취하지 않은 경우 증거동의의 효과(동의는 유효)] 피고인이 증거동의의 효과를 잘 모르고 동의하였으나 공판정에 재정한 변호인이 어떠한 조치를 취하지 않은 경우, 증거동의는 유효하다(83도1019). [18 선택]

06 증명력의 판단

Ⅰ. 자유심증주의

> 제308조(자유심증주의) 증거의 증명력은 법관의 자유판단에 의한다.

1. 의의
형사소송법은 제308조에서 자유심증주의를 규정하고 있다.

2. 자유심증주의의 내용

① [자유판단의 주체] 증거의 증명력은 법관의 자유판단에 의한다. 따라서 자유판단의 주체는 개개 법관 이며 합의부의 경우에도 구성원인 법관이 각자 증거의 증명력을 판단한다.

② [자유판단의 의미] 법관이 법적 제한을 받지 않고 자신의 주관적 확신에 의하여 증명력을 자유롭게 판 단하는 것을 말한다.

3. 관련판례

① 피고인의 자백의 신빙성 판단(법관의 자유판단)

㉮ [검찰 자백 vs 법정진술] 검찰에서의 피고인의 자백이 법정진술과 다르다거나 피고인에게 지나치게 불리한 내용이라는 사유만으로는 그 자백의 신빙성이 의심스럽다고 할 수는 없다(2009도1151).

㉯ [1심 자백 vs 2심 법정진술] 피고인의 제1심 법정에서의 자백이 원심(항소심)에서의 법정진술과 다르 다는 사유만으로는 그 자백의 증명력 내지 신빙성이 의심스럽다고 할 수는 없다(2001도4091).

② 증언(법관의 자유판단)

㉮ 증언의 경우 증인의 성년·미성년 여부, 책임능력 유무, 선서유무에 관계없이 법관이 자유롭게 증언을 취사선택하여 증명력을 판단한다.

㉯ [증인의 진술이 번복되는 경우의 증명력(반드시 법정 증언이 우선 ×, 법관의 자유판단 ○)] 같은 사 람의 검찰에서의 진술과 법정에서의 증언이 다를 경우 반드시 후자를 믿어야 된다는 법칙은 없다(88도 740). [17 선택]

㉰ [피해자 증언의 증명력(법관의 자유판단)] 피해자의 증언이나 진술이 공소사실에 부합하는 유일한 직 접증거라 하더라도 그 증거가 합리적이고 이치에 맞는 내용이라면 이를 유죄의 증거로 한다하여 위법 이라고 할 수는 없다(85도2769).

③ [간접증거의 증명력] 살인죄 등과 같이 법정형이 무거운 범죄의 경우에도 직접증거 없이 간접증거만 에 의하여 유죄를 인정할 수 있고, 살해의 방법이나 피해자의 사망경위에 관한 중요한 단서인 피해자의 사체가 멸실된 경우라 하더라도 간접증거를 상호 관련하에서 종합적으로 고찰하여 살인죄의 공소사실 을 인정할 수 있다(2012도2658). [19 선택]

4. 자유심증주의의 한계

① [자유심증주의의 기준] 비록 사실의 인정이 사실심의 전권이라 하더라도 범죄사실이 인정되는지 여부 는 논리와 경험법칙에 따라야 하고, 충분한 증명력이 있는 증거를 합리적 이유 없이 배척하거나 반대로 객관적인 사실에 명백히 반하는 증거를 근거 없이 채택·사용하는 것은 자유심증주의의 한계를 벗어나 는 것으로서 법률 위반에 해당한다(2015도17869). [17 선택]

② 관련판례

㉮ 형사재판에 있어서 유죄로 인정하기 위한 심증형성의 정도는 합리적인 의심을 할 여지가 없을 정도여야 하나, 이는 모든 가능한 의심을 배제할 정도에 이를 것까지 요구하는 것은 아니며, 증명력이 있는 것으로 인정되는 증거를 합리적인 근거가 없는 의심을 일으켜 이를 배척하는 것은 자유심증주의의 한계를 벗어나는 것으로 허용될 수 없다 할 것인바, 여기에서 말하는 '합리적 의심'이라 함은 모든 의문, 불신을 포함하는 것이 아니라 논리와 경험칙에 기하여 요증사실과 양립할 수 없는 사실의 개연성에 대한 합리성 있는 의문을 의미하는 것으로서, 피고인에게 유리한 정황을 사실인정과 관련하여 파악한 이성적 추론에 그 근거를 두어야 하는 것이므로 단순히 관념적인 의심이나 추상적인 가능성에 기초한 의심은 합리적 의심에 포함된다고 할 수 없다(2013도4172). [17 선택]

㉯ 증거판단에 관한 전권을 가지고 있는 사실심 법관은 사실인정에 있어 공판절차에서 획득된 인식과 조사된 증거를 남김없이 고려하여야 한다(2009도5858).

5. 각종 증거의 증명력 판단

① [금원을 제공하였다는 사람의 진술만으로 피고인의 수뢰죄를 인정하기 위한 요건] 금원을 제공하였다는 사람의 진술만으로 유죄를 인정하기 위해서는 그 사람의 진술이 증거능력이 있어야 함은 물론 합리적인 의심을 배제할 만한 신빙성이 있어야 한다(2015도11428). [17 선택]

② [상해 진단서는 유력한 증거] 상해 사건의 경우 상처를 진단한 의사의 진술이나 진단서는 폭행, 상해 등의 사실 자체에 대한 직접적인 증거가 되기에 부족한 것이지만 특별한 사정이 없는 한 상해 진단서는 피해자의 진술과 더불어 피고인의 상해 사실에 대한 유력한 증거가 되고, 합리적인 근거 없이 그 증명력을 함부로 배척할 수 없다(2010도12728).

③ 과학적 증거방법의 증명력

㉮ [원칙] 비록 사실의 인정이 사실심의 전권이라 하더라도 유전자검사나 혈액형검사 등 과학적 증거방법을 아무런 합리적 근거 없이 함부로 배척하는 것은 자유심증주의의 한계를 벗어나는 것으로서 허용될 수 없다(2007도1950).

㉯ [혈액검사 > 호흡측정기] 혈액검사에 의한 음주측정치가 호흡측정기에 의한 음주측정치보다 측정 당시의 혈중알콜농도에 더 근접한 음주측정치라고 보는 것이 경험칙에 부합한다(2003도6905). [17 선택]

㉰ [과학적 증거방법이 증명하는 대상의 특정] 유전자 검사나 혈액형검사 등 과학적 증거방법은 전제로 하는 사실이 모두 진실임이 증명되고 추론의 방법이 과학적으로 정당하여 오류의 가능성이 없거나 무시할 정도로 극소하다고 인정되는 경우에는 법관이 사실인정을 할 때 상당한 정도로 구속력을 가진다. 그러나 이 경우 법관은 과학적 증거방법이 증명하는 대상이 무엇인지, 즉 증거방법과 쟁점이 어떠한 관련성을 갖는지를 면밀히 살펴 신중하게 사실인정을 하여야 한다(2022도2236).

④ [1심판단을 번복하기 위한 요건] 항소심은 제1심이 들고 있는 의심과 일부 어긋날 수 있는 사실의 개연성이 드러남으로써 제1심의 판단에 의문이 생긴다고 하더라도, 제1심이 일으킨 이러한 합리적인 의심을 충분히 해소할 수 있을 정도에까지 이르지 아니한다면, 제1심의 판단에 사실오인의 위법이 있다고 단정하여 공소사실을 유죄로 인정하여서는 아니 된다(2016도2889). [17 선택]

⑤ [다른 형사사건의 확정판결에서 인정된 사실의 증명력] 당해 형사재판에서 제출된 다른 증거 내용에 비추어 관련 형사사건의 확정판결에서의 사실 판단을 그대로 채택하기 어렵다고 인정될 경우에는 이를 배척할 수 있다(2014도1200). [17 선택]

⑥ [성폭행 사건에서 피해자의 진술] 피고인의 친딸로 가족관계에 있던 피해자가 '마땅히 그러한 반응을 보여야만 하는 피해자'로 보이지 않는다는 이유만으로 피해자 진술의 신빙성을 함부로 배척할 수 없다. 그리고 친족관계에 의한 성범죄를 당하였다는 피해자의 진술은 피고인에 대한 이중적인 감정, 가족들의 계속되는 회유와 압박 등으로 인하여 번복되거나 불분명해질 수 있는 특수성이 있다는 점을 고려해야 한다(2020도6965).

> 관련판례 피해자가 피고인으로부터 강간을 당한 후, 다음 날 혼자서 다시 피고인의 집을 찾아간 것이 일반적인 평균인의 경험칙이나 통념에 비추어 범죄 피해자로서는 취하지 않았을 특이하고 이례적인 행태로 보인다고 하더라도, 그로 인하여 곧바로 피해자의 진술에 신빙성이 없다고 단정할 수는 없다(2020도8016).

⑦ [양심적 병역거부에서 정당한 사유가 없다는 사실] 병역법 제88조 제1항의 정당한 사유가 없다는 사실은 범죄구성요건이므로 검사가 증명하여야 한다. 이 경우 검사는 제시된 자료의 신빙성을 탄핵하는 방법으로 진정한 양심의 부존재를 증명할 수 있다. 병역거부자가 제시한 소명자료는 적어도 검사가 그에 기초하여 정당한 사유가 없다는 것을 증명하는 것이 가능할 정도로 구체성을 갖추어야 한다(全 2016도10912). [23 선택]

⑧ 범인식별 절차의 방식

㉮ [한 사람만을 보여준 경우(원칙 : 신빙성이 낮음)] 범인식별 절차에서 수사기관이 피해자에게 피고인 한 사람만을 보여주어 피해자로부터 범인이 맞다는 진술을 받고, 다시 피고인을 포함한 3명을 동시에 피해자에게 대면시켜 피고인이 범인이라는 확인을 받은 경우에는 신빙성이 낮다(2007도5201).

㉯ [범죄 발생 직후의 일대일 대면(예외 : 신빙성이 있음)] 범죄 발생 직후 목격자의 기억이 생생하게 살아있는 상황에서 현장이나 그 부근에서 범인식별 절차를 실시하는 경우에는, 목격자에 의한 생생하고 정확한 식별의 가능성이 열려 있고 범죄의 신속한 해결을 위한 즉각적인 대면의 필요성도 인정할 수 있으므로, 용의자와 목격자의 일대일 대면도 허용된다(2008도12111).

6. 자유심증주의의 예외

① [자백의 보강법칙] 피고인의 자백이 그 피고인에게 불이익한 유일의 증거일 때에는 이를 유죄의 증거로 하지 못한다(제310조). 즉, 피고인의 자백에 의하여 법관이 유죄의 심증을 얻었다 하더라도 이에 대한 보강증거가 없으면 법관의 심증에 반하더라도 무죄판결을 선고할 수밖에 없다는 점에서 이는 자유심증주의의 예외에 해당한다.

② [공판조서의 증명력] 공판기일의 소송절차로서 공판조서에 기재된 것은 그 조서만으로써 증명한다(제56조). 따라서 공판기일의 소송절차에 관한 사항은 법관의 심증 여하를 불문하고 공판조서에 기재된 내용대로 인정해야 하므로 이는 자유심증주의의 예외에 해당한다.

③ [진술거부권의 행사] 피고인이 진술거부권을 행사하여 진술을 거부한다고 하더라도 법관은 이를 근거로 그 피고인에게 불리하게 심증을 형성해서는 안된다. 만약 진술거부권 행사를 이유로 유죄판결을 선고하거나 이를 피고인에게 불리한 간접증거로 사용한다면, 진술거부권을 인정한 취지가 몰각되기 때문이다. 이러한 의미에서 진술거부권의 행사는 자유심증주의의 예외에 해당한다.

Ⅱ. 탄핵증거

> 제318조의2(증명력을 다투기 위한 증거) ① 제312조부터 제316조까지의 규정에 따라 증거로 할 수 없는 서류나 진술이라도 공판준비 또는 공판기일에서의 피고인 또는 피고인이 아닌 자(공소제기 전에 피고인을 피의자로 조사하였거나 그 조사에 참여하였던 자를 포함한다. 이하 이 조에서 같다)의 진술의 증명력을 다투기 위하여 증거로 할 수 있다.
> ② 제1항에도 불구하고 피고인 또는 피고인이 아닌 자의 진술을 내용으로 하는 영상녹화물은 공판준비 또는 공판기일에 피고인 또는 피고인이 아닌 자가 진술함에 있어서 기억이 명백하지 아니한 사항에 관하여 기억을 환기시켜야 할 필요가 있다고 인정되는 때에 한하여 피고인 또는 피고인이 아닌 자에게 재생하여 시청하게 할 수 있다.

1. 의의
① [개념] 탄핵증거란 진술의 증명력을 다투기 위하여 사용되는 증거를 말한다.
② [탄핵증거와 자유심증주의] 탄핵증거에 의하여 탄핵되는 증거의 증명력은 여전히 법관의 자유판단에 의해 결정되며, 법관은 탄핵과정을 통하여 증거의 증명력을 신중히 판단하게 되므로 탄핵증거는 자유심증주의를 보강하는 의미를 가진다.

2. 쟁점 058 탄핵증거의 허용범위

🔍 쟁점연구
1. 문제점
탄핵증거로 할 수 있는 증거의 범위가 문제된다.
2. 학설
① [한정설] 탄핵증거로 할 수 있는 증거는 진술자의 자기모순의 진술 즉 공판정 진술과 상이한 공판정외의 진술이나 진술을 기재한 서류에 한정된다.
② [비한정설] 반드시 자기모순 진술에 한정되지 않고 진술의 증명력을 다투기 위한 것이라면 제한없이 사용할 수 있다.
③ [절충설] 자기모순 진술 외에도 증인의 신빙성에 관한 보조사실(예 증인의 기억력, 지식, 환경, 피고인과의 관계 등) 등도 사용할 수 있다.
④ [이원설] 검사는 자기모순의 진술만을, 피고인은 제한없이 모든 전문증거를 제출할 수 있다.
3. 검토
형사소송규칙 제77조가 "증언의 증명력을 다투기 위하여 필요한 사항에 관한 신문은 증인의 경험, 기억 또는 표현의 정확성 등 증언의 신빙성에 관한 사항 및 증인의 이해관계, 편견 또는 예단 등 증인의 신용성에 관한 사항에 관하여 한다."라고 규정하고 있는 바, 탄핵증거는 자기모순 진술 이외에 증인의 신빙성에 관한 보조사실도 포함된다고 보는 것(절충설)이 타당하다.

3. 탄핵증거의 자격

① **[임의성 없는 자백]** 자백배제법칙에 의하여 증거능력이 부정되는 임의성 없는 자백은 탄핵증거로 사용될 수 없다. 임의성 없는 자백의 증거능력 부정은 절대적이기 때문이다.

② **[위법수집증거]** 위법수집증거를 탄핵증거로 사용하는 것을 허용하면 사실상 증거배제의 효과를 회피하는 결과를 초래하므로 탄핵증거로 사용하는 것은 허용되지 않는다. [18 법선]

③ **[전문증거]** 탄핵증거는 범죄사실을 인정하는 증거가 아니라 진술의 증명력을 다투기 위한 것이므로 증거능력 없는 전문증거도 탄핵증거로 할 수 있다(제318조의2 제1항). 즉, 탄핵증거는 전문법칙이 적용되지 않는다.

> 관련판례 [탄핵증거의 자격(증거능력이 없는 전문증거도 탄핵증거로 사용 가능)] 사법경찰리 작성의 피고인에 대한 피의자신문조서와 피고인이 작성한 자술서들은 모두 검사가 유죄의 자료로 제출한 증거들로서 피고인이 각 그 내용을 부인하는 이상 증거능력이 없으나, 그러한 증거라 하더라도 피고인의 법정에서의 진술을 탄핵하기 위한 반대증거로 사용할 수 있다(97도1770). [24·23·21·18·17 선택] [24 사례] [23·22 법선]

> 관련판례 유죄의 자료가 되는 것으로 제출된 증거의 반대증거 서류에 대하여는 그것이 유죄사실을 인정하는 증거가 되는 것이 아닌 이상 그 진정성립이 증명되지 아니하거나 이를 증거로 함에 있어서의 상대방의 동의가 없다고 하더라도 증거판단의 자료로 할 수 있다(80도1547). [18 선택]

④ 영상녹화물의 탄핵증거 사용 제한

㉮ **[영상녹화물의 탄핵증거 사용 제한의 취지]** 영상녹화물을 탄핵증거로 사용할 수 없는 이유는 수사기관에서 만들어진 영상녹화물이 무분별하게 법정에 제출되고 또한 탄핵증거 등으로 사용된다면 **공판중심주의는 퇴색**하고 영상녹화물에 의한 재판(이른바 **극장재판**)이 이루어지는 **폐단**이 생기기 때문이다.

㉯ **[기억환기용으로 사용 가능]** 영상녹화물은 탄핵증거로 사용할 수 없다. 다만, 영상녹화물은 피고인 또는 피고인이 아닌 자가 진술함에 있어서 '기억이 명백하지 아니한 사항에 관하여 기억을 환기시켜야 할 필요가 있다고 인정되는 때에 한하여' 피고인 또는 피고인이 아닌 자에게 재생하여 시청하게 할 수 있다(제318조의2 제2항). [18·15 선택] 영상녹화물의 재생은 검사의 신청이 있는 경우에 한하고, 기억의 환기가 필요한 피고인 또는 피고인 아닌 자에게만 이를 재생하여 시청하게 하여야 한다(규칙 제134조의5 제1항). [18 선택]

㉰ 영상녹화물과 증거능력

㉠ **[수사기관이 참고인을 조사하는 과정에서 작성한 영상녹화물을 공소사실을 입증하는 본증으로 사용할 수 있는지 여부(소극)]** 형사소송법은 영상녹화물의 용도를 참고인에 대한 진술조서의 실질적 진정성립을 증명하거나 참고인의 기억을 환기시키기 위한 것으로 한정하고 있으므로 수사기관이 참고인을 조사하는 과정에서 작성한 영상녹화물을 공소사실을 입증하는 본증으로 사용할 수 없다(2012도5041). [15 선택] [14 사례]

ⓛ [**성폭법상 영상녹화물의 본증으로의 사용**] 피고인이 한 성폭법 위반의 공소사실에 대하여 원심은 피해자의 진술과 조사과정을 촬영한 영상물 및 속기록을 증거로 삼아 유죄를 인정하였는데, 피고인은 영상물과 속기록을 증거로 함에 동의하지 않고 조사과정에 동석하였던 신뢰관계인에 대한 증인신문이 이루어졌을 뿐, 원진술자인 피해자에 대한 증인신문은 이루어지지 않은 경우라면 영상물과 속기록의 증거능력은 부정된다(2021도14530; 2021전도143).16)

4. 탄핵증거의 사용범위(입증취지와의 관계)

탄핵증거는 **진술의 증명력을 감쇄**하기 위하여 인정되는 것이고 범죄사실 또는 그 간접사실의 인정의 증거로서는 허용되지 않는다. [17 선택]

관련판례 검사가 탄핵증거로 신청한 체포·구속인접견부 사본은 피고인의 부인진술을 탄핵한다는 것이므로, 결국 검사에게 입증책임이 있는 공소사실 자체를 입증하기 위한 것에 불과하므로 피고인의 진술의 증명력을 다투기 위한 탄핵증거로 볼 수 없다(2011도5459).

5. 탄핵의 대상과 범위

① [**탄핵의 대상**] 탄핵의 대상은 공판준비 또는 공판기일에서의 피고인 또는 피고인이 아닌 자(공소제기 전에 피고인을 피의자로 조사하였거나 그 조사에 참여하였던 자도 포함)의 진술의 증명력이다.

② [**탄핵의 범위**] 형사소송법 제318조의2에 의하여 탄핵증거는 진술의 증명력을 다투기 위한 경우에만 허용된다. 따라서 처음부터 증명력을 지지하거나 보강하는 것은 허용되지 아니한다. 다만, 일단 감쇄된 증명력을 회복하는 경우도 '증명력을 다투기 위한' 것이므로 허용된다(다수설).

6. 탄핵증거의 증거조사방법

① [**제출방법**] ⅰ) 증명력을 다투고자 하는 탄핵증거의 어느 부분에 의하여 진술의 어느 부분을 다투려고 한다는 것을 사전에 상대방에게 알려야 한다. [18 선택] ⅱ) 피고인이 내용을 부인하여 증거능력이 없는 사법경찰리 작성의 피의자신문조서에 대하여 비록, 당초 증거제출 당시 탄핵증거라는 입증취지를 명시하지 아니하였지만, 피고인의 법정 진술에 대한 탄핵증거로서의 증거조사 절차가 대부분 이루어졌다고 볼 수 있다면 위 피의자신문조서를 피고인의 법정 진술에 대한 탄핵증거로 사용할 수 있다(2005도2617). [23·18 선택]

② [**증거조사방법과 장소**] 탄핵증거는 범죄사실을 인정하는 증거가 아니므로 엄격한 증거조사를 거쳐야 할 필요가 없으나, 법정에서 이에 대한 탄핵증거로서의 증거조사는 필요하다(2005도2617). [17 선택]

---

16) 헌법재판소는 2021. 12. 23. 성폭력처벌법 제30조 제6항 중 19세 미만 성폭력범죄 피해자의 진술을 촬영한 영상물의 증거능력을 규정한 부분(이하 '위헌 법률 조항'이라 한다)에 대해 과잉금지 원칙 위반 등을 이유로 위헌결정을 하였는데, 위 위헌결정의 효력은 결정 당시 법원에 계속 중이던 사건에도 미치므로 위헌 법률 조항은 위 영상물과 속기록의 증거능력을 인정하는 근거가 될 수 없다.

III. 자백의 보강법칙

> 제310조(불이익한 자백의 증거능력) 피고인의 자백이 그 피고인에게 불이익한 유일의 증거인 때에는 이를 유죄의 증거로 하지 못한다.

1. 의의

① [개념] 피고인이 임의로 한 자백이 증거능력이 있고 신빙성이 있어서 법관이 유죄의 심증을 얻었다 하더라도 그에 대한 보강증거가 없으면, 유죄판결을 선고할 수 없다는 증거법칙을 말한다. 헌법과 형사소송법도 "피고인의 자백이 그 피고인에게 불이익한 유일의 증거인 때에는 이를 유죄의 증거로 하지 못한다."고 규정하고 있다(헌법 제12조 제7항, 형사소송법 제310조). [19 선택]

② [자유심증주의의 예외] 법관이 피고인의 자백에 의하여 유죄의 심증을 얻었다 하더라도 보강증거가 없으면 법관의 심증에 반하여 유죄판결을 선고할 수 없다는 점에서 이는 자유심증주의에 대한 예외에 해당한다.

③ 자백의 보강법칙이 적용되는 절차

㉮ [적용되는 절차(약·간·통)] 자백의 보강법칙은 일반 형사소송절차에서 적용된다. 형사사건인 이상 통상의 공판절차는 물론 간이공판절차 또는 약식명령절차에서도 적용된다. [13 선택]

㉯ [적용되지 않는 절차] 즉결심판에 관한 절차법이 적용되는 **즉결심판**과 **소년법**의 적용을 받는 **소년보호사건**에서는 자백의 보강법칙이 적용되지 않으므로 이들 절차에서는 피고인의 자백만으로 유죄를 인정할 수 있다(즉심법 제10조). [13 선택]

2. 보강이 필요한 자백

① 피고인의 자백

㉮ 보강증거를 요하는 것은 피고인의 자백이다. 따라서 증인의 증언이나 참고인의 진술은 보강증거를 필요로 하지 않는다.

㉯ [자백 당시 피고인의 지위 불문] 피고인의 자백은 반드시 피고인의 지위에서 한 것에 한하지 않는다. 따라서 참고인, 피의자, 증인의 지위에서 한 자백도 그가 후에 피고인이 되었을 때에는 피고인의 자백이 된다.

㉰ [자백의 상대방과 방법 불문] 수사기관과 법관에 대한 자백 이외에 사인에 대하여 한 자백도 포함되며, 구두에 의한 자백뿐만 아니라 일기장·수첩·비망록에 기재된 자백도 피고인의 자백에 포함된다.

㉱ [공판정의 자백도 포함] 공판정의 자백이라 하여 언제나 진실이라고는 할 수는 없으므로 피고인의 자백에는 공판정의 자백도 포함된다.

🔍 **쟁점연구**

1. 문제점

공범자의 자백을 형소법 제310조의 '피고인의 자백'으로 보게 되면 이에 대한 보강증거가 없으면 유죄판결을 선고할 수 없게 된다. 그에 비하여 공범자의 자백을 '피고인의 자백'으로 보지 않으면 보강증거 없이도 유죄판결을 선고할 수 있게 된다. 따라서 제310조의 피고인의 자백에 공범자의 자백이 포함되는지 및 보강증거가 필요한지 여부가 문제된다.

2. 학설 및 判例

① [보강증거필요설] 공범자의 자백을 피고인의 자백으로 보아 보강증거가 필요하다는 견해이다. ⅰ) 공범자는 다른 공범자에게 책임을 전가하는 경향이 많아 허위진술에 의한 오판의 염려가 많다는 점, ⅱ) 보강증거불요설에 의할 때 자백한 자는 무죄, 자백하지 않은 자는 유죄라는 불합리한 결과가 발생한다는 점을 근거로 한다.

② [보강증거불요설] 공범자의 자백은 피고인의 자백이 아니기 때문에 보강증거가 필요없다는 견해이다. ⅰ) 자백의 보강법칙은 자유심증주의에 대한 예외이므로 엄격히 해석하여야 한다는 점, ⅱ) 공범자의 자백은 피고인에 대해서는 제3자의 진술에 불과하다고 보아야 한다는 점, ⅲ) 공범자에 대해서는 피고인의 반대신문이 가능하고 법관의 증거평가의 심증에도 차이가 있다는 점을 근거로 한다.

③ [判例(보강증거 불요설)] 형소법 제310조의 '피고인의 자백'에는 공범인 공동피고인의 진술이 포함되지 아니하므로 공범인 공동피고인의 진술은 다른 공동피고인에 대한 범죄사실을 인정하는 데 있어서 증거로 쓸 수 있고 그에 대한 보강증거의 여부는 법관의 자유심증에 맡긴다(대판 : 85도951). [24 · 22 · 21 · 19 · 17 · 14 선택]

3. 검토 및 결론

자백의 보강법칙은 자유심증주의에 대한 중대한 예외이므로 엄격하게 해석하는 것이 타당하다. 따라서 공범자의 자백에는 보강증거가 필요하지 아니하다.

관련판례 [공범인 공동피고인의 자백이 독립한 증거능력이 있는지 여부(적극)] 공동피고인의 자백은 이에 대한 피고인의 반대신문권이 보장되어 있어 증인으로 신문한 경우와 다를 바 없으므로 독립한 증거능력이 있고, 이는 피고인들 간에 이해관계가 상반된다고 하여도 마찬가지라 할 것이다(2006도1944). [24 · 19 · 17 · 14 선택] [14 사례]

3. 보강증거의 자격

① [증거능력 있는 증거] 보강증거도 증거능력 있는 증거일 것을 요한다. [19 선택] 따라서 자백배제법칙이나 위법수집증거배제법칙에 의하여 증거능력이 없는 증거는 보강증거가 될 수 없으며, 전문증거도 전문법칙의 예외요건을 갖추어 증거능력이 인정되는 경우를 제외하고는 보강증거로 사용될 수 없다.

② [독립증거] 보강증거는 자백과는 실질적으로 독립된 별개의 증거이어야 한다. 따라서 피고인의 자백이 기재된 서면, 피고인의 자백이 담긴 일기장과 메모, 피고인이 범행장면을 재현한 것(실질은 동일한 피고인의 자백에 해당)은 보강증거가 될 수 없다.

③ 관련판례

㉮ [수개의 피고인의 자백만으로 유죄의 판결을 할 수 있는지 여부(소극)] 피고인의 법정에서의 진술과 피고인에 대한 검찰 피의자신문조서의 진술기재들은 피고인의 법정 및 검찰에서의 자백으로서 형사소송법 제310조에서 규정하는 자백의 개념에 포함되어 그 자백만으로는 유죄의 증거로 삼을 수 없다 (2007도10937). [16 · 13 선택]

㉯ [피고인의 자백에 대한 보강증거가 될 수 없는 경우(피고인의 자백을 그 내용으로 하는 제3자의 진술)] 피고인이 범행을 자인하는 것을 들었다는 피고인 아닌 자의 진술 내용은 형소법 제310조의 피고인의 자백에는 포함되지 아니하나 이는 피고인의 자백의 보강증거로 될 수 없다(81도1314). [23 · 22 · 17 · 13 선택]

동지판례 [피고인의 다른 자백] 피고인의 공판정에서의 자백을 공판정 외의 자백, 즉 수사기관에서의 자백에 의하여 보강하는 것은 허용되지 않는다(73도1819).

㉰ [피고인이 업무수행상 자금을 지출하면서 기계적으로 기입한 수첩(보강증거로 사용 가능)] 피고인이 뇌물공여 혐의를 받기 전에 이와는 관계없이 준설공사에 필요한 각종 인 · 허가 등의 업무를 위임받아 이를 추진하는 과정에서 그 업무수행에 필요한 자금을 지출하면서, 스스로 그 지출한 자금내역을 자료로 남겨두기 위하여 뇌물자금과 기타 자금을 구별하지 아니하고 그 지출 일시, 금액, 상대방 등 내역을 그때그때 계속적, 기계적으로 기입한 수첩의 기재 내용은 피고인이 자신의 범죄사실을 시인하는 자백이라고 볼 수 없으므로 증거능력이 있는 한 피고인의 금전출납을 증명할 수 있는 별개의 증거라고 할 것인즉 피고인의 검찰에서의 자백에 대한 보강증거가 될 수 있다(全 94도2865). [19 · 15 · 14 선택] [15 사례]

㉱ 쟁점 060 압수조서 중 피고인이 범행을 저지르는 현장을 직접 목격한 사경의 진술이 담긴 '압수경위'란에 기재된 내용***

【CASE】

甲은 2023. 3. 20. 18:00경 서울 지하철 5호선 여의나루역 에스컬레이터에서 휴대전화기의 카메라를 이용하여 피해자 A여성의 치마 속을 몰래 촬영하다가 마침 지하철 범죄 단속을 위해 순찰 중이던 사법경찰관 P에 의해 현행범인으로 체포되었다. P는 甲을 적법하게 체포한 직후 甲에게 휴대전화기를 임의제출할 것을 요구하였고, 이에 머뭇거리던 甲으로부터 휴대전화기를 바로 건네받았다. P는 압수조서를 작성하였는데, 압수조서 중의 '압수경위'란에 "2023. 3. 20. 18:00경 서울 지하철 5호선 승강장 및 게이트 앞에서 경찰관이 비노출 잠복근무 중 검정 재킷, 검정 바지, 흰색 운동화를 착용한 30대 가량 남성이 짧은 치마를 입고 에스컬레이터를 올라가는 여성을 쫓아가 뒤에 밀착하여 치마 속으로 휴대폰을 집어넣는 등 해당 여성의 신체를 몰래 촬영하는 행동을 하였다."라는 내용이 포함되어 있고, 그 하단에는 甲의 범행을 직접 목격하면서 위 압수조서를 작성한 P의 기명날인이 되어 있었다. 이후 P는 휴대전화기에서 A여성을 촬영한 사진을 발견하였으나 甲의 휴대전화에 대해 별도로 사후영장을 발부받지는 않았다. 위 사건을 송치받은 검사는 甲을 조사한 후에 성폭력범죄의처벌등에관한특례법위반(카메라 등 이용촬영)죄로 불구속 기소를 하였고, 甲은 법정에서 증거에 대해 모두 동의하였고, 자신의 범행을 모두 자백하였다. 甲의 자백과 함께 위 휴대전화기와 휴대전화기에 저장된 사진들 및 압수조서가 증거로 제출된 경우 법원은 甲에 대해 유죄를 선고할 수 있는가?

🔍 쟁점연구

1. 문제점

자백보강법칙에 따라 甲에게 유죄판결을 하기 위해 휴대전화기 등이 보강증거로써 사용될 수 있는지 문제된다.

2. 압수조서 중 '압수경위'란을 독립한 보강증거로 사용할 수 있는지

압수조서 중 '압수경위'란에 기재된 내용은 피고인이 범행을 저지르는 현장을 직접 목격한 사람의 진술이 담긴 것으로서 형사소송법 제312조 제5항에서 정한 '피고인이 아닌 자가 수사과정에서 작성한 진술서'에 준하는 것으로 볼 수 있고, 이에 따라 휴대전화기에 대한 임의제출 절차가 적법하였는지에 영향을 받지 않는 별개의 독립적인 증거에 해당한다. 따라서 피고인이 증거로 함에 동의한 이상 유죄를 인정하기 위한 증거로 사용할 수 있을 뿐 아니라 피고인의 자백을 보강하는 증거가 된다고 볼 여지가 많다(대판 : 2019도13290). [22 선택]

【사례해설】

① 사안의 경우 사경 P가 甲에게 휴대전화의 임의제출을 요구하였으나 임의제출의 의미, 효과 등에 대한 고지가 있었다는 사정은 보이지 않으며, 甲도 임의제출물을 돌려받지 못한다는 사정 등을 충분히 인식한 상태에서 이루어졌다는 사정도 보이지 않으므로 임의제출물의 압수에 해당하지 않는다. 따라서 휴대전화기는 영장주의에 위반하여 위법하게 수집한 증거에 해당하고 이를 기초로 한 2차 증거인 휴대전화기 내 사진 및 압수조서도 인과관계가 희석·단절되었다고 평가할 만한 객관적인 사유는 보이지 않으므로 모두 증거능력이 인정될 수 없다.

② 그러나, 압수조서 중 P가 작성한 '압수경위'란의 부분은 독립증거로서 甲의 자백에 대한 보강증거로 사용할 수 있으므로 제312조 제4항의 요건을 갖춘다면 법원은 甲에게 유죄를 선고할 수 있다.

④ **[정황증거(간접증거)]** 직접증거가 아닌 간접증거나 정황증거도 보강증거가 될 수 있다(2005도8704). [19 선택]

㉮ **[뇌물공여자를 만났던 사실]** 뇌물공여의 상대방인 공무원이 뇌물을 수수한 사실을 부인하면서도 그 일시경에 뇌물공여자를 만났던 사실 및 공무에 관한 청탁을 받기도 한 사실자체는 시인하였다면, 이는 뇌물을 공여하였다는 뇌물공여자의 자백에 대한 보강증거가 될 수 있다(94도993). [14 선택]

㉯ **[명함의 현존]** 국가보안법상 회합죄를 피고인이 자백하는 경우 회합 당시 상대방으로부터 받았다는 명함의 현존은 보강증거로 될 수 있다(90도741). [18 선택]

㉰ **[관련자의 진술과 필로폰양성반응]** 2010. 2. 18. 01:35경 자동차를 타고 온 피고인으로부터 필로폰을 건네받은 후 피고인이 위 차량을 운전해 갔다고 한 甲의 진술과 2010. 2. 20. 피고인으로부터 채취한 소변에서 나온 필로폰 양성 반응은, 피고인이 2010. 2. 18. 02:00경의 필로폰 투약으로 정상적으로 운전하지 못할 우려가 있는 상태에 있었다는 공소사실 부분에 대한 자백을 보강하는 증거가 되기에 충분하다(2010도11272). [22·18 선택]

⑤ **[공범자의 자백**(공범자의 자백으로 당해 피고인의 자백을 보강할 수 있는지 여부)]

㉮ **[공범인 공동피고인의 진술]** 공범인 공동피고인의 진술은 다른 공동피고인에 대한 범죄사실을 인정하는 증거로 할 수 있는 것일 뿐만 아니라(저자 주 : **공범인 공동피고인의 법정진술의 증거능력 인정**) 공범인 공동피고인들의 각 진술은 상호 간에 서로 보강증거가 될 수 있다(96도2715). [24·13 선택]

㉯ **[공동피고인 중 1인의 자백]** 공동피고인 중의 한 사람이 자백하였고 피고인 역시 자백했다면 다른 공동피고인 중의 한 사람이 부인한다고 하여도, 공동피고인 중의 한 사람의 자백은 피고인의 자백에 대한 보강증거가 된다(68도43). [19·17·13 선택]

4. 보강증거의 범위(보강증거가 보강해야 할 정도)

① 학설 및 판례

㉮ **[죄체설]** 범죄사실의 전부 또는 중요 부분을 인정할 수 있을 정도여야 한다.

㉯ **[진실성담보설]** 자백에 대한 보강증거는 자백의 진실성을 담보하는 정도면 족하다는 견해가 있다.

㉰ **[판례(진실성담보설)]** 자백에 대한 보강증거는 피고인의 자백이 친실한 것임을 인정할 수 있는 정도만 되면 족할 뿐만 아니라, 자백과 보강증거가 서로 어울려서 전체로서 범죄사실을 인정할 수 있으면 유죄의 증거로 충분하다(2011도8015). [19·13 선택] [23·21 법선]

② **[검토]** 자백의 진실성이 담보되면 오판위험이 없어져 자백의 보강법칙의 취지가 실현되므로 진실성담보설이 타당하다.

③ 관련판례

㉮ 甲이 乙과 합동하여 A의 재물을 절취하려다가 미수에 그쳤다는 내용의 공소사실을 자백한 사안에서, A가 집에서 잠을 자고 있던 중 집 앞에 있는 컨테이너 박스 쪽에서 쿵쿵하는 소리가 들려 그쪽에 가서 노루발못뽑이로 컨테이너 박스 출입문의 시정장치를 부수는 甲을 현행범으로 체포하였다고 수사기관에서 행한 진술과 범행에 사용된 노루발못뽑이와 손괴된 쇠창살의 모습이 촬영되어 있는 현장사진이 첨부된 수사보고서는 피고인 자백의 진실성을 담보하기에 충분한 보강증거가 된다(2011도8015). [16 선택]

㉯ 절도의 공소사실에 대한 피고인의 자백에서 충분히 진실성이 인정되는 경우, 피고인의 집에서 해당 피해품을 압수한 압수조서와 압수물 사진은 그 보강증거가 된다(2008도2343). [24 선택]

5. 보강증거의 요부(보강증거가 필요한 대상)

① **[범죄의 성립요소]** 자백한 범죄의 객관적 구성요건요소인 사실에 대하여는 보강증거가 필요하다. 그러나 주관적 요소(예 범의)에 대하여는 보강증거는 얻기 어려울 뿐만 아니라 보강증거가 없어도 오판의 위험이 없으므로 보강증거가 필요하지 아니하다(61도171).

② **[처벌조건이나 전과사실]** 처벌조건이나 전과 등의 사실은 범죄사실이 아니므로 보강증거 없이도 피고인의 자백만으로 이를 인정할 수 있다. 따라서 **상습범에 있어 확정판결** 또는 **누범에 있어 전과에 관한 사실**은 피고인의 자백만으로서도 이를 인정할 수 있다(79도1528 등). [18 선택]

③ 죄수와 보강증거의 요부

㉮ **[실체적 경합시**(각 범죄사실에 대한 보강증거 필요)**]** 실체적 경합범은 실질적으로 **수죄**이므로 **각 범죄사실**에 관하여 보강증거가 있어야 한다(2007도10937). [18 선택] [21 법선]

㉯ **[포괄일죄인 상습범**(각 행위별 보강증거 필요)**]** 피고인의 습벽을 범죄구성요건으로 하며 포괄일죄인 상습범에 있어서도 이를 구성하는 **각 행위에 관하여** 개별적으로 보강증거가 요구되므로 투약 습성에 관한 정황증거만으로 향정신성 의약품관리법위반죄의 객관적 구성요건인 각 투약행위가 있었다는 점에 관한 보강증거로 삼을 수는 없다(95도1794). [18 선택]

㉴ [**상상적 경합범**] 상상적 경합범의 경우 각 범죄사실별로 보강증거를 요한다는 견해와 어느 하나에만 보강증거가 있으면 족하다는 견해가 대립한다.

6. 자백의 보강법칙위반의 효과
자백을 유일한 증거로 하여 유죄판결을 선고한 경우 이는 헌법위반이자 법률위반으로 상소의 이유가 되고(2007도7835) 그 판결이 확정된 경우에는 판결의 법령위반으로 비상상고의 이유가 된다. 그러나 이는 무죄를 인정할 증거가 새로 발견된 경우가 아니므로 재심의 사유는 되지 아니한다.

Ⅳ. 공판조서의 증명력

> 제56조(공판조서의 증명력) 공판기일의 소송절차로서 공판조서에 기재된 것은 그 조서만으로써 증명한다.

1. 의의
① [**공판조서의 배타적 증명력**] 공판기일의 소송절차로서 공판조서에 기재된 것은 그 조서만으로써 증명한다(제56조). 여기에서 "조서만으로써 증명한다."라는 의미는 공판조서 이외의 증거를 참작하거나 반증을 허용하지 않는다는 의미이다. 이를 **공판조서의 절대적 또는 배타적 증명력**이라고 한다. 이는 법관의 심증여하를 불문하고 공판기일의 소송절차는 공판조서에 기재된 대로 인정해야 하기 때문에 자유심증주의의 예외에 해당한다.
② [**인정 취지**] 상소심에서 공판절차 진행의 적법여부를 둘러싼 분쟁 때문에 상소심의 심리가 지연되는 것을 방지하는데 그 목적이 있다.

2. 공판조서의 배타적 증명력의 전제요건
공판조서의 배타적 증명력은 그 공판조서가 유효할 것을 전제로 한다. 따라서 공판조서가 무효인 경우에는 배타적 증명력이 인정되지 않는다.

> 동지판례 [**공판조서가 무효인 경우(공판조서로서의 증명력이 없음)**] 공판조서에 서명날인할 재판장은 당해 공판기일에 열석한 재판장이어야 하므로 당해 공판기일에 열석하지 아니한 판사가 재판장으로서 서명날인한 공판조서는 적식의 공판조서라고 할 수 없어 이와 같은 공판조서는 소송법상 무효라 할 것이므로 공판기일에 있어서의 소송절차를 증명할 공판조서로서의 증명력이 없다(82도2940).

3. 배타적 증명력의 범위
① [**공판기일의 절차**] 공판조서의 증명력은 '**공판기일의 절차**'에 한하여 인정이 된다. 따라서 공판기일의 절차가 아닌 공판준비절차 또는 공판기일 외의 절차를 기재한 조서는 배타적 증명력이 인정되지 아니한다. 또한 당해 사건이 아닌 다른 사건의 공판조서는 배타적 증명력이 인정되지 아니한다.
② [**소송절차**] 공판기일의 절차 중 특히 '**소송절차**'에 대해서만 배타적 증명력이 인정이 된다. 예컨대 공판을 행한 일시와 법원, 피고인 출석여부, 공개의 여부, 판결선고 유무 및 일자 등이 이에 해당한다. 따라서 소송절차가 아닌 실체관련사항(피고인의 유무죄를 판단하기 위한 사항)은 다른 증거에 의하여 그 증명력을 다툴 수 있다.

③ **[공판조서에 기재된 것]** 배타적 증명력은 공판조서에 '기재'된 것에 한해서 인정이 된다. 공판조서에 기재되지 아니한 소송절차는 다른 자료에 의하여 증명할 수 있다.

④ 관련판례

㉮ **[공판조서의 증명력**(명백한 오기인 경우를 제외하고는 절대적 증명력을 가짐)**]** 공판조서의 기재가 명백한 오기인 경우를 제외하고는 공판기일의 소송절차로서 공판조서에 기재된 것은 조서만으로써 증명하여야 하고, 그 증명력은 공판조서 이외의 자료에 의한 반증이 허용되지 않는 **절대적인 것이다** (2015도3467). [19·17 선택]

㉯ **[소송절차(증거에 관한 의견)와 공판조서의 증명력]** 검사 제출의 증거에 관하여 동의 또는 진정성립 여부 등에 관한 피고인의 의견이 증거목록에 기재된 경우에는 그 증거목록의 기재는 공판조서의 일부로서 명백한 오기가 아닌 이상 절대적인 증명력을 가지게 된다(2015도3467). [19·17 선택]

㉰ **[공판조서의 기재가 명백한 오기인 경우 공판조서의 증명력**(올바른 내용대로 증명력을 가짐)**]** (95도1289)

㉱ **[동일한 사항에 대하여 서로 다른 내용이 기재된 공판조서가 병존하는 경우의 증명력 판단**(법관의 자유로운 심증으로 판단)**]** (86도1646)

제3장 | 재판

01 재판의 기본개념

핵심개념

1. **[재판의 의의]** 협의로는 피고사건의 실체에 대한 법원의 공권적 판단, 즉 유무죄 판결을 말한다. 그러나 광의로는 법원·법관의 법률행위적 소송행위를 총칭한다.

2. **재판의 종류**

① **기능에 의한 분류**

㉮ **종국재판**

　㉠ [의의] 당해 심급을 종결시키는 재판을 말한다.

　㉡ [종류] 유무죄의 실체재판과 관할위반·공소기각·면소의 재판이 이에 해당한다. 또한 상소심에서의 상소기각재판, 파기자판·파기이송·파기환송의 재판도 종국재판이다.

　㉢ [형식] 종국재판은 원칙적으로 '판결'의 형식을 취하지만 공소기각결정이나 상소기각결정 등과 같이 '결정'의 형식을 취하기도 한다.

㉯ **종국전 재판**

　㉠ [의의] 종국재판에 이르기까지의 절차에 관한 재판을 말하며 중간재판이라고도 한다.

　㉡ [종류] 보석허가결정, 공소장변경허가결정, 퇴정명령 등 종국재판 이외의 각종 결정과 명령이 이에 해당한다.

　㉢ [형식] 종국전 재판은 원칙적으로 '결정'의 형식을 취하지만 '명령'의 형식을 취하기도 한다.

② **형식에 의한 분류**

㉮ **[판결]** 법원이 하는 종국재판의 원칙적 형식이다. 판결은 법률에 다른 규정이 없으면 구두변론을 거쳐서 하여야 한다(제37조 제1항, 제39조). 판결에 대한 상소는 항소와 상고가 있다(제357조, 제371조, 제372조).

㉯ **[결정]** 법원이 하는 종국전 재판의 원칙적 형식이다. 결정은 구두변론을 거치지 아니할 수 있고, 결정을 할 때 필요하면 사실을 조사할 수 있다(제37조 제2항·제3항). 상소를 불허하는 결정을 제외하고는 이유를 명시하여야 한다(제39조). 결정에 대한 상소는 항고와 재항고가 있다(제402조, 제415조).

㉰ **[명령]** 재판장·수명법관·수탁판사가 하는 재판의 형식을 말한다. 명령은 모두 종국전 재판이다. 다만, 약식명령은 '명령'이라는 명칭에도 불구하고 독립된 재판의 형식이다.

☑ **판결 vs 결정 vs 명령**

구분	판결	결정	명령
주체	법원	법원	법관 (재판장·수명법관· 수탁판사)

재판의 시기	종국재판(원칙)	종국전 재판(원칙)	종국전 재판
구두변론 요부	要(원칙)	不要	不要
재판의 방식	선고 (공판정에서 구술의 방식)	고지 (적당한 방식)	고지 (적당한 방식)
재판서 요부	재판서 要	재판서 不要, 조서에만 기재하여 할 수 있음	재판서 不要, 조서에만 기재하여 할 수 있음
이유명시 요부	要	① 要(상소가 허용되는 결정) ② 不要(상소가 허용되지 않 는 결정)	不要
불복의 방법	항소, 상고	항고, 재항고	× (이의신청, 준항고는 상소가 아님)

③ 내용에 의한 분류

㉮ [실체재판] 사건의 실체, 즉 실체적 법률관계를 판단하는 재판을 말한다. 유죄판결과 무죄판결이 여기에 해당한다. 실체재판은 모두 종국재판이며 판결의 형식에 의한다.

㉯ [형식재판] 사건의 실체가 아닌 절차적·형식적 법률관계를 판단하는 재판을 말한다. 종국전 재판은 모두 형식재판이며 종국재판 중에서 관할위반·공소기각·면소의 재판 등은 형식재판에 해당한다.

02 종국재판

📝 핵심개념 종국재판의 사유

구분	사유
유죄판결 (제321조)	범죄의 증명이 있는 때
무죄판결 (제325조)	① 피고사건이 범죄로 되지 않는 때 ② 범죄사실의 증명이 없는 때
면소판결 (제326조) [확·사·시· 폐지]	① 확정판결이 있는 때 ② 사면이 있는 때 ③ 공소의 시효가 완성되었을 때 ④ 범죄후의 법령개폐로 형이 폐지되었을 때
관할위반판결 (제319조)	피고사건이 법원의 관할에 속하지 아니한 때

공소기각판결 (제327조) [재·법·이·다· 고·의사]	① 피고인에 대하여 재판권이 없을 때 ② 공소제기의 절차가 법률의 규정을 위반하여 무효일 때 ③ 공소가 제기된 사건에 대하여 다시 공소가 제기되었을 때(이중기소) ④ 제329조(공소취소와 재기소 제한)를 위반하여 공소가 제기되었을 때(다시 기소) ⑤ 친고죄 사건에서 있어 고소가 취소되었을 때 ⑥ 반의사불벌죄 사건에서 처벌을 원하지 아니하는 의사표시를 하거나 처벌을 원하는 의사표시를 철회하였을 때
공소기각결정 (제328조 제1항) [취·사·경·포]	① 공소가 취소되었을 때 ② 피고인이 사망하거나 피고인인 법인이 존속하지 아니하게 되었을 때 ③ 제12조 또는 제13조의 규정에 의하여 재판할 수 없는 때(관할의 경합) [24 선택] ④ 공소장에 기재된 사실이 진실하다 하더라도 범죄가 될만한 사실이 포함되지 아니하는 때

1. 유죄판결

① **[의의]** 피고사건에 대하여 범죄의 증명이 있는 때에 선고하는 실체재판을 말한다.

② 유죄판결과 형의 선고

㉮ **[형을 선고하는 경우]** 피고사건에 대하여 범죄의 증명이 있는 때에는 형의 면제 또는 선고유예의 경우 외에는 판결로써 형을 선고하여야 한다(제321조 제1항). 형의 집행유예, 판결 전 구금의 산입일수, 노역장의 유치기간은 형의 선고와 동시에 판결로써 선고하여야 한다(동조 제2항).

㉯ **[형을 선고하지 않는 경우]** 피고사건에 대하여 범죄의 증명이 있지만 형을 선고하지 않는 경우로는 형의 면제와 선고유예가 있다(제321조 제1항). 피고사건에 대하여 형의 면제 또는 선고유예를 하는 때에는 판결로써 선고하여야 한다(제322조).

③ 유죄판결에 명시할 이유

㉮ **[의의]** 형의 선고를 하는 때에는 판결이유에 범죄될 사실, 증거의 요지와 법령의 적용을 명시하여야 한다(제323조 제1항). 법률상 범죄의 성립을 조각하는 이유 또는 형의 가중·감면의 이유되는 사실의 진술이 있은 때에는 이에 대한 판단을 명시하여야 한다(동조 제2항). 유죄판결을 선고하면서 판결이유에 이 중 어느 하나를 전부 누락한 경우에는 형사소송법 제383조 제1호에 정한 판결에 영향을 미친 법률위반으로서 파기사유가 된다(2013도13673). [24 선택]

㉯ **[범죄될 사실]** 구성요건에 해당하는 위법하고 유책한 구체적 사실을 말한다. 구성요건해당사실, 형의 가중·감면사유, 처벌조건, 누범전과 등은 명시하여야 하나 단순한 양형사유인 정상에 관한 사실은 명시할 필요가 없다.

㉰ **[증거의 요지]**

㉱ **[법령의 적용]** 법령의 적용은 어떤 범죄사실에 대하여 어떤 법령을 적용하였는가를 객관적으로 알 수 있도록 분명하게 기재할 것을 요하므로 형법 각칙의 각 본조와 처벌에 관한 규정을 명시하여야 한다. 또한 형법 총칙의 규정도 형사책임의 기초를 명백히 하기 위하여 중요한 규정은 이를 명시하여야 한다.

㉲ **[당사자의 주장에 대한 판단]** 법률상 범죄의 성립을 조각하는 이유(위법성조각사유 또는 책임조각사유에 해당하는 사실을 말한다) 또는 형의 가중·감면의 이유되는 사실의 진술이 있은 때에는 이에 대한 판단을 명시하여야 한다(제323조 제2항).

ⓑ 관련판례

　ⓧ [심신상실의 주장] 범행당시 술에 만취하였기 때문에 전혀 기억이 없다는 취지의 진술은 범행당시 심신상실의 상태에 있었다는 주장으로서 형사소송법 제323조 제2항 소정의 법률상 범죄의 성립을 조각하거나 형의 감면(저자 주 : 필요적 감면)의 이유가 되는 사실의 진술에 해당한다(89도2364).

　ⓛ [필요적 감면사유를 의미] 형사소송법 제323조(유죄판결에 명시될 이유) 제2항에서 '형의 가중, 감면의 이유되는 사실'이란 형의 **필요적 가중, 감면의 이유되는 사실**을 말하고 형의 감면이 법원의 재량에 맡겨진 경우, 즉 임의적 감면사유는 이에 해당하지 않는다(2017도14769). [24 변시]

2. 무죄판결

① [의의] 피고사건에 대하여 형벌권의 부존재를 확인하는 판결을 말한다.

② 무죄판결의 사유(제325조)

㉮ [피고사건이 범죄로 되지 않는 때] 공소사실 자체가 인정되더라도 법률상 범죄를 구성하지 않거나 위법성조각사유 또는 책임조각사유가 존재하여 범죄가 성립하지 않는 경우를 말한다.

> 관련판례 [제325조 전단의 무죄사유에 해당하는 경우] 재심이 개시된 사건에서 형벌에 관한 법령이 재심판결 당시 폐지되었더라도 **그 폐지가 당초부터 헌법에 위배**되어 효력이 없는 법령에 대한 것이었다면 형사소송법 제325조 전단에서 규정하는 '범죄로 되지 아니한 때'의 무죄사유에 해당한다(2016도14781).

㉯ [범죄사실의 증명이 없는 때] 공소사실에 관한 증거가 없는 경우, 공소사실에 관한 증거가 불충분한 경우, 자백에 대한 보강증거가 없는 경우가 이에 해당한다.

> 관련판례 [포괄일죄와 과형상 일죄의 일부가 무죄인 경우 판결주문의 표시 방법] 포괄일죄의 관계에 있는 공소사실에 대하여는 그 일부가 무죄로 판단되는 경우에도 이를 판결 주문에 따로 표시할 필요가 없으나 이를 판결 주문에 표시하였다 하더라도 판결에 영향을 미친 위법사유가 되는 것은 아니다(93도1512). [17 선택]

3. 면소판결

① [의의] 실체적 소송조건이 결여된 경우에 선고하는 종국재판이다. 면소판결은 형식재판임에도 불구하고 기판력(일사부재리효력)이 인정된다.

② 면소판결의 사유(제326조)

㉮ [확정판결이 있는 때(제1호)] 여기서 '확정판결'이란 기판력(일사부재리효력)이 인정되는 확정판결만을 의미한다. 유무죄의 실체재판뿐만 아니라 면소판결도 포함된다. 정식재판에서 선고된 경우는 물론 **약식명령 또는 즉결심판**도 확정판결에 포함된다. [13 선택]

㉯ [사면이 있은 때(제2호)] [면소판결의 사유가 되는 '사면'의 의미(일반사면)] 면소판결사유인 형사소송법 제326조 제2호의 '사면이 있은 때'에서 말하는 '사면'이란 일반사면을 의미할 뿐 형을 선고받아 확정된 자를 상대로 이루어지는 특별사면은 여기에 해당하지 않는다(全 2011도1932). [21 · 17 · 16 선택]

㉰ [공소의 시효가 완성되었을 때(제3호)] 공소제기시 이미 시효가 완성된 경우를 말한다. 공소제기 후 판결의 확정 없이 25년이 경과하면 공소시효가 완성한 것으로 간주하므로 이 경우에도 면소판결을 선고해야 한다(제249조 제2항).

㉔ **[범죄 후의 법령개폐로 형이 폐지되었을 때(제4호)]** 종전 합헌결정일 이전의 범죄행위에 대하여 재심개시결정이 확정되었는데 그 범죄행위에 적용될 법률 또는 법률의 조항이 위헌결정으로 헌법재판소법 제47조 제3항 단서에 의하여 종전 합헌 결정일의 다음 날로 소급하여 효력을 상실하였다면 범죄행위 당시 유효한 법률 또는 법률의 조항이 그 이후 폐지된 경우와 마찬가지이므로 법원은 형사소송법 제326조 제4호에 해당하는 것으로 보아 면소판결을 선고하여야 한다(2019도15167).

4. 관할위반판결

피고사건이 법원의 관할에 속하지 아니한 때에는 판결로서 관할위반의 선고를 하여야 한다(제319조 제1항). 이를 관할위반판결이라 한다. 관할위반의 판결은 관할권이라는 형식적 소송조건이 결여된 경우에 내려지는 형식재판이며 또한 종국재판이다.

5. 공소기각판결

① **[의의]** 공소기각결정과 함께 관할권 이외의 형식적 소송조건이 결여된 경우에 내려지는 형식재판이며 또한 종국재판이다. 공소기각의 판결사유는 소송조건의 흠결이 상대적으로 중대하지 않고 그 흠결의 발견이 용이하지 않아 변론을 열 필요가 있다고 인정되는 경우이다. 공소기각판결에 대하여는 항소 및 상고가 인정된다.

② 공소기각판결의 사유(제327조)

㉮ **[피고인에 대하여 재판권이 없는 때(제1호)]** 치외법권을 갖는 외국원수가 그 예이다.

㉯ **[공소제기의 절차가 법률의 규정에 위반하여 무효인 때(제2호)]** 이는 일반조항적 성격을 가지고 있는 것으로 이에 해당하는 것은 다음과 같다. [18·17·16·15·14 선택]

> ㉠ 면책특권에 해당하는 사항에 대하여 공소를 제기한 경우
> ㉡ 성명모용 또는 위장출석으로 피고인이 특정되지 않은 경우
> ㉢ 검사가 공소장변경허가신청서를 공소장에 갈음하는 것으로 구두진술한 경우
> ㉣ 보험이 가입되어 있음에도 교통사고처리특례법위반죄(일부 범죄 제외)로 공소를 제기한 경우
> ㉤ 범의유발형 함정수사에 의하여 공소를 제기한 경우
> ㉥ 친고죄나 전속고발범죄에 있어 고소·고발을 받지 않고 공소를 제기한 경우
> ㉦ 반의사불벌죄에서 피해자가 처벌을 원하지 않는데도 공소를 제기한 경우
> ㉧ 공소권남용이 있는 경우
> ㉨ 검사의 기명날인 또는 서명이 없는 공소장에 의하여 공소를 제기한 경우
> ㉩ 공소사실이 특정되지 아니한 경우
> ㉪ 공소장일본주의에 위반하여 공소를 제기한 경우

관련판례 [공소기각판결의 사유가 되지 않는 경우(공소제기의 절차 자체가 위법하지 않은 경우)] 불법연행 등 각 위법사유가 사실이라고 하더라도 그 위법한 절차에 의하여 수집된 증거를 배제할 이유는 될지언정 공소제기의 절차 자체가 위법하여 무효인 경우에 해당한다고 볼 수 없다(90도1586).

㉰ **[공소가 제기된 사건에 대하여 다시 공소가 제기되었을 때(제3호)]** 동일사건에 대하여 '동일법원'에 '별개의 공소장에 의하여' 다시 공소가 제기된 것(**이중기소**)을 말한다. 이중기소의 경우 두 번째의 공소제기는 심판의 이익이 없어 공소기각판결의 사유가 된다.

[이중기소에 해당하는 경우] 검사가 일단 상습사기죄로 공소제기한 후 그 공소의 효력이 미치는 위 기준시까지의 사기행위 일부를 별개의 독립된 상습사기죄로 공소제기를 하는 것은 비록 그 공소사실이 먼저 공소제기를 한 상습사기의 범행 이후에 이루어진 사기 범행을 내용으로 한 것일지라도 공소가 제기된 동일사건에 대한 이중기소에 해당되어 허용될 수 없다(2004도3331). [14 사례]

㉣ [제329조의 규정에 위반하여 공소가 제기되었을 때(제4호)] 공소취소에 의한 공소기각의 결정이 확정된 때에는 공소취소 후 그 범죄사실에 대한 다른 중요한 증거를 발견한 경우에 한하여 다시 공소를 제기할 수 있는데(제329조) 이에 위반하여 다른 중요한 증거를 발견하지 않고 다시 공소제기를 한 경우에는 법원은 공소기각판결을 선고해야 한다.

㉤ [고소가 있어야 죄를 논할 사건에 대하여 고소의 취소가 있은 때(제5호)] 이는 친고죄에 있어 피해자가 **공소제기 후** 제1심 판결선고 전에 고소를 취소한 경우를 말한다.

㉥ [피해자의 명시한 의사에 반하여 죄를 논할 수 없는 사건에 대하여 처벌을 희망하지 아니하는 의사표시가 있거나 처벌을 희망하는 의사표시가 철회되었을 때(제6호)] 이는 반의사불벌죄에 있어 피해자가 **공소제기 후** 제1심 판결선고 전에 처벌희망 의사표시를 철회하거나 처벌불원 의사표시를 한 경우를 말한다.

6. 공소기각결정

공소기각결정이란 공소기각판결과 함께 관할권 이외의 형식적 소송조건이 결여된 경우에 내려지는 형식재판이며 또한 종국재판이다. 공소기각의 결정사유는 절차상의 하자가 중대하고 명백하여 변론을 열 필요가 없다고 인정되는 경우이다. 공소기각결정에 대하여 즉시항고할 수 있다(제328조 제2항).

03 재판의 확정과 효력

📝 **핵심개념**

1. 재판의 확정

① [의의] 재판이 통상의 불복방법에 의해서는 다툴 수 없게 되어 그 내용을 변경할 수 없는 상태를 재판의 확정이라고 한다.

② 재판의 확정시기

㉮ [불복신청이 허용되지 않는 재판] 대법원의 재판(판결 또는 결정)에 대해서는 불복이 허용되지 아니하므로 이 재판은 선고 또는 고지와 동시에 확정된다.

㉯ 불복신청이 허용되는 재판

㉠ [불복신청기간의 경과] 불복신청기간이 경과하면 재판은 확정된다. 제1심 또는 제2심판결은 상소제기기간인 7일이 경과하면 확정되고, 약식명령 또는 즉결심판은 정식재판청구기간인 7일이 경과하면 확정된다. 다만 즉시항고가 허용되는 결정은 7일이 경과하면 확정된다. 보통항고가 허용되는 결정은 항고기간의 제한이 없으므로 그 결정을 취소하여도 실익이 없게 된 때에 확정된다.

ⓒ [불복신청의 포기 또는 취하] 재판은 그에 대한 상소 등의 불복신청의 포기 또는 취하에 의하여 확정된다.

ⓒ [불복신청을 기각하는 재판의 확정] 재판은 그에 대한 불복신청을 기각하는 재판(상소기각판결·결정 또는 정식재판청구기각결정 등)의 확정에 의하여 확정된다.

2. 재판의 확정력
① 형식적 확정력
㉮ [의의] 재판이 통상의 불복방법에 의해서는 다툴 수 없는 상태를 형식적 확정이라고 하고, 재판의 형식적 확정에 의한 불가쟁적 효력과 불가변적 효력을 형식적 확정력이라고 한다. 재판이 형식적으로 확정되면 당사자도 더 이상 불복하지 못하고 법원도 이를 취소·변경할 수 없다.

㉯ [형식적 확정력이 인정되는 재판] 형식적 확정력은 종국재판이건 종국전 재판이건, 실체재판이건 형식재판이건 불문하고 모든 재판에 대해서 발생한다.

㉰ [형식적 확정력의 효과] 재판이 형식적으로 확정되면 당해 사건에 대한 소송계속이 종결되고, 그 시점이 재판집행의 기준이 된다(제459조). 형식적 확정력은 실질적 확정력을 인정하기 위한 전제가 된다.

② 내용적(실질적) 확정력
㉮ [의의] 재판이 형식적으로 확정되면 그 의사표시적 내용이 확정되는데 이를 내용적 확정이라고 하고, 재판의 내용적 확정에 의하여 재판의 판단내용인 일정한 법률관계가 확정되는 효력을 내용적(실질적) 확정력이라고 한다.

㉯ [내용적(실질적) 확정력이 인정되는 재판] 내용적 확정력은 종국재판이건 종국전 재판이건, 실체재판이건 형식재판이건 불문하고 모든 재판에 대해서 발생한다.

㉰ 내용적(실질적) 확정력의 효과
㉠ [대내적 효과(집행력)] 재판이 확정되면 집행력이 발생하고 재판이 유죄판결인 경우 형벌집행권이 발생한다. 물론 무죄판결의 경우에는 집행력이 발생하지 않는다. 이를 내용적 확정력의 대내적 효과라고 한다.

㉡ [대외적 효과] 재판이 확정되면 후소법원으로 하여금 동일한 사정과 동일한 사항에 대하여 전소법원의 재판과 다른 판단을 할 수 없도록 하는 효과가 발생하다. 이를 내용적 구속력이라고 한다. 내용적 구속력은 실체재판은 물론 형식재판에 대해서도 발생한다.

㉢ [(면소판결을 제외한) 형식재판 확정의 대외적 효과] 관할위반의 판결, 공소기각의 판결이나 결정 등 형식재판이 확정되면 후소법원은 '동일한 사정' 및 동일한 사항에 대해서는 다른 판단을 할 수 없다. 따라서 사정변경이 있는 경우에는 다른 판단을 할 수 있다. 예컨대 친고죄에 있어서 고소가 없음을 이유로 공소기각의 판결이 확정되었다고 하더라도 후에 적법한 고소가 있게 되면 다시 공소를 제기하는 것이 허용된다.

㉣ [실체재판과 면소판결 확정의 대외적 효과] 재판 중에서 유죄나 무죄의 실체재판과 면소판결이 확정되면 동일한 사건에 대해서 후소법원의 심리·판단이 금지되는 효과가 발생하는데 이를 기판력 또는 일사부재리효력이라고 한다.

1. 기판력(일사부재리효력)
① [의의] 실체재판과 면소판결이 내용적으로 확정되면 대외적으로 후소법원의 심리·판단이 금지되는 효과가 발생하는데 이를 특히 고유한 의미의 기판력 또는 일사부재리효력이라고 한다.

② **[기판력 또는 일사부재리효력의 효과]** 모든 국민은 동일한 범죄에 대하여 거듭 처벌받지 아니한다(헌법 제13조 제1항). 이는 일사부재리원칙을 선언한 것이며 또한 기판력의 내용을 이룬다. 따라서 실체재판과 면소판결이 확정된 경우 수사기관은 그 사건에 대해 다시 수사할 수 없고, 설사 수사를 하여 공소제기를 하더라도 법원은 면소판결을 선고해야 한다(제326조 제1호).

③ 기판력이 발생하는 재판의 종류

구분	내 용
기판력이 인정되는 경우	㉠ 실체재판 　　ⓐ 유죄판결 　　ⓑ 무죄판결 ㉡ 면소판결 ㉢ 약식명령 및 즉결심판 ㉣ 통고처분에 따른 범칙금 납부(도로교통법, 조세범처벌절차법, 경범죄처벌법)
기판력이 인정되지 않는 경우	㉠ 관할위반판결 및 공소기각재판 [16 선택] ㉡ 불기소처분 ㉢ 소년보호처분(판례) [16 선택] ㉣ 외국판결

관련판례 [재심판결의 기판력] [1] 재심심판절차에서는 특별한 사정이 없는 한 검사가 재심대상사건과 별개의 공소사실을 추가하는 내용으로 공소장을 변경하는 것은 허용되지 않고, 재심대상사건에 일반 절차로 진행 중인 별개의 형사사건을 병합하여 심리하는 것도 허용되지 않는다.

[2] 상습범으로 유죄의 확정판결(이하 앞서 저질러 재심의 대상이 된 범죄를 '선행범죄'라 한다)을 받은 사람이 그 후 동일한 습벽에 의해 범행을 저질렀는데(이하 뒤에 저지른 범죄를 '후행범죄'라 한다) 유죄의 확정판결에 대하여 재심이 개시된 경우, 동일한 습벽에 의한 후행범죄가 재심대상판결에 대한 재심판결 선고 전에 저질러진 범죄라 하더라도 재심판결의 기판력은 후행범죄에 미치지 않는다(全 2018도20698).

④ 기판력의 효력범위

㉮ **[기판력의 주관적 범위]** 기판력은 확정판결을 받은 피고인에 대해서만 발생한다. 따라서 공동피고인 중 1인에 대한 확정된 판결의 효력(기판력)은 다른 공동피고인에 대하여는 미치지 않는다.

㉯ 기판력의 객관적 범위

㉠ 기판력은 법원의 현실적 심판의 대상인 공소장에 기재된 범죄사실은 물론이고 그 **[공소사실과 동일성이 인정되는 사실]**의 전부에 미친다.

㉡ **[포괄일죄나 과형상 일죄(상상적 경합범)]**의 일부에 대한 확정판결의 기판력도 그와 동일성이 인정되는 나머지 범죄사실 전부에 미치게 된다(2008도5634). [23·17·12 선택]

㉢ **[수죄인 실체적 경합]**의 경우 일죄에 대한 기판력은 나머지 범죄사실에 대하여 미치지 않는다.

ⓔ 관련판례

ⓐ ['범죄사실의 동일성'의 판단기준(두개의 공소사실이 양립할 수 있는지 여부)] 확정된 판결의 공소사실과 공소가 제기된 공소사실 간에 그 일시만 달리하는 경우, 사안의 성질상 두 개의 공소사실이 양립할 수 있다고 볼 사정이 있는 경우에는 그 기본인 사회적 사실을 달리할 위험이 있다 할 것이므로 기본적 사실은 동일하다고 볼 수 없다 할 것이지만, 일방의 범죄가 성립되는 때에는 타방의 범죄의 성립은 인정할 수 없다고 볼 정도로 양자가 밀접한 관계에 있는 경우에는 양자의 기본적 사실관계는 동일하다고 봄이 상당하다(2010도3950). [13 사례]

ⓑ [위증죄의 포괄일죄] 당해 위증 사건의 허위 진술 일자와 같은 날짜에 한 다른 허위진술로 인한 위증 사건에 관한 판결이 확정되었다면, 비록 종전 사건 공소사실에서 허위의 진술이라고 한 부분과 당해 사건 공소사실에서 허위의 진술이라고 한 부분이 다르다 하여도, 종전 사건의 확정판결의 기판력은 당해 사건에도 미치게 되어 당해 위증죄 부분은 면소되어야 한다(97도3340). [13 선택]

ⓒ 쟁점 061 상습범으로서 포괄일죄의 관계에 있는 여러 범행 중 일부에 대하여 확정판결이 있는 경우에 그 확정판결의 사실심 선고 전의 나머지 범죄에 기판력이 미치기 위한 요건***[18 사례] [16 법사]

【CASE】
사건을 송치받은 검사는 甲의 위 내기 골프 사실을 밝혀내고 기존 사건에 도박죄를 병합하여 기소하였다. 만일 甲의 위 도박죄에 대하여 유죄판결이 확정되었는데, 검사가 위 도박죄 범행 이전의 내기골프 도박 범행 10회와 위 도박죄 확정판결 이후의 내기골프 도박 범행 3회를 추가 수사한 후 상습도박죄로 기소하고, 공판심리 결과 甲에게 상습성이 인정된 경우 법원이 취할 수 있는 조치는?

【제7회 변호사시험 제2문】

🔍 쟁점연구

1. 문제점
상습범으로서 포괄적 일죄의 관계에 있는 여러 개의 범죄사실 중 일부에 대하여 유죄판결이 확정된 경우에, 그 확정판결의 사실심판결 선고 전에 저질러진 나머지 범죄에 대하여 새로이 공소가 제기되었다면 그 새로운 공소는 확정판결이 있었던 사건과 동일한 사건에 대하여 다시 제기된 데 해당하므로 이에 대하여는 판결로써 면소의 선고를 하여야 하는지 별개의 범죄로 보아 각각 형을 선고할 것인지 문제된다.

2. 학설 및 판례
① [면소판결설(전합의 소수견해)] 포괄일죄인 상습범행의 일부에 관하여 유죄의 확정판결이 있다면 기본 구성요건의 범죄로 처벌된 것인가, 상습범으로 처벌된 것인가에 따라 기판력이 미치는 범위가 달라진다고 볼 수 없으므로 면소판결을 선고해야 한다.

② [실체판결설(전합의 다수견해)] 상습범으로서 포괄적 일죄의 관계에 있는 여러 개의 범죄사실 중 일부에 대하여 상습범으로 유죄판결이 확정된 경우에는 그 확정판결의 기판력이 사실심판결 선고 전에 저질러진 나머지 범죄에 대하여 미치나, 상습범 아닌 기본 구성요건의 범죄로 확정판결을 받은 경우에는 그 기판력은 사실심판결 선고 전의 나머지 범죄에 미치지 아니한다(대판(全) : 2001도3206 다수견해 참고). [23·20·18·16·14 선택] [23 법선]

3. 검토

확정판결의 기판력이 미치는 범위를 정함에 있어서는 그 확정된 사건 자체의 범죄사실과 죄명을 기준으로 하는 것이 원칙이고 비상습범으로 기소되어 판결이 확정된 이상, 그 사건의 범죄사실이 상습범 아닌 기본 구성요건의 범죄라는 점에 관하여 이미 기판력이 발생하였다고 보아야 할 것이며, 뒤에 드러난 다른 범죄 사실이나 그 밖의 사정을 부가하여 전의 확정판결의 효력을 검사의 기소내용보다 무거운 범죄유형인 상습 범에 대한 판결로 바꾸어 적용하는 것은 형사소송의 기본원칙에 비추어 적절하지 않으므로 실체판결설(다 수견해)이 타당하다.

【사례해설】

사안에서 단순도박죄의 확정판결의 기판력은 내기골프 도박 범행 10회에 대하여 기판력이 미치지 않으므로 이에 대하여 면소판결을 선고할 수 없고 甲에게 상습성이 인정되므로 단순도박죄의 확정판결의 전후에 걸쳐서 행하여진 도박 범행 10회와 도박 범행 3회는 상습도박죄의 포괄일죄에 해당한다. 따라서 법원은 甲에게 (도박의 사실에 대하여 유죄가 입증되는 경우) 상습도박죄에 대하여 하나의 형을 선고하여야 한다.

④ 기판력의 시적 범위

㉠ [사실심(제1심과 제2심)] 기판력의 기준시점은 **사실심리가 가능한 최종적인 시점인 판결선고시**이다.

㉡ [사후심(제3심)] 사후심에 해당하는 제3심(상고심)은 원심판결인 항소심까지의 소송자료만을 기초로 삼아 원심판결의 당부를 판단하므로 일반적으로 항소심 판결선고시가 기판력의 시간적 표준이 된다.

㉢ **관련판례[확정판결의 기판력이 미치는 시간적 효력범위(재판시, 즉 판결선고시, 항소기각결정시 또는 약식명령 발령시까지 행한 범죄에 미침)]**

ⓐ [포괄일죄의 관계에 있는 범행 일부에 대하여 판결이 확정된 경우(사실심 판결선고시)] (2013도 11649) [24 · 23 · 20 선택]

ⓑ [약식명령이 확정된 경우(약식명령 발령시)] (2013도4737) [24 · 17 · 16 · 14 선택] [23 법사]

ⓒ [항소이유서를 제출하지 아니하여 결정으로 항소가 기각된 경우(항소기각 결정시)] (93도836) [23 선택] [23 · 21 법선] [19 법사]

ⓓ [확정판결 내지 약식명령의 기판력이 상상적 경합관계의 다른 죄에 미치는지 여부] 사실심 판결선고시 또는 약식명령 발령시를 기준으로 이전에 이루어진 범행이 포괄일죄의 일부에 해당할 뿐만 아니라 상상적 경합관계에 있는 다른 죄에 해당하는 경우, 확정된 판결 내지 약식명령의 기판력은 상상적 경합관계에 있는 다른 죄에 대하여도 미친다(2020도3705). [24 선택]

⑤ 확정판결의 효력에 의한 포괄일죄의 분리 여부

㉮ [두죄로 분리되는 경우] 공소제기된 범죄사실과 추가로 발견된 범죄사실 사이에 그것들과 동일한 습벽에 의하여 저질러진 또다른 범죄사실에 대한 상습범의 유죄의 확정판결이 있는 경우에는 전후 범죄사실의 일죄성은 그에 의하여 분단되어 공소제기된 범죄사실과 판결이 확정된 범죄사실만이 포괄하여 하나의 상습범을 구성하고, 추가로 발견된 확정판결 후의 범죄사실은 그것과 경합범 관계에 있는 별개의 상습범이 되므로, 검사는 공소장변경절차에 의하여 이를 공소사실로 추가할 수는 없고 어디까지나 별개의 독립된 범죄로 공소를 제기하여야 한다(99도2744). [22 · 16 · 14 · 12 선택]

④ 두죄로 분리되지 않는 경우

　㉠ **[동종의 단순범에 관한 확정판결이 있는 경우]** 상습사기의 범행이 **단순사기죄**의 확정판결의 전후에 걸쳐서 행하여진 경우에는 그 죄는 두 죄로 분리되지 않고 확정판결 후인 최종의 범죄행위시에 완성되는 것이다(2010도1939). [16 선택] [18 사례]

　㉡ **[이종의 죄에 관한 확정판결이 있는 경우]** 포괄일죄로 되는 개개의 범죄행위가 **다른 종류의 죄의** 확정판결의 전후에 걸쳐서 행하여진 경우에는 그 죄는 2죄로 분리되지 않고 확정판결 후인 최종의 범죄행위시에 완성되는 것이다(2015도7081). [15 선택]

2. 기판력의 효과

① **[공소제기 전]** 피의사건에 대하여 이미 확정판결(기판력)이 있는 경우 검사는 공소권 없음을 이유로 불기소처분을 하여야 한다.

② **[공소제기 후]** 피고사건과 동일성이 인정되는 범죄사실에 대하여 확정판결(기판력)이 있는 경우 법원은 면소판결을 하여야 한다.

제6편
상소 및 특별절차

제1장 | 상소

01 상소 통칙

📝 핵심개념 상소의 의의와 종류

1. 상소의 의의
① [상소의 개념] 법원의 미확정 재판에 대하여 상급법원에 불복구제를 신청하는 제도를 말한다. 상소제도는 오판을 시정하고 법령의 해석 및 적용을 통일하는 기능을 한다.
② 구별개념
㉮ 상소란 법원의 재판에 대한 불복이라는 점에서, 재판장·수명법관의 명령 또는 수사기관의 처분에 대한 준항고(제416조, 제417조)는 상소가 아니다. 또한 법원의 재판이 아닌 검사의 불기소처분에 대한 불복수단인 검찰항고·재정신청 등도 상소가 아니다.
㉯ 상소란 미확정 재판에 대한 불복이라는 점에서 확정재판에 대한 비상구제절차인 재심(제420조), 비상상고(제441조), 상소권회복청구(제345조)는 상소가 아니다.
㉰ 상소는 상급법원에 대한 불복이라는 점에서 동일심급 법원에 불복하는 이의신청(제296조)이나 약식명령·즉결심판에 대한 정식재판청구(제453조, 즉심법 제14조)는 상소가 아니다.

2. 상소의 종류
① [판결에 대한 상소] 판결에 대한 상소는 항소와 상고가 있다. 항소란 제1심 판결에 대하여 제2심에 불복하는 상소이고(제357조), 상고란 제2심 판결에 대하여 제3심에 불복하는 상소이다(제371조). 비약적 상고란 제1심 판결에 대하여 제2심을 생략하고 곧바로 제3심에 불복하는 상소이다(제372조).
② [결정에 대한 상소] 결정에 대한 상소는 항고와 재항고가 있다. 항고란 제1심 결정에 대하여 제2심에 불복하는 상소이고(제402조), 이에는 즉시항고와 보통항고가 있다. 재항고란 제2심 결정에 대하여 제3심에 불복하는 상소이고(제415조), 이는 언제나 즉시항고이다. 재항고는 특별항고라고도 한다.

제1심		제2심		제3심
지방법원(지원) 단독판사	판결 (항소) → 결정 (항고)	지방법원본원 합의부	판결 (상고) → 결정 (재항고)	대법원
지방법원(지원) 합의부	판결 (항소) → 결정 (항고)	고등법원	판결 (상고) → 결정 (재항고)	대법원

Ⅰ. 상소권

1. 상소권자

① [**고유의 상소권자**] 검사와 피고인은 당사자로서 당연히 상소권을 가진다(제338조 제1항). 검사 또는 피고인 아닌 자가 결정을 받은 때에는 항고할 수 있다(제339조). 과태료 결정을 받은 증인·감정인(제151조, 제177조), 소송비용부담의 결정을 받은 피고인 이외의 자(제192조), 보석보증금 몰수결정을 받은 피고인 이외의 자(제103조) 등이 여기에 해당한다.

② [**상소대리권자**] 피고인의 법정대리인(제340조), 피고인의 배우자·직계친족·형제자매 또는 원심의 대리인이나 변호인은 피고인을 위하여 상소할 수 있다(제341조 제1항).

③ [**상소대리권자의 상소권의 법적 성질**] 상소대리권자의 상소권은 독립대리권이다. 따라서 피고인의 상소권이 소멸된 후에는 변호인도 상소할 수 없다.

> 관련판례 [피고인의 상소권이 소멸된 뒤에 변호인이 상소를 제기할 수 있는지 여부(소극)] 형사소송법 제341조 제1항에 '원심의 변호인은 피고인을 위하여 상소할 수 있다' 함은 변호인에게 고유의 상소권을 인정한 것이 아니고 피고인의 상소권을 대리하여 행사하게 한 것에 불과하므로 변호인은 피고인의 상소권이 소멸된 후에는 상소를 제기할 수 없다(98도253).

2. 상소권의 발생·소멸·회복

① [**상소권의 발생**] 상소권은 상소가 허용되는 재판의 선고 또는 고지에 의하여 발생한다.

② 상소권의 소멸

㉮ [**상소기간의 경과**] 상소기간이 경과하면 상소권은 소멸한다.

㉯ [**상소의 포기와 취하**] 상소권자가 상소제기 기간 내에 상소를 포기하거나 일단 제기한 상소를 취하한 때에는 상소권은 소멸한다(제349조).

③ 상소권의 회복

㉮ [**의의**] 상소할 수 있는 자는 자기 또는 대리인이 책임질 수 없는 사유로 인하여 상소의 제기기간 내에 상소를 하지 못한 때에는 상소권회복의 청구를 할 수 있다(제345조).

㉯ [**상소권회복의 사유**] 상소권자의 책임질 수 없는 사유로 상소제기기간을 준수하지 못하여 상소권이 소멸한 경우이다.

㉰ 관련판례

　㉠ [상소포기가 무효인 경우 상소권회복청구를 할 수 있는지 여부] ⅰ) [상소제기기간 도과 전] 상소권을 포기한 후 상소제기기간이 도과하기 전에 상소포기의 효력을 다투면서 상소를 제기한 자는 원심 또는 상소심에서 그 상소의 적법 여부에 대한 판단을 받으면 되고, 별도로 상소권 회복청구를 할 여지는 없다. ⅱ) [상소제기기간 도과 후] 상소권을 포기한 후 상소제기기간이 도과한 다음에 상소포기의 효력을 다투는 한편 자기 또는 대리인이 책임질 수 없는 사유로 인하여 상소제기기간 내에 상소를 하지 못하였다고 주장하는 사람은 상소를 제기함과 동시에 상소권회복청구를 할 수 있다(2003모451). [22 법선]

ⓒ [**상소권회복의 사유가 될 수 있는 경우**(상소기간 도과에 귀책사유가 없는 경우)] 공시송달의 방법
으로 피고인이 불출석한 가운데 공판절차가 진행되고 판결이 선고되었으며, 피고인으로서는 공소장부
본 등을 송달받지 못한 관계로 공소가 제기된 사실은 물론이고 판결선고 사실에 대하여 알지 못한 나머
지 항소기간 내에 항소를 제기하지 못한 경우, 피고인이 자기 또는 대리인이 책임질 수 없는 사유에 해
당한다(2006모691).

㉑ [**상소권회복의 청구**] 상소권회복청구권자는 고유의 상소권자와 상소대리권자이다(제345조). 상소권
회복청구는 상소를 제기할 수 없었던 사유가 해소된 날부터 상소 제기기간에 해당하는 기간 내에 '상소
제기와 동시에' '서면으로' '원심법원에' 제출하여야 한다(제346조 제1항·제3항). [21 법선] 상소권
회복을 청구할 때에는 제345조의 책임질 수 없는 사유를 소명하여야 한다(제346조 제2항).

㉒ 상소권회복의 청구에 대한 재판

㉠ 상소권회복청구를 받은 법원은 청구의 허부에 관한 결정을 하여야 한다(제347조 제1항). 이 결정
에 대하여는 즉시항고를 할 수 있다(동조 제2항).

ⓒ 법원은 이 결정을 할 때까지 재판의 집행을 정지하는 결정을 할 수 있다(제348조 제1항).

[관련판례] [제1심판결에 대하여 검사의 항소에 의한 항소심판결이 선고된 후 피고인이 동일한 제1심
판결에 대하여 항소권 회복청구를 하는 경우, 법원이 취할 조치(기각결정)] 항소심판결이 선고되면
제1심판결에 대한 항소권이 소멸되어 제1심판결에 대한 항소권 회복청구와 항소는 적법하다고 볼 수
없다. 제1심판결에 대하여 검사의 항소에 의한 항소심판결이 선고된 후 피고인이 동일한 제1심판결에
대하여 항소권 회복청구를 하는 경우, 이는 적법하다고 볼 수 없어 형사소송법 제347조 제1항에 따라
결정으로 이를 기각하여야 한다(2016모2874).

Ⅱ. 상소의 이익

1. 의의

원심재판이 당사자의 법적 이익을 침해하고 있고 이를 시정할 필요가 있는 경우에만 상소가 허용이 되
는데 이를 상소의 이익이라고 한다.

2. 상소의 이익의 판단

① 검사의 상소의 이익

㉑ [**원칙**] 검사도 상소권자이므로 검사가 상소하는 경우에도 당연히 상소의 이익이 있어야 한다.

㉒ [**피고인에게 불이익한 상소**] 검사는 피고인의 반대당사자이고 공익의 대표자로서 피고인에게 불이익
한 상소를 당연히 제기할 수 있다.

㉓ [**피고인의 이익을 위한 상소**] 검사는 공익의 대표자로서 법령의 정당한 적용을 법원에 청구할 권한과
의무가 있으므로 피고인의 이익을 위한 상소도 제기할 수 있다.

[관련판례] [재판의 이유만을 다투어 상소하는 경우, 상소의 이익이 있는지 여부(소극)] 불복은 재판
의 주문에 관한 것이어야 하고 재판의 이유만을 다투기 위하여 상소하는 것은 허용되지 않는다(92모
21). [21 법선]

② 피고인의 상소의 이익

㉮ [원칙] 피고인은 원심재판이 자기에게 불리한 경우에 그를 유리하게 변경하기 위해서 상소를 할 수 있다. 상소의 이익의 판단은 법익박탈의 대소라는 객관적인 표준을 기준으로 한다(다수설).

> **관련판례** [피고인의 상소의 이익이 없는 경우] 피고인의 상소는 불이익한 원재판을 시정하여 이익된 재판을 청구함을 그 본질로 하는 것이어서 재판이 자기에게 불이익하지 아니하면 이에 대한 상소권을 가질 수 없다(2012도11200).

㉯ 유죄판결에 대한 상소

　㉠ 형선고 판결은 피고인에게 가장 불리한 판결이므로 무죄를 주장하거나 경한 형의 선고를 구하는 경우 상소의 이익이 있다.

　㉡ 형면제판결과 선고유예판결에 대하여도 무죄를 주장하는 경우 상소의 이익이 있다.

　㉢ 피고인 또는 변호인에게 상소의 이익이 없는 경우(피고인이 불이익한 사실을 주장하며 상소하는 경우)

　　ⓐ 포괄일죄가 아니라 실체적 경합범에 해당한다는 것을 상고이유로 하는 경우(2013도7219)

　　ⓑ 누범가중을 하지 않은 것이 위법하다는 것을 상고이유로 하는 경우(94도1591)

㉰ [무죄판결에 대한 상소] 법익의 박탈이 없는 무죄판결은 피고인에게 가장 유리한 판결이므로 피고인에게 상소의 이익이 인정되지 아니한다(2012도11200).

㉱ [면소·관할위반·공소기각 재판에 대한 상소] 유죄판결의 위험으로부터 벗어나는 것이므로(예 공소시효의 완성, 공소기각의 재판) 그 재판은 피고인에게 불이익한 재판이라고 할 수 없어 상소의 이익이 인정되지 아니한다(2007도6793). [17 선택] [21 사례]

> **관련판례** [면소판결에 대하여 예외적으로 피고인에게 상소의 이익이 있는 경우(무죄가 선고되었어야 함에도 면소판결이 선고된 경우)] ⅰ) **(원칙 : 상소이익 없음)** 면소판결에 대하여 무죄판결인 실체판결이 선고되어야 한다고 주장하면서 상고할 수 없는 것이 원칙이다. [15 선택] ⅱ) **(예외 : 무죄가 선고되었어야 함에도 면소판결이 선고된 경우 상소이익 있음)** 형벌에 관한 법령이 헌법재판소의 위헌결정으로 인하여 소급하여 그 효력을 상실하였거나 법원에서 위헌·무효로 선언된 경우 피고인에게 무죄의 선고를 하여야 하므로 면소를 선고한 판결에 대하여 상고가 가능하다(全 2010도5986).

㉲ [항소기각판결에 대한 상고] 제1심판결에 대하여 피고인이 항소를 제기하였으나, 항소기각판결을 받은 경우 이에 대하여 피고인은 상고를 제기할 상소의 이익이 인정된다.

> **관련판례** [항소를 포기한 피고인이 검사의 항소에 대한 항소기각판결에 대하여 상소의 이익이 있는지의 여부] 제1심 유죄판결에 대하여 피고인은 항소권을 포기하고 검사만이 양형부당을 이유로 항소를 하였으나 이유 없다고 기각한 항소심 판결은 피고인에게 불이익한 재판이 아니어서 피고인은 위 판결에 대하여 상소권이 없다(90도2619).

3. 상소의 이익이 없는 경우의 재판

① 상소의 이익이 없음이 상소장 기재에 의하여 명백한 때에는 '상소의 제기가 법률상의 방식에 위반한 것이 명백한 경우'이므로 원심법원 또는 상소법원은 **결정**으로 상소를 기각하여야 한다(제360조 제1항, 제362조 제1항, 제376조 제1항, 제381조). [21 사례]

② 상소의 이익이 없음이 상소의 이유를 검토하는 과정에서 나타나는 경우에는 **판결로서 상소를 기각하여야 한다**(제364조 제4항, 제399조).

Ⅲ. 상소의 제기와 포기, 취하

1. 상소의 제기

① [상소제기의 방식] 상소는 상소제기기간 내에 상소장을 원심법원에 제출함으로써 이루어진다(제343조 제1항, 제359조, 제375조, 제406조).

② 상소제기의 기간

㉮ [상소제기의 기간] 항소와 상고의 제기기간은 7일이고(제358조, 제374조), 즉시항고의 제기기간도 7일이다(제405조). 보통항고는 기간의 제한이 없으며 원심의 결정을 취소할 실익이 있는 한 언제든지 할 수 있다(제404조).

㉯ [상소제기기간의 기산일] 상소의 제기기간은 재판을 선고 또는 고지한 날로부터 진행된다(제343조 제2항). 상소제기기간의 초일은 산입되지 않으므로 상소기간의 기산일은 재판의 선고 또는 고지한 날의 익일이 된다(제66조 제1항 본문).

> 관련판례 [상소기간의 기준일(재판의 선고 또는 고지한 날)] 형사소송에 있어서는 판결등본이 당사자에게 송달되는지 여부에 관계없이 공판정에서 판결이 선고된 날로부터 상소기간이 기산되며 이는 피고인이 불출석한 상태에서 재판을 하는 경우에도 마찬가지이다(2002모6).

㉰ [재소자의 특칙] 교도소 또는 구치소에 있는 피고인이 상소제기기간 내에 상소장을 교도소장 등에게 제출한 때에는 상소제기기간 내에 상소한 것으로 간주한다(제344조 제1항).

③ 상소제기의 효과

㉮ [재판의 확정과 집행정지의 효력] 상소제기에 의하여 원칙적으로 재판의 확정과 그 집행이 정지된다. 재판확정의 정지효력은 상소에 의하여 언제나 발생하지만, 재판집행의 정지효력은 예외가 인정된다. 즉 항고는 즉시항고를 제외하고는 집행정지의 효력이 없고(제409조) 재산형의 가납판결은 상소제기에 의하여 그 집행이 정지되지 않는다(제334조 제3항).

㉯ [이심의 효력] 상소제기에 의하여 소송계속은 원심을 떠나 상소심으로 옮겨진다. 다만, 이심의 효력은 상소제기와 동시에 발생하는 것은 아니고 상소장·증거물·소송기록 등이 원심법원으로부터 상소법원에 송부된 때에 발생한다(다수설).

㉰ [상소와 구속에 관한 결정] 기록이 없는 상소법원에서 구속의 요건이나 필요성 여부에 대한 판단을 하여 피고인을 구속하는 것이 실질적으로 불가능하다는 점 등을 고려하면 항소한 피고인에 대하여 제1심 법원이 소송기록이 항소심 법원에 도달하기 전에 구속영장을 발부한 것은 적법하다(2007모460).

2. 상소의 포기·취하

① 의의

㉮ [상소의 포기] 상소권자가 상소기간 내에 법원에 대하여 상소권행사를 포기하는 의사표시를 하는 것을 말한다.

㉯ [상소의 취하] 상소권자가 일단 제기한 상소를 철회하는 것을 말한다.

② 상소의 포기 · 취하권자

㉮ [상소의 포기 · 취하권자] 검사와 피고인 및 항고권자는 상소의 포기 또는 취하를 할 수 있다(제349조 본문).

㉯ [상소의 포기 제한] 피고인 또는 상소대리권자는 사형 · 무기징역 · 무기금고가 선고된 판결에 대하여 는 상소의 포기를 할 수 없다(제349조 단서).

㉰ 상소의 포기 · 취하의 절차

　　㉠ 법정대리인이 있는 피고인이 상소의 포기 또는 취하를 할 때에는 법정대리인의 동의를 얻어야 한다. 다만, 법정대리인의 사망 기타 사유로 인하여 그 동의를 얻을 수 없는 때에는 예외로 한다(제350조).
　　㉡ 피고인의 법정대리인 기타 상소대리권자는 피고인의 동의를 얻어 상소를 취하할 수 있다(제351 조). 상소대리권자는 피고인의 동의를 얻더라도 상소를 포기할 수 없다.

③ 상소의 포기 · 취하의 시기와 방법

㉮ [시기] 상소의 포기는 상소제기기간 내이면 언제든지 할 수 있으며, 상소의 취하는 상소심의 종국판결 전까지 할 수 있다.

㉯ [방법] 상소의 포기 또는 취하는 서면으로 하여야 한다. 다만, 공판정에서는 구술로써 할 수 있다(제 352조 제1항). [16 선택]

㉰ [변호인의 상소취하의 방법(피고인의 동의를 요함, 구술동의는 명시적임을 요함)] 변호인의 상소취 하에 대한 피고인의 동의도 공판정에서 구술로써 할 수 있다. 다만 상소를 취하하거나 상소의 취하에 동의한 자는 다시 상소를 하지 못하는 제한을 받게 되므로 상소취하에 대한 피고인의 구술동의는 명시 적으로 이루어져야만 한다. 피고인의 변호인이 구술로써 항소를 취하한다고 진술하였으나 피고인이 아무런 의견도 진술하지 아니한 경우, 변호인의 항소 취하는 효력이 없다(2015도7821).

④ [상소의 포기 · 취하의 효력] 상소를 포기 또는 취하하면 상소권은 소멸되고 재판은 확정이 된다. 상소를 취하한 자 또는 상소의 포기나 취하에 동의한 자는 그 사건에 대하여 다시 상소를 하지 못한다(제354조).

Ⅳ. 일부상소

1. 의의

일부상소란 재판의 일부에 대한 상소를 말한다. 형사소송법은 "상소는 재판의 일부에 대하여 할 수 있 다(제342조 제1항)."라고 규정하여 일부상소를 허용하고 있다.

2. 일부상소의 허용범위

① [일부상소의 요건] 일부상소가 허용되기 위해서는 재판의 내용이 가분적이고 독립된 판결이 가능하여 야 한다. 따라서 판결의 대상이 된 사건이 ⅰ) 실체적 경합범 관계에 있어야 하고, ⅱ) 판결 주문의 분리 가능성이 있어야 한다. [17 · 12 사례]

② [일부상소가 허용되는 경우(주문이 수개인 경우)] 실체적 경합범 관계에 있는 수죄에 대하여 ㉠ 일부 는 유죄, 다른 일부는 무죄 · 면소판결 · 관할위반판결 · 공소기각재판이 선고된 경우 ㉡ 일부는 징역형, 다른 일부는 벌금형이 선고된 경우 ㉢ 전부에 대하여 무죄가 선고된 경우에 일부상소를 할 수 있다. 유 죄판결과 함께 선고된 배상명령에 대하여는 독립하여 즉시항고 할 수 있으므로 일부상소가 허용된다 (소촉법 제33조 제5항).

관련판례 [일부상소가 허용되는 경우] 경합범으로 동시에 기소된 사건에 대하여 일부 유죄, 일부 무죄의 선고를 하거나 일부의 죄에 대하여 징역형을, 다른 죄에 대하여 벌금형을 선고하는 등 판결주문이 수개일 때에는 1개의 주문에 포함된 부분을 다른 부분과 분리하여 일부상소를 할 수 있다(2009도2684). [17 선택]

③ 일부상소가 허용되지 않는 경우1)

㉮ [일죄의 일부] 경합범이 아닌 단순일죄, 포괄일죄, 과형상 일죄(상상적 경합) 등에 대한 일부상소는 허용되지 아니한다.

㉯ [한 개의 형이 선고된 경합범] 한 개의 형이 선고된 경합범의 경우에는 판결주문을 분리할 수 없고 또한 양형에 있어서 상호불가분의 관계에 있기 때문에 일부상소는 허용되지 아니한다.

㉰ [주형과 불가분의 관계에 있는 재판] 주형에 부가된 몰수·추징, 집행유예, 노역장유치기간, 재산형의 가납판결, 미결구금 산입일수 등은 주형과 불가분의 관계에 있으므로 일부상소가 허용되지 아니한다. 또한 소송비용부담 재판도 독립하여 상소할 수 없다.2)

㉱ 일부상소가 허용되지 않는 경우(일부상소를 하더라도 그 일부와 불가분적 관련이 있는 부분까지 이심의 효력이 발생하는 경우)

　㉠ [주위적·예비적 공소사실] 주위적·예비적 공소사실의 일부에 대한 상소제기의 효력은 나머지 공소사실 부분에 대하여도 미친다(2006도1146). [24 선택]

　㉡ [상상적 경합관계임이 밝혀진 경우] 원심(항소심)이 두개의 죄를 경합범으로 보고 한 죄는 유죄, 다른 한죄는 무죄를 각 선고하자 검사가 무죄부분만에 대하여 불복상고 하였다고 하더라도 위 두 죄가 상상적 경합관계에 있다면 유죄부분도 상고심의 심판대상이 된다(全 80도384). [17·13·12 선택] [23 사례]

　㉢ [주위적 주문과 몰수 또는 추징에 관한 주문] 피고사건의 주위적 주문과 몰수 또는 추징에 관한 주문은 상호 불가분적 관계에 있어 상소불가분의 원칙이 적용되는 경우에 해당한다. 따라서 피고사건의 재판 가운데 몰수 또는 추징에 관한 부분만을 불복대상으로 삼아 상소가 제기되었다 하더라도, 상소심으로서는 이를 적법한 상소제기로 다루어야 하고, 그 부분에 대한 상소의 효력은 그 부분과 불가분의 관계에 있는 본안에 관한 판단 부분에까지 미쳐 그 전부가 상소심으로 이심된다(全 2008도5596). [18 선택]

3. 일부상소와 상소심의 심판범위

① [일부상소가 허용되는 경우] 일부상소가 제기된 경우 상소심의 심판범위는 상소를 제기한 부분에만 미치므로 상소가 없는 부분의 재판은 확정된다. 따라서 상소법원은 일부상소된 부분에 한하여 심판하여야 한다. 또한 상소심의 파기환송에 의하여 사건을 환송받은 법원도 일부상소된 사건에 대해서만 심판해야 하고 상소를 제기하지 않아 확정된 부분은 심판할 수 없다.

---

1) 일부상소의 경우라도 그 일부와 불가분적 관계에 있는 부분까지도 이심의 효력이 발생하는 경우를 말한다. 즉 일부상소가 허용되지 않는다는 의미는 일부상소 자체가 위법이라는 의미가 아니라 일부상소의 본래적 의미의 효과가 발생할 수 없는 경우를 말한다.
2) 소송비용부담재판에 대하여는 본안의 재판에 관하여 상소하는 경우에 한하여 불복할 수 있다(제191조 제2항).

② **[일부상소가 허용되지 않는 경우]** 일부에 대한 상소는 그 일부와 불가분의 관계에 있는 부분에 대하여도 효력이 미친다(**상소불가분의 원칙**)(제342조 제1항). 따라서 단순일죄, 포괄일죄, 과형상 일죄 등의 경우에 있어서 일부상소는 상소불가분의 원칙에 의하여 일죄의 전부가 상소심에 이전되어 그 심판의 대상이 된다.

관련판례 [일죄의 일부에 대한 상소(일죄 전부가 상소심에 이심, 그 전부가 상소심의 심판대상임)] 포괄적 일죄의 관계에 있는 공소사실 중 일부 유죄, 나머지 무죄의 판결에 대하여 검사만이 무죄 부분에 대한 상고를 하고 피고인은 상고하지 아니하더라도 상소불가분의 원칙상 검사의 상고는 그 판결의 유죄 부분과 무죄 부분 전부에 미치는 것이므로 유죄 부분도 상고심에 이전되어 심판대상이 된다(86도1629).

비교판례 [상소심에 이심은 되지만 피고인의 이익을 위하여 상소심의 심판대상이 되지 않는 경우] 1. 환송 전 항소심에서 포괄일죄의 일부만이 유죄로 인정된 경우 그 유죄부분에 대하여 피고인만이 상고하였을 뿐 무죄 부분에 대하여 검사가 상고를 하지 않았다면 상소불가분의 원칙에 의하여 무죄 부분도 상고심에 이심되기는 하나 그 부분은 이미 당사자 간의 공격방어의 대상으로부터 벗어나 사실상 심판대상에서부터도 벗어나게 되어 상고심으로서도 그 무죄 부분에까지 나아가 판단할 수 없는 것이고, 따라서 상고심으로부터 위 유죄 부분에 대한 항소심판결이 잘못되었다는 이유로 사건을 파기환송 받은 항소심은 그 무죄 부분에 대하여 다시 심리판단하여 유죄를 선고할 수 없다(90도2820).
2. 환송 전 원심에서 상상적 경합 관계에 있는 수 죄에 대하여 모두 무죄가 선고되었고, 이에 검사가 무죄 부분 전부에 대하여 상고하였으나 그중 일부 무죄 부분에 대하여는 이를 상고이유로 삼지 아니하였다면, 비록 상고이유로 삼지 아니한 무죄 부분도 상고심에 이심된다고는 하나 그 부분은 이미 당사자 간의 공격방어의 대상으로부터 벗어나 사실상 심판대상에서부터도 이탈하게 되는 것이므로, 상고심으로서도 그 무죄 부분에까지 나아가 판단할 수 없는 것이고, 따라서 상고심으로부터 다른 무죄 부분에 대한 원심판결이 잘못되었다는 이유로 사건을 파기환송 받은 원심은 그 무죄 부분에 대하여 다시 심리판단하여 유죄를 선고할 수 없다고 보아야 할 것이다(2008도8922). [21 · 12 선택]

③ 경합범과 상소심의 심판

㉮ **[수죄 중 일부에 대한 항소와 일죄의 일부에 대한 항소의 효과]** 경합범관계에 있는 '수죄 중 일부' 무죄의 선고가 있는 경우에 피고인만이 항소한 때에는 항소심은 검사의 항소 없는 위 무죄부분에 대하여 심판할 수 없다. 그러나 '일죄의 일부'에 대하여서만 유죄로 인정된 경우에는 피고인만이 항소하였다 하여도 그 항소는 그 일죄의 전부에 미친다(80도2847).

㉯ **쟁점 062** 형법 제37조 전단의 경합범 중 일부 유죄, 일부 무죄를 선고한 판결에 대하여 검사만이 무죄부분에 대하여 상소를 제기한 경우*** [24 · 17 · 12 사례] [23 · 22 · 20 · 19 법사]

【CASE】
제1심법원은 甲에 대한 (1) 관련범죄(강도예비죄)에 대하여 범죄의 증명이 없다는 이유로 무죄를 선고하고, (2) 관련범죄(특수절도미수죄)만 유죄로 인정하여 징역 1년을 선고하였다. 제1심법원의 판결에 대하여 甲은 항소하지 않고 검사만이 무죄가 선고된 (1) 부분에 대하여 항소한 경우, 검사의 일부상소의 허용 여부 및 항소심의 심판범위를 논하시오. 【제6회 변호사시험 제1문】

🔍 쟁점연구

1. 문제점

형법 제37조 전단의 경합범 중 일부 유죄, 일부 무죄를 선고한 판결에 대하여 검사만이 무죄부분에 대하여 상소를 제기한 경우 이심의 범위와 상소심의 심판대상(파기의 범위)이 문제된다.

2. 일부상소의 허용 여부

상소는 재판의 일부에 대하여 할 수 있으며, 일부에 대한 상소는 그 일부와 불가분의 관계에 있는 부분에 대하여도 효력이 미친다(제342조 세1항·제2항). 따라서 일부상소가 허용되기 위해서는 **재판의 내용이 가분적이고 독립된 판결이 가능한 경우, 즉 판결주문이 수개인 경우여야 한다.**

3. 상소심의 심판의 범위

형법 제37조 전단의 경합범 중 일부무죄, 일부유죄가 선고되어 검사만이 무죄부분에 대하여 상소한 경우 "무죄부분이 유죄로 변경될 가능성이 있으므로 유죄부분에 대하여 따로 상소가 되지 않았더라도 상소불가분의 원칙이 적용되어 유죄부분도 무죄부분과 함께 상소심에 이심되는 것이고, 따라서 상소심 법원이 무죄 부분을 파기하여야 할 경우에는 직권으로 유죄 부분까지도 함께 파기하여 다시 일개의 형을 선고할 수 있도록 하여야 한다."라는 견해(전부파기설, 대판(全) : 91도1402 소수견해)3)가 있다. 그러나 당사자 쌍방이 상소하지 아니한 유죄부분은 상소기간이 지남으로써 확정되어 상소심에 계속된 사건은 무죄판결 부분에 대한 공소뿐이므로 상소심에서 이를 파기할 때에는 무죄 부분만을 파기할 수밖에 없다고 보는 것이 타당하다(일부파기설, 대판(全) : 91도1402 다수견해).4)

4. 검토

두 개의 형이 선고되는 경우 유죄로 확정된 부분과 동시에 판결할 경우와의 형평을 고려하여 형을 감경하거나 면제할 수 있으므로 일부파기설이 타당하다.

【사례해설】

검사의 (1)부분에 대한 일부상소는 허용되며, 항소심은 (1)부분에 대하여만 심판할 수 있다.

관련판례 1. [형법 제37조 전단의 경합범 중 일부 유죄, 일부 무죄를 선고한 판결 전부에 대하여 쌍방이 상소를 제기하였으나(전부 이심, 전부가 심판의 대상), 무죄부분에 대한 검사의 상소만이 이유 있는 경우 파기의 범위(전부 파기)] (2010도9110) [13 선택]

2. [검사만이 무죄부분에 대하여 상소를 제기한 경우(무죄부분만 이심, 무죄부분만 심판의 대상), 검사의 상소가 이유 있는 경우 파기의 범위(무죄부분만 파기)] (2010도10985) [24·17 선택]

판례연습 만약 제1심 법원이 피고인 乙에 대하여 1) A의 신용카드 관련 범행에 대해서는 유죄를 인정하였으나, 2) 乙이 甲에게 허위진술을 교사한 범행에 대해서는 무죄를 선고하자, 검사만 2)의 무죄 선고 부분에 대해 항소하였고 항소심 법원이 검사의 항소가 이유 있다고 판단하였다면, 항소심 법원의 조치는?

【제13회 변호사시험 제2문】

---

3) 다음에서 보는 상소한 무죄부분만 파기해야 한다는 일부파기설에 의하면 이미 확정된 유죄판결과 함께 2개의 유죄판결을 받게 되어 피고인에게 불이익을 초래할 수 있기 때문이라는 것을 논거로 한다.

4) 항소심이 무죄부분을 파기자판하는 경우 형법 제37조 후단의 경합범으로서 형을 선고하여야 하고 형법 제39조 제1항에 의하여 1심에서 유죄로 확정된 부분과 동시에 판결할 경우와 형평을 고려하여 형을 감경하거나 면제할 수 있다고 본다.

Ⅴ. 불이익변경금지원칙

1. 의의

피고인이 항소·상고한 사건이나 **피고인을 위하여** 항소·상고한 사건에 대해서는 상소심은 원심판결의 형보다 무거운 형을 선고하지 못하는 것을 말한다(제368조, 제396조 제2항). 중형변경금지원칙이라고도 한다.

2. 적용범위

① 상소의 주체

㉮ [피고인만이 상소한 사건] 불이익변경금지원칙은 피고인만이 상소한 사건에 대하여 적용된다. 따라서 검사만 상소한 경우나 검사·피고인 쌍방이 상소한 사건에 대해서는 적용되지 아니한다. [22 사례]

㉯ [피고인을 위하여 상소한 사건] 상소대리권자가 피고인을 위하여 상소한 사건에도 불이익변경금지원칙이 적용된다. 또한 검사가 '피고인의 이익을 위하여' 상소한 경우에도 불이익변경금지원칙이 적용된다.

㉰ [불이익변경금지원칙이 적용되는 경우] 피고인만이 항소하거나(2008도7848), 검사가 항소이유서를 제출하지 아니하여 결정으로 항소를 기각하여야 하는 경우와 같이 실질적으로 피고인만이 항소한 경우와 같게 되는 경우(98도2111 등)

> 비교판례 피고인만이 항소한 경우라도 법원이 '**항소심에서 처음 청구**'된 검사의 부착명령 청구에 기하여 부착명령을 선고하는 것이 불이익변경금지의 원칙에 저촉되지 아니한다고 봄이 상당하다(2010도9013). [17 선택]

㉱ [불이익변경금지원칙이 적용되지 않는 경우(원심보다 피고인에게 유리한 형량을 정할 수 있음)] 검사만이 항소하거나(2008도1092) 검사와 피고인 쌍방이 항소한 경우(2005도7473) 또는 소송비용의 부담은(형이 아니고 실질적인 의미에서 형에 준하여 평가되어야 할 것도 아니므로) 불이익변경금지원칙이 적용되지 않는다(2008도488 등). [21 선택]

② 적용되는 사건

㉮ [항소사건과 상고사건] 불이익변경금지원칙은 항소한 사건과 상고한 사건에 당연히 적용된다. 또한 제1심판결에 대한 불이익변경금지원칙은 상고심인 제3심까지도 적용된다(57오1).

㉯ [파기환송 또는 파기이송사건] 피고인의 상고에 의하여 상고심에서 원심판결을 파기하고, 사건을 항소심에 환송한 경우에는 환송 전 원심판결과의 관계에서도 불이익변경금지의 원칙이 적용되어 그 파기된 항소심판결보다 중한 형을 선고할 수 없다 할 것이다(2005도8607). [18 선택]

㉓ [재심청구사건] 재심은 상소는 아니지만 형사소송법이 **이익재심**만 인정하고 있으므로 재심에서도 원판결의 형보다 무거운 형을 선고하지 못한다(제439조). 이는 검사가 재심을 청구한 경우에도 동일하다. [19 선택]

> **관련판례** [불이익변경금지원칙이나 이익재심의 원칙에 반한다고 볼 수 없는 경우] ⅰ) 경합범 관계에 있는 수개의 범죄사실을 유죄로 인정하여 1개의 형을 선고한 불가분의 확정판결에서 그 중 일부의 범죄사실에 대하여만 재심청구의 이유가 있는 것으로 인정되었으나 그 판결 전부에 대하여 재심개시의 결정을 한 경우, 재심법원은 재심사유가 없는 범죄에 대하여는 새로이 양형을 하여야 하는 것이므로 이를 헌법상 이중처벌금지의 원칙을 위반한 것이라고 할 수 없고, 다만 불이익변경의 금지 원칙이 적용되어 원판결의 형보다 중한 형을 선고하지 못할 뿐이다.
>
> ⅱ) 원판결이 선고한 집행유예가 실효 또는 취소됨이 없이 유예기간이 지난 후에 새로운 형을 정한 재심판결이 선고되는 경우에도, 재심판결의 확정에 따라 원판결이 효력을 잃게 되는 결과 그 집행유예의 법률적 효과까지 없어진다 하더라도 재심판결의 형이 원판결의 형보다 중하지 않다면 불이익변경금지의 원칙이나 이익재심의 원칙에 반한다고 볼 수 없다(2015도15782).[5]

③ 불이익변경금지원칙이 변형 적용되는 경우[정식재판청구사건(형종상향금지)]

㉮ 피고인이 정식재판을 청구한 사건에 대하여는 약식명령의 형보다 **충한 종류**의 형을 선고하지 못한다(제457조의2 제1항).[6] 피고인이 정식재판을 청구한 사건에 대하여 약식명령의 형보다 중한 형을 선고하는 경우에는 판결서에 양형의 이유를 적어야 한다(동조 제2항).

㉯ 관련판례

㉠ ⅰ) 형소법 제457조의2 제1항에서 규정한 형종상향금지의 원칙은 피고인이 정식재판을 청구한 사건과 다른 사건이 병합 심리된 후 경합범으로 처단되는 경우에도 정식재판을 청구한 사건에 대하여 그대로 적용된다. 따라서 ⅱ) 피고인이 절도죄 등으로 벌금 300만 원의 약식명령을 발령받은 후 정식재판을 청구하였는데, 제1심법원이 위 정식재판청구 사건을 통상절차에 의해 공소가 제기된 다른 점유이탈물횡령 등 사건들과 병합한 후 각 죄에 대해 모두 징역형을 선택한 다음 경합범으로 처단하여 징역 1년 2월을 선고한 것은 형사소송법 제457조의2 제1항에서 정한 형종상향금지 원칙을 위반한 잘못이 있다(2019도15700). [24 선택]

㉡ 피고인이 약식명령에 불복하여 정식재판을 청구한 사건에서 **죄명**이나 **적용법조**가 약식명령의 경우보다 불이익하게 변경되었다 하더라도 약식명령의 형보다 **충한 종류의 형**을 선고하지 않은 경우, 위법한 조치라고 할 수 없다(2011도14986). [18 선택] [14 사례]

---

5) [사실관계] 원심이 ① 피고인이 2009. 1. 15. 서울중앙지방법원에서 간통죄 및 상해죄로 징역 1년에 집행유예 2년을 선고받아 2009. 1. 23. 판결(이하 '재심대상판결')이 확정된 사실, ② 그 후 피고인은 형법 제241조에 대한 헌법재판소의 위헌결정에 따라 2015. 3. 17. 재심대상판결에 대하여 헌법재판소법 제47조 제3항, 제4항에 의한 재심청구를 한 사실, ③ 제1심은 2015. 4. 16. 재심개시결정을 한 다음, 2015. 5. 29. 간통의 공소사실에 대하여 위헌결정으로 형벌법규가 효력을 상실하였다는 이유로 무죄를 선고하고, 상해의 공소사실에 대하여는 벌금 400만 원을 선고한 사실 등을 인정한 다음, 재심대상판결에 따른 집행유예기간이 도과한 이 사건에서 재심사유가 없는 상해의 공소사실에 대하여 새로이 형을 선고하였다 하더라도 일사부재리 원칙 및 재심의 불이익변경금지 원칙에 위반될 여지는 없다는 취지로 판단하였다.

6) 개정 전의 "중한 형을 선고하지 못한다."라는 문언이 2017년 12월 형소법 개정으로 "중한 종류의 형을 선고하지 못한다."라는 문언으로 변경되었음을 주의하여야 한다. 따라서 확정된 약식명령의 형(벌금형)보다 중한 종류의 형을 선고하지 않는 경우라면 정식재판에서 약식명령의 벌금액보다 다액의 벌금액을 선고하는 것도 가능(적법)하다.

3. 불이익변경금지의 내용

① 중형변경금지

㉮ 불이익변경이 금지되는 것은 형의 선고에 한한다. 따라서 선고한 형이 무겁게 변경되지 않는 한 원심에서 일죄로 인정한 것을 경합범으로 변경하거나, 법령적용이나 죄명을 불이익하게 변경하는 것은 이 원칙에 반하지 않는다.

㉯ 불이익변경금지원칙으로 인하여 <u>상소심은 인정사실에 대하여 법정형 이하의 형을 선고해야 하는 경우</u>도 발생한다. 예컨대 절도죄로 벌금형을 선고한 원심판결에 대하여 피고인만 항소한 경우에 항소심에서 강도죄를 인정하여도 벌금형을 선고해야 한다.

㉰ 불이익변경금지원칙에 위반되지 않는 경우

㉠ **[적용법조를 달리하여 죄수를 불리하게 판단하였다고 하더라도 상급심에서 선고한 형이 동일한 경우]** 항소심판결이 검사의 공소장변경신청에 의하여 제1심판결의 적용법조와는 달리 형법 제37조, 동법 제38조 제1항 제2호를 의율하여 경합죄로 처단하였다 하더라도 항소심판결의 선고형이 제1심 선고형과 동일하다면 불이익변경금지의 원칙에 위배된다고 할 수 없다(83도3211). [24·23·17 선택]

㉡ **[판결의 내용이 불이익하게 변경되었더라도 상급심이 선고한 형이 경한 경우]** 불이익변경금지의 원칙은 피고인 또는 피고인을 위한 상소사건에 있어서 원심의 형 즉 판결주문의 형보다 중한 형을 선고할 수 없다는 것에 불과하므로 <u>그 내용에 있어서 제1심보다 불이익하게 변경되었더라도 결과적으로 선고한 형이 제1심보다 경한 경우에는 불이익변경금지의 원칙에 위배되었다고 할 수 없다</u>(88도1983). [17 선택] [22 사례] [14 법선]

㉱ 불이익변경금지의원칙에 의하여 법정형에 없는 형벌도 선고할 수 있는지 여부(적극) 및 형을 선고하지 아니한다는 주문을 선고할 수 있는지 여부(적극)

㉠ **[법정형에 없는 형벌도 선고할 수 있으며 불이익변경금지원칙 등을 이유로 공소장변경을 불허하는 것은 위법함]** 약식명령에 대하여 피고인만이 정식재판을 청구하였는데, 검사가 당초 사문서위조 및 위조사문서행사의 공소사실로 공소제기하였다가 제1심에서 사서명위조 및 위조사서명행사의 공소사실을 예비적으로 추가하는 내용의 공소장변경을 신청한 사안에서, 비록 사서명위조죄와 위조사서명행사죄의 법정형에 유기징역형만 있다 하더라도 형사소송법 제457조의2에서 <u>규정한 불이익변경금지원칙이 적용되어 벌금형[7]을 선고할 수 있으므로, 위와 같은 불이익변경금지 원칙 등을 이유로 공소장변경을 불허할 것은 아니다</u>(2011도14986). [17·16 선택]

㉡ **[형을 선고하지 아니한다는 주문을 선고할 수 있음]** 불이익변경금지원칙을 지키기 위하여 필요한 경우에는 법률이 규정한 형기에 구애받지 아니하는 것이므로 이미 선고된 형 이외에 다시 형을 선고하는 것이 피고인에게 불리한 결과가 된다면 그러한 이유로 형을 선고하지 아니한다는 주문을 선고할 수 있다고 해석하여야 한다(全 91도1402). [19 선택]

---

7) 개정 형소법에 의하면 약식명령의 형(벌금형)보다 중한 종류의 형을 선고하지 않는 이상 약식명령의 벌금형보다 다액의 벌금형을 선고하는 것도 가능(적법)하다.

② 불이익변경의 판단기준(전체적 · 실질적 고찰)

㉮ [원칙] 형법상 형의 경중을 일응의 기준으로 하되, 병과형이나 부가형, 집행유예, 노역장 유치기간 등 **주문 전체를 고려**하여 피고인에게 실질적으로 불이익한가의 여부에 의하여 판단하여야 할 것이다 (2004도6784). [13 선택] [22 · 19 사례]

㉯ [병합심리와 형의 불이익한 변경여부의 판단] 제1심에서 별개의 사건으로 징역 1년에 집행유예 2년과 추징금 1천만 원 및 징역 1년 6월과 추징금 1백만 원의 형을 선고받고 항소한 피고인에 대하여 사건을 병합 심리한 후 경합범으로 처단하면서 제1심의 각 형량보다 중한 형인 징역 2년과 추징금 1,100만 원을 선고한 것은 불이익변경금지의 원칙에 어긋나지 아니한다(2001도3448).8) [19 사례]

㉰ [부정기형과 정기형] [피고인이 제1심판결 선고시 소년에 해당하여 부정기형을 선고받았고, 피고인만이 항소한 항소심에서 피고인이 성년에 이르러 항소심이 제1심의 부정기형을 정기형으로 변경해야 할 경우, 불이익변경금지 원칙 위반 여부를 판단하는 기준(부정기형의 장기와 단기의 중간형)] (全 2020도4140)9) [18 · 14 선택] [23 · 21 법선]

4. 형을 불리하게 변경했는지 여부

① 형의 추가와 종류의 변경

㉮ [형의 추가] 형이 추가가 되거나, 형이 무겁게 변경되는 것은 당연히 불이익변경이 된다.

㉯ [징역형과 금고형] 징역형과 금고형은 형기가 동일하면 징역이 무거운 형이지만, 형기가 다르면 장기인 것이 더 무거운 형이다. 따라서 징역형을 금고형으로 변경하면서 형기를 인상하는 것은 허용되지 않지만, 금고형을 징역형으로 변경하면서 형기를 단축하는 것은 가능하다. 형기가 동일하면 금고형을 징역형으로 변경하지 못한다.

② 집행유예 · 선고유예 · 형집행면제

㉮ 불리한 변경에 해당하는 경우

　　㉠ [징역 1년 6월(집행유예 3년) → 징역 1년] (全 66도1919; 2016도1131) [16 선택] [21 · 20 법선]

　　㉡ [징역 6월(집행유예 1년) → 징역 8월(형집행 면제)] (62도248)

　　㉢ [징역 6월(선고유예) → 벌금 2,000,000원] (99도3776) [17 선택]

　　㉣ [벌금 300만원 → 벌금 300만원 및 성폭력치료프로그램이수 24시간] (2015도11362) [17 선택]

　　㉤ [징역 1년 6월 및 추징 26,150,000원 → 징역 1년 6월(집행유예 3년) 및 추징 26,150,000원 및 벌금 50,000,000원] (2012도7198) [22 · 18 선택]

　　㉥ [더 긴 취업제한명령의 부가] (2019도11540)

㉯ 불리한 변경에 해당하지 않는 경우

　　㉠ [금고 5월 → 징역 5월(집행유예 2년), 보호관찰 및 수강명령 40시간] (2013도6608) [17 선택]

　　㉡ [징역 1년(형집행 면제) → 징역 8월(집행유예 2년)] (全 84도2972) [18 선택]

---

8) [판례해설] 각 형량보다 중한 형이 선고되었지만 전체적 · 실질적으로 고찰하면 제1심의 각 형의 선고의 합계보다는 징역형이 경하게 변경되었으므로 불이익변경금지 원칙에 위반되지 않는다는 취지이다.

9) 예를 들어 제1심이 징역 장기 3년, 단기 1년을 선고한 후에 피고인만이 항소한 경우, 변경 전 판례는 항소심은 단기인 징역 1년보다 중한 형을 선고할 수 없었음에 비하여 변경된 판례에 따르면 장기와 단기의 중간형인 징역 2년의 형이 기준이 된다.

ⓒ **[추징을 몰수로 변경(불이익한 변경에 해당하지 않음)]** 항소심이 몰수의 가능성에 관하여 제1심과 견해를 달리하여 추징을 몰수로 변경하더라도 그것만으로 피고인의 이해관계에 실질적 변동이 생겼다고 볼 수는 없으며 따라서 이를 두고 형이 불이익하게 변경되는 것이라고 보아서는 안 된다(2005도5822). [13 선택]

ⓔ **[벌금형이 감경된 경우]** 피고인에 대한 벌금형이 감경되었다면 그 벌금형에 대한 환형유치기간이 더 길어졌다 하더라도 전체적으로 비교하여 보면 형이 불이익하게 변경되었다고 할 수 없다(80도2325). [13 선택]

Ⅵ. 파기판결의 기속력

1. 의의

상소심이 원심판결을 파기환송 또는 파기이송한 경우에 상소심의 판단이 당해 사건에 관하여 환송 또는 이송을 받은 하급심을 구속하는 효력을 말한다. 법원조직법 제8조도 "상급법원의 재판에 있어서의 판단은 당해 사건에 관하여 하급심을 기속한다."라고 규정하고 있다.

2. 기속력이 발생하는 재판

기속력이 발생하는 재판은 상소심의 파기환송판결 또는 파기이송판결이다. 상소심은 항소심, 상고심을 불문한다.

3. 기속력이 미치는 법원

① **[하급법원]** 파기판결의 기속력은 당해 사건의 하급법원에 당연히 미친다. 따라서 상고심에서 제2심 판결을 파기하고 이를 제2심으로 환송한 경우 환송받은 제2심은 상고심 판단에 구속당한다. 또한 상고심에서 제2심 판결을 파기하고 이를 제1심으로 환송한 후에 다시 이에 대하여 항소가 제기된 경우, 제2심도 당해 사건에 있어 하급심이므로 기속력이 미친다.

② **[파기한 상급심]** 파기판결의 기속력은 하급심뿐만 아니라 파기판결을 한 상급법원 자신에게도 미친다. 상급법원이 자신의 파기판결에 구속되지 않고 이를 다시 변경할 수 있다면 기속력을 인정하는 취지가 무의미해지기 때문이다. 따라서 파기환송을 받은 법원은 그 파기이유로 한 사실상 및 법률상의 판단에 기속되는 것이고 그에 따라 판단한 판결에 대하여 다시 상고를 한 경우에 그 상고사건을 재판하는 상고법원도 앞서의 파기이유로 한 판단에 기속되므로 이를 변경하지 못한다(2007도5987).

> **비교판례** **[종전의 환송판결의 판단의 기속력이 전원합의체에도 미치는지]** 대법원의 전원합의체가 종전의 환송판결의 법률상 판단을 변경할 필요가 있다고 인정하는 경우에는, 그에 기속되지 아니하고 통상적인 법령의 해석·적용에 관한 의견의 변경절차에 따라 이를 변경할 수 있다고 보아야 할 것이다(全 98두15597).

③ **[상급법원]** 항소심의 파기판결의 기속력은 제1심에는 미치지만, 상고심에는 미치지 아니한다.

4. 기속력이 미치는 판단의 범위와 기속력이 배제되는 경우

① **[기속력이 미치는 판단의 범위]** 환송판결의 하급심에 대한 기속력은 파기의 이유가 된 원판결의 '사실상 및 법률상의 판단'이 정당하지 않다는 '소극적인 부정 판단'에서만 발생한다.

② [기속력이 배제되는 경우] 파기판결의 기속력은 사실관계와 적용법령이 동일함을 전제로 한다. 따라서 파기판결 후 새로운 사실과 증거에 의하여 사실관계가 변경되거나, 파기판결 후 법령이나 판례의 변경이 있는 경우에는 기속력은 배제된다.

③ 관련판례

㉮ [기속력이 미치는 상고심의 판단의 범위(사실상 및 법률상 판단)] 상고심으로부터 사건을 환송받은 법원은 그 사건을 재판함에 있어서 상고법원이 파기이유로 한 사실상 및 법률상의 판단에 대하여 환송 후의 심리과정에서 새로운 증거가 제시되어 기속적 판단의 기초가 된 증거관계에 변동이 생기지 않는 한 이에 기속된다 할 것이다(2008도11036). [19 선택]

㉯ [기속력이 배제되는 경우(환송 후 공소장변경에 의하여 공소사실이 변경된 경우)] 출판물에 의한 명예훼손의 공소사실을 유죄로 인정한 환송 전 원심판결에 위법이 있다고 한 파기환송 판결이 있는 경우라도, 환송 후 원심에서 이 부분 공소사실이 형법 제307조 제2항의 명예훼손죄의 공소사실로 변경되었다면 환송 후 원심은 이에 대하여 새롭게 사실인정을 할 재량권을 가지게 되는 것이고 더 이상 파기환송 판결이 한 사실판단에 기속될 필요는 없다(2004도340).

02 항소

1. 의의

① [개념] 항소란 제1심 판결에 불복하여 제2심 법원에 제기하는 상소를 말한다(제357조). 항소는 제1심 '판결'에 대한 상소이므로 결정이나 명령에 대해서는 항소할 수 없다. 항소는 '제1심' 판결에 대한 상소이므로 '제2심' 판결에 대한 상소인 상고와 구별된다.

② [현행법상의 항소심의 구조(속심)] 상고심은 원칙적으로 법률심으로서 사후심인 데 반하여, 항소심은 사후심적 성격이 가미된 속심이다(2002모265).

③ 항소심의 구조와 관련된 문제

㉮ [기판력의 시적범위(항소심 판결선고시)]

㉯ [항소심에서의 공소장변경(허용)]

2. 항소이유(제361조의5)와 관련된 판례

판결내용 자체가 아니고, 다만 피고인의 신병확보를 위한 구속 등 소송절차가 법령에 위반된 경우에는, 그로 인하여 피고인의 방어권이나 변호인의 조력을 받을 권리가 본질적으로 침해되고 판결의 정당성마저 인정하기 어렵다고 보이는 정도에 이르지 않는 한, 그것 자체만으로는 판결에 영향을 미친 위법이라고 할 수 없다(2018도19034).

3. 항소심의 절차

① 항소장 제출(재판의 선고 또는 고지를 받은 날로부터 **7일** 이내에 '**원심법원**'에 제출)

② 원심법원은 항소장을 받은 날부터 **14일** 이내에 소송기록과 증거물을 항소법원에 송부

③ 항소법원이 기록의 송부를 받은 때에는 즉시 항소인과 상대방에게 그 사유를 통지
④ 항소인(또는 변호인)은 위의 통지를 받은 날로부터 **20일** 이내에 항소이유서를 항소법원에 제출(하여 야 한다) [19 선택]
⑤ 항소법원은 지체없이 항소이유서의 부본 또는 등본을 상대방에게 송달
⑥ 상대방은 위의 송달을 받은 날로부터 10일 이내에 답변서를 항소법원에 제출
⑦ 항소법원은 지체없이 답변서 부본 또는 등본을 항소인 또는 변호인에게 송달

4. 소송기록접수 통지 관련판례

① **[소송기록접수 통지]** 항소법원이 기록의 송부를 받은 때에는 즉시 항소인과 상대방에게 그 사유를 통 지하여야 한다(제361조의2 제1항). 기록접수통지 전에 변호인이 선임되어 있는 때에는 변호인에게도 통지해야 한다(동조 제2항).

㉮ **[피고인의 항소대리권자인 배우자가 피고인을 위하여 항소한 경우, 소송기록접수통지의 상대방(항 소인인 피고인)]** (2018모642) [23 법선]

㉯ **[피고인에게 소송기록접수통지를 한 '후'에 선임된 사선변호인에 대하여 소송기록접수통지를 해야 하는지 여부(소극)]** 피고인에게 소송기록접수통지를 한 **후에** 사선변호인이 선임된 경우에는 변호인에 게 다시 같은 통지를 할 필요가 없고, 설령 사선변호인에게 같은 통지를 하였다 하여도 항소이유서의 제출기간은 피고인이 그 통지를 받은 날부터 계산하면 된다. 그리고 피고인에게 소송기록접수통지가 되기 **전에** 변호인의 선임이 있는 때에는 변호인에게도 소송기록접수통지를 하여야 하고, 변호인의 항 소이유서 제출기간은 변호인이 이 통지를 받은 날부터 계산하여야 한다(2010모1741).

㉰ **[항소심에서 변호인이 선임된 후 변호인이 없는 다른 사건이 병합된 경우]** 형사소송법 제361조의2에 따라 변호인에게 병합된 사건에 관한 소송기록 접수통지를 함으로써 병합된 사건에도 피고인을 위하여 항소이유서를 작성·제출할 수 있게 하여야 하고, 이때 변호인의 항소이유서 제출 기간은 변호인이 그 통지를 받은 날부터 계산한다(2019도11622).

② 필요적 변호사건과 국선변호인의 선정 및 소송기록의 접수통지

㉮ 기록의 송부를 받은 항소법원은 형소법 제33조 제1항 제1호 내지 제6호의 필요적 변호사건에 있어서 변호인이 없는 경우에는 지체없이 변호인을 선정한 후 그 변호인에게 소송기록접수통지를 하여야 한 다. 법 제33조 제3항에 의하여 국선변호인을 선정한 경우에도 그러하다(형사소송규칙 제156조의2 제 1항).

㉯ 항소법원은 항소이유서 제출기간이 도과하기 전에 피고인으로부터 형사소송법 제33조 제2항의 규정 에 따른 국선변호인 선정청구가 있는 경우에는 지체 없이 그에 관한 결정을 하여야 하고, 이때 변호인 을 선정한 경우에는 그 변호인에게 소송기록접수통지를 하여야 한다(동조 제2항).

㉰ **[항소이유서 제출기간 도과 후 국선변호인 선정청구를 한 경우]** 피고인이 항소이유서 제출기간이 도 과한 후에야 비로소 형사소송법 제33조 제2항 규정에 따른 국선변호인 선정청구를 하고 법원이 국 선변호인 선정결정을 한 경우에는 그 국선변호인에게 소송기록접수통지를 할 필요가 없고, 이러한 경 우 설령 국선변호인에게 같은 통지를 하였다고 하더라도 국선변호인의 항소이유서 제출기간은 피고인 이 소송기록접수통지를 받은 날로부터 계산된다(2013도4114).

㉔ [국선변호인이 항소이유서를 제출하지 아니한 데 대하여 피고인에게 귀책사유가 없는 경우] 피고인과 국선변호인 모두 법정기간 내에 항소이유서를 제출하지 아니하였더라도, 국선변호인이 항소이유서를 제출하지 아니한 데 대하여 피고인에게 귀책사유 있음이 특별히 밝혀지지 않는 한, 항소법원은 종전 국선변호인의 선정을 취소하고 새로운 국선변호인을 선정하여 다시 소송기록접수통지를 함으로써 새로운 국선변호인으로 하여금 통지를 받은 때로부터 소정 기간 내에 피고인을 위하여 항소이유서를 제출하도록 하여야 한다(2019도4221). [19 선택] [23 법선]

> **동지판례** 항소심에서 국신변호인선정결정을 한 후 국선변호인에게 소송기록접수통지서 등을 송달하고, 제1심에서 송달영수인으로 신고된 제1심 변호인의 사무소로 피고인 1에 대한 소송기록접수통지서 등을 송달한 후, 피고인 1이 사선변호인을 선임하여 그 변호인 선임서를 원심에 제출하자 원심이 국선변호인 선정을 취소하면서 사선변호인에게는 새로이 소송기록접수통지를 하지 않고 판결을 선고한 경우 소송절차의 법령위반으로 인하여 판결에 영향을 미친 위법이 있다(2024도3298).[10]

> **비교판례** 필요적 변호사건에서 항소법원이 국선변호인을 선정하고 피고인과 국선변호인에게 소송기록접수통지를 한 다음 피고인이 사선변호인을 선임함에 따라 국선변호인의 선정을 취소한 경우, 항소법원은 사선변호인에게 다시 소송기록접수통지를 할 의무가 없다고 보아야 한다(全 2015도10651).

5. 항소이유서와 답변서의 제출

① [항소법원이 피고인에게 소송기록 접수통지를 2회에 걸쳐 한 경우 항소이유서 제출기간의 기산일(최초 송달의 다음 날)] (2010도3377)

② [항소이유서 제출의 효력발생 시기(적법기간 내에 항소법원에 도달했을 때)] 항소법원의 내부적인 업무처리에 따른 문서의 접수, 결재과정 등을 필요로 하는 것은 아니다(96도3325).

③ [피고인 또는 변호인의 적법한 항소이유의 기재에 해당하는 경우(항소인 또는 변호인이 제1심판결이 부당하다고만 기재)] "위 사건에 대한 원심판결은 도저히 납득할 수 없는 억울한 판결이므로 항소를 한 것입니다."라고 기재하였다고 하더라도 항소심으로서는 이를 제1심 판결에 사실의 오인이 있거나 양형부당의 위법이 있다는 항소이유를 기재한 것으로 선해(善解)하여 그 항소이유에 대하여 심리를 하여야 한다(2002모265).

> **비교판례** 피고인이나 변호인이 항소이유서에 포함시키지 아니한 사항을 항소심 공판정에서 진술한다 하더라도 그 진술에 포함된 주장과 같은 항소이유가 있다고 볼 수 없다(2014도5503).

④ [검사의 항소이유 기재가 적법하지 않은 경우] 검사가 항소장에 구체적인 항소이유를 기재하지 않은 채 항소의 범위란에 '전부', 항소의 이유란에 '사실오인 및 심리미진, 양형부당'이라고만 기재한 경우, 적법한 항소이유의 기재라고 할 수 없다(2006도2536).

⑤ [항소이유서 미제출의 효과(원칙적 항소기각 결정)] 항소인이나 변호인이 항소이유서 제출기간 내에 항소이유서를 제출하지 아니한 때에는 직권조사사유가 있거나 항소장에 항소이유의 기재가 있는 경우를 제외하고는 결정으로 항소를 기각한다(제361조의4 제1항). [19 선택] 이 결정에 대하여는 즉시항고를 할 수 있다(동조 제2항).

---

10) [판례해설] 제1심 변호인의 사무소는 피고인의 주소·거소·영업소 또는 사무소 등의 송달장소가 아니고, 제1심에서 한 송달영수인 신고의 효력은 원심법원에 미치지 않으므로, 피고인 1에게 소송기록접수통지서가 적법하게 송달되었다고 볼 수 없다.

비교판례 [항소이유서가 제출된 경우 항소이유서 제출기간 경과 전에 항소사건을 심판할 수 있는지의 여부(소극)] ⅰ) 항소심의 구조는 피고인 또는 변호인이 법정기간 내에 제출한 항소이유서에 의하여 심판하는 것이고, 이미 항소이유서를 제출하였더라도 항소이유를 추가·변경·철회할 수 있으므로, 항소이유서 제출기간의 경과를 기다리지 않고는 항소사건을 심판할 수 없다. ⅱ) 항소이유서 제출기간 내에 변론이 종결되었는데 그 후 제출기간 내에 항소이유서가 제출되었다면, 특별한 사정이 없는 한 항소심법원으로서는 변론을 재개하여 항소이유의 주장에 대해서도 심리를 해 보아야 한다(2017도13748). [16 선택] [21 사례] [23 법선]

6. 항소심의 심리

① **[항소법원의 심판범위]** 항소법원은 항소이유에 포함된 사유에 대하여 심판을 하여야 한다(제364조 제1항). 그러나 항소법원은 판결에 영향을 미친 사유에 관하여는 항소이유서에 포함되지 아니한 경우에도 직권으로 심판할 수 있다(동조 제2항).

② **[직권조사사유]** 항소법원은 직권조사사유에 관하여는 항소제기가 적법하다면 항소이유서가 제출되었는지 여부나 그 사유가 항소이유서에 포함되었는지 여부를 가릴 필요 없이 반드시 심판하여야 한다(2007도4310). [21 법선] 처벌불원 의사표시의 부존재는 소극적 소송조건으로서 직권조사사항에 해당하므로 당사자가 항소이유로 주장하지 않았더라도 항소심은 이를 직권으로 조사·판단하여야 한다(2019도19168).

③ 심리

㉮ **[원칙(제1심의 공판절차 준용)]** 항소심의 심판에 대하여도 제1심의 공판절차에 관한 규정이 원칙적으로 준용된다(제370조). 항소심에서도 사실조사나 증거조사를 할 수 있고 공소장변경도 허용된다. 다만, 다음과 같은 특칙이 인정된다.

㉯ **[불출석 재판]** 피고인이 공판기일에 출정하지 아니한 때에는 다시 기일을 정하여야 하고 피고인이 정당한 사유 없이 다시 정한 기일에 출정하지 아니한 때에는 피고인의 진술 없이 판결을 할 수 있다(제365조).

관련판례 피고인이 불출석한 상태에서 그 진술 없이 판결할 수 있기 위해서는 피고인이 적법한 공판기일 통지를 받고서도 2회 연속으로 정당한 이유 없이 출정하지 않은 경우에 해당하여야 한다(2019도5426). [24 선택] [22·21 법선] 이때 '적법한 공판기일 통지'란 소환장 송달(제76조) 및 소환장 송달의 의제(제268조)의 경우만이 아니라, 적어도 피고인의 이름·죄명·출석 일시·출석 장소가 명시된 공판기일 변경명령을 송달받은 경우(제270조)도 포함된다(2022도7940).

㉰ **[증거에 대한 특칙]** 제1심 법원에서 증거로 할 수 있었던 증거는 항소심에서도 증거로 할 수 있다(제364조 제3항). 따라서 이 경우 다시 증거조사를 할 필요가 없다(2018도8651). [21 선택]

7. 항소심의 심판

① 원심판결의 파기판결

㉮ 파기사유

㉠ 항소법원은 항소가 이유 있다고 인정한 때에는 원심판결을 파기하여야 한다(제364조 제6항).

ⓒ 항소이유서에 기재된 사항에 관하여는 항소이유가 인정되지 않더라도 직권조사 결과, 판결에 영향을 미친 사유가 있다고 인정될 때는 원심판결을 파기하여야 한다. [21 선택]

관련판례 [항소심의 재판이 위법한 경우] 같은 피고인에 대한 별개의 사건(각각 벌금형이 선고되었음)이 각각 항소된 것을 형법 제37조 전단의 경합범 관계에 있다고 보고 병합심리하여 두 사건의 각 항소를 기각하는 주문을 내어 판결하였다면 위법하다(2019도12560).[11]

ⓕ 파기 후의 조치

ㄱ [파기자판] 항소법원이 원심판결을 파기하고 다시 판결하는 것을 말한다(제364조 제6항). 파기자판은 항소심의 원칙적 재판의 형식이고 항소심의 속심적 성격을 말해준다. 파기자판에 의하여 유무죄판결, 면소판결이나 공소기각판결을 할 수 있다. 항소심이 파기자판을 하는 경우, 항소기각의 경우와 달리 무변론재판을 허용하는 규정이 없으므로 반드시 구두변론을 거쳐야 한다.

ⓛ [파기환송] 공소기각 또는 관할위반의 재판이 법률에 위반됨을 이유로 원심판결을 파기하는 때에는 판결로써 사건을 원심법원에 환송하여야 한다(제366조). 원심에서 사건의 실체에 대한 심판을 하지 않았기 때문에 3심제를 인정한 취지에 비추어 원심법원에 환송하게 한 것이다.

관련판례 [파기환송을 하지 않아 제366조를 위반한 경우] 항소심이 제1심 공소기각판결을 파기한 후 사건을 제1심법원에 환송하지 아니하고 본안에 들어가 심리한 후 피고인에게 유죄를 선고한 것은 형소법 제366조를 위반한 것이다(2013도2198).

ⓒ [파기이송] 관할의 인정이 법률에 위반됨을 이유로 원심판결을 파기하는 때에는 판결로써 사건을 관할법원에 이송하여야 한다. 다만, 항소법원이 그 사건의 제1심 관할권이 있는 때에는 제1심으로 심판하여야 한다(제367조).

ⓓ [공동피고인을 위한 파기] 피고인을 위하여 원심판결을 파기하는 경우에 파기의 이유가 항소한 공동피고인에게 공통되는 때에는 그 공동피고인에게 대하여도 원심판결을 파기하여야 한다(제364조의2). 위 규정은 공동피고인 사이에서 파기의 이유가 공통되는 해당 범죄사실이 동일한 소송절차에서 병합심리된 경우에만 적용된다고 보는 것이 타당하다(全 2018도14303).

관련판례 ['항소한 공동피고인'의 의미(공동피고인 자신이 항소 + 검사만 항소한 경우도 포함)] 형사소송법 제364조의2는 항소법원이 피고인을 위하여 원심판결을 파기하는 경우에 파기의 이유가 항소한 공동피고인에게 공통되는 때에는 그 공동피고인에 대하여도 원심판결을 파기하여야 함을 규정하였는데, 위 조항에서 정한 '항소한 공동피고인'은 제1심의 공동피고인으로서 자신이 항소한 경우는 물론 그에 대하여 검사만 항소한 경우도 포함한다(2021도10579).

② 재판서의 기재방식

ⓐ 항소법원의 재판서에는 일반적인 재판서의 방식에 의하는 이외에 항소이유에 대한 판단을 기재하여야 하며 원심판결에 기재한 사실과 증거를 인용할 수 있다(제369조). 그러나 법령의 적용은 인용할 수 없다.

ⓑ 항소를 기각하는 경우에는 항소이유에 대한 판단으로 족하며, 범죄될 사실과 증거의 요지나 법령의 적용을 기재할 필요가 없다(판례). 그러나 원심판결을 파기하고 형을 선고하는 경우(유죄판결의 경우)에는 판결이유에 범죄될 사실, 증거의 요지, 법령의 적용을 명시하여야 한다(제370조, 제323조).

---

11) [판결이유] 항소심이 각각의 항소를 모두 기각함으로써 형법 제37조 전단의 경합범 관계에 있는 범죄사실에 대하여 제1심법원이 피고인에 대하여 선고한 두 개의 판결을 그대로 유지하는 결과를 초래하게 되기 때문이다.

ⓐ 관련판례

㉠ [항소심이 자신의 양형판단과 일치하지 아니한다고 하여 양형부당을 이유로 제1심판결을 파기한 것이 위법한지 여부(소극)] (全 2015도3260) [19 선택]

㉡ [항소심이 항소이유에 포함되지 아니한 사유를 직권으로 심리하여 파기자판할 때 항소이유의 당부에 대한 판단을 명시하지 않은 것이 위법한지 여부(소극)] 항소심이 항소이유에 포함되지 아니한 사유를 직권으로 심리하여 제1심판결을 파기하고 자판할 때에는 피고사건의 유죄 여부에 관한 사실인정 및 법률적용에 관하여 사실심으로서 심리·판단하게 되므로 항소인이 주장하는 항소이유의 당부도 위와 같은 피고사건의 심리·판단 과정에서 판단된 것으로 볼 것이고 별도로 피고인의 항소이유의 당부에 대한 판단을 명시하지 아니하였다고 하여 판단누락이라고 볼 것이 아니다(2010도11338).

03 상고와 비약적 상고

1. 상고

① [의의] 상고란 제2심 판결에 불복하여 대법원에 제기하는 상소를 말한다(제371조). 비약적 상고란 제1심 판결에 대하여 항소를 제기하지 아니하고 직접 대법원에 제기하는 상소를 말한다(제372조). 상고의 주된 기능은 법령해석·적용의 통일이지만 부수적으로 당사자의 권리구제의 기능도 있다.

② 상고심의 구조

㉮ [법률심] 상고심은 원칙적으로 법률문제를 심리·판단하는 법률심이다. 그러나 예외적으로 사실오인과 양형부당을 상고이유로 하고 있고(제383조 제4호) 상고심에서도 파기자판을 할 수 있으므로 사실심의 성격도 가지고 있다.

㉯ [사후심] 상고심은 원판결의 당부당을 사후적으로 심사하는 사후심이다. 그 근거는 상고이유가 원칙적으로 법령위반으로 제한되어 있고(제383조 제1호) 상고법원은 변론없이 서면심리에 의해 판결할 수 있으며(제390조), 파기환송·이송을 원칙으로 하고 있기 때문이다.[12] 따라서 항소심에서 심판대상이 되지 않은 사항은 상고심의 심판범위에 들지 않는 것이어서 피고인이 항소심에서 항소이유로 주장하지 아니하거나 항소심이 직권으로 심판대상으로 삼은 사항 이외의 사유에 대하여는 이를 상고이유로 삼을 수 없다(2015도9010).

㉠ [새로운 사유를 상고이유로 삼은 경우] 제1심판결에 대하여 검사만이 양형부당을 이유로 항소하였을 뿐이고 피고인은 항소하지 아니한 경우에는 피고인으로서는 항소심 판결에 대하여 사실오인, 채증법칙 위반, 심리미진 또는 법령위반 등 새로운 사유를 들어 상고이유로 삼을 수 없다(2009도579). [24·17 선택]

---

12) 원심판결 후 형의 폐지나 변경 또는 사면이 있는 때(제383조 제2호), 원심판결 후 재심청구의 사유가 있는 때(제383조 제3호)와 같이 원심판결 후에 발생한 사유도 상고이유, 즉 상고심의 심판대상이 될 수 있으므로 상고심은 예외적으로 속심적 성격을 갖기도 한다.

ⓛ [새로운 사유를 상고이유로 삼은 경우] 피고인이 제1심판결(징역 1년 6월이 선고된 사건)에 대하여 양형부당만을 항소이유로 내세워 항소하였다가 그 항소가 기각된 경우, 피고인은 원심판결에 대하여 사실오인 또는 법리오해의 위법이 있다는 것을 상고이유로 삼을 수는 없다(2005도3345). [19 선택] [23·22·21 법선]

2. 상고이유

① [사실오인이 예외적으로 상고이유가 될 수 있는 요건] 사실심 법원은 주장과 증거에 대하여 신중하고 충실한 심리를 하여야 하고, 그에 이르지 못하여 필요한 심리를 다하지 아니하는 등으로 판결 결과에 영향을 미친 때에는 사실인정을 사실심 법원의 전권으로 인정한 전제가 충족되지 아니하므로 이는 당연히 상고심의 심판 대상에 해당한다(2015도17869). [17 선택]

② [적법한 상고이유가 되는 '10년 이상의 징역'의 의미] 하나의 사건에서 징역형이나 금고형이 여럿 선고된 경우에는 이를 모두 합산한 형기가 10년 이상이면 형소법 제383조 제4호에서 정하는 '10년 이상의 징역이나 금고의 형을 선고한 경우'에 해당한다(2009도13411).

③ [10년 이상의 징역이나 금고형의 경우 검사가 상고를 제기할 수 있는지] 형소법 제383조 제4호는 특히 중한 형을 선고받은 피고인의 이익을 위하여 피고인이 상고하는 경우에만 적용되는 것이라고 해석하여야 하므로, 피고인에 대하여 사형, 무기 또는 10년 이상의 징역이나 금고의 형이 선고된 경우에 검사는 그 형이 심히 가볍다는 이유로는 상고할 수 없다(94도1705).

3. 상고심의 절차

① 상고장 제출(재판의 선고 또는 고지를 받은 날로부터 **7일** 이내에 '**원심법원**'에 제출)
② 원심법원은 상고장을 받은 날부터 14일 이내에 소송기록과 증거물을 상고법원에 송부
③ 상고법원이 기록의 송부를 받은 때에는 즉시 상고인과 상대방에게 그 사유를 통지
④ 상고인(또는 변호인)은 위의 통지를 받은 날로부터 **20일** 이내에 상고이유서를 상고법원에 제출
⑤ 상고법원은 지체없이 상고이유서의 부본 또는 등본을 상대방에게 송달
⑥ 상대방은 위의 송달을 받은 날로부터 **10일** 이내에 답변서를 상고법원에 제출(할 수 있다)[13]
⑦ 상고법원은 지체없이 답변서 부본 또는 등본을 항소인 또는 변호인에게 송달

4. 상고이유서 미제출의 효과

상고인이나 변호인이 상고이유서를 제출하지 아니한 경우 상고장에 상고이유의 기재가 있는 경우를 제외하고는 결정으로 상고를 기각하여야 한다(제380조 제1항). 상고장 및 상고이유서에 기재된 상고이유의 주장이 형사소송법 제383조 각 호의 어느 하나의 사유에 해당하지 아니함이 명백한 경우에도 결정으로 상고를 기각하여야 한다(동조 제2항).

5. 상고심의 심판

① [공소기각결정] 상고법원은 공소기각결정사유가 있는 때에는 결정으로 공소를 기각하여야 한다(제382조, 제328조 제1항).

---

13) 답변서의 제출이 재량사항인 것을 제외하면 항소심의 절차와 사실상 동일하다.

② 상고기각재판
㉮ 상고기각결정
　　㉠ **[상고제기의 부적법]** 상고의 제기가 법률상의 방식에 위반하거나 상고권 소멸 후인 것이 명백한 때에 원심법원이 상고기각결정을 하지 아니한 때에는, 상고법원은 결정으로 상고를 기각하여야 한다(제381조).

　　㉡ **[상고이유서 미제출]** 상고인 또는 변호인이 상고이유서를 제출하지 아니한 때에는 상고장에 상고이유의 기재가 있는 경우를 제외하고는 상고법원은 결정으로 상고를 기각하여야 한다(제380조).

㉯ **[상고기각판결]** 상고법원은 상고가 이유 없다고 인정한 때에는 판결로써 상고를 기각하여야 한다(제399조, 제364조 제4항).

③ 원심판결의 파기판결
㉮ **[파기사유]** 상고법원은 상고가 이유 있다고 인정한 때에는 원심판결을 파기하여야 한다(제391조). 상고심은 사후심이기 때문에 파기환송을 원칙으로 한다.

㉯ **[파기 후의 조치]**
　　㉠ **[파기환송]** 적법한 공소를 기각하였다는 이유로 원심판결 또는 제1심 판결을 파기하는 경우에는 판결로써 사건을 원심법원 또는 제1심법원에 환송하여야 한다(제393조). 관할위반의 인정이 법률에 위반됨을 이유로 원심판결 또는 제1심 판결을 파기하는 경우에는 판결로써 사건을 원심법원 또는 제1심법원에 환송하여야 한다(제395조). 이 이외의 사유로 원심판결을 파기한 때에도 자판하는 경우가 아니면 판결로써 사건을 원심법원에 환송하거나 그와 동등한 다른 법원에 이송하여야 한다(제397조).

　　㉡ **[파기이송]** 관할의 인정이 법률에 위반됨을 이유로 원심판결 또는 제1심 판결을 파기하는 경우에는 판결로써 사건을 관할권 있는 법원에 이송하여야 한다(제394조).

　　㉢ **[파기자판]** 상고법원은 원심판결을 파기한 경우에 그 소송기록과 원심법원과 제1심 법원이 조사한 증거에 의하여 판결하기 충분하다고 인정한 때에는 피고사건에 대하여 직접판결을 할 수 있다(제396조 제1항). 파기자판에 의하여 유무죄판결, 면소판결이나 공소기각판결을 할 수 있다. 파기자판에 의하여 형을 선고할 경우에는 불이익변경금지원칙이 적용된다(동조 제2항, 제368조).

㉰ **[공동피고인을 위한 파기]** 피고인을 위하여 원심판결을 파기하는 경우에 파기의 이유가 상고한 공동피고인에게 공통되는 때에는 그 공동피고인에게 대하여도 원심판결을 파기하여야 한다(제392조).

④ **[재판서의 기재방식]** 재판서에는 상고의 이유에 관한 판단을 기재하여야 한다(제398조).

6. 비약적 상고

① **[의의]** 제1심 판결에 대하여 항소를 제기하지 아니하고 직접 대법원에 제기하는 상소를 말한다(제372조). 이는 법령해석의 통일을 신속히 하고 당사자의 이익을 신속히 회복시키기 위해서 인정되는 제도이다.

② **[대상]** 비약적 상고는 제1심의 '판결'에 대해서만 인정되고 제1심의 결정에 대해서는 인정되지 아니한다(84모18).

③ **[이유**(제372조)**]**
㉮ 원심판결이 인정된 사실에 대하여 법령을 적용하지 아니하였거나 법령의 적용에 착오가 있는 때(제1호)
㉯ 원심판결이 있은 후에 형의 폐지나 변경 또는 사면이 있는 때(제2호)

④ [비약적 상고에 항소로서의 효력을 인정할 수 있는지 여부(적극)] 제1심판결에 대하여 피고인은 비약적 상고를, 검사는 항소를 각각 제기하여 이들이 경합한 경우 피고인의 비약적 상고에 상고의 효력이 인정되지는 않더라도, 피고인의 비약적 상고가 항소기간 준수 등 항소로서의 적법요건을 모두 갖추었고, 피고인이 자신의 비약적 상고에 상고의 효력이 인정되지 않는 때에도 항소심에서는 제1심판결을 다툴 의사가 없었다고 볼만한 특별한 사정이 없다면, 피고인의 비약적 상고에 항소로서의 효력이 인정된다고 보아야 한다(全 2021도17131; 2021전도170). [24 선택] [23 법사]

04 항고와 재항고

1. 의의

항고와 재항고란 법원의 결정에 대한 상소를 말한다(제402조). 판결에 대한 상소와는 달리 결정은 판결에 이르는 과정에서 **절차상의 사항**에 관한 종국전의 재판에 불과하므로, 결정에 대한 상소는 법이 특히 필요하다고 인정하는 경우에만 허용된다.

2. 종류

① 항고(1심 → 2심)

㉮ [의의] 제1심 결정에 대하여 제2심에 불복하는 상소이고(제402조), 이에는 즉시항고와 보통항고가 있다.

㉯ 종류

　㉠ 즉시항고

　ⓐ 즉시항고는 법률에 명문의 규정이 있는 경우에만 허용된다.

　ⓑ 즉시항고는 제기기간이 원칙적으로 7일로 제한된다(제405조).

　ⓒ 즉시항고가 제기되면 원칙적으로 재판의 집행이 정지된다(제410조). [16 선택]

　㉡ 보통항고

　ⓐ 보통항고는 즉시항고 이외의 항고를 말한다. 법원의 결정에 대하여 불복이 있으면 항고를 할 수 있으나, 형사소송법에 특별규정이 있는 때에는 보통항고가 허용되지 않는다(제402조).

　ⓑ 보통항고는 원심결정을 취소할 실익이 있는 한 제기기간의 제한이 없다(제404조).

　ⓒ 보통항고가 제기되더라도 재판의 집행은 정지되지 아니한다(제409조).

㉰ 항고할 수 없는 결정과 예외

　㉠ 법원의 관할 또는 판결 전의 소송절차에 관한 결정에 대하여는 특히 즉시항고를 할 수 있는 경우를 제외하고는 항고를 하지 못한다(제403조 제1항). 이러한 결정에 대해서 항고를 허용하게 되면 절차의 진행 도중 결정마다 이를 다툴 수 있게 되어 소송이 지연될 염려가 있고 또한 그에 대한 불복은 종국재판에 대한 상소의 허용으로 충분하기 때문이다.

　㉡ 그러나 법원의 구금, 보석, 압수나 압수물의 환부, 피고인 감정유치 또는 소년부송치에 관한 결정에 대하여 보통항고를 할 수 있다(제403조 제2항).

② 재항고(2심 → 3심)

㉮ **[의의]** 제2심 결정에 대하여 제3심에 불복하는 상소이다. 즉 재항고란 항고법원·고등법원·항소법원의 결정에 대하여 재판에 영향을 미친 헌법·법률·명령·규칙의 위반이 있음을 이유로 하는 때에 한하여 대법원에 제기하는 즉시항고를 말한다(법원조직법 제14조 제2호, 형사소송법 제415조). 이를 특별항고라고도 한다.

> **관련판례** **[항소법원의 결정에 대한 불복방법(재항고), 대법원의 결정에 대한 불복방법(불복불가)]** 항소법원의 결정에 대하여도 대법원에 재항고하는 방법으로 다투어야만 한다(2007모726). [24 사례] 대법원이 한 결정에 대하여는 이유 여하를 불문하고 불복항고할 수 없다(87모4).

㉯ **[법적성격]** 재항고는 즉시항고이므로 재항고의 절차는 즉시항고와 같다.

> **관련판례** **[항고이유를 그대로 재항고이유로 원용할 수 있는지(소극)]** 상고이유서에는 소송기록과 원심법원의 증거조사에 표현된 사실을 인용하여 그 이유를 명시하도록 되어있어 항소이유서에 기재된 내용을 상고이유로 원용할 수 없다 할 것이므로 항고장에 기재된 이유를 재항고이유로 원용할 수 없다(86모42).

3. 항고심의 절차

① **[항고의 제기방법]** 항고는 항고장을 원심법원에 제출함으로써 이루어진다(제406조). 즉시항고의 제기기간은 원칙적으로 7일이지만, 보통항고는 원심결정을 취소할 실익이 있는 한 기간의 제한이 없다(제405조, 제404조).

② 원심법원의 조치

㉮ **[항고기각의 결정]** 항고의 제기가 법률상의 방식에 위반하거나 항고권 소멸 후인 것이 명백한 때에는 원심법원은 결정으로 항고를 기각하여야 한다(제407조 제1항). 이 결정에 대하여는 즉시항고를 할 수 있다(동조 제2항).

㉯ **[경정결정]** 원심법원은 항고가 이유 있다고 인정하는 때에는 결정을 경정하여야 한다(제408조 제1항). 항고의 전부 또는 일부가 이유 없다고 인정하는 때에는 항고장을 받은 날로부터 3일 이내에 의견서를 첨부하여 항고법원에 송부하여야 한다(동조 제2항).

㉰ **[소송기록의 송부]** 원심법원이 필요하다고 인정하는 때에는 소송기록과 증거물을 항고법원에 송부하여야 한다(제411조 제1항). 항고법원은 소송기록과 증거물의 송부를 요구할 수 있다(동조 제2항). 이 경우 항고법원은 소송기록과 증거물의 송부를 받은 날로부터 5일 이내에 당사자에게 그 사유를 통지하여야 한다(동조 제3항).

> **관련판례** **[항고법원의 소송기록접수 통지의 취지]** 형사소송법 제411조에 의하면, 항고법원은 제1심법원으로부터 소송기록과 증거물을 받은 날부터 5일 이내에 당사자에게 그 사유를 통지하여야 한다. 그 취지는 당사자에게 항고에 관하여 이유서를 제출하거나 의견을 진술하고 유리한 증거를 제출할 기회를 부여하려는 데 있다. 따라서 재항고인이 집행유예의 취소 청구를 인용한 제1심결정에 대하여 즉시항고를 하고, 즉시항고장에 항고이유를 적지 않았는데, 원심이 제1심법원으로부터 소송기록을 송부받은 당일에 항고를 기각하는 결정을 하면서, 항고를 제기한 재항고인에게 소송기록과 증거물을 송부받았다는 통지를 하지 않은 사안에서, 원심은 재항고인에게 항고에 관하여 이유서를 제출하거나 의견을 진술하고 유리한 증거를 제출할 기회를 부여하였다고 할 수 없으므로, 원심결정에 형사소송법 제411조에 관한 법리를 오해한 잘못이 있다(2018모1698). [22 법선]

③ 항고제기의 효과

㉮ 즉시항고는 그 즉시항고의 제기기간 내와 그 제기가 있는 때에는 재판의 집행이 정지된다(제410조).

㉯ 보통항고는 재판의 집행을 정지하는 효력이 없다. 단, 원심법원 또는 항고법원은 결정으로 항고에 대한 결정이 있을 때까지 집행을 정지할 수 있다(제409조). [23 선택] [22 법선]

④ 항고법원의 결정

㉮ **[항고기각결정]** 항고의 제기가 법률상의 방식에 위반하거나 항고권 소멸 후인 것이 명백한 경우에 원심법원이 결정으로 항고를 기각하지 않은 때에는 항고법원은 결정으로 항고를 기각하여야 한다(제413조). 항고가 이유 없다고 인정하는 때에는 결정으로 항고를 기각하여야 한다(제414조 제1항).

㉯ **[취소결정]** 항고가 이유 있다고 인정하는 때에는 결정으로 원심결정을 취소하고 필요한 경우에는 항고사건에 대하여 직접 재판을 하여야 한다(동조 제2항).

4. 준항고

① **[의의]** 재판장 또는 수명법관의 재판이나 검사 또는 사법경찰관의 처분에 대하여 관할법원에 취소 또는 변경을 청구하는 불복신청 방법이다(제416조, 제417조). 준항고는 엄격한 의미에서 상소는 아니지만 항고와 유사한 성격이 있기 때문에 항고에 관한 규정이 준용된다.

② 준항고의 대상

㉮ **[재판장 또는 수명법관의 재판]** 재판장 또는 수명법관의 ㉠ 기피신청을 기각한 재판 ㉡ 구금·보석·압수 또는 압수물 환부에 관한 재판 ㉢ 피고인 감정유치에 관한 재판 ㉣ 증인·감정인·통역인·번역인에 대하여 과태료 또는 비용의 배상을 명한 재판에 관하여 불복이 있으면 그 법관소속의 법원에 재판의 취소 또는 변경을 청구할 수 있다(제416조 제1항). '재판장 또는 수명법관'이라 함은 수소법원의 구성원으로서의 재판장 또는 수명법관만을 가리키는 것이어서, 수사기관의 청구에 의하여 압수영장 등을 발부하는 독립된 재판기관인 지방법원판사(수임판사)의 재판에 대해서는 준항고가 허용되지 않는다(판례).

㉯ **[수사기관의 처분]** 검사 또는 사법경찰관의 구금, 압수 또는 압수물의 환부에 관한 처분과 제243조의2에 따른 피의자신문에 있어 변호인의 참여 등에 관한 처분에 대하여 불복이 있으면 그 직무집행지의 관할법원 또는 검사의 소속검찰청에 대응한 법원에 그 처분의 취소 또는 변경을 청구할 수 있다(제417조).

> 관련판례 [준항고의 대상이 되지 않는 경우] 형사소송법 제417조의 규정은 검사 또는 사법경찰관이 '수사단계에서' 압수물의 환부에 관하여 처분을 할 권한을 가지고 있을 경우에 그 처분에 불복이 있으면 준항고를 허용하는 취지라고 보는 것이 상당하므로 형사소송법 제332조의 규정에 의하여 몰수의 선고가 없어 압수가 해제된 것으로 되었음에도 불구하고 검사가 그 해제된 압수물의 인도를 거부하는 조치는 형사소송법 제417조가 규정하는 준항고로 불복할 대상이 될 수 없다(84모3).[14]

---

14) 압수한 서류 또는 물품에 대하여 몰수의 선고가 없는 때에는 압수를 해제한 것으로 간주한다(제332조). 따라서 본 규정에 따른 압수해제 간주에도 불구하고 검사가 해제된 압수물의 인도를 거부하는 것은 '수사단계'에서의 압수물의 환부에 관한 처분에 해당하지 않는다.

③ **[준항고의 절차]** 준항고는 서면을 관할법원에 제출함으로써 이루어진다(제418조). 법원의 재판에 대한 준항고는 재판의 고지가 있는 날로부터 7일 이내에 하여야 한다(제416조 제3항). 한편, 형사소송법 제417조의 준항고에 관하여 같은 법 제419조는 같은 법 제409조의 보통항고의 효력에 관한 규정을 준용하고 있다. 따라서 <u>형사소송법 제417조의 준항고는 항고의 실익이 있는 한 제기기간에 아무런 제한이 없다</u>(2022모2352).

관련판례 [준항고에 관한 결정에 대한 불복방법(재항고)] (83모12)

제2장 | 비상구제절차

01 재심과 비상상고

Ⅰ. 재심

1. 의의

유죄의 확정판결에 중대한 사실오인이 있는 경우 판결을 받은 자의 이익을 위하여 이를 시정하는 비상구제절차를 말한다(제420조). 재심은 법적 안정성을 해하지 않는 범위 내에서 억울하게 유죄판결을 받은 자를 구제해 줌으로써 실질적 정의를 실현하는 제도라고 할 수 있다.

2. 재심의 대상

① [유죄의 확정판결] 형사소송법은 이익재심만 인정하고 있으므로 재심은 원칙적으로 유죄의 확정판결에 대해서만 인정된다(제420조). 따라서 무죄판결이나 면소판결·관할위반판결·공소기각재판 등은 재심의 대상이 아니다. [18 선택] 유죄판결인 이상 확정판결과 동일한 효력이 인정되는 약식명령이나 즉결심판도 재심의 대상이 된다.

㉮ [재심청구의 대상이 되는 경우] 유죄판결 확정 후에 형 선고의 효력을 상실케 하는 **특별사면**이 있었다고 하더라도, 형 선고의 법률적 효과만 장래를 향하여 소멸될 뿐이고 확정된 유죄판결에서 이루어진 사실인정과 그에 따른 유죄 판단까지 없어지는 것은 아니므로, 특별사면으로 형 선고의 효력이 상실된 유죄의 확정판결도 형사소송법 제420조의 '유죄의 확정판결'에 해당하여 재심청구의 대상이 될 수 있다(全 2011도1932). [18 선택]

㉯ 재심의 대상이 되지 않는 경우

㉠ [정식재판의 확정으로 '효력이 상실된 약식명령'] 약식명령에 대한 정식재판 절차에서 유죄판결이 선고·확정된 경우, '효력이 상실된 약식명령'은 재심의 대상이 될 수 없다(2011도10626). [18 선택]

㉡ [항소심에서 '파기된 1심의 유죄판결'] 항소심에서 파기되어버린 제1심판결에 대해서는 재심을 청구할 수 없다(2003모464). [18 선택]

㉢ [상고심 계속 중 피고인이 사망하여 공소기각결정이 확정되어 '효력이 상실된 항소심의 유죄판결'] 공소기각결정이 확정되었다면 항소심의 유죄판결은 이로써 당연히 그 효력을 상실하게 되므로, 이 경우에는 재심절차의 전제가 되는 '유죄의 확정판결'이 존재하는 경우에 해당한다고 할 수 없다(2011도7931).

② [상소기각판결] 재심은 유죄판결에 대한 항소 또는 상고를 기각한 판결에 대해서도 인정이 된다(제421조). 상소기각판결 자체는 유죄판결은 아니지만 그 판결의 확정에 의하여 원심의 유죄판결이 확정된다는 점에서 재심의 대상으로 인정하고 있다.

관련판례 [형사소송법 제421조 제1항 소정의 '항소 또는 상고의 기각판결'의 의미(항소기각 또는 상고기각판결 자체)] 형사소송법 제421조 제1항에서 '항소 또는 상고의 기각판결'이라 함은 위 상고기각 판결에 의하여 확정된 1심 또는 항소판결을 의미하는 것이 아니고 항소기각 또는 상고기각판결 자체를 의미한다(84모48).

비교판례 [형벌조항에 대한 위헌결정으로 재심을 청구하는 경우 재심의 대상] ⅰ) 형벌조항에 대하여 헌법재판소의 위헌결정이 있는 경우 헌법재판소법 제47조에 의한 재심은 원칙적인 재심대상판결인 제1심 유죄판결 또는 파기자판한 상급심판결에 대하여 청구하여야 한다. 제1심이 유죄판결을 선고하고, 그에 대하여 불복하였으나, <u>항소 또는 상고기각판결이 있었던 경우에 헌법재판소법 제47조를 이유로 재심을 청구하려면 재심대상판결은 **제1심판결**이 되어야</u> 하므로 형벌에 관한 법률조항에 대하여 헌법재판소의 위헌결정이 선고되어 헌재법 제47조에 따라 재심을 청구하는 경우 항소 또는 상고기각판결을 재심대상으로 한 재심청구는 법률상 방식을 위반한 것으로 부적법하다. ⅱ) 형사소송법은 재심청구 제기기간에 제한을 두고 있지 않으므로, 법률상의 방식을 위반한 재심청구라는 이유로 기각결정이 있더라도, 청구인이 이를 보정한다면 다시 동일한 이유로 재심청구를 할 수 있다(2022모509).

3. 재심이유

> **제420조(재심이유)** 재심은 다음 각 호의 어느 하나에 해당하는 이유가 있는 경우에 유죄의 확정판결에 대하여 그 선고를 받은 자의 이익을 위하여 청구할 수 있다.
> 1. 원판결의 증거가 된 서류 또는 증거물이 확정판결에 의하여 위조되거나 변조된 것임이 증명된 때
> 2. 원판결의 증거가 된 증언, 감정, 통역 또는 번역이 확정판결에 의하여 허위임이 증명된 때
> 3. 무고(誣告)로 인하여 유죄를 선고받은 경우에 그 무고의 죄가 확정판결에 의하여 증명된 때
> 4. 원판결의 증거가 된 재판이 확정재판에 의하여 변경된 때
> 5. 유죄를 선고받은 자에 대하여 무죄 또는 면소를, 형의 선고를 받은 자에 대하여 형의 면제 또는 원판결이 인정한 죄보다 가벼운 죄를 인정할 <u>명백한 증거가 새로 발견된 때</u>
> 6. 저작권, 특허권, 실용신안권, 디자인권 또는 상표권을 침해한 죄로 유죄의 선고를 받은 사건에 관하여 그 권리에 대한 무효의 심결 또는 무효의 판결이 확정된 때
> 7. 원판결, 전심판결 또는 그 판결의 기초가 된 조사에 관여한 법관, 공소의 제기 또는 그 공소의 기초가 된 수사에 관여한 검사나 사법경찰관이 그 직무에 관한 죄를 지은 것이 확정판결에 의하여 증명된 때. 다만, 원판결의 선고 전에 법관, 검사 또는 사법경찰관에 대하여 공소가 제기되었을 경우에는 원판결의 법원이 그 사유를 알지 못한 때로 한정한다.
> **제421조(동전)** ① 항소 또는 상고의 기각판결에 대하여는 전조 제1호, 제2호, 제7호의 사유 있는 경우에 한하여 그 선고를 받은 자의 이익을 위하여 재심을 청구할 수 있다.
> ② 제1심확정판결에 대한 재심청구사건의 판결이 있은 후에는 항소기각판결에 대하여 다시 재심을 청구하지 못한다.
> ③ 제1심 또는 제2심의 확정판결에 대한 재심청구사건의 판결이 있은 후에는 상고기각판결에 대하여 다시 재심을 청구하지 못한다.

① 유죄의 확정판결에 대한 재심이유

㉮ 허위증거에 의한 재심사유(제420조)

㉠ [원판결의 증거가 된 서류 또는 증거물이 확정판결에 의하여 위조되거나 변조된 것임이 증명된 때(제1호)] '원판결의 증거'란 원판결의 증거요지에 인용되어 있는 증거에 한정된다. 따라서 비록 증거조사를 하였더라도 판결에 인용되지 아니한 증거는 이에 해당하지 않는다.

㉡ [원판결의 증거가 된 증언·감정·통역·번역이 확정판결에 의하여 허위인 것이 증명된 때(제2호)] '원판결의 증거된 증인'이 나중에 확정판결에 의하여 허위인 것이 증명된 이상 그 허위증언 부분을 제외하고서도 다른 증거에 의하여 그 '죄로 되는 사실'이 유죄로 인정될 것인지 여부에 관계없이 형사소송법 제420조 제2호 소정의 재심사유가 있다고 보아야 한다(2011도8529). [14 선택]

관련판례 [증언이라고 할 수 없는 경우] '원판결의 증거된 증언'이라 함은 법률에 의하여 선서한 증인의 증언을 말하고 공동피고인의 공판정에서의 진술은 여기에 해당하지 않는다(85모10).

㉢ [원판결의 증거가 된 재판이 확정재판에 의하여 변경된 때(제4호)] 위 규정에서 정한 '원판결의 증거된 재판'이라 함은 원판결의 이유 중에서 증거로 채택되어 죄로 되는 사실을 인정하는 데 인용된 다른 재판을 뜻한다(2018도17909).

㉣ [형사소송법 제420조 제7호 재심사유에 해당여부의 판단] 형사소송법 제420조 제7호의 재심사유 해당 여부를 판단함에 있어 사법경찰관 등이 범한 직무에 관한 죄가 사건의 실체관계에 관계된 것인지 여부나 당해 사법경찰관이 직접 피의자에 대한 조사를 담당하였는지 여부는 고려할 사정이 아니다(2008모77). [14 선택]

관련판례 [수사기관이 위헌적 법령에 따라 영장 없는 체포·구금을 한 경우] 수사기관이 영장주의를 배제하는 위헌적 법령에 따라 영장 없는 체포·구금을 한 경우에도 형소법 제420조 제7호(공소의 기초된 수사에 관여한 검사나 사법경찰관이 그 직무에 관한 죄를 범한 것이 확정판결에 의하여 증명된 때)의 재심사유가 있다고 보아야 한다(2015모3243). [20 선택]

㉯ 새로운 증거에 의한 재심사유(제420조 제5호)

㉠ 재심사유

ⓐ [유죄를 선고받은 자에 대하여 무죄 또는 면소를 인정할 명백한 증거가 새로 발견된 때] 유죄의 선고에는 형의 선고는 물론 형면제판결이나 선고유예판결도 포함된다. 유죄의 선고를 받은 자에 대하여 공소기각재판을 할 명백한 증거가 새로 발견된 때에는 본 호의 재심사유에 해당되지 아니한다.

ⓑ [형의 선고를 받은 자에 대하여 형의 면제 또는 원판결이 인정한 죄보다 가벼운 죄를 인정할 명백한 증거가 새로 발견된 때]

ⓒ [형사소송법 제420조 제5호 재심사유에 있어 '형의 면제'의 의미(필요적 면제)] 여기서 형의 면제라 함은 형의 필요적 면제의 경우만을 말하고 임의적 면제는 해당하지 않는다. 따라서 유죄의 확정판결을 받은 피고인이 임의적 면제사유가 될 수 있는 것에 불과한 자수 또는 자복한 사실이 인정되는 경우라도 재심사유에 해당하지 않는다(84모32). [14 선택]

ⓓ [형사소송법 제420조 제5호 재심사유에 있어 '원판결이 인정한 죄보다 경한 죄'의 의미(원판결에서 인정한 죄와는 '별개의 죄'로서 그 법정형이 경한 죄)]

ⓔ ['원판결이 인정한 죄보다 경한 죄'를 선고받을 수 있는 경우에 해당하지 않는 사례] ⅰ) 원판결에서 인정한 동일한 죄에 대하여 필요적이건 임의적이건 형의 감경사유를 주장하는 경우(또는 공소기각을 선고받을 수 있는 경우)는 포함하지 않는다(2007도3496 등), ⅱ) 피고인이 주장하는 피해 회복에 관한 자료는 원판결에서 인정한 죄 자체에는 변함이 없고(저자 주 : 동일한 죄에 해당), 다만 양형상의 자료에 변동을 가져올 사유에 불과하여 원판결이 인정한 죄보다 '경한 죄'를 인정할 증거에 해당한다고 할 수 없다(2017도14769).

ⓛ ▌쟁점 063 증거의 신규성***[15 법사]

🔍 쟁점연구

1. 문제점
형소법 제420조 제5호에 의하면 유죄·형의 선고를 받은 자에 대하여 무죄·면소 또는 경한 죄를 인정할 명백한 증거가 '새로' 발견되어야 재심을 청구할 수 있다. 즉 증거는 **신규성(新規性)**과 **명백성(明白性)**을 갖추어야만 한다.
증거의 신규성과 관련하여 그 증거가 법원에 대하여 새로운 것이어야 함은 이론이 없다. 그러나 <u>그 증거가 법원 외에 당사자에게도 새로운 것이어야 하는지</u> 문제된다.

2. 학설 및 判例
① [필요설] 당사자에게도 새로워야 한다.
② [불요설(소수견해)] 당사자의 귀책사유에 관계없이 <u>법원에게만</u> 새로우면 족하다.
③ [절충설(다수견해)] 당사자에게 새로운 것일 필요는 없으나 당사자의 고의·과실 등의 귀책사유로 제출하지 못한 때에는 예외적으로 신규성을 인정할 수 없다.
④ [判例] 형소법 제420조 제5호에서 정한 재심사유에서 무죄 등을 인정할 '증거가 새로 발견된 때'라 함은 재심대상이 되는 <u>확정판결의 소송절차에서 발견되지 못하였거나 또는 발견되었다 하더라도 제출할 수 없었던 증거</u>로서 이를 새로 발견하였거나 비로소 제출할 수 있게 된 때를 말한다. 피고인이 재심을 청구한 경우, 재심대상이 되는 확정판결의 소송절차 중에 그러한 증거를 제출하지 못한 데에 <u>과실이 있는 경우에는 그 증거는 '증거가 새로 발견된 때'에서 제외</u>된다고 해석함이 상당하다(대판(全) : 2005모472). [24·22·19·15·14 선택] [23·22 법선]

3. 검토 및 결론
<u>제420조 제2호는 증거의 신규성을 누구를 기준으로 판단할 것인지에 대하여 그 범위를 제한하고 있지 않으므로</u> 그 대상을 법원으로 한정할 것은 아니고, 피고인에게 과실이 있는 경우에도 증거가 새로 발견된 때에서 제외된다고 보는 절충설이 타당하다.

ⓒ ▌쟁점 064 증거의 명백성 판단기준*

🔍 쟁점연구

1. 문제점
'무죄 등을 인정할 명백한 증거'에 해당하는지 여부를 판단하는 방법이 문제된다.

2. 학설
① [단독평가설(변경 전 判例)] 법적안정성 차원에서 구증거는 제외하고 신증거만으로 판단해야 한다.

② [전면적 종합평가설] 구증거와 신증거를 종합적으로 고려해야 한다.

③ [제한적 종합평가설(다수견해)] 신증거와 유기적으로 밀접하게 관련되고 모순되는 구증거를 신증거와 함께 고려해야 한다.

④ [判例(제한적 종합평가설)] '무죄 등을 인정할 명백한 증거'에 해당하는지 여부를 판단할 때에는 법원으로서는 새로 발견된 증거만을 독립적·고립적으로 고찰하여 그 증거가치만으로 재심의 개시 여부를 판단할 것이 아니라, 재심대상이 되는 확정판결을 선고한 법원이 사실인정의 기초로 삼은 증거들 가운데 새로 발견된 증거와 유기적으로 밀접하게 관련되고 모순되는 것들을 함께 고려하여 평가하여야 하고, 그 결과 단순히 재심대상이 되는 유죄의 확정판결에 대하여 그 정당성이 의심되는 수준을 넘어 그 판결을 그대로 유지할 수 없을 정도로 고도의 개연성이 인정되는 경우라면 그 새로운 증거는 이 사건 조항에서의 '명백한 증거'에 해당한다(대판(全) : 2005모472). [14 선택]

3. 검토

단독평가설이나 전면적 종합평가설의 의하면 재심의 범위가 부당하게 축소되거나 확대될 위험이 있으므로 제한적 종합평가설의 입장인 판례가 타당하다.

ㄹ 쟁점 **065** 증거의 명백성과 공범 사이에 모순된 판결★★ [22 사례] [19 법사]

【CASE】

乙과 丙의 공범사건에 대하여 乙이 먼저 기소되어 유죄판결이 확정된 후 丙이 기소되었는데, 丙에 대해서는 무죄판결이 선고, 확정된 경우 乙은 이를 이유로 재심을 청구할 수 있는가?

【제11회 변호사시험 제1문】

쟁점연구

1. 문제점

공범 사이에 모순된 판결이 존재하는 경우에 공범의 무죄판결이 재심사유로서 무죄를 인정할 명백한 증거 (제420조 제5호)에 해당하는지 문제된다.

2. 모순된 판결과 증거의 명백성 여부

① [긍정설] 모순된 판결이 형벌법규의 해석차이가 아닌 사실인정에 관한 결론을 달리할 때에는 모순된 판결 자체가 명백한 증거에 해당한다.

② [부정설] 모순된 판결의 전제가 된 증거가 동일한 경우에는 증명력에 대한 평가를 달리한 것에 불과하므로 명백한 증거에 해당하지 않는다.

③ [이분설] 무죄판결이 법령의 개폐나 판례의 변경, 새로운 법률해석으로 인한 것이라면 사실인정의 오류에 해당하지 않으므로 재심사유가 될 수 없으나 공범에 대한 무죄판결이 사실인정에 기초한 경우에는 명백한 증거에 해당한다.

④ [절충설] 무죄판결에 사용된 증거가 유죄판결에서 사용하지 못한 새로운 증거로서 명백한 증거인 경우에 한하여 재심사유가 된다.

⑤ [判例(절충설)] 당해 사건의 증거가 아니고 공범자 중 1인에 대하여 무죄, 다른 1인에 대하여 유죄의 확정판결이 있는 경우에 무죄 확정판결 자체만으로는 유죄확정판결에 대한 새로운 증거로서의 재심사유에 해당한다고 할 수 없으나, 무죄 확정판결의 증거자료를 자기의 증거로 하지 못하였고 또 새로 발견된 것이면 그 신증거는 유죄확정판결의 재심사유에 해당된다고 할 수 있다(대결 : 84모14)고 판시한 바 있다. [23 법선]

3. 검토

공범자 사이의 모순된 판결은 법관의 증명력 평가에 따라 달라질 수 있으므로 무죄판결 자체가 재심사유에 해당한다고 볼 수는 없다. 따라서 무죄판결의 사용된 증거가 증거의 신규성과 명백성을 갖춘 경우에 한하여 재심사유가 된다는 절충설이 타당하다.

【사례해설】
乙은 丙에 대한 무죄판결 자체만을 이유로 재심을 청구할 수는 없고, 무죄판결에 사용된 증거가 유죄판결을 파기할 만한 새로운 증거로서 신규성과 명백성이 인정되는 증거인 경우에 한하여 재심을 청구할 수 있다.

② 상소기각판결에 대한 재심사유

㉮ 재심사유(제421조 제1항)

㉠ 원판결의 증거된 서류 또는 증거물이 확정판결에 의하여 위조 또는 변조인 것이 증명된 때(제420조 제1호)

㉡ 원판결의 증거된 증언·감정·통역·번역이 확정판결에 의하여 허위인 것이 증명된 때(제420조 제2호)

㉢ 원판결, 전심판결 또는 그 판결의 기초가 된 조사에 관여한 법관, 공소의 제기 또는 그 공소의 기초된 수사에 관여한 검사나 사법경찰관이 그 직무에 관한 죄를 범한 것이 확정판결에 의하여 증명된 때. 다만, 원판결의 선고 전에 법관, 검사 또는 사법경찰관에 대하여 공소의 제기가 있는 경우에는 원판결의 법원이 그 사유를 알지 못한 때에 한한다(제420조 제7호).

㉯ [재심의 제한] 제1심 확정판결에 대한 재심청구사건의 판결이 있은 후에는 항소기각판결에 대하여 다시 재심을 청구하지 못한다(제421조 제2항). [15 선택] 제1심 또는 제2심의 확정판결에 대한 재심청구사건의 판결이 있은 후에는 상고기각판결에 대하여 다시 재심을 청구하지 못한다(동조 제3항).

③ 확정판결에 의한 증명

㉮ [확정판결에 의한 증명] 재심사유는 확정판결에 의하여 증명이 되어야 한다. 반드시 유죄판결이어야 하는 것은 아니고 구성요건에 해당하는 사실이 증명되면 족하다.

㉯ [확정판결에 대신하는 증명] 확정판결로써 범죄가 증명됨을 재심청구의 이유로 할 경우에 그 확정판결을 얻을 수 없는 때에는 그 사실을 증명하여 재심의 청구를 할 수 있다. 다만, 증거가 없다는 이유로 확정판결을 얻을 수 없는 때에는 예외로 한다(제422조). 확정판결을 받을 수 없는 때란 유죄판결을 받을 수 없는 사실상 또는 법률상의 이유가 있는 때를 말한다.

㉰ [형사소송법 제422조의 재심사유가 될 수 있는 경우] 경찰 등 공무원이 피고인을 체포·감금한 행위는 법원이 발부한 사전 또는 사후 영장 없이 이루어진 것으로서 구 형법 제194조의 특별공무원 직권남용죄에 해당하고, 위 죄는 공소시효가 완성하여 형사소송법 제422조의 '확정판결을 얻을 수 없는 때'에 해당하므로 위 재심대상판결에 형사소송법 제420조 제7호, 제422조에서 정한 재심사유가 있다고 본 원심결정이 정당하다(2015모3796).

④ 특별법상 재심사유

㉮ [헌법재판소법] 헌법재판소에서 위헌으로 결정된 형벌에 관한 법률 또는 법률의 조항은 소급하여 그 효력을 상실한다. 다만, 해당 법률 또는 법률의 조항에 대하여 종전에 합헌으로 결정한 사건이 있는 경우에는 그 결정이 있는 날의 다음 날로 소급하여 효력을 상실한다(동법 제47조 제3항, 제75조). 이 경우에 위헌으로 결정된 법률 또는 법률의 조항에 근거한 유죄의 확정판결에 대하여는 재심을 청구할 수 있고, 이 재심에 대해서는 형사소송법의 규정을 준용한다(동법 제47조 제4항·제5항, 제75조). [15 선택]

관련판례 징역형의 집행유예를 선고한 판결이 확정된 후 선고의 실효 또는 취소 없이 유예기간을 경과함에 따라 형 선고의 효력이 소멸되어 그 확정판결이 특가법 제5조의4 제5항에서 정한 '징역형'에 해당하지 않음에도, 위 확정판결에 적용된 형벌 규정에 대한 위헌결정의 취지에 따른 재심판결에서 다시 징역형의 집행유예가 선고·확정된 후 유예기간이 경과되지 않은 경우라면, 위 재심판결은 위 조항에서 정한 '징역형'에 포함되지 아니한다(2020도13705).

㉯ [헌법재판소법 제47조 제4항에 규정된 재심사유가 되는 경우] 위헌으로 결정된 법률 또는 법률의 조항이 같은 조 제3항 단서에 의하여 종전의 합헌결정이 있는 날의 다음 날로 소급하여 효력을 상실하는 경우 **합헌결정이 있는 날의 다음 날 이후에 유죄판결이 선고되어 확정되었다면**, 비록 범죄행위가 그 이전에 행하여졌다 하더라도 판결은 위헌결정으로 인하여 소급하여 효력을 상실한 법률 또는 법률의 조항을 적용한 것으로 '위헌으로 결정된 법률 또는 법률의 조항에 근거한 유죄의 확정판결'에 해당하므로 이에 대하여 재심을 청구할 수 있다(2015모1475).[1]

⑤ 소송촉진 등에 관한 특례법

㉮ [궐석재판] 제1심 공판절차에서 피고인에 대한 송달불능보고서가 접수된 때부터 6개월이 지나도록 피고인의 소재를 확인할 수 없는 경우에는 대법원규칙으로 정하는 바에 따라 피고인의 진술 없이 재판할 수 있다. 다만, 사형, 무기 또는 장기 10년이 넘는 징역이나 금고에 해당하는 사건의 경우에는 그러하지 아니하다(동법 제23조). [24 선택]

㉯ [재심의 사유] 궐석재판으로 유죄판결을 받고 그 판결이 확정된 자가 책임을 질 수 없는 사유로 공판절차에 출석할 수 없었던 경우에는 그 판결이 있었던 사실을 안 날부터 14일 이내(재심청구인이 책임을 질 수 없는 사유로 위 기간에 재심청구를 하지 못한 경우에는 그 사유가 없어진 날부터 14일 이내)에 제1심 법원에 재심을 청구할 수 있다(동법 제23조의2 제1항).

관련판례 [확정된 항소심판결에 대하여 항소심에 소촉법 제23조의2에 의한 재심청구를 할 수 있는지 여부(적극)] 소촉법 제23조 규정에 따라 진행된 제1심의 불출석 재판에 대하여 검사만 항소하고 항소심도 불출석 재판으로 진행한 후에 제1심판결을 파기하고 새로 또는 다시 유죄판결을 선고하여 그 유죄판결이 확정된 경우, 소촉법 제23조의2 제1항 규정을 유추적용하여 귀책사유 없이 제1심과 항소심의 공판절차에 출석할 수 없었던 피고인은 항소심 법원에 그 유죄판결에 대한 재심을 청구할 수 있다(全 2014도17252).

---

1) [판례해설] 피고인이 2004. 8. 및 11.경 간통하였다는 공소사실로 기소되었더라도 간통죄에 대한 합헌결정을 한 2008. 10. 30. 이후인 2009. 8. 20. 유죄판결이 확정되었다면, 2015. 2. 26. 간통죄에 대한 헌법재판소의 위헌결정을 이유로 하여 피고인은 재심을 청구할 수 있다는 취지의 판례이다.

4. 재심개시절차

① **[의의]** 재심사유 유무를 심사하여 다시 심판할 것인가의 여부를 결정하는 절차를 말한다.

② **재심의 관할**

㉮ 재심의 청구는 <u>원판결의 법원</u>이 관할한다(제423조).

㉯ 관련판례[재심의 관할법원(재심청구의 대상이 된 판결을 선고한 법원)]

　　㉠ 재심의 청구는 원판결의 법원이 관할하도록 되어 있고 여기서 원판결이라고 하는 것은 재심청구인이 재심사유가 있다고 하여 재심청구의 대상으로 하고 있는 <u>그 판결을 가르킨다</u>(86모17).

　　㉡ 피고인의 <u>상고를 기각한 대법원판결에 재심사유가 있는 것이 명백한 경우 그 관할은 재심대상판결을 선고한 대법원에 있고</u>, 위 판결에 의하여 확정된 항소심 판결을 선고한 원심법원에는 그 관할권이 없다(86모17).

　　㉢ <u>상고법원이 제2심판결을 파기하고 자판한 판결에 대한 재심청구는 원판결을 선고한 상고법원에 해야 할 것이고 파기된 판결의 선고법원인 고등법원에 할 수 없다</u>(61도20).

　　㉣ **[주의]** 관할은 재판권을 전제로 하는 것이므로 <u>군법회의판결이 확정된 후 군에서 제적되어 군법회의에 재판권이 없는 경우에는 재심사건이라 할지라도 그 관할은 원판결을 한 군법회의가 아니라 같은 심급의 일반법원에 있다</u>(全 2011도1932).

③ **청구권자**

㉮ **[검사]** 공익의 대표자로서 유죄의 선고를 받은 자의 이익을 위하여 청구할 수 있다(제424조 제1호).

㉯ **[유죄의 선고를 받은 자 등]** ㉠ 유죄의 선고를 받은 자 ㉡ 유죄의 선고를 받은 자의 법정대리인 ㉢ 유죄의 선고를 받은 자가 사망하거나 심신장애가 있는 경우에는 그 배우자, 직계친족 또는 형제자매는 재심을 청구할 수 있다(제424조 제2호 내지 제4호).

④ **청구의 시기와 방식 등**

㉮ **[재심청구시기]** 재심청구의 시기에는 제한이 없다.

㉯ **[재심청구의 방식]** 재심의 청구를 함에는 재심청구의 취지 및 재심청구의 이유를 구체적으로 기재한 재심청구서에 원판결의 등본 및 증거자료를 첨부하여 관할 법원에 제출하여야 한다(규칙 제166조).

㉰ **[재심청구의 효과]** 재심의 청구는 형의 집행을 정지하는 효력이 없다.

㉱ **[재심청구의 취하]** 재심청구는 취하할 수 있다(제429조 제1항). 재심청구의 취하는 서면으로 하여야 한다. 다만, 공판정에서는 구술로 할 수 있다(규칙 제167조 제1항). 재심청구의 취하는 제1심판결선고 전까지 할 수 있다(통설). <u>재심의 청구를 취하한 자는 동일한 이유로 다시 재심을 청구하지 못한다</u>(제429조 제2항).

⑤ **재심청구에 대한 재판**

㉮ **[재심청구의 심리]** 재심청구를 받은 법원은 필요한 경우 사실조사를 할 수 있다(제37조 제3항). 재심청구에 대하여 결정을 함에는 청구한 자와 상대방의 의견을 들어야 한다. 다만, 유죄의 선고를 받은 자의 법정대리인이 청구한 경우에는 유죄의 선고를 받은 자의 의견을 들어야 한다(제432조).

④ 재심청구에 대한 재판

　　㉠ [청구기각결정] 재심의 청구가 법률상의 방식에 위반하거나 청구권의 소멸후인 것이 명백한 때에는 결정으로 이를 기각하여야 한다(제433조). 재심의 청구가 이유 없다고 인정하는 때에도 결정으로 이를 기각하여야 한다(제434조 제1항). 이 경우 누구든지 동일한 이유로 다시 재심을 청구하지 못한다(동조 제2항).

　　㉡ [재심개시결정] 재심의 청구가 이유 있다고 인정하는 때에는 재심개시의 결정을 하여야 한다(제435조 제1항). 재심개시의 결정을 할 때에는 결정으로 형의 집행을 정지할 수 있다(동조 제2항).

　　㉢ 관련판례

　　ⓐ [재심청구인이 재심청구 후 그 청구에 대한 결정이 확정되기 전에 사망한 경우 법원이 취해야 할 조치(재심청구절차 종료 선언)] 재심청구절차는 재심청구인의 사망으로 당연히 종료하게 된다(2014모739).

　　ⓑ [재심개시절차에서 재심사유가 재심대상판결에 영향을 미칠 가능성 여부를 고려할 수 있는지 여부(소극)] (2008모77)

　　ⓒ [재심개시결정 확정의 효력] 설령 재심개시결정이 부당하더라도 이미 확정되었다면 법원은 더 이상 재심사유의 존부에 대하여 살펴볼 필요 없이 형사소송법 제436조의 경우가 아닌 한 그 심급에 따라 다시 심판을 하여야 한다(全 2011도2631).

⑤ [재심에 관한 결정에 대한 불복] 재심청구기각결정 또는 재심개시결정에 대하여는 즉시항고를 할 수 있다(제437조).

5. 재심심판절차

① [의의] 재심개시의 결정이 확정된 사건에 대하여 법원은 그 심급에 따라 다시 심판을 하여야 한다(제438조 제1항). 이를 재심심판절차라고 한다. "심급에 따라 다시 심판한다."라는 의미는 일반 공판절차에 의하여 피고사건 자체를 처음부터 새로 심판하는 것을 말한다. 재심의 판결에 대해서도 당연히 상소가 허용된다.

㉮ [재심이 개시된 사건에서 범죄사실에 대하여 적용하여야 할 법령(재심판결 당시의 법령)] 재심이 개시된 사건에서 범죄사실에 대하여 적용하여야 할 법령은 재심판결 당시의 법령이고, 재심대상판결 당시의 법령이 변경된 경우 법원은 범죄사실에 대하여 재심판결 당시의 법령을 적용하여야 하며, 법령을 해석할 때에도 재심판결 당시를 기준으로 하여야 한다(2009도1603). 그리고 재심판결 당시 법령이 폐지된 경우에는 형사소송법 제326조 제4호를 적용하여 그 범죄사실에 대하여 면소를 선고하는 것이 원칙이다(全 2010도5986). [15 선택]

㉯ [특별사면으로 형선고의 효력이 상실된 확정판결에 대한 재심심판 사건에서 다시 유죄로 인정되는 경우 법원이 취해야 할 조치] 이익재심과 불이익변경금지 원칙을 고려하여 재심 심판법원은 "피고인에 대하여 형을 선고하지 아니한다."라는 주문을 선고할 수밖에 없다(2012도2938).

② 재심심판절차의 원칙 예외

㉮ [원칙] 재심심판절차에도 일반 공판절차에 관한 규정이 그대로 적용된다.

④ [재심심판절차의 특칙(공판절차정지와 공소기각결정에 관한 예외)] 재심심판절차에 있어서 ㉠ 사망자 또는 회복할 수 없는 심신장애인을 위하여 재심청구가 있는 때 ㉡ 유죄의 선고를 받은 자가 재심의 판결 전에 사망하거나 회복할 수 없는 심신장애인이 된 때에는 공판절차정지와 공소기각결정에 관한 규정은 적용되지 아니한다(제438조 제2항, 제306조 제1항, 제328조 제1항 제2호). 즉 이 경우에는 공소기각결정이나 공판절차정지를 해서는 안 되며 계속 재심심판절차를 진행하여야 한다. [15 선택]

④ [국선변호인 선정] 재심피고인이 사망하거나 또는 회복할 수 없는 심신장애인이 된 때에는 피고인이 출정하지 아니하여도 심판을 할 수 있다. 단, 변호인이 출정하지 아니하면 개정하지 못한다(제438조 제3항). 재심을 청구한 자가 변호인을 선임하지 아니한 때에는 재판장은 직권으로 변호인을 선임하여야 한다(동조 제4항). 이는 국선변호인 선정사유에 해당한다.

④ [공소취소] 공소취소는 제1심 판결선고 전까지 할 수 있으므로(제255조 제1항) 제1심판결이 선고되어 확정된 이상 재심심판절차에서는 공소취소를 할 수 없다.

④ [공소장변경과 기판력] ⅰ) [공소사실을 추가하는 공소장 변경] 재심심판절차에서는 특별한 사정이 없는 한, 검사가 재심대상 사건과 별개의 공소사실을 추가하는 내용으로 **공소장을 변경하는 것은 허용되지 않고**, 재심대상 사건에 일반 절차로 진행 중인 별개의 형사사건을 **병합하여 심리하는 것도 허용되지 않는다**. ⅱ) [재심판결의 기판력은 후행범죄에 미치지 않음] 선행범죄로 상습범으로 유죄의 확정판결을 받은 사람이 그 후 동일한 습벽에 의해 범행을 저질렀는데 유죄의 확정판결에 대하여 재심이 개시된 경우, 동일한 습벽에 의한 후행범죄가 재심대상판결에 대한 재심판결 선고 전에 저질러진 범죄라 하더라도 **재심판결의 기판력이 후행범죄에 미치지 않는다**. 그리고 선행범죄에 대한 재심판결을 선고하기 전에 후행범죄에 대한 판결이 먼저 선고되어 확정된 경우에도 후행범죄에 대한 판결의 기판력은 선행범죄에 미치지 않는다. [21 선택] ⅲ) **[재심대상판결과 후행범죄 사이 제37조 후단 경합범 관계 성립하지 않음]** 선행범죄로 유죄의 확정판결을 받은 사람이 그 후 별개의 후행 범죄를 저질렀는데 유죄의 확정판결에 대하여 재심이 개시된 경우, 후행 범죄가 재심대상판결에 대한 재심판결 확정 전에 범하여졌다 하더라도 **아직 판결을 받지 아니한 후행 범죄와 재심판결이 확정된 선행범죄 사이에는 형법 제37조 후단에서 정한 경합범 관계가 성립하지 않는다**(全 2018도20698). ⅳ) **[재심대상판결 이전 범죄와 재심대상판결 이후 범죄 사이에 형법 제37조 전단의 경합범 관계가 성립하는지 여부(소극)]** 재심대상판결 이전 범죄와 재심대상판결 이후 범죄 사이에는 형법 제37조 전단의 경합범 관계가 성립하지 않으므로, 그 각 범죄에 대해 별도로 형을 정하여 선고하여야 한다. 다만, **재심대상판결이 '금고 이상의 형에 처한 판결'**이었더라도, **재심판결에서 무죄 또는 금고 미만의 형이 확정된 경우**에는, 재심대상판결 이전 범죄는 더 이상 '금고 이상의 형에 처한 판결'의 확정 이전에 범한 죄에 해당하지 않아 선행범죄와 사이에 형법 제37조 후단 경합범에 해당하지 않는다. 이 경우에는 재심대상판결 이전 범죄와 재심대상판결 이후 범죄 중 어느 것도 이미 재심판결이 확정된 선행범죄와 사이에 형법 제37조 후단 경합범 관계에 있지 않아 **형법 제37조 전단의 '판결이 확정되지 아니한 수개의 죄'에 해당하므로**, **형법 제38조의 경합범 가중을 거쳐 하나의 형이 선고되어야 한다**(2023도10545).

③ 재심의 재판

㉮ [불이익변경의 금지] 재심은 상소는 아니지만 형사소송법이 이익재심만 인정하고 있으므로 재심에서도 원판결의 형보다 중한 형을 선고하지 못한다(제439조). 이는 검사가 재심을 청구한 경우에도 동일하다.

④ 재심판결의 확정과 원판결의 효력

⊙ [재심판결이 확정되어야 종전 판결의 효력이 상실] 유죄의 확정판결 등에 대해 재심개시결정이 확정된 후 재심심판절차가 진행 중이라는 것만으로는 확정판결의 존재 내지 효력을 부정할 수 없고, 재심개시결정이 확정되어 법원이 그 사건에 대해 다시 심리를 한 후 재심의 판결을 선고하고 그 재심판결이 확정된 때에 종전의 확정판결이 효력을 상실한다(소 2018도20698).

⊙ [종전판결은 누범전과가 될 수 없음] 재심판결이 확정되면 종전의 확정판결은 당연히 효력을 상실하고, 종전 판결은 누범가중이 사유가 되는 전과기 될 수 없다(2017도4019).

Ⅱ. 비상상고

1. **[의의]** 확정판결에 대하여 심판의 법령위반이 있는 경우 이를 시정하기 위한 비상구제절차를 말한다(제441조).

2. **[구별개념]** 비상상고는 확정판결에 대한 비상구제절차라는 점에서 미확정재판에 대한 상소와 구별된다. 또한 비상상고는 심판의 법령위반을 시정하기 위한 제도이므로 중대한 사실오인을 시정하기 위한 재심과 구별이 된다.

    관련판례 [법령 적용의 전제 사실을 오인함에 따라 법령위반의 결과를 초래한 것이 비상상고의 사유가 되는지 여부(소극)] 단순히 그 법령 적용의 천체 사실을 오인함에 따라 법령위반의 결과를 초래한 것과 같은 경우는 법령의 해석 적용을 통일한다는 목적에 유용하지 않으므로 '그 사건의 심판이 법령에 위반한 것'에 해당하지 않는다(2004오2). [16 선택]

3. **비상상고의 대상 및 이유**
① 비상상고의 대상
㉮ **[모든 확정판결]** 비상상고의 대상은 모든 확정판결이다(제441조). 이 점에 있어서 유죄의 확정판결을 대상으로 하는 재심과 구별된다. 확정판결인 이상 유죄판결·무죄판결·면소판결·공소기각 판결 등이 모두 비상상고의 대상이 된다. 확정판결과 동일한 효력이 있는 약식명령이나 즉결심판도 비상상고의 대상이 된다.
㉯ **[상소기각결정]** 항소기각결정과 상고기각결정은 판결이 아니라 결정이지만 원판결을 확정시키는 효력을 갖는 종국재판이므로 비상상고의 대상이 된다(62오4).
㉰ **[당연무효의 판결]** 확정된 판결이 당연무효인 경우에도 판결은 확정되어 존재하므로 당연무효를 확인할 필요가 있기 때문에 비상상고의 대상이 된다.
② 비상상고의 이유
㉮ **[심판의 법령위반]** 판결이 확정된 후 그 사건의 심판이 법령에 위반한 것을 발견한 때에는 대법원에 비상상고를 할 수 있다(제441조). 심판의 법령위반에는 판결의 법령위반(제446조 제1호), 소송절차의 법령위반(제446조 제2호)이 포함된다.
㉯ **[심판의 사실오인]** 비상상고는 심판의 법령위반을 이유로 하므로 단순한 사실오인에 대해서는 비상상고가 허용되지 않는다.

[비상상고의 사유가 될 수 없는 경우(심판의 사실오인)] 법원이 원판결의 선고 전에 피고인이 이미 사망한 사실을 알지 못하여 공소기각의 결정을 하지 않고 실체 판결을 한 경우, 비상상고의 사유가 될 수 없다(2004오2). [16 선택]

4. 비상상고의 절차

① [**비상상고의 신청**] 검찰총장은 판결이 확정한 후 그 사건의 심판이 법령을 위반한 것을 발견한 때에는 대법원에 비상상고를 할 수 있다(제441조). 비상상고 신청시기에는 제한이 없다. 형의 시효가 완성되었거나 형이 실효되어도 비상상고를 제기할 수 있다. 비상상고를 함에는 그 이유를 기재한 신청서를 대법원에 제출하여야 한다(제442조).

② [**비상상고의 심리**] 공판기일에 검사는 신청서에 의하여 진술하여야 한다(제443조). 통상의 상고사건과 마찬가지로 공판기일에는 피고인의 소환을 요하지 아니한다. 따라서 피고인의 출석은 공판 개정의 요건이 아니다.

③ 비상상고의 판결

㉮ [**기각판결**] 비상상고가 이유 없다고 인정한 때에는 판결로써 이를 기각하여야 한다(제445조).

㉯ [**파기판결**] 비상상고가 이유 있다고 인정한 때에는 확정판결을 파기하여야 한다(제446조). 파기판결은 부분파기와 파기자판으로 구분이 된다.

㉰ [**비상상고판결의 효력**] 비상상고의 판결은 원판결이 피고인에게 불리하여 파기자판을 하는 경우를 제외하고는 피고인에게 그 효력이 미치지 아니한다(제447조). 부분파기의 경우 원판결 자체는 파기되지 않으므로 그 원판결에 대한 재심청구도 당연히 허용이 된다.

5. 재심과 비상상고

구분	재심	비상상고
공통점	① 비상구제절차(기판력 배제수단) ② 청구시기의 제한이 없음	
취지	유죄의 선고를 받은 자의 구제	법령 해석·적용의 통일
사유	중대한 사실오인	심판의 법령위반
청구권자	검사, 유죄의 선고를 받은 자 등	검찰총장
대상	유죄의 확정판결	모든 확정판결 (확정결정과 당연무효판결 포함)
관할	원판결 법원	대법원
효력	피고인에게 판결의 효력이 미침	파기자판 이외에는 피고인에게 효력이 미치지 않음

제3장 | 특별절차

01 약식절차

1. 개념
① [의의] 약식절차란 공판절차에 의하지 않고 서면심리를 통하여 피고인에게 벌금, 과료 또는 몰수의 형을 과하는 간이한 재판절차를 말한다(제448조 제1항).[1]
② [기능] 약식절차는 비교적 경미한 사건에 대하여 신속한 재판을 가능하게 하는 기능을 한다.

2. 약식명령의 청구
① [청구권자] 약식명령의 청구권자는 검사이다.
② [청구의 대상] 약식명령청구의 대상은 지방법원 관할사건으로 벌금, 과료 또는 몰수에 '처할 수 있는' 범죄이다(제448조 제1항). [15 선택] 법정형에 벌금, 과료 또는 몰수가 단독형은 물론 선택형으로 규정되어 있으면 족하며, 지방법원의 관할사건이면 단독판사의 관할인지 합의부 관할인지를 불문한다.
③ 청구의 방식
㉮ 약식명령의 청구는 공소제기와 동시에 서면으로 하여야 한다(제449조). 따라서 약식명령청구서에는 공소장의 필요적 기재사항을 그대로 기재하여야 한다.
㉯ 검사는 약식명령의 청구와 동시에 약식명령을 하는데 필요한 증거서류 및 증거물을 법원에 제출하여야 한다(규칙 제170조). 약식명령청구는 공소장일본주의의 예외가 된다. [15 선택]

3. 약식절차의 심판
① 법원의 사건심사
㉮ [서면심사] 약식명령의 청구가 있으면 법원은 검사가 제출한 서류와 증거물을 기초로 서면심사를 하게 된다.
㉯ [공소장변경 불허] 약식절차에서는 공판절차를 전제로 하는 공소장변경은 허용되지 아니한다. 공소장변경이 필요한 경우에는 공판절차로 이행하여 심판하여야 한다.
㉰ [사실조사의 한계] 약식절차에서도 법원은 필요한 경우 사실조사를 할 수 있다.
② 약식절차의 증거법칙
㉮ 약식절차는 공판절차와 같은 엄격한 증명의 법리가 요구되지 아니하고 또한 서면심사를 원칙으로 하므로 전문법칙이 적용되지 않는다.
㉯ 그러나 자백배제법칙 · 위법수집증거배제법칙 · 자백의 보강법칙은 약식절차에서도 여전히 적용된다.

---

[1] 약식절차에 의하여 형을 선고하는 재판을 약식명령이라고 한다. 약식명령은 명칭과는 달리 '명령'이라는 형식의 재판이 아니고, 판결 · 결정 · 명령과는 다른 특별한 형식의 재판이다.

③ 공판절차로의 이행

㉮ 이행의 사유

　㉠ 약식명령의 청구가 있는 경우에 그 사건이 약식명령으로 할 수 없거나 약식명령으로 하는 것이 적당하지 아니하다고 인정하는 때에는 공판절차에 의하여 심판하여야 한다(제450조).

　㉡ 약식명령으로 할 수 없는 경우란 법정형에 벌금·과료·몰수의 형이 없거나 무죄·면소·공소기각·관할위반 재판의 사유가 있는 경우를 말한다.

　㉢ 약식명령으로 하는 것이 적당하지 아니한 경우란 벌금·과료·몰수 이외의 형을 선고하는 것이 적당하거나 사건이 복잡하거나 중대하기 때문에 신중히 심판하는 것이 합리적이라고 인정되는 경우를 말한다.

㉯ [이행의 절차] 법원이 공판절차에 의하여 심판하기로 결정한 경우에 법원사무관 등은 즉시 그 취지를 검사에게 통지하여야 한다(규칙 제172조 제1항). 이 통지를 받은 검사는 5일 이내에 피고인 수에 상응하는 공소장부본을 법원에 제출하여야 하고 법원은 이를 지체없이 피고인에게 송달하여야 한다(동조 제2항·제3항, 제266조).

4. 약식명령

① 약식명령의 발령

㉮ 법원은 약식명령의 청구에 대하여 <u>서면심사</u>를 하고 공판절차에 이행할 경우가 아니면 청구가 있는 날로부터 14일 이내에 약식명령을 하여야 한다(규칙 제171조). 약식명령의 고지는 검사와 피고인에 대한 재판서의 송달에 의하여야 한다(제452조).

> 관련판례 [약식명령의 효력발생시기(재판서를 피고인에게 송달하면 효력 발생)] 형사소송법 제452조에서 약식명령의 고지는 검사와 피고인에 대한 재판서의 송달에 의하도록 규정하고 있으므로 변호인이 있는 경우라도 반드시 변호인에게 약식명령등본을 송달해야 하는 것은 아니다. 따라서, <u>정식재판청구기간은 피고인에 대한 약식명령 고지일을 기준으로 기산하여야 한다</u>(2017모1557). [24 선택] [23 법선]

㉯ 약식명령에 의하여 과할 수 있는 형은 벌금·과료·몰수에 한정된다. 따라서 약식명령으로 사형·자유형을 과할 수 없음은 물론, 무죄·면소·공소기각·관할위반 재판도 할 수 없다.

② [약식명령의 기재사항] 약식명령에는 범죄사실·적용법령·주형·부수처분과 약식명령의 고지를 받은 날로부터 7일 이내에 정식재판의 청구를 할 수 있음을 명시하여야 한다(제451조). 부수처분이란 압수물의 환부·추징·재산형의 가납판결 등을 말한다. 약식명령에는 정식재판과는 달리 증거의 요지는 기재할 필요가 없다.

③ [약식명령의 확정과 효력] 약식명령은 정식재판청구기간이 경과하거나 정식재판청구를 취하하거나 또는 정식재판청구 기각결정이 확정된 때에 확정된다. 확정된 약식명령은 확정판결과 동일한 효력이 있다(제457조). 따라서 집행력과 기판력이 발생하며 또한 재심과 비상상고의 대상이 된다.

5. 정식재판의 청구

① [의의] 약식명령에 불복하여 정식의 공판절차에 의한 심판을 구하는 불복절차를 말한다. 정식재판청구는 동일한 심급에 불복한다는 점에서 엄격한 의미의 상소는 아니지만 원재판인 약식명령에 대한 불복이라는 점에서 상소에 관한 일부 규정이 준용된다.

② 정식재판청구의 절차

㉮ [정식재판청구권자] 정식재판청구권자는 검사와 피고인이다. 검사와 달리 피고인은 정식재판청구권을 포기할 수 없다(제453조 제1항 단서). 법정대리인은 피고인을 위하여 정식재판을 청구할 수 있다(제458조, 제340조). 피고인의 배우자·직계친족·형제자매·원심의 대리인·변호인은 피고인을 위하여 정식재판을 청구할 수 있다. 다만, 피고인의 명시한 의사에 반하여 하지 못한다(제458조, 제341조).

㉯ 정식재판청구의 방법

　㉠ [정식재판청구의 방식] 정식재판청구는 약식명령의 고지를 받은 날로부터 7일 이내에 약식명령을 한 법원에 서면으로 이를 하여야 한다(제453조 제1항·제2항). 정식재판청구가 있는 때에는 법원은 지체없이 검사 또는 피고인에게 그 사유를 통지하여야 한다(동조 제3항).

　㉡ [정식재판청구의 절차] 정식재판청구는 재판의 일부에 대하여 할 수 있고, 일부에 대한 정식재판청구는 그 일부와 불가분의 관계에 있는 부분에 대하여도 효력이 미친다(제458조, 제342조). 정식재판을 청구할 수 있는 자는 자기 또는 대리인이 책임질 수 없는 사유로 인하여 법정기간 내에 정식재판청구를 하지 못한 때에는 정식재판청구권회복의 청구를 할 수 있다(제458조, 제345조). 다만 정식재판청구권회복청구를 함과 동시에 정식재판청구를 하여야 한다(제458조, 제346조 제3항).

　관련판례 [정식재판청구서에 청구인의 기명날인이나 서명이 없음에도 이에 대한 보정을 구하지 아니하고 적법한 청구가 있는 것으로 오인하여 청구서를 접수한 경우, 법원이 취하여야 할 조치(기각결정) 및 이때 적법한 정식재판청구가 제기된 것으로 신뢰한 피고인이 정식재판청구기간을 넘기게 된 경우의 구제 방법(정식재판청구권회복청구)] (2022모1872) [24 선택]

㉰ [정식재판청구의 취하] 정식재판의 청구는 제1심 판결선고 전까지 취하할 수 있다(제454조). 정식재판청구를 취하한 자 또는 취하에 동의한 자는 그 사건에 대하여 다시 정식재판청구를 하지 못한다(제458조, 제354조).

③ 정식재판청구에 대한 재판

㉮ [청구기각결정] 정식재판의 청구가 법령상의 방식에 위반하거나 정식재판청구권의 소멸 후인 것이 명백한 때에는 결정으로 기각하여야 한다(제455조 제1항). 이 결정에 대하여 즉시항고할 수 있다(동조 제2항). [21 법선]

㉯ 공판절차에 의한 심판

　㉠ [원칙] 정식재판의 청구가 적법한 때에는 공판절차에 의하여 심판하여야 한다(제455조 제3항). 정식재판절차에 있어 심판대상은 약식명령의 당부가 아니라 피고사건 자체이다. 정식재판청구에 의하여 공판절차가 시작되면 통상의 공판절차에 관한 규정이 그대로 적용된다.

　㉡ [궐석재판의 특칙] 피고인이 공판기일에 출석하지 아니한 때에는 다시 기일을 정하여야 하고 피고인이 정당한 사유 없이 다시 정한 기일에 출석하지 아니한 때에는 피고인의 진술없이 판결을 할 수 있다(제458조 제2항).

㉰ [불이익변경금지원칙의 변형 적용(형종상향금지)] 피고인이 정식재판을 청구한 사건에 대하여는 약식명령의 형보다 <u>중한 종류의 형을 선고하지 못한다</u>(제457조의2 제1항).[2] [20 법선] 피고인이 정식재판을 청구한 사건에 대하여 약식명령의 형보다 중한 형을 선고하는 경우에는 판결서에 양형의 이유를 적어야 한다(동조 제2항).

㉱ [약식명령의 실효] 약식명령은 정식재판청구에 의한 판결이 있는 때에는 그 효력을 잃는다(제456조). 여기서 '판결'이란 확정판결을 의미하고, 실체재판은 물론 형식재판도 포함이 된다.

02 즉결심판절차

1. 의의

판사가 20만원 이하의 벌금·구류·과료에 처할 범죄에 대하여 공판절차에 의하지 아니하고 즉결심판에 관한 절차법(이하 '즉심법'이라 한다)에 의하여 즉결하여 심판하는 절차를 말한다. 즉결심판절차는 비교적 경미한 범죄를 신속히 처리하여 신속한 재판을 구현하는 기능을 한다. 이는 약식명령으로 어느 정도 달성할 수 있으나, 더욱 신속한 사건처리를 위하여 인정되는 제도이다.

2. 즉결심판의 청구

① [청구권자] 즉결심판의 청구권자는 관할 경찰서장 또는 관할 해양경찰서장이다(즉심법 제3조 제1항). 이는 <u>기소독점주의에 대한 예외</u>에 해당한다.

② [관할] 즉결심판은 관할 지방법원지원 또는 시군법원의 판사가 관할한다(즉심법 제2조).

③ [청구의 대상] 즉결심판은 20만원 이하의 벌금·구류·과료에 '처할 사건'을 대상으로 한다. 이는 법정형이 아니라 선고형을 의미한다. 즉결심판은 보통 경범죄처벌법상 범죄를 대상으로 하지만 형법상 범죄도 즉결심판의 대상에서 제외되는 것은 아니다.

④ [청구의 방식] 즉결심판을 청구함에는 즉결심판청구서를 제출하여야 하며, 즉결심판청구서에는 피고인의 성명 기타 피고인을 특정할 수 있는 사항·죄명·범죄사실·적용법조를 기재하여야 한다(즉심법 제3조 제2항). 즉결심판을 청구할 때에는 사전에 피고인에게 즉결심판의 절차를 이해하는 데 필요한 사항을 서면 또는 구두로 알려주어야 한다(동조 제3항). <u>경찰서장은 즉결심판의 청구와 동시에 즉결심판을 함에 필요한 서류 또는 증거물을 판사에게 제출하여야 한다(동법 제4조). 이는 공소장일본주의의 예외</u>에 해당한다.

3. 즉결심판절차의 심리

① 판사의 심사와 사건의 송치

㉮ [청구기각결정] 판사는 사건이 즉결심판을 할 수 없거나 즉결심판절차에 의하여 심판함이 적당하지 아니하다고 인정하는 때에는 결정으로 즉결심판의 청구를 기각하여야 한다(즉심법 제5조 제1항).

---

[2] 즉결심판에 대하여 피고인만이 정식재판을 청구한 사건에 대하여도 즉심법 제19조의 규정에 따라 형사소송법 제457조의2 규정을 준용하여야 한다(98도2550)는 대법원의 입장에 따르면 즉결심판사건에도 '형종상향금지'는 준용된다고 보아야 한다.

㉯ **[경찰서장의 송치]** 청구기각결정이 있는 때에는 경찰서장은 지체없이 사건을 관할지방검찰청 또는 지청의 장에게 송치하여야 한다(동조 제2항).

㉰ **[검사의 조치]** 이 사건을 송치받은 검사는 그 사건에 대하여 공소제기 여부를 독자적으로 결정한다. 다만 공소를 제기하는 경우에는 반드시 공소장을 제출하여야 한다.

> **관련판례** 경찰서장이 범칙 행위에 대하여 통고처분을 하였는데 통고처분에서 정한 범칙금 납부기간이 경과하지 아니한 경우, 원칙적으로 즉결심판을 청구할 수 없고, 검사도 동일한 범칙 행위에 대하여 공소를 제기할 수 없다(2017도13409). [24 선택]

② 즉결심판절차의 심리의 특칙

㉮ **[즉시심판]** 판사는 즉결심판청구를 기각한 경우를 제외하고는 즉시 심판을 하여야 한다(즉심법 제6조). 즉시 심판하여야 하므로 공소장부본 송달이나 제1회 공판기일 유예기간설정 등을 할 필요가 없다.

㉯ **[개정여부]** 심리와 재판의 선고는 공개된 법정에서 행하되 그 법정은 경찰관서 외의 장소에 설치되어야 한다(즉심법 제7조 제1항). 판사는 상당한 이유가 있는 경우에는 개정 없이 피고인의 진술서와 서류·증거물에 의하여 심판할 수 있다. 다만, 구류에 처하는 경우에는 그러하지 아니하다(동조 제3항).

㉰ **[피고인의 출석]** 피고인이 기일에 출석하지 아니한 때에는 개정할 수 없는 것이 원칙이다(즉심법 제8조).

③ 즉결심판절차의 증거법칙

㉮ **[전문법칙]** 즉결심판절차에서는 전문법칙이 적용되지 아니한다(즉심법 제10조, 형사소송법 제312조 제3항 및 제313조). 따라서 사법경찰관 작성 피의자신문조서는 피고인이 그 내용을 인정하지 않더라도 증거능력이 있다. [24·15 선택]

㉯ **[자백보강법칙·자백배제법칙·위법수집증거배제법칙]** 즉결심판절차에서는 자백의 보강법칙이 적용되지 아니한다(즉심법 제10조, 형사소송법 제310조). 즉 즉결심판절차에서는 피고인의 자백만으로도 유죄판결을 선고할 수 있다. [24·15 선택] 그러나 자백배제법칙이나 위법수집증거배제법칙은 즉결심판절차에서도 여전히 적용된다. 물론 증거재판주의나 자유심증주의 등은 당연히 즉결심판절차에서도 적용된다.

4. 정식재판의 청구

① **[의의]** 즉결심판에 불복하여 정식의 공판절차에 의한 심판을 구하는 소송행위를 말한다. 정식재판청구는 동일한 심급에 불복한다는 점에서 엄격한 의미의 상소는 아니지만 원재판인 즉결심판에 대한 불복이라는 점에서 상소에 관한 일부 규정이 준용된다.

② **[불이익변경금지원칙]** 즉결심판에 대하여 피고인만이 정식재판을 청구한 사건에 대하여도 즉심법 제19조의 규정에 따라 형사소송법 제457조의2 규정을 준용하여야 한다(98도2550)는 대법원의 입장에 따르면 즉결심판사건에도 개정 형사소송법 제457조의2의 '형종상향금지'는 준용된다고 보아야 한다.

③ **[즉결심판의 실효]** 즉결심판은 정식재판청구에 의한 판결이 있는 때에는 그 효력을 잃는다(즉심법 제15조). 여기서 '판결'이란 확정판결을 의미하고, 실체재판은 물론 형식재판도 포함이 된다.

5. 약식명령과 즉결심판

구분	약식명령	즉결심판
공통점	① 신속한 재판의 구현제도 ② 공소장일본주의 비적용 ③ 정식재판청구기간과 취하시기 ④ 정식재판청구시 불이익변경금지원칙의 적용 ⑤ 확정판결과 동일한 효력(집행력·기판력 인정, 재심·비상상고의 대상이 됨)	
선고형	벌금·과료·몰수 기타 부수처분 (무죄, 면소, 공소기각재판은 불가능)	① 20만원 이하의 벌금·구류·과료 ② 무죄, 면소, 공소기각재판도 가능
관할	지방법원(지원)의 '단독판사 또는 합의부'	지방법원(지원) 또는 시군법원의 '판사'
청구권자, 형집행권자	검사	경찰서장 또는 해양경찰서장 (이하 '경찰서장')
할수 없거나 부적당한 경우	공판절차로 이행	즉결심판청구 기각
정식재판 청구권자	① 검사 : 벌금·과료·몰수 기타 부수처분 ② 피고인 : 벌금·과료·몰수 기타 부수처분	① 경찰서장 : 무죄, 면소, 공소기각재판 ② 피고인 : 20만원 이하의 벌금·구류·과료
정식재판 청구서 제출	① 검사 : 법원에 제출 ② 피고인 : 법원에 제출	① 경찰서장 : 판사에게 제출 ② 피고인 : 경찰서장에게 제출
정식재판 청구권 포기	① 검사(○) ② 피고인(×)	① 경찰서장(○) ② 피고인(○)
심리형태	비공개, 서면심리주의	공개주의, 구두변론주의
증거법칙	① 증거재판주의(○) ② 자유심증주의(○) ③ 자백배제법칙(○) ④ 위법수집증거배제법칙(○) ⑤ 전문법칙(×) ⑥ 자백의 보강법칙(○)	① 증거재판주의(○) ② 자유심증주의(○) ③ 자백배제법칙(○) ④ 위법수집증거배제법칙(○) ⑤ 전문법칙(×) ⑥ 자백의 보강법칙(×)

해커스변호사
law.Hackers.com

2026 해커스변호사 형사소송법의 맥(脈) 암기장

부록

제85조(구속영장집행의 절차) ① 구속영장을 집행함에는 피고인에게 반드시 이를 제시하고 그 사본을 교부하여야 하며 신속히 지정된 법원 기타 장소에 인치하여야 한다.[1] <개정 2022. 2. 3.>

③ 구속영장을 소지하지 아니한 경우에 급속을 요하는 때에는 피고인에 대하여 공소사실의 요지와 영장이 발부되었음을 고하고 집행할 수 있다.

④ 전항의 집행을 완료한 후에는 신속히 구속영장을 제시하고 그 사본을 교부하여야 한다.[2] <개정 2022. 2. 3.>

제118조(영장의 제시와 사본교부) 압수·수색영장은 처분을 받는 자에게 반드시 제시하여야 하고, 처분을 받는 자가 피고인인 경우에는 그 사본을 교부하여야 한다. 다만, 처분을 받는 자가 현장에 없는 등 영장의 제시나 그 사본의 교부가 현실적으로 불가능한 경우 또는 처분을 받는 자가 영장의 제시나 사본의 교부를 거부한 때에는 예외로 한다.[3] <개정 2022. 2. 3.>

제196조(검사의 수사) ① 검사는 범죄의 혐의가 있다고 사료하는 때에는 범인, 범죄사실과 증거를 수사한다. <개정 2022. 5. 9.>

② 검사는 제197조의3 제6항, 제198조의2 제2항 및 제245조의7 제2항에 따라 사법경찰관으로부터 송치받은 사건에 관하여는 해당 사건과 동일성을 해치지 아니하는 범위 내에서 수사할 수 있다. <신설 2022. 5. 9.>

제198조(준수사항) ④ 수사기관은 수사 중인 사건의 범죄 혐의를 밝히기 위한 목적으로 합리적인 근거 없이 별개의 사건을 부당하게 수사하여서는 아니 되고, 다른 사건의 수사를 통하여 확보된 증거 또는 자료를 내세워 관련 없는 사건에 대한 자백이나 진술을 강요하여서도 아니 된다. <신설 2022. 5. 9.>

제245조의7(고소인 등의 이의신청) ① 제245조의6의 통지를 받은 사람(고발인을 제외한다)은 해당 사법경찰관의 소속 관서의 장에게 이의를 신청할 수 있다. <개정 2022. 5. 9.>

제253조(시효의 정지와 효력) ④ 피고인이 형사처분을 면할 목적으로 국외에 있는 경우 그 기간 동안 제249조 제2항[4]에 따른 기간의 진행은 정지된다. <신설 2024. 2. 13.>

제294조의5(금전 공탁과 피해자 등의 의견 청취)[5] ① 법원은 피고인이 피해자의 권리 회복에 필요한 금전을 공탁한 경우에는 판결을 선고하기 전에 피해자 또는 그 법정대리인(피해자가 사망한 경우에는 배우자·직계친족·형제자매를 포함한다)의 의견을 들어야 한다. 다만, 그 의견을 청취하기 곤란한 경우로서 대법원규칙으로 정하는 특별한 사정이 있는 경우에는 그러하지 아니하다.

② 제1항에 따른 의견 청취의 방법·절차 및 그 밖에 필요한 사항은 대법원규칙으로 정한다. <신설 2024. 10. 16>

---

1) 형사소송법 개정으로 이제는 체포영장이나 구속영장집행시 피고인이나 피의자에게 반드시 영장의 사본을 교부하여야 한다.
2) 긴급집행시에도 영장의 사본을 교부하도록 개정되었다.
3) 제200조의6, 제85조 제1항
4) 공소가 제기된 범죄는 판결의 확정이 없이 공소를 제기한 때로부터 25년을 경과하면 공소시효가 완성한 것으로 간주한다(제249조 제2항).
5) 피고인이 판결선고가 임박한 시점에 공탁을 하였을 때 피해자의 의사와 무관하게 피고인의 감경사유로 양형에 반영되는 것을 방지하기 위하여, 법원은 피고인이 피해자의 권리 회복에 필요한 금전을 공탁한 경우에는 판결을 선고하기 전에 피해자 또는 그 법정대리인의 의견을 듣도록 하되, 그 의견을 청취하기 곤란한 경우에는 의견 청취 의무의 예외를 인정하여 피해자의 재판절차진술권을 실효적으로 보장하였다.

02 | 개정 성폭력범죄의 처벌 등에 관한 특례법 정리

☑ 성폭력범죄의 처벌 등에 관한 특례법 주요 개정조문

성폭력범죄의 처벌 등에 관한 특례법 (구)	성폭력범죄의 처벌 등에 관한 특례법 (신)
제27조(성폭력범죄 피해자에 대한 변호사 선임의 특례) ⑥ 검사는 피해자에게 변호사가 없는 경우 국선변호사를 선정하여 형사절차에서 피해자의 권익을 보호할 수 있다. <단서 신설>	제27조(성폭력범죄 피해자에 대한 변호사 선임의 특례) ⑥ 검사는 피해자에게 변호사가 없는 경우 국선변호사를 선정하여 형사절차에서 피해자의 권익을 보호할 수 있다. *다만, 19세미만피해자등에게 변호사가 없는 경우에는 국선변호사를 선정하여야 한다. ⇨ 할 수(×)
제30조(영상물의 촬영·보존 등) ① 성폭력범죄의 피해자가 19세 미만이거나 신체적인 또는 정신적인 장애로 사물을 변별하거나 의사를 결정할 능력이 미약한 경우에는 피해자의 진술 내용과 조사 과정을 비디오녹화기 등 영상물 녹화장치로 촬영·보존하여야 한다. ② 제1항에 따른 영상물 녹화는 피해자 또는 법정대리인이 이를 원하지 아니하는 의사를 표시한 경우에는 촬영을 하여서는 아니 된다. 다만, 가해자가 친권자 중 일방인 경우는 그러하지 아니하다. ③ 제1항에 따른 영상물 녹화는 조사의 개시부터 종료까지의 전 과정 및 객관적 정황을 녹화하여야 하고, 녹화가 완료된 때에는 지체 없이 그 원본을 피해자 또는 변호사 앞에서 봉인하고 피해자로 하여금 기명날인 또는 서명하게 하여야 한다. ④ 검사 또는 사법경찰관은 피해자가 제1항의 녹화 장소에 도착한 시각, 녹화를 시작하고 마친 시각, 그 밖에 녹화과정의 진행경과를 확인하기 위하여 필요한 사항을 조서또는 별도의 서면에 기록한 후 수사기록에 편철하여야 한다.	제30조(19세미만피해자등 진술 내용 등의 영상녹화 및 보존 등) ① *검사 또는 사법경찰관은 19세미만피해자등의 진술 내용과 조사 과정을 영상녹화장치로 녹화(녹음이 포함된 것을 말하며, 이하 "영상녹화"라 한다)하고, 그 영상녹화물을 보존하여야 한다. ⇨ 할 수(×) ② 검사 또는 사법경찰관은 19세미만피해자등을 조사하기 전에 다음 각 호의 사실을 피해자의 나이, 인지적 발달 단계, 심리 상태, 장애 정도 등을 고려한 적절한 방식으로 피해자에게 설명하여야 한다. ⇨ 할 수(×) 　1. 조사 과정이 영상녹화된다는 사실 　2. 영상녹화된 영상녹화물이 증거로 사용될 수 있다는 사실 ③ 제1항에도 불구하고 19세미만피해자등 또는 그 법정대리인(법정대리인이 가해자이거나 가해자의 배우자인 경우는 제외한다)이 이를 원하지 아니하는 의사를 표시하는 경우에는 영상녹화를 하여서는 아니 된다. ⇨ 영상녹화를 하지 않을 수 있다. (×)

성폭력범죄의 처벌 등에 관한 특례법 (구)	성폭력범죄의 처벌 등에 관한 특례법 (신)
⑤ 검사 또는 사법경찰관은 피해자 또는 법정대리인이 신청하는 경우에는 영상물 촬영과정에서 작성한 조서의 사본을 신청인에게 발급하거나 영상물을 재생하여 시청하게 하여야 한다. ⑥ 제1항에 따라 촬영한 영상물에 수록된 피해자의 진술은 공판준비기일 또는 공판기일에 피해자나 조사 과정에 동석하였던 신뢰관계에 있는 사람 또는 진술조력인의 진술에 의하여 그 성립의 진정함이 인정된 경우에 증거로 할 수 있다. ⑦ 누구든지 제1항에 따라 촬영한 영상물을 수사 및 재판의 용도 외에 다른 목적으로 사용하여서는 아니 된다. <신설> <신설>	④ 검사 또는 사법경찰관은 제1항에 따른 영상녹화를 마쳤을 때에는 지체 없이 피해자 또는 변호사 앞에서 봉인하고 **피해자로 하여금 기명날인 또는 서명하게 하여야 한다.** ⑤ **검사 또는 사법경찰관은 제1항에 따른 영상녹화 과정의 진행 경과를 조서(별도의 서면을 포함한다. 이하 같다)에 기록한 후 수사기록에 편철하여야 한다.** ⑥ 제5항에 따라 영상녹화 과정의 진행 경과를 기록할 때에는 다음 각 호의 사항을 구체적으로 적어야 한다. 1. 피해자가 영상녹화 장소에 도착한 시각 2. 영상녹화를 시작하고 마친 시각 3. 그 밖에 영상녹화 과정의 진행경과를 확인.하기 위하여 필요한 사항 ⑦ 검사 또는 사법경찰관은 19세미만피해자등이나 그 법정대리인이 신청하는 경우에는 영상녹화 과정에서 작성한 조서의 사본 또는 영상녹화물에 녹음된 내용을 옮겨 적은 녹취서의 사본을 신청인에게 발급하거나 영상녹화물을 재생하여 시청하게 하여야 한다. ⑧ 누구든지 제1항에 따라 영상녹화한 영상녹화물을 수사 및 재판의 용도 외에 다른 목적으로 사용하여서는 아니 된다. ⑨ 제1항에 따른 영상녹화의 방법에 관하여는 「형사소송법」 제244조의2 제1항 후단을 준용한다.

성폭력범죄의 처벌 등에 관한 특례법 (구)	성폭력범죄의 처벌 등에 관한 특례법 (신)
<신설>	**제30조의2(영상녹화물의 증거능력 특례)***** ① 제30조 제1항에 따라 **19세미만피해자등의 진술이 영상녹화된 영상녹화물은 같은 조 제4항부터 제6항까지에서 정한 절차와 방식에 따라** 영상녹화된 것으로서 다음 각 호의 어느 하나의 경우에 증거로 할 수 있다. 　1. 증거보전기일, 공판준비기일 또는 공판기일에 그 내용에 대하여 피의자, 피고인 또는 변호인이 피해자를 신문할 수 있었던 경우. 다만, 증거보전기일에서의 신문의 경우 법원이 피의자나 피고인의 방어권이 보장된 상태에서 피해자에 대한 반대신문이 충분히 이루어졌다고 인정하는 경우로 한정한다. 　2. 19세미만피해자등이 다음 각 목의 어느 하나에 해당하는 사유로 공판준비기일 또는 공판기일에 출석하여 진술할 수 없는 경우. 다만, 영상녹화된 진술 및 영상녹화가 특별히 신빙(信憑)할 수 있는 상태에서 이루어졌음이 증명된 경우로 한정한다. ⇨ 증거보전기일(×) 　　가. 사망 　　나. 외국 거주 　　다. 신체적, 정신적 질병·장애 　　라. 소재불명 　　마. 그 밖에 이에 준하는 경우 ② 법원은 제1항 제2호에 따라 증거능력이 있는 **영상녹화물을 유죄의 증거로 할지를 결정할 때**에는 피고인과의 관계, 범행의 내용, 피해자의 나이, 심신의 상태, 피해자가 증언으로 인하여 겪을 수 있는 심리적 외상, 영상녹화물에 수록된 19세미만피해자등의 진술 내용 및 진술 태도 등을 고려하여야 한다. **이 경우 법원은 전문심리위원 또는 제33조에 따른 전문가의 의견을 들어야 한다.**

성폭력범죄의 처벌 등에 관한 특례법 (구)	성폭력범죄의 처벌 등에 관한 특례법 (신)
<신설>	제40조의2(19세미만피해자등에 대한 증인신문을 위한 공판준비절차) ① 법원은 19세미만피해자등을 증인으로 신문하려는 경우에는 19세미만피해자등의 보호와 원활한 심리를 위하여 필요한 경우 검사, 피고인 또는 변호인의 의견을 들어 사건을 공판준비절차에 부칠 수 있다. ② 법원은 제1항에 따라 공판준비절차에 부치는 경우 증인신문을 위한 심리계획을 수립하기 위하여 공판준비기일을 지정하여야 한다. ③ 법원은 제2항에 따라 지정한 공판준비기일에 증인신문을 중개하거나 보조할 진술조력인을 출석하게 할 수 있다. ④ 19세미만피해자등의 변호사는 제2항에 따라 지정된 공판준비기일에 출석할 수 있다. ⑤ 법원은 제1항에 따른 공판준비절차에서 검사, 피고인 또는 변호인에게 신문할 사항을 기재한 서면을 법원에 미리 제출하게 할 수 있다. 다만, 제출한 신문사항은 증인신문을 하기 전까지는 열람·복사 등을 통하여 상대방에게 공개하지 아니한다. ⑥ 법원은 제2항에 따라 지정된 공판준비기일에서 검사, 피고인, 변호인, 19세미만피해자등의 변호사 및 진술조력인에게 신문사항과 신문방법 등에 관한 의견을 구할 수 있다.

성폭력범죄의 처벌 등에 관한 특례법 (구)	성폭력범죄의 처벌 등에 관한 특례법 (신)
<신설>	**제40조의3(19세미만피해자등의 증인신문 장소 등에 대한 특례)** ① 법원은 19세미만피해자등을 증인으로 신문하는 경우 사전에 피해자에게 「형사소송법」 제165조의2 제1항에 따라 **비디오 등 중계장치에 의한 중계시설을 통하여 신문할 수 있음을 고지하여야 한다.** ② 19세미만피해자등은 제1항의 중계시설을 통하여 증인신문을 진행할지 여부 및 증인으로 출석할 장소에 관하여 법원에 의견을 진술할 수 있다. ③ 제1항에 따른 중계시설을 통하여 19세미만피해자등을 증인으로 신문하는 경우 그 중계시설은 특별한 사정이 없으면 제30조 제1항에 따른 영상녹화가 이루어진 장소로 한다. 다만, 피해자가 다른 장소를 원하는 의사를 표시하거나, 제30조 제1항에 따른 영상녹화가 이루어진 장소가 경찰서 등 수사기관의 시설인 경우에는 법원이 중계시설을 지정할 수 있다.
제41조(증거보전의 특례) ① 피해자나 그 법정대리인 또는 경찰은 피해자가 공판기일에 출석하여 증언하는 것에 현저히 곤란한 사정이 있을 때에는 그 사유를 소명하여 제30조에 따라 촬영된 영상물 또는 그 밖의 다른 증거에 대하여 해당 성폭력범죄를 수사하는 검사에게 「형사소송법」 제184조(증거보전의 청구와 그 절차)제1항에 따른 증거보전의 청구를 할 것을 요청할 수 있다. 이 경우 피해자가 16세 미만이거나 신체적인 또는 정신적인 장애로 사물을 변별하거나 의사를 결정할 능력이 미약한 경우에는 공판기일에 출석하여 증언하는 것에 현저히 곤란한 사정이 있는 것으로 본다. ② 제1항의 요청을 받은 검사는 그 요청이 타당하다고 인정할 때에는 증거보전의 청구를 할 수 있다. <단서 신설>	**제41조(증거보전의 특례)** ① 피해자나 그 법정대리인 또는 사법경찰관은 피해자가 공판기일에 출석하여 증언하는 것에 현저히 곤란한 사정이 있을 때에는 그 사유를 소명하여 제30조에 따라 영상녹화된 영상녹화물 또는 그 밖의 다른 증거에 대하여 해당 성폭력범죄를 수사하는 검사에게 「형사소송법」 제184조(증거보전의 청구와 그 절차)제1항에 따른 증거보전의 청구를 할 것을 요청할 수 있다. 이 경우 피해자가 19세미만피해자등인 경우에는 공판기일에 출석하여 증언하는 것에 현저히 곤란한 사정이 있는 것으로 본다. ② 제1항의 요청을 받은 검사는 그 요청이 타당하다고 인정할 때에는 증거보전의 청구를 할 수 있다. **다만, 19세미만피해자등이나 그 법정대리인이 제1항의 요청을 하는 경우에는 특별한 사정이 없는 한 「형사소송법」 제184조제1항에 따라 관할 지방법원판사에게 증거보전을 청구하여야 한다.**

MEMO

MEMO

MEMO